Silver Travel
Planning and Marketing

실버여행에 관한 이해를 바탕으로 한
실버여행상품의 모든 것

실버여행 기획론

권혁률 저

(주)백산출판사

책머리에

인간은 한 국가를 형성하기 이전에 의식주를 해결하기 위하여 무리를 지어 다른 지역으로의 이동을 거듭하였을 것이며, 한 곳에 정착하는 동안 그 주변의 색다른 발견을 지속하였을 것이다. 이와 관련하여 호이징하(Huizinga)는 놀이는 순수한 물리적 또는 순수한 생물학적 행위의 한계를 넘어선 것이다. 놀이는 하나의 의미있는 기능이다. 즉 놀이에는 뜻이 있으며 놀이 속에는 생활의 직접적인 욕구를 초월하고 동시에 생활 행위에 의미를 부여하는, 놀고 있는(at play) 어떤 것이 있기 때문에 인간은 놀이하는 인간(Homo Ludens)이라고 하였다. 즉 인간은 생각하는 인간(Homo Sapiens), 만드는 인간(Homo Faber)이라기보다는 놀이하는 인간에 더 가깝다고 하였다.

인간의 활동은 일(work)과 여가(leisure) 생활의 연속이다. 특히 일은 인간 자신과 사회의 요구에 부응하기 위하여 행해지는 활동이나, 이로 인해 스트레스와 권태의 지배로부터 벗어나고자 자유, 참여, 자기실현의 욕망과 같은 욕구충족을 실현하기 위하여 여가를 선호하게 되었으며, 이러한 가운데 일상생활로부터의 이탈현상을 가져왔다.

특히 현대사회에 있어 여가란 취해도 좋고 버려도 좋은 것이 아니다. 개인의 균형 잡힌 생활양식을 위한 정신과 육체의 건강을 도모할 뿐만 아니라 전 사회경제를 안정시키는 데에도 크게 도움을 준다.

결국 여행을 여가의 일부라고 볼 때 인간에 있어서의 여행은 본능적인 활동이며 이러한 활동을 통하여 인간의 삶을 영위할 수 있는 것이다. 여행을 일반적으로 인간이 2개 지역 또는 그 이상의 지리적으로 떨어진 지역을 이동하는 행위, 혹은 단순히 목적이나 동기와 관계없이 한 장소에서 다른 장소로 이동하는 행위라고 여러 학자들에 의해 정의되고 있다.

인간이 노동을 벗어나 다른 시·공간에서 행하여지는 제반 활동의 의미로 보면 관광과 여행의 개념이 같을 수 있으나, 관광은 본질적으로 여행의 한 형태라는 관점에서 서로의 개념은 달라져야 할 것이다. 그 예로서 국민의 관광참가율과 여행시장 등의 개념은 관광이 여행 중에서 커다란 의미를 가진다는 것을 강조한 분류개념인 것이다.

실버(silver)란 은퇴를 앞둔 노인이나 노년을 이르는 말이다. 요즈음 은퇴의 시기는 40, 50대의 연령에도 발생하지만 여기서 말하는 은퇴란 생계를 위해 더 이상 경제적인 생활을 하지 않고 여가를 즐기면서 생활하는 연령을 일컫는 말이다. 사회환경의 변화에 따라 자신과 가족의 생활을 위해 정년 이후에도 경제적인 노력을 하여야만 하는 현실이지만 돈벌이를 위한 주된 노동의 시간이 할애되지 않는 60대 이후의 부류를 실버라고 할 수 있다.

우리나라에서는 이미 고령화 시대로 접어들면서 실버 세대의 삶이 무엇보다도 중요한 이슈로 떠오르고 있다. 황금기의 인생을 보다 윤택하게 살아가고자 하는 사람들이 원하는 것이 바로 여행이다.

이에 따라 실버여행의 전반적인 이해를 돕고자 실버여행의 기초이론, 실버여행상품 기획 실제, 전략분석연구, 고객 및 전략분석 이론, 실버여행상품 관련 규정으로 나누어 구성하였다. 실버여행에 관한 이해를 바탕으로 실제 실버여행상품을 개발함에 있어 본서를 통하여 관련 사례 및 규정을 살펴볼 수 있다.

각자 주어진 일에서 열심히 살아가고 있는 가족에게 사랑하는 마음과 고마움을 함께 전한다.

2021년 8월

저자

목차

PART 01
실버여행의 기초이론

1

실버여행의 기초이론

CHAPTER 01 실버여행의 기초이론

관광의 전반적 이해

제1절 관광의 이해

1 인간과 여행

인류는 사상 최초로 티그리스강과 유프라테스강 중간지역에 도시군락을 형성하고 나일강 연안에 최초의 통일국가를 건설하였다. 이러한 다른 생활형태는 필연적으로 새로운 사람들의 흐름을 유발하였다. 사자(使者)들은 도시와 도시 사이를 왕복하였고, 관리들은 각기 담당업무를 공무로 순찰하였으며, 상인들은 여기저기로 시장을 찾아 다녔고, 축제일에는 많은 사람들이 도시나 전원지대로부터 성지를 찾아 몰려들었다.

그러나 인간은 한 국가를 형성하기 이전에 의식주를 해결하기 위하여 무리를 지어 다른 지역으로의 이동을 거듭하였을 것이며, 한 곳에 정착하는 동안 그 주변에서 색다른 발견을 지속하였을 것이다. 이와 관련하여 호이징하(Huizinga)는 놀이를 순수한 물리적 또는 순수한 생물학적 행위의 한계를 넘어선 것이 하나의 의미 있는 기능으로 보았다. 즉 놀이에는 뜻이 있으며 놀이 속에는 생활의 직접적인 욕구를 초월하고 동시에 생활 행위에 의미를 부여하는, 놀고 있는(at play) 어떤 것이 있기 때문에 인간은 Homo Ludens(놀이하는 인간)라고 하였다. 즉 인간은 Homo Sapiens(생각하는 인간), Homo Faber(만드는 인간)라기보다는 Homo Ludens에 더 가깝다고 하였다.

또한 그는 놀이에 대한 욕구는 놀이로 인한 즐거움이 놀이를 욕구하는 한에서

만 절실해지는 것이라고 보았다. 놀이는 언제나 연기되거나 중지될 수 있는데, 그 이유는 결코 물리적 필요나 도덕적 의무로 부과되는 것이 아니기 때문이다. 따라서 놀이는 결코 임무가 아니며 여유가 있을 때, 자유시간에 행해지는 것으로서 자유스러운 것, 바로 자유라고 하였다.

그리고 맥켄널(MacCannell)은 관광은 그 모든 것에서 대중을 벗어나게 하는 일종의 현대적 의례와 같은 것이라고 하였다. 여기서 '그 모든 것'은 일터, 숙제, 가사 등과 같은 일상적이고 세속적인 생활이며, 관광은 다른 특수한 형태의 도덕생활과 마찬가지로 일정한 시간 동안에만 지속되므로 장기간에 걸친 일상생활과 대조를 이룬다.

인간의 활동은 일(work)과 여가(leisure) 생활의 연속이다. 특히 일은 인간 자신과 사회의 요구에 부응하기 위하여 행해지는 활동이나, 이로 인해 스트레스와 권태의 지배로부터 벗어나고자 자유, 참여, 자기실현의 욕망과 같은 욕구충족을 실현하기 위하여 여가를 선호하게 되었으며, 이러한 가운데 일상생활로부터의 이탈 현상을 가져왔다.

특히 현대사회에 있어 여가란 취해도 좋고 버려도 좋은 것이 아니라 개인의 균형잡힌 생활양식을 위한 정신과 육체의 건강을 도모할 뿐만 아니라 전 사회경제를 안정시키는 데에도 크게 도움을 준다.

결국 여행을 여가의 일부라고 볼 때 인간에게 여행은 본능적인 활동이며 이러한 활동을 통하여 인간의 삶을 영위할 수 있는 것이다.

2 관광과 여행의 정의

현대사회에 접어들면서 관광과 여행을 구분지어 설명하기란 어렵다. 혹자는 관광이란 인간이 일시적으로 반복되는 일상생활을 벗어나 다시 돌아올 예정으로 타국·타지의 문물 및 제도 등을 시찰하고, 또는 경치를 감상·유람하는 목적으로 여행하는 것이라고 정의하고 있다. 뿐만 아니라 세계관광기구(WTO: World Tourism Organization)도 관광(tourism)은 1년 미만의 기간 동안 일상생활권을 떠나 여가 · 업무 등의 목적으로 여행을 하거나 머무르는 인간의 활동이라고 정의하고 있다.

또한 여행(travel)을 일반적으로 인간이 2개 지역 또는 그 이상의 지리적으로 떨어진 지역을 이동하는 행위, 혹은 단순히 목적이나 동기와 관계없이 한 장소에서 다른 장소로 이동하는 행위라고 여러 학자들에 의해 정의되고 있다.

인간이 노동을 벗어나 다른 시 · 공간에서 행하여지는 제반 활동의 의미로 보면 관광과 여행의 개념이 같을 수 있으나, 관광은 본질적으로 여행의 한 형태라는 관점에서 서로의 개념은 달라져야 할 것이다. 그 예로서 국민의 관광참가율과 여행시장 등의 개념은 관광이 여행 중에서 커다란 의미를 가진다는 것을 강조한 분류개념인 것이다.

근대 이후 여행이란 용어는 일괄해서 관광이라 불리고 있으나, 최근 미국에서는 관광보다는 여행이라는 광범위한 개념을 취하는 것이 보편화되고 있다. 이때의 여행이라는 개념은 관광을 포함하며 관광은 여행의 한 종류로서 인식된다. 결국 관광은 어떠한 목적이나 동기를 가지고 이동하여 일상생활권으로 다시 돌아오는 여가활동의 한 유형이며, 여행은 이러한 목적이나 동기와 관계없이 일상생활권을 벗어나 이동하는 여가활동의 한 유형이라 할 수 있다.

[그림 1-1]은 PLTT, 즉 놀이(play) · 여가(leisure) · 여행(travel) · 관광(tourism)의 상관관계를 나타낸 것으로 결국 관광이라는 개념의 근원은 놀이에서 찾아 볼 수 있다.

[그림 1-1] PLTT의 상관관계

사례

* 관광이란 술어는 다음과 같이 변화되었다. 1746년 영어의 turn(to take a turn)이 1760년 tour(to make a tour)로 바뀌었는데 turn과 tour는 라틴어 tournus(도르래)에서 파생되었다. tour의 접미어 -ist와 -ism의 사용은 1800년과 1811년에 각각 Oxford English Dictionary에서 소개되었다(Fuster 1981).

Tourism은 관광으로 번역하여 사용하고 있으며 이 용어가 영어로 처음 사용된 것은 1811년 『The Sporting Magazine』 스포츠 월간지이다.

한편 동양에서의 관광(觀光)이라는 어원은 B.C. 8세기경 고대 중국의 주나라에서 편찬된 오경(五經) 가운데 하나인 『주역(周易)』에서 관국지광 이용빈우왕(觀國之光 利用賓于王)에서 비롯되었으며, 이는 '나라의 뛰어난 경관과 문화 등을 보여준다는 것은 왕의 손님으로 접대하기에 적합하다'라는 의미이다.

관광이라는 용어가 우리나라에서 처음으로 사용된 것은 고려 예종 11년(1115년)으로 송나라 방문 사신의 조서 부문에서 관광상국 진파숙습(觀光上國 盡把宿習)이라는 내용을 볼 수 있다. 이는 '상국(上國)을 방문하여 문물제도를 시찰하는 것'으로 해석된다. 그 후 1385년 정도전의 『삼봉집(三峰集)』에서 중국북경 신년 가정사의 여행기 제목을 『관광집(觀光集)』으로 소개하는 대목에서 찾아볼 수 있다.

* 여행의 의미를 포함하고 있는 Travel의 어원은 라틴어의 Travail에서 파생되었다. 이것은 고생 혹은 노동(trouble, work)의 의미를 가지고 있으며, 과거 고대 그리스 로마시대의 여행은 특권층이 아닌 서민들에게는 위험과 고역이 따르는 활동이었음을 알 수 있다.

한편 동양에서의 여행(旅行)이라는 용어의 최초 사용 시기는 『예기(禮記)』에서 찾아 볼 수 있는데 여기에서의 旅는 '나그네'를 의미하며 行은 '가다, 돌아다니다'라는 뜻을 담고 있어 여행은 이동의 개념을 포함하고 있다.

3 실버여행의 개념 정의

1) 실버의 유래

실버는 여행관련 비즈니스에서 사용하고 있는 시니어(senior)라는 개념으로서 일본여행업계에서는 숙년(宿年) 혹은 뉴 피프티라는 호칭으로 부르고 있다. 이와 같이 호칭을 변경하여 부르는 이유는 실버라는 용어는 고령자→노인이라는 이미지가 있어서 체력적으로 약하고 정적이라는 이미지가 굳어져 있기 때문이다. 실버라는 말은 1970년대 말 일본의 2차 세계대전 이후의 참전퇴역 군인이나 공직자 출신 장·노년층의 집단거주 지역을 Silver Land로 지칭한 데서 비롯되었고 일반적으로 노인을 뜻한다. 또한 은(silver)은 실버들의 흰 머리카락을 가리키는 상징적인 의미로 '늙었다'는 말과 어두운 이미지를 싫어하는 노인들의 심리를 겨냥하여 '백발'을 '은백의 기품'에 비유한 일본식 조어이다. 그러나 일본의 경우 1970년대 말부터 관광상품의 명칭으로 실버라는 용어를 사용한 적이 있는데, 관광 마케팅에서는 성공하지 못하였다고 한다. 그래서 실버=고령자라는 약한 이미지를 피하기 위하여, 1980년대 후반부터 숙년·시니어·뉴 피프티·오팔(OPAL=Old People

Active Life)이라는 용어를 즐겨 사용하게 되었다. 프랑스에서는 '노인'이라는 용어가 주는 어두운 이미지를 피하고 새로운 세대로 다시 시작한다는 의미에서 제3세대층이라는 용어를 사용하기도 한다. 우리나라에서도 이에 영향을 받아 1990년대부터 '노인'이란 용어 대신 '실버'란 용어를 사용하기 시작하였다. 그러나 이것은 법적 · 행정적으로 규정된 용어가 아니며 용어의 유래에 대하여서도 학술적으로 명확히 기록된 자료가 없다.

2) 실버의 개념

사전에 의하면 실버(silver)란 은퇴를 앞둔 노인이나 노년을 이르는 말이다. 요즈음 은퇴의 시기는 40, 50대의 연령에도 발생하지만 여기서 말하는 은퇴란 생계를 위해 더 이상 경제적인 생활을 하지 않고 여가를 즐기면서 생활하는 연령을 일컫는 말이다. 사회 환경의 변화에 따라 자신과 가족의 생활을 위해 정년 이후에도 경제적인 노력을 하여야만 하는 현실이지만 돈벌이를 위한 주된 노동의 시간이 할애되지 않는 60대 이후의 부류를 실버라고 할 수 있다.

노년층이란 국가들마다 다르게 분류하고 있으며 우리나라에서는 사회 구성원 가운데 노년기에 있는 사람들 즉, 65세 이상을 의미한다.

3) 실버여행의 정의

실버의 개념에서 볼 수 있듯이 실버는 은퇴를 앞두거나 이미 은퇴를 한 노년층을 말한다. 또한 여행이란 일상생활권을 벗어나 다시 돌아올 목적으로 한 장소 혹은 다른 장소로 이동하면서 보고, 먹고, 자고, 경험 등을 하는 활동이다. 따라서 실버여행이란 노년층의 여행이라 할 수 있다.

4) 실버의 유사 용어

- 실버타운 : 노인을 대상으로 돈을 내고 살아갈 수 있도록 주거 시설, 휴양

시설 따위를 갖춘 마을

- 실버산업 : 노인을 상대로 노인을 위한 상품을 제조 · 판매하거나 의료 · 복지 시설을 세우는 따위의 산업
- 실버문화 : 노인들에 의하여 생산되고 향유되는 문화를 통틀어 이르는 말
- 실버도시 : 노인을 대상으로 한 주거 시설, 휴양 시설 따위를 갖춘 도시
- 실버가족 : 노인과 함께 사는 가족. 또는 노인으로 구성된 가족
- 실버넷 : 노인들을 대상으로 하는 인터넷과 관련한 사업
- 실버텔 : 노인들의 입주를 목적으로 지은 호텔식 주거 공간
- 실버폰 : 노인들이 사용하기 쉽게 만든 휴대 전화. 간단한 기능만 탑재하거나 화면이나 번호판 따위를 크게 만든 휴대 전화
- 실버푸드 : 음식물을 씹기 어렵거나 소화 기능이 좋지 않은 노인들이 쉽게 먹을 수 있도록 만든 음식. 죽, 건강식품 따위의 형태
- 실버대학 : 노년기의 삶의 질을 향상시키기 위하여 노인들을 대상으로 평생교육을 실시하는 대학
- 실버 싱글족 : 안정된 경제력을 갖추고 자신의 삶을 만끽하며 홀로 사는 노인. 또는 그런 노인의 무리
- 실버마케팅 : 민간 기업이 시장 원리에 따라 노인들을 대상으로 그들의 욕구를 채워 줄 제품이나 서비스를 개발하여 공급하는 마케팅

4 관광산업의 현상적 범위

앞 절에서 언급한 바와 같이 관광은 맥켄널(MacCannell)이 주장한 그 모든 것에서 대중을 벗어나게 하는 일종의 현대적 의례와 같은 것, '그 모든 것'은 일터, 숙제, 가사 등과 같은 일상적이고 세속적인 생활이다. 관광은 다른 특수한 형태의 도덕생활과 마찬가지로 일정한 시간 동안에만 지속되므로 장기간에 걸친 일상생활과 대조를 이룬다고 하는, 그 범위를 한정할 수 없는 광의의 개념정립을

볼 수 있다. 반면 WTO는 관광의 개념을 1년 미만의 기간 동안 일상생활권을 떠나 여가 · 업무 등의 목적으로 여행을 하거나 머무르는 인간의 활동이라고 정의하고 있다. 이는 관광의 시간적 · 공간적 · 활동적 범위를 어느 정도 한정하고 있으나 이 역시 범위를 국한하는 데는 한계가 있을 수 있다. 따라서 본서에서는 관광현상으로서의 범위를 알아보고 그 범위에 따라 서비스 영역에 해당하는 즉, 관광의 주체인 관광자 혹은 관광객체인 관광대상의 시각에서가 아닌 관광자와 관광대상을 결부 내지 중개역할을 하는 관광매체인 관광사업과 범위를 국내 및 외국으로 구분하여 살펴보고자 하며, 이는 관광서비스의 범주 및 관광서비스 개념정립에 대한 전 단계이기도 하다.

1) 관광현상의 구성체계

관광현상은 매우 복잡하므로 이를 보다 쉽게 이해하기 위해서는 체계론적 사고와 접근방법이 적합하다. 체계론적 사고란 문제의 인식과 해결을 위해 목적과 목표를 설정하고 문제의 부분적 해결보다는 전체적으로 파악하려는 사고방식이다. 관광현상의 범위를 알아보기에 앞서 관광현상을 구성하고 있는 관광체계(tourism system)의 구성요소를 보면 관광체계는 거시적인 환경과 상호작용한다. 관광현상을 둘러싸고 있는 거시적인 환경으로는 정치적 환경, 경제적 환경, 사회 · 문화적 환경, 기술적 환경, 그리고 생태적 환경 등으로 구성된다.

이와 같은 거시적 환경 내에서 서로 상호작용하는 관광체계의 요소를 보면 [그림 1-2]와 같다. 즉 관광현상의 주체적인 요소로서 관광자의 행동에 관련된 관광행동(tourist behavior)요소, 관광현상의 객체적인 요소로 관광대상에 관련된 관광자원(tourism resources)요소, 관광현상의 매체적 요소로서 관광행동과 관광자원을 연결시켜주는 관광산업(tourism industry)요소, 또한 관광현상의 매체적인 요소로서 주로 정부가 개입하는 부분인 관광정책(tourism policy)요소, 마찬가지로 관광현상의 매체적인 성격을 띠고 있는 관광정보(tourism information)요소 등으로 구성된다.

결과적으로 5가지의 관광체계요소는 관광의 3대 요소인 관광주체, 관광객체, 관광매체에서 파생되며 이러한 모든 구성요소들은 관광현상의 범위에 포함시킬 수 있다.

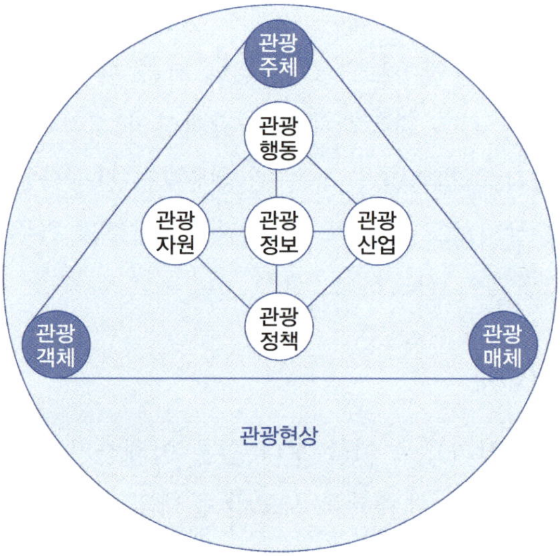

[그림 1-2] 관광현상의 구성체계

2) 우리나라 관광사업의 범위

우리나라 관광 관련 사업의 유형 및 범위는 관광진흥법 제2장 제3조와 관광진흥법 시행령 제2조에서 규정한 관광사업 유형의 세분화에서 볼 수 있다. 그 내용을 보면 아래와 같다.

(1) 여행업

여행자 또는 운송시설 · 숙박시설 그 밖에 여행에 딸리는 시설의 경영자 등을 위하여 당해 그 시설 이용 알선이나 계약체결의 대리, 여행에 관한 안내, 그 밖의 여행 편의를 제공하는 업으로서 일반여행업, 국외여행업, 국내여행업으로 구분하고 있다.

(2) 관광숙박업

관광숙박업은 관광객의 숙박에 적합한 시설을 갖추어 이를 관광객에게 제공하거나 숙박에 딸리는 음식 · 운동 · 오락 · 휴양 · 공연 또는 연수에 적합한 시설 등을 함께 갖추어 이를 이용하게 하는 호텔업과 관광객의 숙박과 취사에 적합한 시설을 갖추어 이를 그 시설의 회원이나 공유자, 그 밖의 관광객에게 제공하거나 숙박에 딸리는 음식 · 운동 · 오락 · 휴양 · 공연 또는 연수에 적합한 시설 등을 함께 갖추어 이를 이용하게 하는 휴양콘도미니엄업으로 구분된다.

또한 호텔업은 관광호텔업(종합관광호텔업, 일반관광호텔업)과 수상관광호텔업, 한국전통호텔업, 가족호텔업, 호스텔업, 소형호텔업, 의료관광호텔업으로 세분되어 있다.

(3) 관광객이용시설업

관광객을 위하여 음식 · 운동 · 오락 · 휴양 · 문화 · 예술 또는 레저 등에 적합한 시설을 갖추어 이를 관광객에게 이용하게 하는 업과 대통령령이 정하는 2종 이상의 시설과 관광숙박업의 시설 등을 함께 갖추어 이를 회원이나 기타 관광객에게 이용하게 하는 업으로 전문휴양업과 종합휴양업(제1종 종합휴양업, 제2종 종합휴양업), 야영장업(일반야영장업, 자동차야영장업), 관광유람선업(일반관광유람선업, 크루즈업), 관광공연장업, 외국인관광 도시민박업, 한옥체험업으로 구분된다.

(4) 국제회의업

국제회의업은 대규모 관광수요를 유발하는 국제회의(세미나·토론회·전시회 등을 포함)를 개최할 수 있는 시설을 설치 · 운영하거나 국제회의의 계획 · 준비 · 진행 등의 업무를 위탁받아 대행하는 업이며, 국제회의시설업과 국제회의기획업으로 구분된다.

(5) 카지노업

전용영업장을 갖추고 주사위 · 트럼프 · 슬롯머신 등 특정한 기구 등을 이용하여 우연의 결과에 따라 특정인에게 재산상의 이익을 주고 다른 참가자에게 손실을 주는 행위 등을 하는 업이다.

(6) 유원시설업

유기시설 또는 유기기구를 갖추어 이를 관광객에게 이용하게 하는 업(다른 영업을 경영하면서 관광객의 유치 또는 광고 등을 목적으로 유기시설 또는 유기기구를 설치하여 이를 이용하게 하는 경우를 포함)이며, 종합유원시설업, 일반유원시설업, 기타유원시설업으로 구분하고 있다.

(7) 관광편의시설업

관광편의시설업은 동법규정에 의한 관광사업 외에 관광진흥에 이바지할 수 있다고 인정되는 사업이나 시설 등을 운영하는 업을 의미하며, 관광유흥음식점업, 관광극장유흥업, 외국인전용 유흥음식점업, 관광식당업, 관광순환버스업, 관광사진업, 여객자동차터미널시설업, 관광펜션업, 관광궤도업, 관광면세업, 관광지원서비스업으로 세분된다.

이와 같이 우리나라 관광법규상 관광사업을 크게 7가지로 분류하여 설명하고 있으며 이것으로서 관광객의 관광활동에 따른 범주를 어느 정도 가늠할 수 있다. 그러나 시간의 변화에 따른 관광객의 욕구가 다양해지고 있기 때문에 구체적으로 그 범위를 한정하여 나타내기란 그리 쉽지 않다.

물론 시대의 변화에 의해 관광객의 욕구와 필요가 다양해져 향후의 관광관련 사업 범위가 달라지겠지만 Gee와 외국의 관광관련 사업의 범위, 그리고 한국의 관광법규상 관광관련 사업을 통합하여 관광산업의 현상적 범위를 보면 [그림 1-3]과 같이 나타낼 수 있겠다.

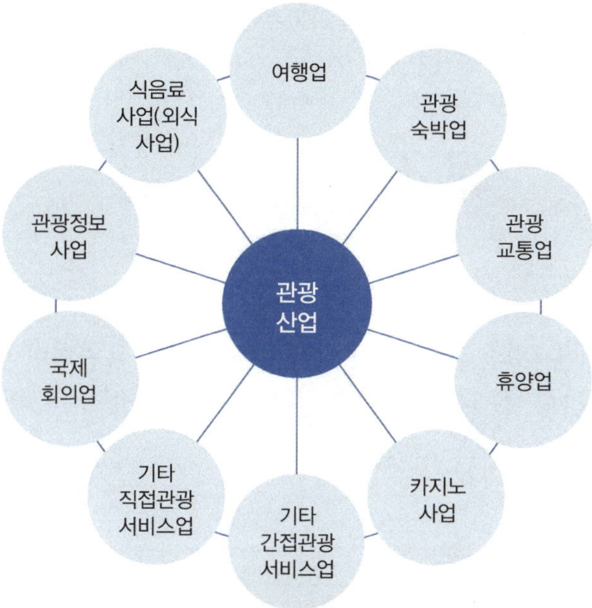

[그림 1-3] 관광산업의 현상적 범위

5 관광자원의 개념 정의

1) 관광자원의 개념

관광자원은 관광의 주체인 관광객의 관광욕구(tourism desire)와 관광동기(tourism motivation)의 대상이 되며, 관광행동의 목표물인 유 · 무형의 모든 관광대상을 말한다. 다시 말해 관광주체(tourism subject)인 관광객이 관광지에서 관광활동을 통해 얻을 수 있는 관광대상, 즉 관광객체(tourism object)가 관광자원이라 할 수 있다. 따라서 관광자원은 관광주체의 욕구충족 여하에 따라 그 가치가 달라지게 된다.

* 관광주체(=관광객), 관광객체(=관광자원, 혹은 관광대상물), 관광매체(=교통, 숙박, 관광관련업체 등)

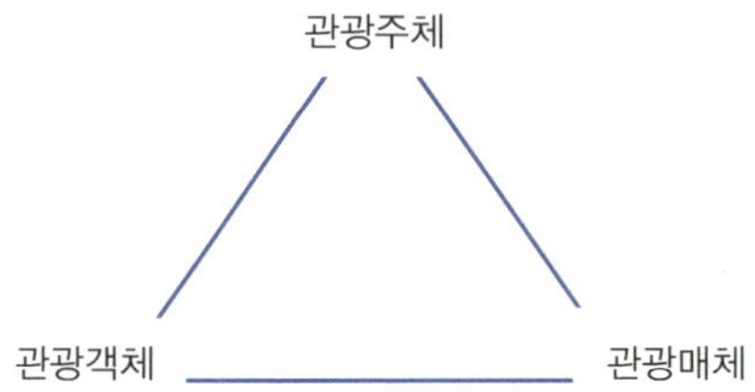

[그림 1-4] 관광의 3대 요소

결국 관광산업은 이와 같은 세 가지 요소들이 서로 독립되어 있으면서 상호작용이 없으면 성립될 수 없으며, 어느 한쪽의 불균형이 이루어져도 관광산업의 커다란 성과를 기대하기란 어렵다.

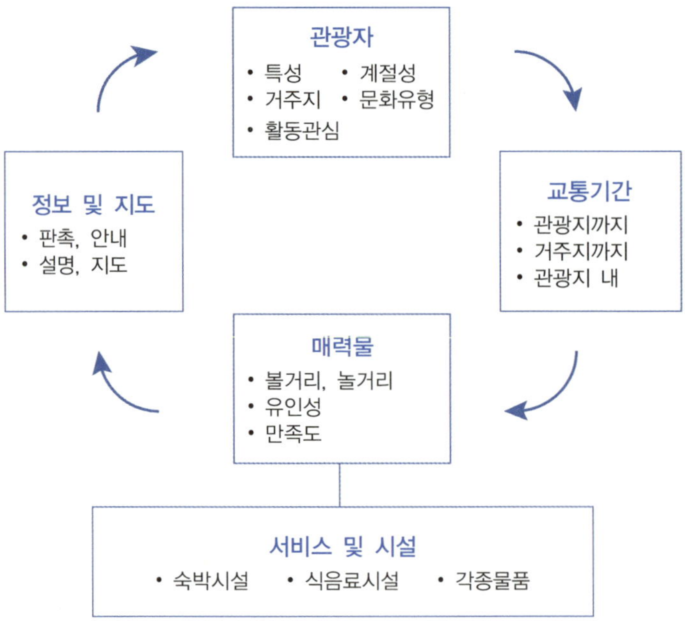

[그림 1-5] 관광의 상호작용

2) 관광자원의 분류

관광자원의 분류는 관광지를 구성하고 있는 사물 즉, 각종의 환경요인 및 요소를 대상으로 하여 관광자원으로서의 역할과 가치평가를 토대로 미래의 관광수요에 대처할 수 있는 각종 잠재적 관광자원의 잠재력을 평가할 객관적인 단위와 기준을 설정함으로써 관광객에 대한 유인력과 수용력을 효율적으로 측정하려는 데 있다. 따라서 관광자원을 분류함에 있어 제반 환경요인을 고려하는 동시에 객관적인 기준이 따라야만 한다.

[그림 1-6] 관광자원의 분류

관광자원의 분류 형태를 종합하여 보면 크게 유형, 무형관광자원으로 구분할 수 있고, 이것은 다시 자연적, 문화적, 사회적, 산업적, 위락적 관광자원으로 나눌 수 있다.

- 자연관광자원 : 자연경관, 풍물, 풍수, 지형, 지질, 기후, 동식물 등
- 문화관광자원 : 유무형문화재, 기념물, 민속자료, 박물관, 미술관 등

- 사회관광자원 : 민족성, 인정, 풍속, 생활양식, 예술, 사회공공시설 등
- 산업관광자원 : 각종 산업단지
- 위락관광자원 : 도시공원, 골프장, 유기시설, 레크레이션시설, 관광단지 등

제2절 관광서비스의 이해

1 관광서비스의 범주

관광서비스의 범주를 설정하기 위해서는 서비스의 개념과 관광의 개념을 이해하는 것으로부터 시작된다. 관광서비스도 다양한 서비스의 유형 가운데 분류된 하나의 서비스 형태이기 때문이다. 서비스는 행위(deeds), 과정(processes) 및 그 결과인 성과(performances)이다. 서비스는 만지고, 보고, 냄새를 맡을 수 있는 유형적인 것이라기보다는 무형적인 행위와 성과이다. 즉 전반적인 서비스는 문제분석, 고객과의 만남, 사후처리 및 보고로 이어지는 '행위, 과정, 성과의 연속선'을 통해 고객에게 전달된다.

한편 서비스는 한 부분에서 다른 곳으로 제공되어지는 본질적으로 무형의 것이고 어떤 소유권도 발생되지 않는 활동이나 편익이다. 즉 경제주체에 대하여 유용한 노동을 하는 행동개념을 서비스로 규정하고 있다.

그 밖에 서비스를 다음과 같이 정의하고 있다.

서비스는 이용 가능한 제 자원(사람, 물건, 시스템)이 유용한 기능을 다하는 것을 가리킨다. 따라서 서비스는 물건을 낳게 하는 원천이 반드시 존재하며, 결국 서비스 주체는 구체적으로 물건이고, 그것이 발휘하는 유용한 기능의 작용이 서비스이다. 결과적으로 서비스는 서비스주체에서 서비스대상이 되게 하는 작용이라고 말할 수 있으며, 서비스 대상은 서비스라고 하는 작용을 받는 것에 의하여 그 이전의 상태에서 변화한다.

그리고 관광이란 무엇인가? 여기에 관한 많은 개념 중 WTO의 관광 개념정립을 보면 1년 미만의 기간 동안 일상생활권을 떠나 여가 · 업무 등의 목적으로 여행을 하거나 머무르는 인간의 활동이라고 정의하고 있다. 이것은 이동(movement)과 시간을 기초로 하여 관광을 개념화한 것이다. 그러나 이러한 개념정의로는 인간의 활동을 내포하고 있는 관광서비스의 범위를 설정하기는 어렵다. 앞서 보았듯이 관광의 개념을 둘러싸고 있는 관광현상의 구성요소에는 관광행동(tourist behavior)요소, 관광자원(tourism resources)요소, 관광산업(tourism industry)요소, 관광정책(tourism policy)요소, 관광정보(tourism information)요소 등으로 되어 있으며, 이러한 5가지의 관광체계요소는 관광의 3대 요소인 관광주체, 관광객체, 관광매체에서 파생된다.

또한 관광가치를 창출하는 관광상품은 어떠한가? 관광상품은 물적자원에 의한 생산부문(식음료, 관광기념품 등)과 시설부문(호텔시설, 주제공원 등)을 내포하고 있는 유형재와 관광종사원의 인적자원의 서비스부문인 무형재를 포함하고 있다. 예를 들어 관광서비스 중 호텔서비스부문에서 제공하는 서비스는 가시적으로 나타나는 제반시설과 식음료, 장비, 소모품 등을 포함하는 물리적인 서비스와 고객과 접객종사원 간의 대인관계적인 인적서비스, 접근성과 편리성 등의 입지, 호텔에 대한 고객의 이미지와 가격 등과 같은 유 · 무형의 서비스 모두가 관광서비스의 범주에 속한다. 그러나 관광서비스는 서비스 그 자체의 본질적인 특성이 있으나 인적서비스에 대한 의존도가 높게 나타난다.

따라서 본서에서는 관광의 개념을 구성하고 있는 관광현상의 모든 요소들이 관광서비스에 해당할 수 있으나, 관광의 주체인 관광자와 관광자원 및 관광대상이 되는 관광객체의 관점이라기보다는 관광자가 관광할 수 있도록 하는 그 행위적인 측면에서 관광매체인 관광산업을 중심으로 관광서비스의 범주를 설정하고자 한다.

2 관광서비스의 개념

혹자는 서비스를 인간이 인간에 대한 봉사라고 칭하면서 서비스의 공업화를 주장하였다. 하지만 이 같은 정의는 과거 초기의 서비스 개념이다. 시간의 흐름에 따라 서비스의 개념이 달라짐과 동시에 관광서비스의 개념 또한 변화하여야 한다. 어느 학자는 관광서비스의 개념을 기능적, 비즈니스(business)적, 구조적 측면에서 정의하고 있는데, 기능적 정의는 관광기업의 수입증대에 기여하기 위한 종사원의 헌신적 봉사하는 자세와 업무에 대해 최선을 다하는 태도, 즉 세심한 봉사정신이다. 비즈니스적 정의로는 관광기업활동을 통하여 고객인 관광객이 호감과 만족을 느끼게 함으로써 비로소 가치를 낳는 지식과 행위의 총체이다. 또한 구조적 정의로서의 관광서비스는 관광기업이 기업활동을 함에 있어서 관광객의 요구에 맞추어 소유권의 이전이 없이 제공하는 상품적 의미의 무형의 행위 또는 편익의 일체라고 언급하고 있다. 그 밖에 전문서비스의 하나인 관광서비스를 관광사업의 영업효과에 직접 관련되는 촉매요소로서 작용하는 정신적 배려행위라 정의하고 있다. 하지만 이러한 관광서비스의 개념들에서는 기업의 궁극적 목적인 이윤추구의 시각으로 보는 견해가 크다.

한편 관광서비스를 관광기업 및 조직이 고객의 욕구를 충족시키기 위해서 제공되는 모든 인간적 활동, 혹은 관광활동 내에 고객인 관광객을 위해 제공되거나 부수되는 욕구충족의 주체적이고 핵심적인 것으로 소득에 의해 소비자효용이 일어나기보다는 행위나 성과에 의해 효용이 나타나는 소유권의 이전이 수반되지 않는 무형행위 또는 편익의 총체로 정의하고 있다. 이는 관광서비스를 단순 소비자가 아닌 지속적인 유착관계에 있는 고객의 시각에서 정의함으로써 한층 변화됨을 엿볼 수 있다. 그러나 이 또한 관광의 범위가 어느 정도 함축되어 있지 않고 있다.

따라서 관광서비스는 "관광의 현상적 범위 내에서 고객인 관광자의 욕구를 충족시켜주기 위해 가능한 한 제 자원을 이용하여 유용한 기능의 행위를 다하는 것"이라고 할 수 있다.

3 관광서비스의 특성

1) 인적서비스의 의존성

서비스가 물질적인 요소 혹은 인적 활동을 중심으로 이루어지고는 있지만 관광상품의 특수성으로 인해 관광서비스는 인적서비스에 의존하는 비중이 매우 크다. 비록 호텔의 외형 및 실내장식이 고객에게 주는 서비스일지라도 고객에 대한 진정한 서비스는 결국 종업원들에 의한 서비스이다. 호텔을 방문하는 고객을 맞이하면서부터 체크아웃(checkout)하기까지의 모든 과정이 종업원의 활동에 의해서 이루어진다. 결국 호텔이미지를 결정하는 요소들은 다양하지만 호텔을 방문하는 고객에게는 호텔요원의 서비스 정도가 이미지를 결정하는 데 큰 변수로 작용한다. 또한 여행업에서의 인건비 지출은 가장 많은 부분을 차지하고 있다. 이것은 인적자원 위주의 서비스를 이행하고 있음을 단편적으로 보여 주고 있는 것이다.

시간의 흐름에 따라 고객의 요구 또한 다양하게 변화하므로 관광서비스에 있어서 인적자원의 전문성은 마땅히 강조되어야 한다.

2) 상호 보완적인 연계성

여행상품을 구매하여 관광을 하는 관광객은 하나의 관광서비스만을 이용하는 것이 아니라 연속적으로 다양한 관광서비스를 받으며 관광을 하게 된다. 예를 들어 제주도 관광을 위한 여행상품을 구매한 고객은 항공기를 탑승하기 위해 공항에 집결하게 된다. 그 이후 항공기 내에서의 기내서비스를 받으면서 제주공항에 도착하면 호텔투숙을 위해 미리 정해 놓은 호텔로 향해 호텔서비스를 받게 된다. 그리고 여행일정에 맞추어 제주관광을 함에 따라 필요한 차량을 통하여 교통서비스를 받게 되며 동시에 지역안내서비스를 받으면서 관광이 이루어진다. 또한 식사를 위한 식음료서비스가 매일 이루어지며, 관광객을 위한 기타 시설, 즉 게임, 나이트클럽, 기념품, 위락 등이 갖추어진 시설에서 다양한 서비스를 고객인 관광객은 받게 된다.

이상으로 볼 때 관광서비스는 한 곳에서가 아닌 여러 곳에서, 그리고 다양한 내용과 함께 상호 보완적이면서 동시다발적으로 이루어지는 연속적인 면을 지니고 있다.

3) 고객욕구에 따른 변동성

관광수요는 매우 탄력적이다. 이것은 여행자의 수입이나 가격적인 면에서 비교적 사소한 변화에도 수요는 매우 큰 비율로 변화한다. 물론 관광이라는 그 자체가 계절성과 여러 환경요인, 즉 경제적인 환경, 정치적인 환경, 사회문화적인 환경, 국제적인 환경 등의 다양한 요인들로 인해 관광서비스와는 별개로 그 수요의 변화가 매우 크게 나타난다. 하지만 여기서 언급하고자 하는 변동성은 고객의 욕구 및 기호의 변화에 따라 그 서비스 또한 다양하게 변모하여야만 하는 것을 의미한다. 무형성을 지닌 여행상품에 대해 고객인 여행객은 각 개인마다 기대하는 욕구가 상이하기 때문에 관광서비스는 여기에 부응하여 충족을 시켜주어야 실제만족을 느낄 수 있다.

결국 고객의 기대와 관광서비스경험에 대한 주관적인 평가인 지각과 일치하도록 하기 위해서는 그들의 끊임없는 욕구에 따라 탄력적으로 변화를 가져다주어야만 한다.

4) 고객참여에 따른 동시성

관광에서 고객은 서비스의 생산과정에 참여한다. 즉 관광서비스가 제공되기 위해서는 고객의 참여가 동시에 이루어져야 한다. 예를 들어 여행상품을 구매한 고객은 여행 중 안내서비스를 받으면서 이루어지는 경우 안내서비스의 제공과 이를 소비하는 과정은 동시에 발생한다. 또한 호텔서비스의 경우 호텔에 투숙하고자 하는 고객이 존재하여야만 호텔에서 발생할 수 있는 제반서비스가 이루어질 수 있다. 즉 호텔의 고객은 손님이 직접 호텔에 찾아와 애용할 것을 필수적인 요건으로 하고 있다. 만일 고객이 직접 호텔에 찾아오지 않은 호텔 경험의 개념(concept)은 그것 자체가 아무런 의미를 갖지 못한다.

이처럼 관광서비스는 고객(관광객)이 존재할 경우에만 발생된다. 아무리 훌륭한 시설과 많은 광고를 하여 인지도가 높아도 고객이 바라는 기대와 욕구에 달하는 서비스가 이루어지지 못하면 점차적으로 고객의 참여도는 떨어지게 된다. 이는 결국 관광서비스기업으로서 서비스를 제공할 기회를 점차 상실하게 만들며, 이후 경영악화를 불러오는 계기를 마련하게 된다.

5) 최고급 지향성

관광서비스를 제공받는 고객은 최고의 서비스를 지향하기 때문에 관광서비스는 최고급 서비스로 이루어져야 한다. 예를 들어 항공교통을 이용하게 되는 관광객은 항공요금, 안전성과 기내서비스의 정도 등에 따라 항공사를 선택할 것이며, 이에 따라 여러 항공사에서는 이러한 여건들을 최적화하고 최대한 높여 고객에게 제공하려고 한다. 관광서비스는 기계적인 서비스가 아닌 개별적인 인간의 서비스로 이루어지므로 최고급 서비스를 위한 서비스요원의 투철한 정신자세는 매우 중요시된다. 인적 서비스 상품은 균일 되게 표준화(standardize)하기가 어렵다. 개별 고객마다 성격도 다르고 욕구도 다르다. 이처럼 고객이 달라지면 서비스도 달라지고, 최일선에서 접객하는 서비스 요원이 누구냐에 따라 제공하는 서비스도 약간씩 차이가 있게 마련이다. 따라서 관광서비스를 제공받는 고객 모두에게 만족된 서비스가 이루어지도록 하기 위해서는 관광기업은 물론 관광서비스요원 각 개인의 끊임없는 자기개발이 필요하다.

4 관광서비스의 구성

1) 관광서비스의 기능적 요소

관광서비스가 형성되기 위해서는 어떠한 요소들이 갖추어져야만 하는가?

첫째, 관광서비스상품을 구매 혹은 이용하거나 제공받아서 소비하는 고객이 있어야 한다. 고객은 관광서비스의 핵심인 셈이다. 고객은 아무리 훌륭한 관광서비스를 제공하여도 지속적으로 고객의 욕구에 충족되지 못하는 관광서비스상품은 재구매의 효과를 누릴 수 없을 것이다. 고객이 존재하지 않으면 관광서비스는 성립될 수 없다.

둘째, 최일선에서 고객에게 관광서비스를 제공하고 전달하는 접객종사원이다. 고객이 관광서비스의 질을 평가함에 있어 다양한 요인들에 의해서 평가되고 있으나 특히 고객을 직접적으로 맞이하는 종사원의 서비스는 매우 중요한 요인이 되고 있다. 따라서 접객종사원은 고객과 가장 밀착관계에 있으므로 고객지향의 서비스를 제공할 수 있도록 하여야 한다.

셋째, 관광서비스가 제공되기 위해서는 관광시설, 기구 등과 같은 하드(hard)적인 물리적 환경과 소프트(soft)적인 기획, 전략, 조직 등을 갖춘 관광기업이 있어야 한다. 이러한 관광서비스기업은 무엇보다도 고객 위주의 서비스를 제공할 수 있도록 물리적인 환경뿐만 아니라 전사적인 종사원을 고객으로 보는 시각이 필요하다.

넷째, 고객인 관광객에게 관광서비스를 제공하기 위해서는 관광대상인 관광매력물이 있어야 한다. 물론 관광기업이 소유하고 있는 호텔이나 리조트, 그리고 관광식당 등은 그 자체가 관광매력물이 될 수 있으나 관광지에서의 관광안내서비스를 위해선 관광대상이 있어야 관광서비스가 이루어질 수 있다.

다섯째, 고객에게 관광서비스를 전달하기 위해서는 관광에 필요한 지원시스템이 형성되어야만 한다. 아무리 좋은 여행상품과 인솔자가 있다 하여도 관광할 수 있는 여건이 조성되어 있지 않으면 관광서비스는 이루어질 수 없다. 즉 도로 확보, 전기공급, 상·하수도 등과 같은 관광을 위한 지원시스템이 갖추어져야만 관광서비스가 이루어질 수 있다.

[그림 1-7]은 관광서비스의 기능이 형성되기 위한 요소들을 나타낸 것이다.

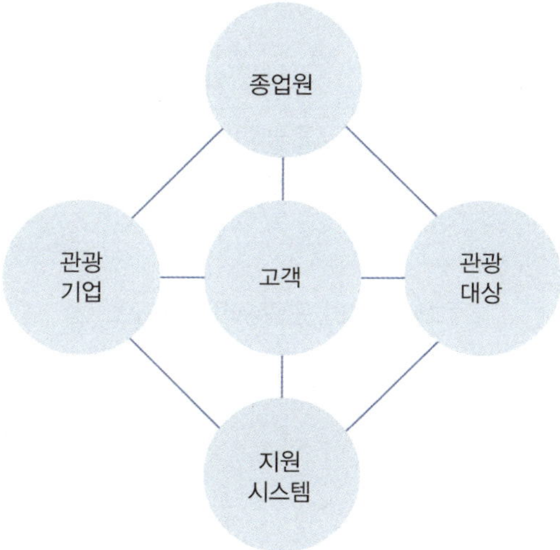

[그림 1-7] 관광서비스의 기능적 요소

2) 관광서비스의 구조

고객에게 관광서비스를 제공하여 운영되는 기업은 물리적인 환경 그 자체가 관광서비스가 될 수 있는가 하면, 고객에게 전달될 서비스를 생산하는 보이지 않는 부문 또한 관광서비스로서 매우 중요한 부분이다. 예를 들어 호텔식당에서 일품요리를 고객에게 제공하기 위해서는 고객이 직접 볼 수 없는 주방에서 훌륭한 맛과 정갈한 모양, 그리고 청결과 시간 등의 서비스 요소들로 구성되어져 접객종사원에 의해 서빙(serving)이 이루어진다. 외관상 아무리 훌륭한 호텔의 모습과 훌륭한 접객종사원의 서비스가 이루어진다 하여도 훌륭한 음식이 고객에게 제공되지 않으면 서비스는 나쁘게 평가된다. 이같이 관광서비스는 고객의 관점에서 보면 보이지 않는 생산부문과 보이는 전달부문으로 구성되어 있다.

이상과 같이 보이지 않는 부문에서 이루어지는 후방서비스와 보이는 전방부문에서의 서비스를 나타내어 보면 [그림 1-8]과 같다. 결국 관광서비스는 고객이 볼 수 없는 부분까지도 포함되어 하나의 상품으로 고객에게 전달된다.

<table>
<tr><th>생산부문 관광서비스</th><th colspan="2">전달부문 관광서비스</th></tr>
<tr><td rowspan="3">여행사의 여행상품 기획,
호텔/식음료업체의 주방,
숙박업체의 세탁 등</td><td>접객종사원 서비스</td><td rowspan="3">정보, 광고,
판매, 대행, 조사,
가격 등의 서비스</td></tr>
<tr><td>관광서비스 시설</td></tr>
<tr><td>지원 시스템</td></tr>
<tr><td>후 방</td><td colspan="2">전 방</td></tr>
</table>

[그림 1-8] 관광서비스의 구조

CHAPTER 02 실버여행의 기초이론

여행업의 전반적 이해

제1절 여행업의 의의 및 역할

1 여행업의 의의

1) 여행업의 생성과정

관광 · 여행의 역사에서 살펴볼 수 있듯이 이들의 발달과정 가운데 중요한 요인 중의 하나가 되는 것은 교통수단의 발달이다. 세계적으로 초기의 여행객들은 걸어서 혹은 짐을 나르는 동물을 이용하여 이동하였으며, 시간이 흐르면서 육로의 발달과 더불어 바퀴를 이용한 이동이 성행하였다. 뿐만 아니라 수로를 통한 배의 사용은 국경을 넘나들면서 여행하는 매우 좋은 교통수단이 되었다.

그 이후 1825년 영국에서 최초로 소개된 철도는 관광 · 여행에 큰 변화를 가져오게 되었다. 1830년부터 승객들을 운송하기 시작한 철도의 건설은 리버풀(Liverpool)과 맨체스터(Manchester) 간에 세워져 승객들에게 식음료를 제공하기도 하였다. 이같은 철도건설의 획기적인 변화는 많은 사람을 이동하게 만들었으며, 많은 사람들로 하여금 이용 가능케 하였다.

결국 1841년 영국인 토마스 쿡(Thomas Cook)으로부터 여행업이 시작되었다. 그는 루브르(Loughborough)에서 리체스터(Leicester)까지 열차를 전세내어 570명의 승객을 모집하였으며 철도회사로부터 승차권 판매에 관한 수수료를 받았다. 그 후 그는 1855년에 프랑스 파리에서 열린 산업박람회 관람을 위한 국제관광을 최초로 기획하였다. 결국 그는 여행을 하나의 사업으로 성장하게 한 점에서 근대 여행업의 대부라 불리고 있다.

미국에서도 1850년에 아메리칸 익스프레스(American Express)사의 등장으로 여행업이 시작되었다. 이 회사는 1858년 애틀랜틱 로열 기선사(Atlantic Royal Steamship Co.)의 예약대리점으로 여행업무를 시작하였다. 또한 1881년에는 여행자수표(travelers cheque)의 발행을 통해 판매사업을 확장하는 동시에 부동산업과 보험중개업을 여행업무에 첨가시킴으로 인해 여행업자로서의 경영다각화를 실시하였다(Armin D. Lehmann, 1978: 9).

미국에서는 1908년 핸리 포드(Henry Ford)가 자동차를 생산 · 판매함에 따라 여행자의 수를 급증하게 만들었다. 자동차 생산의 증가와 더불어 도로망의 확충은 일반대중들로 하여금 여행을 손쉽게 하였으며, 자동차는 제일 중요한 교통수단이 되었다.

그리고 국제관광 및 장거리 여행을 용이하게 한 것은 항공기의 출현이라 할 수 있다. 1926년 미국의 바니 에어라인(Varney Airline)의 정기우편 비행서비스를 시작으로 상용 제트기인 보잉 707(Boeing 707)의 등장은 항공교통수단의 중요성을 인식시켜주었다.

이와 같이 여행을 하나의 사업으로 전환시킨 계기는 교통수단의 발달과 인간에 있어 여행의 필요성에서 엿볼 수 있다. 즉 여행자로 하여금 여행활동을 손쉽게 할 수 있도록 함과 동시에 즐거움을 제공하려는 노력이 지금의 여행업을 존재하게 하였다.

2) 여행업의 개념

여행업에 관한 개념정의는 법률적인 측면과 현상적인 측면에서 주로 논의되고 있다. 국내외 여러 많은 학자들에 의해 여행업은 정의되고 있으나 여기서는 현재 우리나라에 적용되고 있는 법률상의 정의와 국외 관광관련 단체에서 정의하고 있는 내용을 토대로 살펴보고자 한다.

먼저 국내 관광진흥법(제2장 제3조)에 명시되어 있는 여행업의 정의 내용을 보면 "여행자 또는 운송시설 · 숙박시설, 그 밖에 여행에 딸리는 시설의 경영자 등을 위하여 그 시설이용의 알선이나 계약체결의 대리, 여행에 관한 안내, 그 밖의 여행 편의를 제공하는 업"이라고 명시하고 있다.

한편 미국여행업협회(ASTA: America Society of Travel Agents)에서는 "일반적으로 관광관련 사업자를 대신하여 제3자와 계약을 체결하고 이것을 변경 내지 취소할 수 있는 권한이 부여된 자를 말하며, 관광관련 사업자란 여행업자에 의하여 대리되는 법인 또는 개인으로서 항공사, 철도, 보스회사, 렌터카, 호텔, 음식점 등을 포함한다"라고 여행업을 정의하고 있다.

여행업에 관한 이러한 개념정의를 좀더 구체적으로 정리하여 보면 다음과 같다.

첫째, 여행업은 여행자를 위하여 운송, 숙박, 기타에 부수되는 시설의 이용을 알선하거나 계약체결을 대리하여 주는 사업이라 할 수 있다.

2 여행업의 업무

여행사에서 행하여지는 일반적인 업무의 유형은 다양하게 나타날 수 있으나 보편적으로 여행상품을 고객에게 생산 · 판매하는 과정에서 보면 다음과 같은 업무를 수행한다.

1) 여행상품 생산업무

세계관광기구(WTO)는 여행상품을 여행목적지 · 숙박 · 교통수단 · 보조서비스와 관광매력을 결합시킨 것으로 정의하고 있다. 즉 여행상품이란 여행자가 여행활동 중에 이용하게 되는 시설 및 제반 서비스 등을 일컫는다. 이와 같은 여행상품은 여행사의 여행기획과 여행시설공급업자의 여러 시설공급에 의한 결합체로서 항공 및 교통수단, 호텔, 음식점, 관광편의시설물, 관광대상물, 쇼핑센터, 기타 안내원 등의 서비스 등 여러 가지 요소로 구성되어 있다.

최근에 여행사의 상품적 가치는 경성적(hardware) 측면보다 연성적 측면의 비중이 높아져 가고 있다고 볼 수 있다. 이러한 여행상품의 구성요소는 아래 표와 같을 수 있다(이수길 외, 2000).

교통기관 · 숙박기관 · 음식 · 쇼핑 · 여행목적물 여행용품 · 안내원 · 여행수속 · 지원재 및 연결체계	
경성적 측면 (hardware)	• 교통기관 : 항공기, 선박, 자동차, 케이블카, 마차 등 • 숙박시설 : 호텔, 모텔 등 각종 숙박시설 • 관광시설 : 유원지, 박물관, 명승지, 식당, 운동시설 등 편의시설
연성적 측면 (software)	• 교통기관 : 기내 · 차내의 서비스 • 숙박시설 : 단순 숙박시설뿐만 아니라 마음의 휴식처로서의 기능 • 관광시설 : 관광욕구의 만족도, 사전학습, 여유있는 시간, 미각, 주위의 환경, 종업원의 서비스, 가격, 분위기 등

[그림 1-9] 여행상품의 구성요소

여행사의 여러 업무 가운데 여행을 상품으로 생산하고 이러한 상품을 판매하는 것은 여행업의 가장 큰 매력이라 할 수 있다. 먼저 여행상품을 기획하고 생산하기에 앞서 여행상품의 특성을 파악하고 일반제품과의 차이를 알아보면 다음과 같다.

여행상품의 일반적 특성은 1) 무형성 2)동시성 3) 이질성 4) 비저장성 5) 계절성 6) 결합성 7) 모방성 8) 소멸성 등으로 나타낼 수 있다. 여행상품의 개발은 고객인 여행객이 이 상품을 구입하여 판매될 수 있을 것인가를 고려해야 하며, 또한 판매된 상품으로 인해 회사에 어느 정도 수익을 발생시킬 수 있는가를 검토하여야 한다.

그 밖에 여행상품 생산에 따른 세부내용을 보면, 여정작성, 원가계산, 수배, 통역 및 첨승, 수속대행 등이 있으며 이 같은 각각의 업무가 포함되어 하나의 여행

상품이 생산된다.

2) 여행상품 판매업무

여행상품 판매업무는 세분화되어 이루어진다. 국내여행상품의 판매는 주로 판매부서의 영업사원과 여행사의 카운터(counter)에서 담당하고 있으며, 여행상품의 판매형태는 개인판매, 단체판매, 카운터판매 등으로 나눌 수 있다. 또한 여행상품의 판매수단으로는 전화판매, 방문판매, DM판매, 광고판매 등이 있다.

이러한 여행상품 판매업무는 여행상품의 소비자가 되는 여행객에게 자사의 상품을 구매토록 하려면 여행상품에 관한 많은 지식과 설득력 있는 화술을 익혀야 한다.

특히 전화판매와 같은 경우 상품에 관한 많은 정보와 상담기술이 필수적이므로 전화상담서비스 실무를 습득하여야 한다.

3) 여행자 안내업무

여행자 안내업무는 여행활동 중에 여행자에게 보다 더 많은 만족을 느끼게 하고 순간의 기억을 할 수 있도록 하는 여행사의 여러 업무 가운데 주요한 업무의 하나이다. 이 같은 안내업무가 자국 내에서 이루어지면 국내여행자안내가 되는 것이다. 안내업무는 여행자가 관광대상인 관광지를 방문하기에 앞서 이동하는 기간 동안 제반안내에 관한 사항과 관광지역 및 관광대상물에 관한 역사, 사회, 문화, 지리 등을 설명과 더불어 여행자를 수행하는 것이다.

국내여행안내업무는 여행출발지에서부터 여행자와 함께 동승하여 여행안내를 하는 첨승안내와 관광지 내의 특정지역에서 여행자를 안내하는 특정안내로 구분할 수 있다. 이와 같이 국내여행자안내 업무는 국내관광지를 여행하면서 여행자에게 보다 많은 정보와 지식을 전달해 주어야 하므로 국내관광지 및 기타 일반상식에 관한 제반 사항을 숙지하여야 한다. 뿐만 아니라 여행안내는 언어의 표현으로 주로 이루어지기 때문에 언어구사능력을 익혀 여행자에게 전해지는 제반 서비스(service)가 충족될 수 있도록 하여야 한다.

4) 수배업무

국내여행에 있어 수배업무는 국내여행을 하려는 여행자의 요청에 따라 그들이 원하는 교통수단, 숙박시설, 음식점, 유기시설 등의 예약을 행하는 동시에 여행에 필요한 제반 요소를 확보하여 여행자가 여행활동 시 불편함이 없도록 제반 사항을 대행하는 것을 의미한다.

수배업무에서 여행자가 원하는 정확하고 저렴한 조건을 갖춘 여행소재를 조달할 수 있다는 것은 곧 자사의 수익증대를 가져온다. 따라서 수배업무를 하는데 있어 반드시 갖추어야 할 사항을 열거하여 보면 다음과 같다.

첫째, 정확성	둘째, 신속성
셋째, 재확인성	넷째, 경제성

5) 티켓(ticket) 판매업무

국내여행자는 여행활동을 위해서 여러 이용권을 구매한다. 즉 항공권, 승선권, 승차권, 입장권 등을 현지 관광지에서 구매하기도 하지만, 편의상 여행사 혹은 관광관련 업체에서 이용권을 구매할 수 있다. 바꿔 말하면 관광관련 업자(principal)를 대신하여 이용권을 판매하는 것이므로 거기에 따른 수수료를 제공받는다. 따라서 이러한 이용권 판매는 일반제품을 판매하는 것처럼 소비자에게 전달되는 것이 아니라 관광관련 시설업자와의 약속에 의해서 판매되어진다. 결국 많은 여행업체는 이 같은 여행 이용권을 대행판매하여 기본적인 수익을 창출하고 있다.

6) 기타 업무

국내여행과 관련된 위와 같은 여러 업무 외에도 여권수속과 같은 수속대행업무와 관광보험가입에 관한 대행업무, 그리고 특별 관광지역에 대한 방문수속업무 등의 업무가 있다.

3 여행업의 구조

이와 같이 국내 관광진흥법에 의해 규정된 여행업은 "여행자 또는 운송시설 · 숙박시설 그 밖에 여행에 딸리는 시설의 경영자 등을 위하여 그 시설이용의 알선이나 계약체결의 대리, 여행에 관한 안내, 그 밖의 여행 편의를 제공하는 업"으로 정의하고 있다. 결국 고객에 따른 여행서비스란 여행상품을 생산 · 판매하고 관광자를 안내하며 관광자와 관광관련 업자(principal)를 위하여 상호알선하고, 관광관련 사업자의 사용권을 매매함과 동시에 기타 관광에 필요한 업무를 수행하는 여행사 내의 관광서비스이다.

하지만 여행사 내에서 행해지는 모든 구성원의 서비스가 고객과의 직접적인 대면으로 서비스가 이루어지는 것은 아니다. 또한 여행업의 유형은 내국인의 국내 · 외 여행 및 외국인의 외래관광 모두의 업무기능을 담당하는 일반여행업과 내국인의 국외여행의 업무를 담당하는 국외여행업, 그리고 내국인을 대상으로 국내여행을 알선하는 국내여행으로 나뉜다. 이와 같이 여행업의 유형에 따라 기능과 서비스의 영역이 달라지겠지만 이 모두를 종합하여 볼 때 여행업의 서비스를 핵심서비스와 부가서비스로 나누어 살펴보면 아래와 같다.

1) 핵심서비스

여행서비스의 핵심서비스는 먼저 카운터서비스로서 관광객을 관광할 수 있도록 도와주는 상담서비스와 항공예약발권서비스를 포함하고 있으며, 숙박 및 교통, 그리고 음식점 등을 이용 가능하도록 수배하는 수배서비스가 있다. 그리고 안내서비스로 이것은 국외관광자를 대상으로 출발공항서부터 여행일정을 마치고 귀국하여 해산할 때까지 인솔역할을 하는 국외여행인솔서비스와 외래관광객을 대상으로 하는 통역 및 안내서비스를 포함하고 있으며, 비자 및 여권 등을 대행하는 수속대행서비스 등이 있다.

(1) 카운터서비스

여행을 하고자 하는 고객은 여행사의 카운터 직원과 첫 면담을 통하여 여행상품에 관하여 문의하게 된다. 상담 후 고객은 자신이 원하던 여행일정과 적합성 등에 따라 여행상품선택 여부를 결정하게 된다. 따라서 카운터서비스는 고객에게 그 여행사의 이미지와 여행상품의 구매가능성을 불어넣을 수 있는 매우 중요한 서비스이다.

카운터상담서비스의 내용을 보면 여행상품에 관한 상담, 숙박 및 항공 등의 교통편 상담 및 예약·발권, 여행일정의 작성 및 접수, 여행관련 정보제공 등과 같은 서비스가 포함된다.

(2) 수배서비스

수배서비스는 고객의 신청에 따라 희망하는 운송 및 숙박 등의 관광관련 업체에 대해 각각의 예약으로 여행에 필요한 제반요소를 확보하여 관광하고자 하는 고객에게 보다 편리함을 제공토록 하는 서비스이다. 따라서 수배서비스는 고객이 원하는 것을 정확히 이해하여 관광관련 공급업체에 정확한 내용을 신속하게 처리하여 고객의 여정에 불편함이 없도록 하여야 한다. 또한 수배활동은 대부분 전화에 의해 이루어지므로 정확하게 기록하는 것이 매우 중요하다. 이러한 기록 내용에 의해 여정이 변동될 수 있기 때문이다. 그뿐만 아니라 수배서비스의 실시 중에는 고객의 요구사항에 틀림이 없도록 하기 위한 반복적인 확인작업이 필요하다.

수배서비스의 내용을 보면 교통, 호텔숙박, 음식점, 관광지, 편의시설 등에 관한 예약이 이루어질 수 있도록 하는 서비스이다.

(3) 안내서비스

여행상품의 특성상 고객인 관광객은 여행과정 중 다양한 서비스를 받게 되는데 그중 안내서비스는 그 결과에 따라 여행사의 이미지에 큰 영향을 미칠 수 있다. 안내서비스는 내국인 관광객이 국외여행을 할 경우 인솔하는 국외여행인솔서비스와 외국인 관광객이 국내여행을 안내하는 통역 및 안내서비스로 구분된다.

TE(tour escort), 혹은 Tour Leader, TC(tour conductor) 등으로 불리는 국외여행인솔서비스 담당자는 국외여행의 출발준비로부터 여행종료에 이르기까지 전 과정을 지휘하고 통제하면서 회사를 대표하는 역할을 하므로 매우 훌륭한 서비스가 요구된다. 또한 외국인 관광객을 상대로 통역 및 안내를 담당하는 통역안내원은 회사의 이미지뿐만 아니라 국가의 이미지가 평가될 수 있으므로 그 역할 또한 매우 중요하다.

(4) 수속대행서비스

국외여행을 실시할 경우 여권 및 비자발급은 반드시 이루어져야 하는 것으로 수속대행서비스는 주로 관광객을 위해서 여권 및 비자발급을 대행하는 서비스이다. 물론 이러한 서비스는 여행사의 고유 서비스영역은 아니지만 대고객 서비스 차원에서 신속한 처리가 이루어져야만 하는 서비스이다.

수속대행서비스의 내용으로는 여권 및 비자발급, 보험, 환전 등이 포함된다.

2) 부가서비스

핵심서비스는 같은 유형의 업종에서 모두 이루어지는 서비스이지만 부가서비스는 고객에게 보다 차별화된 서비스로 제공하여 경쟁력을 갖게 함을 그 목적으로 하고 있다. 여행서비스에서의 부가서비스는 업체들마다 다양하게 제공되고 있으나 대략적인 서비스의 형태를 보면 다음과 같다.

먼저 여행정보서비스가 있다. 이것은 온라인(on-line)과 오프라인(off-line)을 통하여 저렴하고 실속있는 다양한 신 여행상품에 대한 정보를 기존고객 혹은 잠재고객에게 제공함으로 인해 고객이 여행상품 및 핵심서비스를 이용하도록 하는 것이다.

그리고 여행에 관한 제반 의문사항을 직접 방문하여 상담하는 방문상담서비스가 있다. 또한 여행에 필요한 각종 서류 등의 준비를 대행하여 고객의 편의를 도모하는 것 또한 부가서비스에 포함되며, 단체 및 개인여행의 출국 시 공항에서 탑승수속을 위한 센딩(sending)이나 입국 시 고객을 맞이하는 미팅(meeting)과 같은 서비스가 있다. 그리고 여행을 마친 이후 고객과의 지속적인 유대관계를 갖기 위한 관계서비스가 부가서비스로 이루어진다.

[그림 1-10]은 여행서비스의 범위, 그리고 [그림 1-11]은 여행서비스의 흐름도를 나타낸 것이다.

[그림 1-10] 여행서비스의 범위

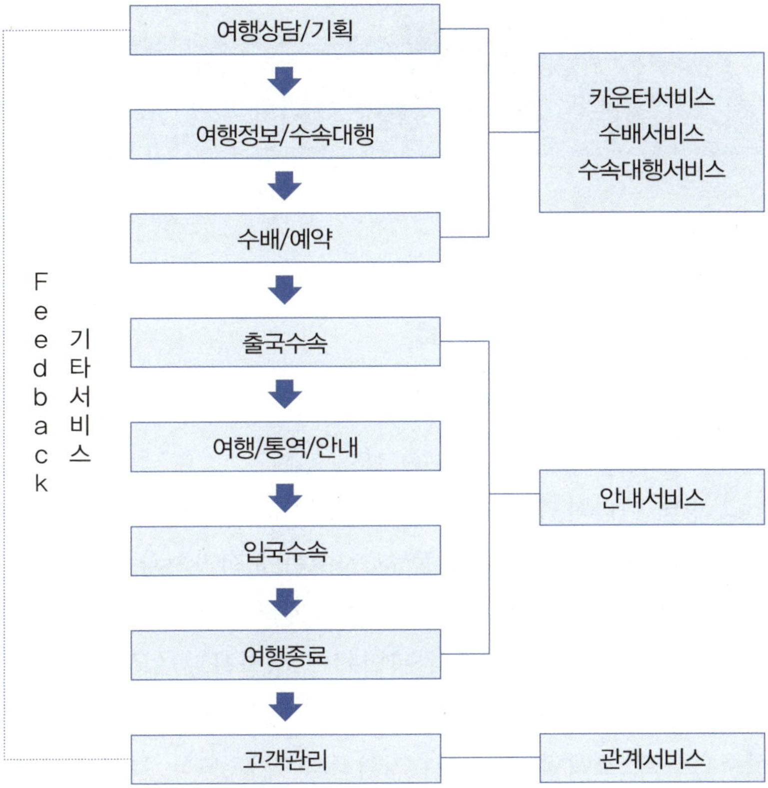

[그림 1-11] 여행서비스의 흐름도

CHAPTER 03 실버여행의 기초이론

여행상품 기획의 전반적 이해

제1절 여행상품의 이해

1 여행상품의 개념

상품은 그 형태 여하와 형태 유무에 관계없이 고객에게 그 상품을 사용함으로써 만족을 줄 수 있어야 하며, 또 상품 그 자체는 문화가치와 사용가치가 있어야 한다. 관광부문에 있어서 상품은 대부분이 무형의 추상적인 상품인 '서비스'이다. 관광상품을 광의로 해석하면 관광업계가 생산하는 일체의 재화 및 용역(service)이라고 할 수 있으며, 이는 고객인 관광 여행자를 만족시킬 수 있는 유·무형의 상품으로서, 고객이 매입하는 기념품과 각종 음식, 특산물 등과 같은 유형적인 상품과 서비스, 즉 관광안내, 온천욕, 여객운송, 게임 등과 같은 무형적인 상품도 있다. 그러나 관광상품의 주류를 이루고 있는 것은 서비스 상품이므로 그중 가장 큰 비중을 차지하는 것이 여행상품이다.

2 관광상품과 여행상품과의 관계

- 관광상품
  - 여행상품
    - 관광객구분
      - 국내여행 상품
      - 국외여행 상품
      - 국제여행 상품
    - 제조과정
      - 기획 상품
      - 주문 상품
      - 소매 상품
  - 숙박상품
  - 교통수단 이용
  - 음식점
  - 쇼핑
  - 기타(사진, 입장료) 등

3 관광법규상 기획여행의 개념

1) 기획여행의 의미

관광진흥법 제12조에서 제4조 제1항의 규정에 의하여 여행업의 등록을 한 자가 문화관광부령이 정하는 요건을 갖추어 문화관광부령이 정하는 바에 따라 기획여행을 할 수 있다.

기획여행은 사전에 여행사가 여행상품을 생산하여 여행상품을 모집하고 판매하는 형태를 의미한다. 즉 여행사가 사전에 여행소재(교통수단, 숙박시설, 음식시설, 위락시설 등)를 대량으로 구입하여 상품을 기획, 생산해 낸 다음 여행자를 모집하여 일정기간 동안 송객을 하는 여행이다. 이러한 기획여행 형태를 상품화한 것이 Package Tour이다.

이에 따라 관광진흥법에서는 여행업을 경영하는 자가 국외여행을 하고자 하는 여행자를 위하여 여행의 목적지, 일정, 여행자가 제공받을 운송 또는 숙박 등의 서비스 내용과 그 요금 등에 관한 사항을 미리 정하고 이에 참가하는 여행자를 모집하여 실시하는 여행을 규정하고 있다.

2) 기획여행의 광고

기획여행 상품을 소비자에게 판매하려면 광고라는 마케팅 수단을 사용해야 한다. 이러한 광고 과정에서 소비자를 현혹시키는 과대광고가 있을 수 있다. 따라서 관광진흥법에서는 이러한 문제점을 해결하기 위하여 기획여행의 신고를 한 자가 기획여행을 실시하기 위하여 광고를 이용할 때에는 다음 사항을 광고 등에 표시하여야 한다고 규정하고 있다.

첫째, 여행업의 등록번호 상호, 소재지 및 등록관청
둘째, 기획여행명, 여행일정 및 주요여행지
셋째, 여행경비
넷째, 교통, 숙박 및 식사 등 여행자가 제공받을 서비스의 내용
다섯째, 최저 여행 인원
여섯째, 보증보험 등의 가입 또는 영업보증금의 예치 내용
일곱째, 여행일정 변경 시 여행자의 사전 동의 규정
여덟째, 여행목적지(국가 및 지역)의 여행경보 단계

4 여행상품의 종류

여행상품이란 여행업자가 호텔, 숙박, 교통, 관광시설 등의 관광관련 업자의 소재를 결합하여 소비자에게 판매를 목적으로 기획하여 생산된 상품을 말한다. 여행상품의 종류는 여행과 제작형태 그리고 참가형태, 상품요소의 구성 등에 따라 여러 가지로 나뉜다.

(1) **일반적 분류** : 국내여행상품, 국외여행상품, 외래여행상품 등
(2) **참가규모에 의한 분류** : 개인여행상품, 단체여행상품 등
(3) **참가층에 의한 분류** : 수학여행(혹은 졸업여행), 신혼여행, 중년층여행, 노년층 여행 등

(4) 여행형태에 의한 분류 : 패키지 여행상품, 인센티브형 여행상품, 유연단체(의사, 교수 등), 옵션형 여행상품 등

(5) 기타

5 여행상품의 판매

여행서비스의 무형성을 지니고 있는 여행상품의 판매는 여행상품을 누가 기획하여 어떠한 경로를 통하여 고객에게 전달되는지에 따라 달라진다. 즉 여행도매업자(travel wholesaler)와 여행소매업자(travel retailer), 그리고 지상수배업자(tour operator)의 유통중개업자에 따라 그 유통과정이 변화된다. 여행상품의 일반적인 유통경로는 ①여행소재생산자 → 고객 ②여행소재생산자 → 여행사 → 고객 ③여행소재생산자 → 지상수배업자 → 여행사 고객 등의 형태를 취하고 있다.

제2절 여행상품의 기획

1 여행상품의 특성

여행상품은 일반 제조상품과는 여러 가지 차이가 있다. 여행상품의 이러한 상이점을 이해하는 것은, 판매와 마케팅 활동 등 여행사의 경영은 일반기업과는 다르게 전개해야 한다는 것을 의미한다.

첫째, 무형성
둘째, 생산 방법
셋째, 소멸성
넷째, 유통채널
다섯째, 가격결정

여섯째, 계절성

2 여행상품 개발의 중요성

오늘날과 같은 기업 간 경쟁하에서는 어떤 유형의 기업이든 그 기업이 유지되거나 성장하기 위해서는 신상품의 개발이 절대적이다. 다시 말하면 시장점유율의 확보, 확대 내지 만회를 위해서는 신상품의 끊임없는 개발이 그 전제조건이며 그것이 고객창조의 지름길인 동시에 기업활동의 핵심인 것이다. 이와 같이 신상품 개발이 중요한 요인은

첫째, 시장의 변화
둘째, 경쟁의 격화
셋째, 기업의 성장과 수익의 확보

3 여행상품 개발 시 고려사항

여행상품 개발 시 고려해야 할 사항은 사전에 검토해야 할 내용이 선결된 후에 여행상품을 상품화하는 과정으로 이어져야 할 것이다. 특히 시대변화에 따른 고객, 즉 여행자의 기호변화에 부흥하는 상품이 출시되어야 한다. 사전 검토사항은 다음과 같다.

1) 시장성

현재 여행사가 판매하는 상품에 적합한 판매경로로 새롭게 제작되는 상품의 판매 및 유통경로로도 적합한지 파악해야 할 것이다. 또한 동일한 품질을 갖춘 경쟁상품이 있다면 자사상품의 차별화 되는 비교우위가 있어야 한다. 아울러 여행상품의 독특성과 창조성을 갖춰야 할 것이다.

2) 영속성

여행상품이 항공일정에 따라 일정변동이 불가피하지만, 여행상품의 LIFE CYCLE을 파악하여 꾸준하게 상품을 출시하고 판매하여 수익성을 창출할 수 있는 상품이 될 것인가를 고려해야 한다. 또한 여행상품의 구매 연령층을 고려하여 상품과 구매연령이 일치되고 있는가를 검토하여야 한다. 그리고 계절 변동에 따른 영향 유무와 정도도 파악하여야 한다.

3) 기업여건

새로운 상품을 회사가 판매하게 된다면 현재 회사의 조직인력으로 담당할 수 있는지 잘 파악하여야 한다. 새로운 팀이 필요하다면 인력을 채용하여야 할 것이다. 또한 신상품이 기존의 여행사 서비스체계와 다르다면 새롭게 서비스체계를 구축하여야 할 것이다.

4) 장래성

장래성을 고려해야 한다는 것은 신상품이 출시되어 새로운 수요를 창출할 수 있는가 하는 문제라 할 수 있다.

상품이 고객의 현재와 미래의 추세에 부합되어야만 수요를 창출할 수 있을 것이다. 좋은 상품이란 여행자들의 선호도와 이용빈도를 높일 것이기 때문이다.

제3절 여행상품의 가격결정

여행상품의 가격은 일반적으로 항공 요금과 지상 경비가 차지하는 비중이 가장 크며 여기에 여행사의 수익이 가산되어 여행상품 가격이 결정된다.

* 여행 상품의 가격 = 직접비 + 간접비 + 이윤
- 직접비 = 항공 및 선박운임 + 숙박비 + 현지 교통비 + 가이드비 + 예비비
- 간접비 = 광고선전비, 기타

1 여행상품 가격결정의 영향요인

여행상품의 가격결정은 매우 중요하다. 고객인 여행객들은 어디를 어떻게 여행하는냐를 중요하게 생각하고 있지만 이들보다 더 중요한 것은 가격에 매우 민감하다는 것이다. 여행상품의 가격으로 인해 그 상품의 서비스를 받아 여행을 할 것인지 혹은 하지 않을 것인지를 결정짓는 경우의 빈도가 지배적이다. 일반적으로 여행사에서 여행상품을 기획할 경우 여행상품의 가격결정에 영향을 미치는 요인들을 보면 다음과 같다.

1) 여행기간

여행기간이 늘어나게 되면 현지 숙박비, 교통비, 식사비, 안내원 경비 일체의 비용이 증가하게 되므로 가격이 여행기간에 비례하여 상승하게 된다. 따라서 장기여행일 경우에는 대체적으로 여행경비가 높게 책정되어 판매되고 있다.

2) 여행 목적지까지의 거리

항공 시간에 따라 항공 요금이 차지하는 비중이 높으므로 장거리일 경우 여행요금이 상승하게 될 것이다.

출발지에서 목적지까지 항공을 비롯한 운송 기관의 장시간 이용은 여행 요금 산출 시 원가 상승을 유발하게 되기 때문이다.

3) 여행자의 규모

여행자의 규모에 따라 여행상품의 가격 차이도 나게 된다. 여행사의 기획여행 상품에는 출발 최소 인원이 명시되도록 되어있다. 이것은 여행사 기획 여행상품의 원가계산에 의거하여 신문광고에 명시된 것으로, 상품 요금이 최소인원 X명 기준으로 산출되었다는 것을 뜻하는 내용이라 할 수 있다. 인원의 증가에 따라 지상 경비가 변동하므로 여행자의 규모가 여행상품 가격에 크게 영향을 미친다고 하겠다.

4) 상품구성 소재의 내용

- 항공
- 숙박(호텔)
- 현지 교통(이용 수단)
- 음식
- 관광
- 제반 서비스

5) FOC의 적용 여부

여행상품가격에는 FOC(Free of Charge) 유무에 따라 가격 산출이 다르게 나타난다. 보통 항공권을 발권할 때 여행사는 대략 20명 분을 기준으로 20+1 FOC를 적용 받는다. 그래서 사실상 여행사에서 고객들에게 20명 이상 모객할 경우 1FOC를 준다는 것은 T/C가 없이 팀이 출발할 때에 가능하다는 것이고, T/C가 여행을 인솔하는 기준이라면 고객들의 견적에 1FOC의 비용을 포함시켜 산출하게 되는 것이다.

6) 여행사의 공신력

해당 여행사의 설립이 몇 년 되었는가, 고객들에게 인지된 인지도와 명성은 어떠한가, 여행문화를 선도하는 기업으로 인식되고 있는가 등에 따라서 가격 결정이 차등화된다고 볼 수 있다. 기존의 인지도와 명성을 갖고 있는 중견 여행사들의 경우는 해당 지역 상품에 대해 중상가격 이상의 가격을 책정하는 추세이고 신설 여행업을 시작하는 회사의 경우는 고객인지도 향상과 홍보를 위해 여행 시장에서 형성되고 있는 가격보다도 저렴한 가격을 책정하여 시장을 공략하려고 하기 때문에 가격의 차이가 있다고 하겠다.

7) 상표 이미지

보통 기획 여행을 실시하는 여행사들은 자사의 브랜드명, 다시 말해 기획여행명이 있다. 회사의 공신력과 함께 상품 이미지는 고객의 선호도를 좌우하므로 가격 결정에 큰 영향을 미치게 된다.

8) 판매 실적

판매 수익을 창출하는 여행사의 수익성패는 항공 좌석 확보 유무에 달려 있다고 할 수 있다. 기존의 판매 실적이 우수하고 양호한 업체들, 특히 기존의 off-line 중심의 패키지 업체들은 각 항공사로부터 다량의 항공좌석을 확보하여 판매에 임하게 되어 경영상과를 높이게 되지만 중 · 소량의 항공권을 판매해온 일반적인 다수의 여행사들은 성수기에 단체 행사를 수행하는 데 큰 어려움을 겪게 된다.

9) 경쟁 정도

우리나라에서 여행업에 등록된 여행사만 하더라도 2001.5월 현재 일반여행업 64개 업체, 국외여행업 3,099개 업체, 국내여행업 3,234개 업체가 존재하고 있다. 이러한 상황에서 특화된 상품 위주의 차별화 전략 없이는 여행사의 치열한 가격 경쟁을 피하기 어렵고, 수익성도 향상될 수 없을 것이다.

10) 외국환 변동

1997년 말 IMF관리 이후 내국인의 해외여행 부문인 Outbound는 외국환 변동에 따라 어려움이 한층 더해졌다. 기존의 환율이 현재 1달러당 1250~1300원 대까지 조정되었다. 그래서 해외여행의 경비를 환전하는 내국인들에게는 실로 엄청난 부담이 아닐 수 없었기에 해외여행은 더욱더 어렵게 되었다.

반면에 인바운드 업체의 경우는 오히려 외래관광객의 유입에 적기를 마련하였는데, 가장 큰 여건 조성역할이 바로 외국환 변동이었다.

11) 광고 선전비

광고. 선전비용은 여행상품의 간접비용에 해당한다. 가격결정 시에 포함되어야 함에도 현재 거의 대부분 패키지 여행사의 가격결정에는 포함되지 않는 것이 현실이다.

여행업계에서는 자사상품의 판매촉진을 위해 불가피하게 광고, 선전이 필요하지만 지나친 과열경쟁 차원에서의 광고, 선전은 회사의 경영성과에 부정적인 영향을 미치기 때문에 철저한 사전기획과 분석이 필요하다.

2 여행요금의 구성요소

1) 운임(항공료)

2) 지상비(land fee)

(1) 숙박비

(2) 식대비

(3) 지상교통비(현지 관광지에서의 항공, 버스 등)

(4) 관광비용

(5) 운임(porterage)

(6) Tax

(7) Tip

3) 기타비용

- 여행요금에 포함되는 비용(일반적) : 여행보험료, 국내 출발 시의 공항 이용료 및 관광진흥 개발 기금, 국외여행인솔자(T/C)의 여행경비, 광고비 등
- 여행요금에 포함되지 않는 비용 : 여권수속비용과 사증비, 여행객 개인의 차원에서 발생한 비용, 현지에서의 선물비와 기념품비 등

4) 이윤

3 여행요금의 산출방법

여행상품을 기획할 경우 여행요금의 산출방법은 크게 다음과 같이 대별할 수 있다.

첫째, 각 항목별로 한 사람을 기준으로 해서 요금을 산출한 다음 총비용을 합산하는 방법이다.

둘째, 각 항목별로 전체 인원수의 요금을 계산해서 그것을 총 합산한 다음 1인당 요금으로 나누는 방법이다.

그러나 여행요금은 항공운임과 식사 요금 등과 같이 여행자 1인당으로 산출되는 것과 버스 요금, 가이드 요금 등과 같이 그룹단위로 산출되는 것이 있으므로, 일단 각 항목별로 그룹전체의 요금을 계산해서 그것을 총합산한 다음 여행참가 인원수로 나누는 쪽이 보다 편리하다. 그렇지만 상기 두 가지 방법 가운데 어느 방법으로 계산하든 1인당 요금으로 산출된 결과는 같다.

4 여행요금 산출 용어

여행상품을 기획할 경우 혹은 여행요금을 산출할 때 일반적으로 사용되는 주요 용어들을 살펴보면 다음과 같다.

- FOC(free of charge) : 비용 무료
- AD(agent discount) : 여행사 직원할인
- ADT(adult) : 성인(13세 이상)
- CHD(child) : 어린이(3-12세)
- INF(infant) : 유아(2세 이하)
- GRP(group) : 단체
- FIT(foreign independent tour) : 개별여행
- PTY(party) : 단체명 기재 시 사용(예 대학생 PTY)
- DLX HTL(deluxe hotel) : 특급호텔
- FST HTL(first hotel) : 1급호텔

5 여행요금 산출의 실제

1) 여행조건

- 목적지 : 하와이
- 인원수 : 20명
- T/C : 1명
- 여행일정 : 4박 5일

2) 여행요금 산출내역

(1) 운임(항공료) : $500 × 20명 = $10,000

(2) 지상비

숙박비(호텔요금) : $80 × 11 × 4 = $3,520

식사비

— 조식 : $10 × 21 × 4 = $840

— 중식 : $15 × 21 × 4 = $1,260

— 석식 : $15 × 21 × 4 = $1,260

지상교통비(전용버스) : $200 × 3일 = $600

관광비용 및 기타 : $10 × 21 = $210

소계 : $7,690

(3) 기타비용

공항 이용료 : 19,000원 × 21 = 399,000원

여행보험료 : 7,500원 × 21 = 157,500원

T/C 출장비 : $30 × 5일 × 1,120(환율)원 = 168,000원

소계 : 724,500원

(4) 총원가 : (1) + (2) + (3)

($10,000 × 1,120원) + ($7,690 × 1,120원) + 724,500원 = 20,537,300원

(5) 이윤 : (4)/10 = 2,053,730원

(6) 총경비 : (4) + (5) = 22,591,030원

(7) 1인당 여행요금 : (6)/20 = 1,130,000원

제4절 Tour Itinerary 작성

1 Tour Itinerary 작성의 의의

여행일정은 크게 여행의 조건에 영향을 받고 여행상품의 주체가 여행사인지, 여행사의 주문에 의해 만들어진 것이냐에 따라 그 작성에 있어서도 다소의 차이가 있을 수 있으나, 작성된 여정의 좋고 나쁨은 여행의 상태를 가늠할 정도로 중요한 요소로서 여정작성 업무는 여행업 업무 중에서 기본적이면서도 가장 중요한 업무의 하나이다. 왜냐하면 여행일정표는 무형의 여행현상을 유형의 상품으로 구체화시킨 것으로서 여행상품의 선택에 결정적 영향을 미치기 때문이다. 기획여행의 경우 여행사가 여행상품 개발을 사업계획으로 확정하고 나면 다음은 여정을 계획하고 작성해야 하는 단계에 들어가게 된다. 이때 여정은 여행상품의 무형성으로 인해 여행자들이 상품구매 시 눈으로 비교, 검토할 수 있는 유일한 것으로 여정만 보고도 여행이 어떻게 진행될 것인가를 일목요연하게 상상할 수 있을 정도로 상세하게 명시되어야 한다.

즉, 훌륭한 여정이란 여행자의 입장에서 보면 자신의 기대가 충족되고 만족을 얻을 수 있는 여행일정을 말하며 여행사의 입장에서는 여행자의 신뢰를 확보함으로써 여행상품이 판매력을 제고시킬 수 있는 완벽한 일정이 작성된 것을 의미한다.

결국, 훌륭한 여정이란 절대적인 관점에서가 아닌 여행자의 요구조건, 기호, 특성, 여행목적, 여행경비 등을 고려한 상대적 관점에서 접근되어야 한다.

2 Tour Itinerary 작성 시 고려사항

1) 일반적 사항

– 여행자들의 구매 취향 및 경향에 부합되도록 해야 한다.

- 여행자들이 희망하는 출발시각과 현지 도착시각을 확인해야 한다.
- 조기 출발이나 심야 도착을 가급적 피해야 한다.
- 여행 중 다양한 교통기관이 병용될 때 여행자들이 선호하는 교통기관을 선정한다.
- 교통기관의 접속과 환승 시 여유있는 시간을 배정한다.
- 여로 선정은 가능한 한 주변경관이 아름답고, 목적지 도착에 효과적이어야 한다.
- 호텔선정에 신중을 기해야 하며 객실의 고급화보다는 호텔의 고급화를 택하는 게 좋다.
- 식사 계획은 메뉴의 다양화를 기하고 특히 조식은 호텔 내에서 하거나 가까운 주위에서 함으로써 불필요한 차량이동은 금해야 한다.
- 스케줄에 무리가 없어야 한다.
- 적절한 쇼핑시간과 사진 촬영시간을 할애하도록 한다.
- 기상 조건에 따른 불가피한 여정변경에 대비해 대안을 마련한다.
- 여행 성수기에 만원인 때를 대비하여 제2 교통편이나 적절한 호텔에 대한 고객의 희망을 문의해 둔다.
- 계절 시간을 고려한다.
- 각 관광지의 휴관일자를 확인해 둔다.
- 장기간의 여행 시 여행의 최종일은 편안한 일정을 편성하는 게 좋다.
- 볼거리와 참여거리 등을 적당히 배합한다.
- 고객이 작성한 여정표에 모순이 있을 때에는 주저 말고 납득시켜 교정해야 한다.

3 Tour Itinerary 작성의 실제

1) Tour Itinerary의 구성요소

여행이란 상품은 여행일정 작성작업에 의해 무형의 것에서 유형화되는데 어떤 일정표는 국내여행, 국외여행, Inbound Tour에 따라 약간의 형식이나 양식에 차이가 있을 수 있으나, 근본적인 구성은 비슷하다. 여행일정표의 구성요소는 대개 다음과 같다.

- 여행기간과 일시
- 여행목적지
- 교통편
- 식사
- 관광. 견학 및 쇼핑 등의 여행일정
- 숙박

2) 여행일정표의 기입방법

- 여정표 양식에 따라 일자 란에는 출발일을 제1일로 하고 순차적으로 제2일, 제3일로 기입하여 최종일의 일자에 의해 며칠간의 여행인지 알 수 있도록 한다. 또는 일자란에 실제로 여행하는 월, 일 및 요일을 기재한다.
- 숙박란에는 숙박호텔명과 등급 등을 기입하고 숙박지가 열차나 항공기, 배 등일 때에는 차내 숙박, 기내 숙박, 선내 숙박 등의 표시를 한다.
- 교통편에는 교통기관의 이용편 및 등급과 침대차 등의 표시도 해주는 것이 좋다.
- 식사란에는 가급적 식사의 종류를 기입하고 식사가 포함되지 않을 경우에는 자유식이라고 표시하여 식사의 제공 유무를 명확히 함으로써 오해가 없도록 한다.

〈여행일정표 사례 1〉

- 행사명 : 방콕, 파타야, 소인국, 악어농장 5일
- 행사일 : 2021년 11월 05일 – 2021년 11월 09일

날짜	도시	교통편	시간	일정내역	식사
05	인천	KE 651	16:25	인천 국제 공항 출발	
	방콕		20:05	방콕 돈무앙 국제 공항 도착 후	
			:	석식 후 호텔로 이동하여 투숙	석:한정식
			:	* GRAND HOTEL CLASS	
06	방콕		:	조식 후 방콕 출발하여	조:호텔식
		전용 차량	:	해변휴양지 파타야로 이동 중	
			:	★나비농원 관광 및 중식(샥스핀, 제비집 요리)	중:현지식
			:	나비박물관, 나비농장, 난공원 관광	
	파타야		:	파타야 도착 후 미니시암(소인국)관광	
			:	석식(★호텔 씨푸드) 후 호텔투숙	석:현지식
			:	* GARDEN BEACH HOTEL 또는 동급	
07	파타야	선편	:	조식 후 산호섬으로 이동	조:호텔식
			:	산호섬에서 자유시간(옵션으로 파라셀링,	
			:	바나나보트, 제트스키, 씨워크 등이 있습니다)	
			:	중식 후 호텔로 이동하여 휴식	중:한정식
			:	농눅빌리지(민속촌, 코끼리쇼, 식물원) 관광	
			:	★코끼리 트레킹 체험	
			:	석식(★MK수끼:타사-일반수끼식당) 후	석:현지식
			:	★태국 전통 안마(1시간) 후 호텔로 이동 투숙	
			:	* GARDEN BEACH HOTEL 또는 동급	

08	파타야	전용 차량	:	조식 후 악어농장 관광	조:호텔식
			:	전용버스편으로 방콕으로 귀환 중 ★파인애플	
			:	농장 방문하여 "열대과일 시식" 및 중식	중:한정식
	방콕		:	방콕 도착 후	
			:	수상시장, 새벽사원, 왕궁, 에메랄드 사원 관광	
			:	간단한 시내관광 및 쇼핑	
			:	석식(★로얄드래곤)후 공항으로 이동	석:현지식
	방콕	KE 652	00:10	방콕 돈무앙 국제 공항 출발	
09	인천		07:35	인천 국제 공항 도착	

〈여행일정표 사례 2〉

- 행사명 : 제주 환상여행 3일
- 행사일 : 2021년 12월 02일 – 2021년 12월 04일

날짜	장소	일정
제1일	서울	OZ 서울 출발
	제주	제주 도착
		호텔 투숙 및 휴식
		호텔 : 제주 신라(Tel : 064-733-4466)
제2일	제주	조식 후 – 제주 돌하루방의 숨결 금릉석굴원 – 협재해수욕장(비양도조망) – 걸리버여행기 : 미니어처테마파크 소인국테마파크 – 중식(돔베고기 한정식 뷔페) – 남국의 정취를 느낄 수 있는 최대의 식물원 여미지식물원 – 제주국제컨벤션센터 경유 – 병풍바위들의 장관을 볼 수 있는 주상절리(지삿개)

		- 관광농원 - 하늘과 땅이 만나 이룬 연못 천지연폭포 호텔 투숙 및 자유시간 ☞ 옵션 : 잠수함(₩51,000), 유람선(₩16,500), 조랑말 승마체험(₩11,000) 등. 호텔 : 제주 신라(Tel : 064-733-4466)
제3일	제주	조식 후 - 귀신에 홀린 듯한 도깨비도로 - 제주토산품 쇼핑 - 맛있는 감귤 따고 맛보기 - 환상적인 몽골리안들의 마상 무예 - 성읍 민속마을 - 중식(토종흑돼지불고기) - SBS "올인" 촬영지 섭지코지 - 일출랜드(미천굴 관람) - 종달리 해안도로(문주란 자생지 경유) - 동복리 해안도로 해녀촌 - 공항이동 KE/OZ 제주 출발
	서울	서울 도착

제5절 여행상품 마케팅전략

1 마케팅의 개념

1) 국내 마케팅의 역사

(1) 1970년대 이전의 마케팅(마케팅 관심기)

우리나라에서 마케팅교육이 이루어진 것은 대략 1950년대 말이라고 할 수 있다. 이 당시에는 책의 제목이 시장론이었으며 책의 뒷부분에 마케팅의 개념이 소개되었다. 1960년대 초에 이르러서야 마케팅 교과서가 등장하기 시작했으나 이 시기에도 판매의 일부분으로 마케팅이 소개되었을 뿐이다.

해방 후 우리나라는 상당기간 동안 국내 소비수요를 충족하지 못하는 생산의 수준을 높이기 위하여 생산에만 치중하여 왔으므로 유통면의 개선에 대해서는 간과해 왔다. 한편 경제개발 5개년 계획의 실시와 더불어 그 수행을 밑받침하는 외화의 획득을 위해서 수출마케팅에 대해서는 전문연구기관의 설치와 더불어 그 연구가 활발히 진행되었고, 또 정부에 의한 적극적인 계몽지도가 이루어졌으나 국내마케팅에 대해서는 한동안 정부당국이나 일반업계에서도 등한시했다.

대량생산에 대응하는 대량판매를 가능케 하기 위해서는 대규모 유통기관이 발달되어야 하는데, 이 당시의 우리나라의 유통기관들은 영세했으며 생산성도 낮았다. 동대문시장이나 남대문시장을 비롯하여 전국 각지에서 5일마다 열리는 시장이 거의 노점상들로 형성되어 있었다. 이 당시 우리나라에는 백화점 하나 제대로 발전하지 못했고 슈퍼마켓이 아직 도입되지 않았던 시기이다. 정부에서는 1960년대 말에 유통근대화 5개년 계획의 수립이 논의되기 시작하였고, 그 결과 유통에 관심을 갖기 시작했다. 슈퍼마켓을 도입하려는 움직임도 이때 일어났다. 한편 민간여성단체의 주도로 소비자보호 운동이 1960년대 말부터 일어나기 시작했다.

(2) 1970년대의 마케팅(마케팅 도입기)

판매개념(Selling Concept)과 구별되는 마케팅 콘셉트(Marketing Concept)를 강조하는 마케팅 교육이 제대로 이루어지기 시작한 것은 1970년대라고 할 수 있다.

개발도상국가에 있어서의 마케팅은 제조활동에 못지않게 중요한데도 불구하고 정부에서는 무시 내지 방임해왔다. 생산부문은 막대한 외국의 원조와 정부의 노력으로 근대화가 이루어져 제법 대량생산이 가능하게 되었는데 마케팅부문은 원시상태에 그대로 머무르게 됨으로써 우리나라는 근대적인 생산양식과 중세적 마케팅이 혼재된 전형적 이중 구조를 보유하게 되었다. 그 이유는 마케팅기관에 대한 육성, 발전이 이루어지지 않은 상태에서 산업자금 내지 생산자금만을 지원했다. 판매없이 생산이 존재할 수 없는 것인데도 이러한 잘못된 정책을 시행함으로써 마케팅의 발전이 상대적으로 뒤처지게 되었다. 따라서 이 당시에도 마케팅의 화두는 단연 유통혁명이었다. 슈퍼마켓이 도입된 것도 바로 이 시기이다.

이 당시 우리나라는 아직 판매자가 주도하는 시장(Seller's Market)에 머물러 있었으므로 마케팅 콘셉트에 입각한 마케팅 활동을 하는 기업은 거의 찾아볼 수 없고 그저 판매하기에 급급했다. 소비자보호와 관련해서는 여성단체가 독자적으로 벌여오던 운동을 협의회를 만들어 조직적이며 구체적인 활동을 시작했으나 아직 소비자보호에 대한 입법이 선진국에 비해 미흡했다.

(3) 1980년대의 마케팅(마케팅 성장기)

유통부문은 생산과 소비의 양대부문과 병행하여 동시적으로 발전해야 함에도 불구하고 우리 경제는 짧은 기간 내에 고도성장을 이룩하기 위해 국민경제 전체의 균형보다 전략적인 비교우위를 가진 제조업 중 특히 성장주도산업 중심의 경제개발이 집중적으로 이루어져서 국민생활과 직접적 관련을 갖고 있는 유통부문과 소비부문에 대한 정책적 배려가 상대적으로 미약했었다. 그러자 정부에서도 1980년대에 들어서면서 유통구조에 있어서의 비효율적인 요소를 개선하여 유통의 사회 · 경제적 기능을 보다 능률적으로 수행할 수 있도록 하는 유통산업 근대화정책을 강력히 추진하게 되었는데, 그 주요내용으로는 시장구조의 고도화, 유효경쟁의 촉진, 물적유통의 근대화, 유통조성기능의 강화 등이었다. 그 결과 소비자보호법이 마련되었고 공정거래법과 소비자 피해보상 규정이 제정되었다.

한편 기업 간의 경쟁이 치열해지게 됨에 따라 고객만족이라는 개념이 마케팅에서 중요한 비중을 차지하기 시작하여 광고에서도 고객만족이라는 단어가 등장하고 고객만족을 담당하는 부서도 생겨나기 시작했다.

(4) 1990년대의 마케팅(마케팅 활성화기)

아무래도 우리나라에서 마케팅이 꽃을 피운 것은 1990년대라고 할 수 있다. 이 시기에 우리나라는 OECD에도 가입하였고 1인당 GNP 10,000달러도 경험했다. 따라서 경제가 발전하는 만큼 소비규모도 커짐에 따라 마케팅이 보편화, 일반화되는 등 많은 발전을 가져오게 되었다.

마케팅 콘셉트의 중요한 구성요소인 고객만족의 개념이 기업에서 확실하게 자리잡은 것은 물론 사회 전 분야로 확산되어 나가는 시기였다. 병원, 학교, 정부기관, 지자체, 철도청 등의 공기업, 극장, 스포츠 등의 모든 분야로 마케팅이 확산되어 마케팅이라는 말은 이제 일반인도 익숙한 단어가 되었다. 신세대의 등장, 그리고 24시간 편의점의 확산은 소비문화에 큰 변화를 가져오게 되었다.

신세대, X세대, N세대 등으로 불리는 새로운 계층이 그들이 갖고 있는 엄청난 구매력으로 인하여 마케팅의 중심 대상으로 떠올랐다. 외국계 대형할인점의 국내 진출을 계기로 외국계 할인점과 토종 할인점 간의 치열한 경쟁이 벌어짐은 물론 백화점과의 업태 간 경쟁으로까지 확산되기에 이르렀다. 대형 백화점들은 다점포전략을 채택하여 여러 곳에 점포를 개설하였고 특히 지방에의 출점은 그 지방에 뿌리를 두고 있는 토호 백화점들을 무너뜨리는 결과를 가져왔다.

환경을 중시하는 사회분위기와 환경 의식적인 소비자들에 부응하기 위해 그린마케팅의 개념을 도입하게 되었고 따라서 많은 상표들이 그린, 바이오 등의 단어를 사용하게 되었다. 또한 기업들 사이에서 마케팅조사가 일반화되고 있다. 철저한 마케팅조사를 통해서 만들어낸 제품은 날개 돋친 듯이 팔려나가지만 그렇지 못한 경우에는 재고로 남아 기업을 어려움에 빠뜨리게 되는 것을 스스로 경험하고 있기 때문이다.

한편 IMF의 관리를 받게 된 경제위기는 소비자들의 소비를 위축시켰고 이에 따라 기업의 마케팅 활동도 상당한 영향을 받아 IMF 경제환경에서 살아남기 위한 마케팅전략을 수립하느라 어려움을 겪기도 했다.

1970년대와 1980년대의 경쟁이 누가 큰 생산시설을 갖추고 저가의 제품을 공급할 수 있느냐에 중점을 둔 생산경쟁의 형태였다고 한다면 1990년대의 경쟁은 누가 시장여건에 적합한 제품을 공급하느냐에 주안점을 둔 마케팅경쟁으로 전환되었다고 볼 수 있다. 그 결과 기업에 종사하고 있는 모든 사람들이 강한 마케팅 의식을 가지고 환경에 적응하였으며 이를 극복하려는 노력을 기울였다. 그러나 마케팅 전략을 보다 효율적으로 관리하고 실행하기 위한 노력은 부족했다. 마케팅 활동을 수행하는 데 있어서 대부분의 기업들이 고객의 행동과 필요에 대한 지식을 바탕으로 수행되어야 한다고 인식하고 있었음에도 실제로는 이를 실행하기 위한 조직체계나 전략이 뒷받침되지 못했다.

2) 마케팅의 의의

(1) 마케팅 개념의 변화

마케팅은 무엇인가? 단순히 물건을 파는 것이라고 생각할 수도 있다. 하지만 단순한 판매활동보다는 심오한 뜻을 지니고 있다. 먼저 마케팅의 시대적 의미의 변천을 살펴보고자 한다.

– 1936 NAMT(National Association of Marketing Teachers)

마케팅은 생산으로부터 소비에 이르는 재화와 서비스의 흐름과 관련되는 여러 가지 기업 활동을 포함하는 것이다.

– 1948 & 1960년 AMA(American Marketing Association)의 정의

마케팅은 생산자로부터 소비자 또는 사용자에게로 재화나 서비스의 흐름이 원활이 이루어지도록 관리하는 기업활동의 수행이다.

– 1985년 AMA의 재정의

마케팅이란 개인 및 조직의 목표를 충족시키기 위한 교환을 창출하기 위해 아

이디어, 상품, 서비스를 정립하는 활동과 가격을 설정하는 활동 및 촉진활동과 유통경로를 계획하고 집행하는 과정이다.

– 보편적으로 인정하는 마케팅

교환과정을 통하여 인간의 필요와 욕구를 만족시키는 데 목표를 둔 인간의 활동이라고 정의할 수 있다. 마케팅의 대한 정의가 다양하고도 계속적으로 변화는 것은 마케팅의 개념 자체가 시장의 변화와 함께 달라져 왔기 때문일 것이다.

(2) Needs & Wants

마케팅에서 욕구가 중요시되는 이유는 무엇일까? 그것은 욕구라는 것이 인간이 제품을 소비/사용하도록 하는 마케팅 행위의 출발점이기 때문이다. 욕구가 반드시 수요를 창출한다고는 볼 수 없지만 소비자의 욕구는 살 수 있는 능력과 구매하고자 하는 의지를 통해 구체적인 선화(善化)와 연계하여 수요로 이어진다.

(3) 제품

욕구는 제품의 소비를 통해 충족된다. 따라서 인간의 욕구를 건강하게 충족시킬 수 있는 것은 무엇이든지 간에 넓은 의미에서의 제품이라고 볼 수 있다.

(4) 교환

마케팅의 본질은 교환이라고 한다. 소비자는 자신의 욕구를 충족시킬 수 있는 제품을 소비하려 하고 기업은 소비자의 욕구를 충족시켜 줄 수 있는 제품을 개발하여 소비자가 지불할 수 있는 가격에 판매함으로써 기업목표인 이윤을 추구하게 된다. 이러한 의미에서 마케팅의 본질은 교환이라고 볼 수 있다.

3) 마케팅전략의 의의

SBU란 무엇인가? SBU는 Strategic Business Unit의 약자이다. 전략적 사업단위를 앞서 말한 기업수준의 전략과 사업단위 수준의 전략의 차이와 관련시켜 예를 하나 들어보면 다음과 같다.

풀무원 식품에서는 1980년대 초 소득의 증가와 더불어 소비자들의 건강에 대한 관심이 나날이 높아지고 있다는 것에 착안하여 "환경공해로부터 벗어나 바른 식생활과 건강한 삶을 바라는 일반 대중을 위하여 유기농, 무첨가의 건강 · 무공해 식품을 제공하는 종합식품 회사"라는 전사적 사명을 설정하였다. 그리고 국민의 가장 친근한 먹거리인 두부와 콩나물을 규격화하여 품질수준과 신뢰도를 높여 큰 성공을 거두었다. 또한 도시생활을 하는 현대인들이 된장이나 고추장을 사먹을 수밖에 없다는 데 착안하여 전통의 장 담그는 방식을 그대로 사용하면서 자동화, 위생화를 이룬 장류를 개발, 일반 판매대가 아닌 냉장 판매대에서 판매함으로써 사람들의 눈길을 끌었다.

풀무원에서는 일반식품 사업부(General Food: GF)의 이 같은 성공에 힘입어 보조식품 사업부(Supplementary Food: SF)를 신설하였다. 이 부서에서는 풀무원의 전사적 사명과 일관되게 유기농 및 무첨가의 건강 · 무공해 식품을 제공하고 있다. 즉, 효소류, 영지, 알로에, 화분, 생수를 생산 · 판매함으로써 일반식품부와 상호보완적인 시너지 효과를 누리고 있다. 풀무원의 일반식품 사업부와 보조식품 사업부는 각각 한 단위의 전략사업단위를 이룬다. 이들 사업부는 각기 자신의 차별적인 사업을 영위하면서 "환경공해로부터 벗어나 바른 식생활과 건강한 삶을 바라는 일반 대중을 위하여 유기능, 무첨가의 건강 · 무공해 식품의 제공"이라는 기업 전체의 목표를 수행해 나간다. 즉, 이들 각각의 사업부가 기업 전체의 목표를 위해 세운 독자적인 전략이 사업단위 수준의 전략이며, 이들이 상호 보완하여 이루고자 하는 전사적 목표가 바로 기업 수준의 전략인 것이다.

전략 수립과정에서 가장 상위에 놓이는 것은 기업목표의 수립이다. 기업의 목표는 새롭게 수립된 것이나 과거의 것을 수정한 것인데, 이는 기업 전체의 성과 평가와 기업수준 차원에서 행해지는 상황분석에 의해 수립된다. 기업의 상황분석에는 주로 SWOT분석과 제품수명주기(product life cycle) 분석기법이 활용된다.

SWOT분석은 다음 네 가지를 통해 전략을 세운다.

- 강점 : 해당기업이 경쟁기업과 비교하여 소비자들로부터 강점으로 인식되는 것은 무엇인가?
- 약점 : 해당기업이 경쟁기업과 비교하여 소비자들로부터 약점으로 인식되는 것은 무엇인가?
- 기회 : 해당기업 외부의 환경에서 유리한 기회요인들은 무엇인가?
- 위협 : 해당기업 외부의 환경에서 불리한 위협요인들은 무엇인가?

구분	강 점	약 점
기 회	강점-기회전략: 기회를 활용하기 위해 강점을 사용하는 마케팅 전략을 창출 (aggressive strategy)	약점-기회전략: 약점을 극복함으로써 기회를 활용하는 마케팅 전략을 창출 (turn around-oriented strategy)
위 협	강점-위협전략: 위협을 회피하기 위해 강점을 사용하는 마케팅 전략을 창출 (diversification strategy)	약점-위협전략: 위협을 회피하고 약점을 최소화하는 마케팅 전략을 창출 (defensive strategy)

[그림 1-12] SWOT 분석

* SWOT 분석에 관한 세부사항은 제2부 사례연구 참조

4) 제품수명주기(product life cycle)

제품이 시장에 처음 나왔을 때는 나름대로의 편익을 가지고 있지만, 경쟁이 심해지고 시간이 흘러감에 다라 수요는 줄어들어 결국 대체품과 공존하면서 경

쟁하다가 결국 사라져 버린다. 제품도 생물처럼 한정된 수명을 가지고 있다.

또한 수명주기 내에서 서로 다른 특성을 지닌 단계를 거치기도 한다. 사람이 유년기 → 청년기 → 장년기 → 노년기를 거쳐 하늘에 이르듯이 제품도 도입기 → 성장기 → 성숙기 → 쇠퇴기를 거쳐 시장에서 잊혀지게 된다. 이들 단계는 서로 다른 조건과 특징을 갖고 있어서 단계마다 제품의 수익이 달라지며, 기업은 변화하는 환경에 적적히 대처하기 위해 마케팅 기법뿐만 아니라 생산, 재무, 인사에 이르는 모든 조직을 변형하게 된다. 각 단계의 특징을 알아보면 다음과 같다.

도입기(introduction stage)는 제품이 시장에 처음 소개된 시기를 말한다. 당연히 수익성은 마이너스이고, 더 중요한 것은 과연 이 제품이 시장에서 살아남을 것인가 하는 '생존'이다. 그만큼 신제품은 실패율도 높으며, 위험을 동반하는 불확실성에 대한 기업의 대처 능력이 중시된다. 이 시기에 가장 중요한 것은 '고객의 반응'이다.

도입기의 구매 계층은 대부분 희귀한 것을 좋아하고 실험정신이 강한 사람들이다. 이들을 통해 구전효과는 얻는 것이 중요한데, 이를 위해서는 무엇보다 잘 계획된 촉진전략이 필요하다. 우선 사람들이 제품에 대해 잘 알지 못하므로 제품의 존재와 능력을 빨리 알려야 하며, 보다 많은 고객에게 시험사용과 구매를 유도함으로써 신제품을 체험하도록 해줘야 한다.

또한 시장의 크기와 반응에 대한 탄력성에 따라 가격과 촉진을 달리하여 대처해야 한다. 예를 들어 가격에 비교적 둔감한 물품의 경우에는 고가의 정책으로 경쟁에서 독보적인 위치를 차지하도록 한다. 반대로 시장 진입부터 저가 정책을 도입하여 넓은 시장을 확보하고 경쟁자의 진입을 원천 봉쇄하기도 하는 것이다. 유통방식에 있어서도 일정지역에 하나나 소수의 중간상만을 이용하는 전속적, 선택적 유통 경로를 선택하여 수준 있고 신뢰가 가는 서비스를 제공함으로써 제품 이미지를 높이는 데 노력하게 된다.

성장기(growth stage)에 들어서면 제품의 판매량이 빠르게 증가한다. 이에 따라 이윤도 증가하고 경쟁자도 늘어난다. 이때의 목표는 무엇보다도 수요증가에 따른 시장점유의 극대화에 있다. 도입기에 기본적인 제품을 제공했다면, 이는 확대되어 애프터 서비스와 금융, 보장 서비스 등의 보다 포괄적인 제품 개념으로 나타난다. 광고도 인지도 형성에서 호감도 제고로 소구점이 이동하며 유통망 또한 강도 높은 집약적 유통전략으로 전환된다.

매출의 성장세가 어느 시점에 이르러서는 더 이상 늘지도 않고 멈추는 시기가 나타나는데, 이를 성숙기(maturity stage)라고 한다. 매출은 최고에 이르고 규모의 경제에 따라 비용은 더욱 낮아져서 이윤이 최고조에 달하다가 서서히 감소하는 시기이다.

제품에 대한 소비자의 욕구는 더욱 다양해져서 상표와 모델이 다양화되고 유통도 더욱 집약화된다. 경쟁은 치열해지고 경쟁제품 간의 품질도 대동소이해져서 마케팅 전략에 따라 제품의 생존이 결정나기 때문에 이 시기의 마케팅은 도전적이고 적극적이어야 한다. 포화상태에 이른 시장에서 살아나갈 구멍을 찾고자 마케터들은 머리를 짜낸다. 가장 기초적인 방법은 마케팅 믹스에 변화를 주는 것이다. 특히 가격, 촉진, 유통면에서 차별화가 추구된다. 원가절감을 통해 경쟁자보다 한 푼이라도 더 가격을 내려보기도 하고, 세일이나 경품 캠페인 등 직접적이고 결과가 가시적인 방법들이 동원된다. 제품을 다양화할 수도 있다. 품질을 개선한다거나 포장, 용량을 바꾸는 등의 방법들이다. TV는 이미 보급률이 포화에 이른 지 오래지만 매년 10여 가지의 신제품이 나온다. 이는 마케팅기법뿐만 아니라 기술이나 생산체계 측면에서도 개선을 요구한다.

가장 눈에 띄는 기법은 새로운 용도의 발굴이다. 유아용품을 피부가 민감한 사람이나 청소년용으로 다시 포지셔닝하여 새로운 사용자그룹을 창출함으로써 시장에 대한 수정을 가해 판매를 끌어올린다. 냉동식품이 늘어나고, 아파트의 보급으로 겨울에도 실내 온도가 유지되는 덕분에 냉동고나 냉동실이 큰 대형 냉장고는 광을 대신하는 식품저장창고로서 매년 급격한 성장세를 보이고 있다.

이 같은 노력에도 불구하고 매출액이 떨어지는 추세가 계속되면 쇠퇴기(decline stage)가 시작되는 신호이다. 그러나 제품마다 성숙기가 유지되는 기간은 달라서, 먹어도 물리지 않는다고 하는 새우깡이나 브랜드가치만 해도 엄청난 액수의 코카콜라 등은 몇 차례 매출이 감소하는 시기가 있었어도 오랫동안 성숙기를 지키고 있는 스테디 셀러이다. 이처럼 제품마다 모두 같은 형태의 수명주기를 갖는 것이 아니라 기술혁신이나 새로운 용도의 확장, 다양한 시장 전략을 통해 여러 모양의 수명주기를 갖게 되며, 일시적 유행처럼 급속한 성장과 쇠퇴를 보이거나 몇 년 주기로 다시 돌아오는 패션 스타일처럼 2개 이상의 성숙기를 갖기도 한다. 매출 감소는 일시적일 수도 있으므로 시장정보와 정확한 분석으로 철회여부를 결정해야 한다. 섣부른 철수는 투자비용을 헛되게 할 수도 있고, 그렇다고 너무 늦게 철수한 경우에는 막대한 유지비용으로 돌이킬 수 없는 실패 사례를 남길 수 있게 때문이다. 결국 제품수명주기는 지침에 불과하므로 지나치게 의지하기보다는 마케팅 전략을 세우는 데 사고의 틀로 활용하는 것이 바람직하다.

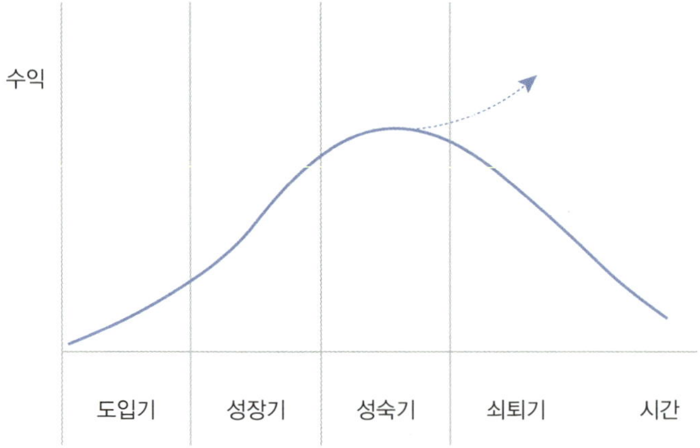

[그림 1-13] 제품수명주기

2 서비스 마케팅의 개념

1) 상품과 서비스 마케팅의 차이

상품 마케팅도 서비스 마케팅도 그 출발이 소비자 욕구의 파악과 제품계획 기능에 있다는 점에서는 차이가 없다. 그러나 마케팅의 본질과 역할은 상품 마케팅이냐 서비스 마케팅이냐에 따라 서로 다르다.

상품은 일반적으로 팔리기 전에 생산되며, 서비스는 일반적으로 생산되기 전에 팔린다는 점이 가장 중요한 차이점이다. 뿐만 아니라 서비스 마케팅은 상품 마케팅에 비해 고객에 대해 구매하기 전에 보다 더 제한된 영향력을 미친다는 점도 다르다.

한편 상품 마케터는 브랜드 인식에서부터 브랜드 선호에 이르기까지 포장, 촉진, 가격책정 및 유통 활동으로 잠재고객들을 움직일 수 있으나 서비스 마케팅은 불가능하다. 또 상품과는 달리 서비스는 형태가 없다는 즉, 무형성의 특성을 가지고 있기 때문에 소비자들이 서비스의 실체를 파악하고 원하게 되기까지 많은 어려움이 따르게 된다. 즉 서비스는 구매 후에만 얻을 수 있는 품질에 대한 경험, 속성 등에 의해 좌우되기 때문에 고객의 위험에 대한 지각이 높은 경향이 있다.

따라서 서비스 마케팅은 구전 커뮤니케이션이나 생산-소비가 이루어지는 동안에 고객이 느끼는 만족스러운 경험들을 잘 배합해야만 고객 충성심 유도의 탁월한 효과를 발휘할 수 있다.

2) 상품과 서비스 마케팅의 관계

오늘날 모든 제품은 핵심 편익에 기여하는 무형적 · 유형적 요소를 모두 가지고 있으며, 고객이 구매하는 편익의 핵심도 상품 및 서비스의 제공으로 이루어지고 있다. 따라서 상품 마케팅과 서비스 마케팅의 본질 및 역할을 구분할 필요는 있다 하더라도 실질적으로 기업을 과거와 같이 획일적인 두 가지 차원으로 구분하는 것은 더 이상 의미가 없다. 이전에 생각했듯이 풍부한 자원, 훌륭한 공장, 실험실, 제품라인을 지원하는 유통경로 등이 기업의 성공을 좌우한다는 생각은 이제는 잘못이다.

겉으로 보는 물리적(제품을 포함하여) 시설이나 설비만으로는 더 이상 지속적인 경쟁적 우위를 누릴 수 없게 되었으며, 대신 인간의 기술(skill), 물류능력, 지식, 서비스 강점 등이 경쟁적 우위의 진정한 요소가 되었다. 실제로 많은 제조업체에 있어서 서비스 결과가 가장 중요한 것은 아니라 하더라도 주요한 성공요인 중의 하나로 등장하고 있으며, 경영자들도 점차 이러한 사실에 대해 인식해 가고 있다. 반대로 서비스업에서는 고객이 평가하는 무형의 서비스 결과가 서비스 제공을 위한 유형적 요소(서비스 장비나 시설, 종사원 등의 물리적 요소)에 의해 많은 영향을 받고 있음이 입증되고 있다.

물론 모든 기업은 제조업 또는 서비스업으로 구분된다. 그러나 이들 두 가지 유형의 기업 활동에서 제조와 서비스 사이의 구분이 불분명해지고, 제조가 지닌 주요 영역이 점차 서비스화 되고 있는 상황에서 과거와 같은 구분은 시장경쟁력 상실의 위험이 높다. 다만 편익의 핵심적 요소가 보다 유형적이라면 상품을 우선적으로 고려하고, 반대로 편익의 핵심적 요소가 보다 무형적이라면 서비스를 우선적으로 고려하는 구분 정도면 충분할 것이다.

3 관광 마케팅전략

1) 관광마케팅의 개념 및 속성

(1) 관광마케팅의 개념

현대적 의미의 마케팅이란 상품과 서비스를 생산자로부터 소비자에게 유통시키는 과정에 관련되는 총체 개념이라고 볼 수 있다. 다시 말해, 상품을 적절한 가격으로 생산하여 적정한 유통경로를 통해서 판매하여 생산자에게는 이윤을 보장해주고 고객에게는 만족을 주는 활동인 것이다. 드럭커(Drucker)는 마케팅을 소비자가 아닌 고객을 창출하고 유지시키는 기업활동으로 정의한다.

오늘날에는 이러한 현대적 의미의 마케팅 개념은 컨슈머리즘의 등장, 환경오염, 자원부족, 인구폭발, 인플레이션을 고려하여 장기적인 기업의 이윤추구라는 포석의 의미를 갖는 사회지향적 마케팅(societal marketing)으로 발전되어 소비자와 사회의 장기적인 복지를 보존하거나 제공하는 방향으로 나아가고 있다.

그러나 관광마케팅의 속성은 관광상품과 상호의존적이기 때문에 일반 유형재의 마케팅보다 고차원적인 통합적 마케팅(total marketing)이 요구되고 있다.

따라서 와합(Wahab, 1975)은 관광마케팅을 관광 수용국의 NTO(National Tourism Organization)에 의한 국가적 차원에서의 마케팅을 삽입하여 "관광객, 단체, 개인의 만족을 최적화하기 위해 국내적, 국제적, 지역적 차원에서 NTO나 관광기업에 의해 수행되는 체계적이고 통합된 노력이다"라고 정의하고 있다.

이렇게 볼 때 관광마케팅이란 협의의 뜻과 광의의 뜻으로 대별할 수 있다.

협의의 개념(관광기업차원)이란 "관광기업이 관광 소비자의 수요를 창조하거나 관광소비자의 욕구에 기초하여 상품을 개발하고 판매하여 이익을 얻기 위한 제 과정"이라고 볼 수 있다.

반면 광의의 개념은 NTO와 같은 공적기업이 관광기업과 같은 사적기업의 정책과정에 개입하여 조정하는 마케팅 활동수행을 의미하는데 크리펜도프(Krippendorf)에 의하면 관광마케팅이라는 것은 "세분시장의 요구를 만족시키고 적절한 이윤을 성취하기 위하여 공·사기업이 지방, 지역, 국가 및 국제적 각 기준에 따라 기업정책을 체계적, 조정적으로 수행하는 활동"이라고 정의하고 있다.

(2) 관광마케팅 속성

무형재(service)를 상품으로 취급하는 관광 마케팅과 유형재를 상품으로 하는 제조업체의 마케팅은 다음과 같은 관광의 특성에 의해 다르게 나타난다.

첫째, 관광공급은 관광객의 성향변화에 신속히 대응하기 어렵다. 이로 인해 고객욕구에 정확한 서비스의 개발과 마케팅 의사결정에 많은 제약요소가 따른다.

둘째, 관광수요는 매우 탄력적이다. 이는 관광객의 소득의 변화에 따라 관광수요의 변화는 더 크게 발생된다는 것을 뜻한다.

셋째, 관광서비스는 생산현장에서 소비된다. 따라서 미래수요를 위해 재고를 남겨 둘 수 없다. 예컨대 호텔객실과 항공좌석이 해당일 또는 운항편에 모두 판매되지 않으면 생산성이 소멸된다는 점이다.

넷째, 관광상품은 항공좌석, 호텔객실, 그리고 식사 등이 조합된 합성체(amalgam)이다. 그러므로 그 요소 중 하나가 빠져도 관광객의 휴가경험은 만족될 수 없다. 다시 말해 특정 단일상품의 생산만으로는 관광객의 만족창출은 불가능하다는 점이다.

2) 관광마케팅 전개

(1) 시장조사

관광마케팅 활동의 제1요소는 시장조사이다. 관광시장 조사는 관광수요시장의 환경 및 관광동향과 관광객이 관광을 통해 무엇을 기대하고 있는지를 찾아내어 관광 마케팅계획의 방안을 모색하는 것이다.

관광시장은 다양한 욕구를 가진 사람들로 구성되어 있기 때문에 기호 면에서나 직업, 소득, 관광행동 등의 면에서 다르게 나타나고 있다. 관광객의 다양한 욕구에 부응하기 위해서는 차별적 마케팅을 실시해야 하는바, 그 전제조건이 시장세분화이다.

관광시장 세분화(market segmentation)란 전체시장을 상이한 욕구 행동 및 특성을 가지고 있는 관광소비자들의 집단으로 분류하는 과정으로서 관광시장 규모와 특정세분시장의 규모를 알 수 있다. 관광시장을 세분화할 때 활용되는 변수로서는 여행습관과 선호, 인구통계학적 변수, 지리적 분포, 사이코그래픽(psychographics) 등을 이용할 수 있다.

가) 시장 세분화

– 인구통계학적 세분화

인구통계적 세분화는 가장 많이 사용되는 세분화 방법으로 소득, 인종, 연령, 성, 종교, 교육수준, 직업, 가족생활주기 등에 의한 세분화가 여기에 해당된다.

– 지리학적 세분화

지리적 변수에 의한 시장세분화는 가장 용이한 세분화 방법으로서 국가별, 도별, 기타 행정 구역별 세분화 등이 여기에 해당되며 인구밀도, 기후 등에 의한 세분화도 여기에 포함될 수 있다. 예컨대 한국관광공사에서의 미주, 유럽, 일본, 아시아 등 대륙 및 국가에 따라 외래 관광객을 세분화하는 경우나 국내에서 소주는 지역별로 주 브랜드가 다르다.

지리학적 변수란 관광시장을 지리적 분포에 의해 세분화한 것으로, 목표시장은 다음 4단계 과정을 통해 확인할 수 있다.

① 해당지역의 관광대상물 매력의 평가로서, 관광객이 가지고 있는 관광대상물에 대한 관심, 흥미 그리고 그것을 보는 데 필요한 시간에 의해 결정된다.
② 교통수단을 이용, 관광지에 도착하는 시간과 경비 그리고 거리를 평가함으로써 이루어질 수 있다.
③ 지도를 사용하는 문제와 관련된 것으로, 관광객에게 체류 지점을 안내해 준다는 점에서 중시된다.
④ 각 지역별 세분시장에 대한 잠재적인 경쟁관계를 확인하는 일인데, 기존 관광매력물과 경쟁하기 위해서는 비교 우위적 시장 경쟁력을 갖추는 것이 중요하다.

– 사이코그래픽에 의한 세분화

개인적 심리와 특성에 근간을 둔 세분화로서 라이프스타일이 사이코그래픽 세분화에 있어서 가장 중요한 변수가 되고 있다. 여기에는 AIO(Activity, Interest, Opinion) 분석을 포함하여 소비행태, 생활주기 등 많은 변수들이 포함된다.

– 여행습관과 선호에 의한 세분화

관광객의 여행습관과 선호를 이해하는 데는 관광객의 이용교통수단과 이용좌석의 등급, 투숙호텔과 객실수준 그리고 여행 여정 작성과정에서 선택 가능한 각종 자료들에 의해 그 정보를 획득할 수 있다. 예를 들면, 항공사에서는 퍼스트, 비즈니스, 이코노미 클래스의 이용객으로, 호텔과 모텔 등의 숙박시설은 FIT와 GIT로 리조트에서는 성수기와 비수기를 기준으로 고객을 세분화하는 것이다.

나) 관광시장 조사방법

마케팅 측면에서의 관광시장 조사방법은 우편물과 통계에 의해 이루어지는데 관광객 시장조사를 하는 이유는 관광객이 한 지역이나 국가 및 관광지에 얼마나 찾아올 것인가에 대해 자료를 수집하고 그 내용을 분석하기 위함이다.

– 우편물에 의한 방법

이 방법은 우편물에 의한 회신으로 시장조사를 하는 경우로서 주로 표본(sampling)을 뽑아서 관광기업이나 정부가 관광객의 관광목적이나 관광동태조사, 관광태도 등을 설문지 조사를 통해 관광자 수를 예측하는 방법이다. 우편물에 의한 시장조사는 표본설정을 광범위하게 하고 시장에 대한 연구와 대표치가 제대로 만들어질 때 효과를 발휘할 수 있다. 주로 인구 통계학적인 방법이 사용된다.

– 통계적 방법에 의한 분석

관광시장분석을 컴퓨터를 이용하여 분석하는 방법으로 가령, 한 국가의 국민소득이 증가했을 때 국제 관광측면에서 인바운드, 아웃바운드 관광객에게 어떻게 영향을 미칠 것인지를 수학적으로 계산하는 방법이다. 이는 경제구조의 실제적인 집행 없이도 경제의 변화와 발생을 예측할 수 있으며 고객의 유치 인원과 판매를 예측할 수 있다.

이렇게 볼 때 마케팅 측면의 연구는 여러 종류의 관광여행과 고객의 증감에 따른 전체적인 영향, 그리고 관광사업에 관련된 사회적 경제적 요인에 관하여 보다 정확한 분석을 가능하게 할 수 있다.

(2) 관광마케팅 믹스

마케팅 믹스란 어떤 시장의 표적이나 방향이 설정되면 그 시장을 개발하고 판매목표를 세운 이후에 이를 달성하기 위하여 기업이 이용 가능한 모든 수단을 동원하여 활용하는데 이때 동원되는 모든 수단의 결합을 의미한다. 마케팅 믹스는 소비자의 욕구만족을 위해 기업이 통제 가능한 마케팅 요소(제품, 가격, 유통, 촉진)를 표적시장에 투입하여, 최소의 비용으로 최대의 반응을 일으키게 하는 마케팅 수단으로서, 기업의 통제 불가능한 요소(정치, 경제, 사회 문화 등)와 조화시킬 때 최적의 마케팅 믹스가 될 수 있다.

결국 관광마케팅 믹스는 한 기업이 마케팅전략을 계획하고 실시하며 마케팅 목표를 이해하는 데 기업 내에서 통제할 수 있는 모든 변수를 의미하며, 마케팅 목표를 달성하기 위해 지속적으로 조정된다.

관광마케팅 믹스의 구성요소는 학자들 간의 주장이 다르게 나타내고 있으나 이를 조합하여 보면, 관광상품의 계획과 구성을 위한 제품 믹스(product mix), 관광상품의 유통구조를 위한 유통 믹스(distribution mix), 관광활동에서의 의사소통이 되는 커뮤니케이션 믹스(communication mix), 거래구성요소별 마케팅 배합인 거래구성요소 믹스(transaction mix) 등이 있다. 이들 각 요소는 독립적인 것이 아니라 끊임없이 상호작용한다.

가) 관광상품 믹스

관광상품이 무형재이고 서비스 의존도가 높으며 관광객의 욕구가 다양하다는 점은 관광객의 관광행동이 관광상품 믹스에 주는 의미가 다양하다는 것을 뜻한다.

관광상품을 구성하는 3가지 주요 구성요소는 ①관광목적지의 관광매력(attractions) ②관광목적지의 숙박, 식음료, 오락 및 여가를 위한 제반 수용시설(amenities) ③목적지로의 접근성(accessibility)이다.

그러나 관광매력물과 직결되는 제품믹스는, 관광매력물의 특성과 다양성 정도에 의해 좌우되므로 상품의 다양화가 이루어진다. 그 이유는 경쟁시장에서의 존속과 안정을 도모하고 이용도가 낮은 관광상품을 재활용하자는 데 그 의의가 있다. 가령 관광시설의 새로운 투자는 반드시 기존 관광시장에 경쟁요소가 되는 것이 아니라 상호 협동요소로서 작용하여 새로운 시장 수요를 창출할 수 있다는 점이다.

나) 관광상품 유통믹스

관광상품의 저장 불가능성이란 특성은 관광객의 이동을 제외하고서는 그 유통과정은 찾아볼 수 없다는 의미이다. 이 때문에 생산자는 시장 경로상의 중개업자를 이용하게 되는데 일반적으로 도매업자와 소매업자라는 두 개의 시장매개체를 이용한다.

도매업자는 여러 가지 관광상품을 배분해서 포장해 내며, 상품을 세분화된 관광시장 수요에 맞도록 종합함으로써 거래를 촉진한다. 특히 소매업자인 여행알선업자를 통해 그 포장상품을 소비자인 관광객에게 판매한다. 관광상품의 또 하나의 유통경로는 간접적이긴 하지만 국가관광기구와 특별유통경로를 통해 판매하는 방법이 있다.

다) 거래구성요소 믹스

이것은 일명 서비스믹스이며 고객 서비스를 통한 접촉이 이루어짐으로써 마케팅 수단이 되는 것이다. 관광사업에 있어서의 무형재의 유형재화는 매우 중요하다.

관광객은 그 특성에 따라 제공받고자 하는 서비스에 대한 욕구가 다르며, 선호하는 상품의 질과 형태가 다르기 때문에 적절한 서비스 믹스는 판매수익을 높여 줄 수 있다. 그러기 위해서는 종사원의 인사적인 문제(교육과 훈련, 진급 등)를 충분히 고려해야 한다.

라) 커뮤니케이션 믹스

커뮤니케이션은 판매 촉진과 정보제공이 이루어지는 유일한 영역으로서 관광기업뿐 아니라 국가차원에서도 커뮤니케이션 수단을 개발 · 육성하고 있다. 촉진 믹스의 종류는 광고, 홍보, 인적판매, 판매촉진 등이 있으며 정보제공은 어디까지나 고객에게 진실한 것이어야 하며 과장이 되어서는 안 된다.

촉진의 궁극적 목적은 수요창조와 수요자극에 있으며 그 이점으로서는 ①제품의 특성과 이점을 잠재고객에게 전달해주며 ②상품판매를 증가시키며 ③새로운 상품개발에 도움을 주며 ④상품유통 확대에 도움을 주며 ⑤브랜드 상품의 선호도 제고에 도움을 주며 ⑥기업 이미지 형성에 도움을 주며 ⑦생산 계획의 비수기를 평준화하는 데 도움을 준다.

3) 21세기 국제관광산업 마케팅전략

'전략'(strategy)이란 단어는 고대 그리스의 병법술을 의미하는 말(strategos)에서 유래한다. 전략의 개념적 정의는 다소 차이가 있지만 대부분의 전략개념에 따르면 기업의 환경변화에 대한 끊임없는 적응과정으로서 기업의 환경에 대한 근본적인 관계설정의 의미를 담고 있다.

Miles & Snow는 세 가지 일반적 경쟁전략이 있다고 주장한다.

여기에는 ①탐사전략(prospector-like strategy), ②분석전략(analyzer-like strategy), ③방어전략(a defender-like strategy) 등이 있다.

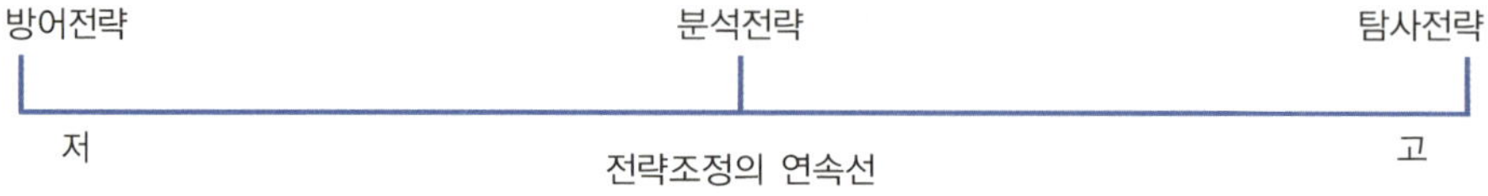

[그림 1-14] Miles와 Snow의 전략유형

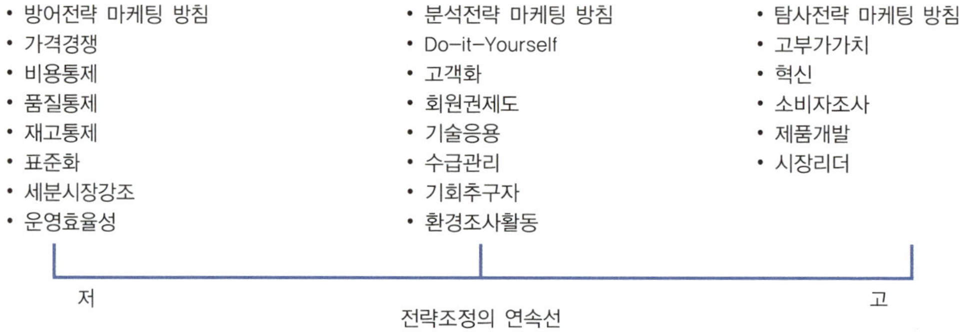

[그림 1-15] 전략적 마케팅 방침

탐사전략은 복잡하고 동태적인 조선에서 기업의 생존을 위해 혁신해야 할 조직이 추구하는 전략이다. 이들은 지속적으로 높은 수준의 환경탐사를 통해 신시장 개척을 지속적으로 추구한다.

방어전략은 안정된 환경에서 운영되는 조직이 추구하는 전략이다. 이들은 가능한 한 특별한 세분시장을 보고하는 데 역점을 둔다. 이에 따른 효율성을 기하기 위해 엄격한 통제를 유지시키기 위한 행정구조를 강조한다.

분석전략은 방어전략과 탐사전략의 혼합형으로서 위험을 극소화하고 이윤을 극대화하기 위해 시도하는 전략이다. 이는 안정된 기본고객을 유지하는 한편 새로운 시장 개척을 위해서도 노력한다. 이러한 방법으로는 모방에 의한 시장추종전략(market-follower strategy)을 들 수 있다. 이러한 전략을 채택한다는 것은 신시장 개척과 신상품 개발을 최초로 개척함에 따라 나타나는 위험도를 감소시킬 수 있다는 것을 의미한다.

(1) 방어전략마케팅 방침

관광기업은 몇 가지 전략을 혼용한 형태로 방어전략을 추구할 수 있다.

첫째, 이러한 유형의 기업은 관광상품을 구입하는 결정적 요인이 가격과 관련된 고객세분시장을 표적으로 한다. 다시 말해, 이러한 표적시장은 가격을 구매의 사결정 과정의 결정속성으로 강조해야 한다. 표적시장의 구성원들은 구입상품/서비스와 여기에 필요한 비용을 기꺼이 거래할 수 있어야 한다. 국제관광산업에서 이러한 전략을 추구하는 기업의 본보기는 숙박산업에서는 Little Chef Lodges를 소유한 Forte와 Formule 1 개념을 가진 Accor, 그리고 레스토랑 부문에서는 McDonald사와 Wimpy사를 들 수 있다. 이들 기업의 마케팅전략은 효과적인 촉진을 통해 각각의 조직에 대한 포지셔닝과 제품차별화의 수단으로서 가격과 가치를 사용한다.

둘째, 방어마케팅전략은 표준화를 통한 운영효율화를 강조한다. 이러한 접근방법에 대한 확신은 전체 국제관광산업에 최근 부상하고 있는 상표의 확산에 대한 이론적 근거이다. 이는 제품과 서비스의 사전패키지에 대한 고객의 기대를 설정하고 이를 전달하는 마케팅의 기능이다. 관광제품의 구입은 고객의 입장에서 보면 일정한 위험도를 내포하고 있기 때문에, 보다 효과적으로 운영되는 기업은 소비자의 입장에서 구입 시 관련 위험도를 감소시키기 위한 표준화된 상품을 약속하고 전달하고 있다. 예를 들면 국제적으로 관광산업마케팅에 대한 이러한 논리를 적용하고 있는 기업은 Choice Hotels International과 Trusthouse Forte, 그리고 Accor와 같은 국제관광기업 등을 들 수 있다.

셋째, 방어전략은 비용과 품질통제 모두를 강조하기 때문에 마케팅전략은 가격과 가치의 유형화에 초점을 맞추어야 한다. 이는 쉬운 일이 아니다. 품질의 구성은 주관적이며 관광시설을 이용하는 고객의 기대에 좌우된다. 이 경우에 마케팅의 역할은 품질, 안락, 안전 가치를 고객의 기대수준에 부응하는 차원에서 포지셔닝 전략을 통해 잠재고객에게 확신을 주는 것이다. 이러한 마케팅의 보기는

"하룻밤을 저렴하게"(Spend a night, not a fortune) 캠페인을 벌이며 높은 가치를 유형화하는 Super 8 Motels과 "당신의 방식대로"(Have it your way)와 "때로는 규칙을 깨어야 한다"(Sometimes you gotta break the rules) 캠페인으로 고객의 입장에서 그들의 요구와 욕망을 충족시키려는 노력을 유형화시키는 Buerger King, "메리어트는 제대로 합니다"(Marriott does it right)와 "메리어트의 사람들은 비결을 알고 있습니다"(Marriott people know how)라는 캠페인으로 고객의 기대에 따라 지식과 수행능력을 가시화하는 Marriott 등이 있다.

(2) 탐사전략 마케팅 방침

관광기업이 국제적으로 탐사마케팅전략을 추구할 수 있는 방법은 다양하다.

한 가지 방법은 각 종사자의 고부가가치를 통해 서비스를 향상시키는 것이다. 서비스향상이란 각 종사자가 모두 고부가가치를 갖는다면 평균 이상으로 달성될 수 있다. 여기에는 집중적인 교육이 필요하며 어떠한 마케팅전략에도 없던 효과를 기대할 수 있다. 그러나 정도(正道)를 벗어나서는 아무것도 기대할 수는 없다. 종사자당 고부가가치를 강조하는 상황에서는 내부마케팅전략을 통해서만 마케팅 활동이 핵심적 역할을 수행할 수 있다.

내부마케팅이란 최상의 직원을 고용하고 유지하여 최상의 직무를 수행할 수 있도록 하여 외부고객을 맞이하는 사람에 대하여 마케팅의 철학과 실행을 적용하는 것으로 정의할 수 있다. 따라서 내부마케팅에서는 고객으로서의 종사자를 강조하고 제품으로서의 그들의 직무를 중요시한다. Four Seasons Hotels에서는 적절한 기업문화와 소비자지향 서비스분위기를 창출하여 내부마케팅을 활발하게 추진하고 있다. 이는 Four Seasons 종사자의 이직률을 호텔산업의 평균치 이하로 감소시키는 결과를 가져왔다. 탐사마케팅전략은 또한 환경탐지 활동과 소비자 조사활동을 매우 강조하여 조직이 경쟁기업보다 빨리 소비자 요구의 변화에 대응할 수 있도록 한다.

국제마케팅 의사결정 환경이 국내의 경우보다 복잡하다는 것은 의심할 여지가 없다. 몇몇 연구를 통해 관광산업의 환경이 불확실하고 불안정하며 유동적이라는 것을 알 수 있다. 이러한 고도의 복잡성 때문에 관광조직은 적극적으로 환경정밀조사 활동을 도입해야 한다. "우리 기업에 영향을 주는 환경은 어떻게 변화하고 있는가"라는 질문에 대하여, 조직의 정치적, 경제적, 사회문화적, 기술적, 생태적, 그리고 경쟁적 경영분야에 대한 자료수집과 분석을 통해 해답을 구할 수 있어야만 한다. 환경정밀조사 활동의 도입을 통해 탐사마케팅전략을 채택하고 있는 좋은 예는 Fresco 레스토랑 체인을 가지고 있는 미국의 경우인데, 이들은 오랫동안 주목받지 않은 시장을 적극적으로 공략하고 있다. 이 시장은 완전히 한 기업이 독식하는 시장으로서 다음과 같은 상황을 고려해 볼 때 틈새시장을 전혀 남겨놓지 않았다. 즉 ①미국의 미혼과 이혼 남녀는 7천 7백만 명에 달하고, ②3억의 상용여행자가 매년 여행을 하며, 심지어는 기혼 여행자의 상당수도 독신여행을 하고, ③상용 목적으로 홀로 여행을 하는 여성여행자도 증가하고 있으며, 그리고 ④독자적으로 휴가여행을 떠나는 사람들이 남녀 모두 크게 증가하고 있다. Fresco의 체인기업들은 이 같은 대규모의 미개척 시장을 공략하기 위한 마케팅전략을 능동적으로 설계하고 있다.

Marriott는 이러한 탐사마케팅 전략 요소를 연구하고 추구하여 이익을 얻는 가장 좋은 본보기를 보여 주고 있다. Marriott기업은 소비자조사를 통해 'Courtyard by Marriott' 개념을 수행하는 데 막대한 자본과 시간을 투자하였다. 그들은 컨조인트 분석(conjoint analysis)으로 잘 알려진 강력한 통계기법을 사용하여, 고객이 기꺼이 제품구입을 할 수 있는 거래조건(trade-off)을 결정할 수 있었다. 반면에 미국 내의 평균 산업점유율이 63%인 데 비해, Marriott의 'Courtyard by Marriott' 상표는 이보다 약 20%를 상회하였다. 이 상표를 성공시키는 요인은 여러 가지가 있겠지만, 거래조건 분석과 전사적 소비자지향 연구가 중요한 성공결정요인이다. 더욱 많은 관광기업들이 국제시장에 침투함에 따라, 이러한 사전시장조사 활동은 분명히 현명하고 필수적인 투자가 될 것이다.

(3) 분석전략 마케팅 방침

분석전략마케팅은 방어전략과 탐사전략마케팅을 동시에 수행하는 것을 필요로 하기 때문에 아마도 가장 복잡한 전략으로 보인다. 본질상 이 전략은 '직접 만드는 고객만족'(do-it-yourself customization), 회원제의 개발, 기술의 선택적 적용 등 다양한 마케팅전략을 구사할 수 있다. 이를 차례로 논의하면 다음과 같다.

'직접 만드는 고객만족'이란 서비스 생산과정에 고객을 참여시킴으로써 관광조직의 서비스 비용을 절감하기 위해 시도하는 것이다. 이러한 접근방법의 좋은 보기는 인건비 절감과 고객만족을 동시에 실현하는 샐러드 바를 갖춘 레스토랑 산업에서 볼 수 있다. 또한 객실 내 영상체크아웃시설(in-room video checkout facilities)을 갖춘 숙박산업에서도 찾아볼 수 있다. 그러나 이러한 전략이 조직에 의한 운영을 완전히 배제하는 것을 의미하지는 않는다. 여기서 마케팅전략은 고객에 대한 서비스 전달과정을 보조하도록 형성되고 수행된다. 이러한 상황에서 마케팅활동은 세 가지 과정으로 수행되어야 한다. 첫째, 고객이 상품에 대한 선택권을 갖고 있다고 자각시키는 일이다. 둘째, 고객에게 이러한 상품선택의 장점을 취할 수 있는 방법을 알려주어야 한다. 세 번째는 고객이 상품을 기꺼이 사용할 수 있도록 충분한 흥밋거리를 창출해야 한다. 이러한 세 단계의 과정은 조직이 신속하고 효율적인 체크아웃 절차나 선택권이 있는 샐러드 바와 같이 고객에게 이익이 되는 사항을 약속해야 하며, 다음 고객의 기대감을 파악하여, 이들의 기대 이상으로 부응할 수 있도록 이익을 제공하는 것이 필요하다. 미국 테마레스토랑의 유럽시장 진출이 증가하면서 그들의 마케팅전략은 업체(레스토랑)별로 유럽 소비자들을 교육시키기 위하여 이러한 세 단계의 과정을 따랐다. 예를 들어 TGI Fridays사가 영국시장에 진출할 때 영국인이 TGI Fridays의 상품 성격에 익숙하지 못했기 때문에 이러한 전략을 사용한 바 있다.

분석전략마케팅을 수행하는 두 번째 방법은 회원제의 개발로서, 탐사전략마케팅의 경우에서 문제가 되는 신 고객에 대한 최초의 높은 비용을 감소시킬 수 있고, 동시에 방어전략에서 문제가 되는 기존고객에 대한 서비스의 개선을 기할 수 있다. 산업체에서 추구할 수 있는 다양한 단골고객(frequent-stay) 프로그램의 형태가 바로 이러한 전략을 시도하는 것으로 볼 수 있다. 여기서 마케팅활동은 고객에게 이러한 프로그램에 대한 수요창출을 위해 정보전달 역할을 수행하는 것이다.

세 번째는 탐사전략의 서비스 향상과 방어전략의 비용절감은 기술의 선택적 적용을 통해 가능하다고 본다. Heskett은 미래에 인간과 기술을 조합시키는 작업의 중요성과 가능성은 제조업보다도 서비스산업에 있다고 주장한다. 바로 이러한 분야가 관광산업마케팅 분야인 것이다. 21세기를 향해 국제화가 진전됨에 따라 국제관광마케팅은 고도로 전산화된 활동이 될 것이며, 경쟁우위는 1970년대와 같이 정보의 소유가 아닌 정보의 활용방법에 있을 것이다. 데이터베이스 마케팅은 하나의 원칙이 될 전망이다. 예를 들면, 1973년에는 약 20단어의 자료에 해당하는 1,000비트의 정보—소비자의 이름과 주소, 구매기록 등을 담을 수 있는—를 갖는 데 7.13달러의 비용이 든 반면에 오늘날에는 1페니밖에 들지 않는다. 게다가 이러한 기술은 관광기업이 추가판매, 복합판매촉진, 새로운 유통경로개척, 신상품테스트, 새로운 판로, 신규투자, 고객충성도 확보 등 일련의 내부데이터베이스를 활동함으로써 서비스의 향상을 가져올 것으로 전망된다.

분석전략 마케팅을 수행하는 네 번째 방법은 효과적인 수급관리다. 이러한 사례로는 비수기의 할인율을 들 수 있다. Heskett은 이러한 수급관리로부터 두 가지 주요 이익이 있다고 보는데, "첫째는 저가정책에 의해 고객의 수용능력에 미리 대비할 수 있다는 것과 둘째는 사전계획을 수립함으로써 서비스기업은 서비스의 표준화를 기할 수 있다는 것이다."

미국 숙박산업은 현재 항공사로부터 들여온 기법을 사용하여 수요관리를 실험하고 있으며, 이를 통해 앞으로 특별기간을 정해 할인요금을 실시할 계획이기도 하다. 이러한 시스템은 관광산업에서 보통 실행하고 있는 원가지향 가격결정

기법을 뛰어넘은 단계라 할 수 있다. 이제 몇 년 안에 국제수준으로 대량의 컴퓨터예약시스템(CRS)의 상호 상승적 통합(synergistic integration)을 통해 이러한 수요관리는 좀더 효과적이며 효율적으로 운영될 것이며 또한 보편화될 추세다.

4 여행상품 마케팅전략

1) 전략의 의의

전략에 관한 정의는 학자들마다 전략의 개념범위를 각자 다른 시각으로 보고 있기 때문에 그 개념 또한 조금씩 다르다. 전략의 개념범위란 전략을 목적(목표) 달성을 위한 수단으로 보는가, 아니면 목적과 수단을 포함하는 보다 넓은 개념으로 보는가 하는 문제이다. 전략에 관한 대부분의 연구가 기업의 목표달성에 있어서 어떤 전략이 보다 효과적인가를 보는 것이라는 점에서 볼 때, 전략을 목표달성을 위한 수단으로 보는 것이 보다 일반적이다.

Robey는 "전략이란 기업의 장기적인 목표의 결정과 그 목표를 달성하기 위한 행동을 결정하고 경영자원을 배분하는 것이며, 전략의 수립은 환경과 기업의 분석 · 평가에 의해 시작된다"라고 언급하고 있다. 그리고 Steiner와 Miner는 "전략은 기업의 내 · 외부환경을 고려하여 조직목표를 설정하여 이의 실행방향을 결정하는 것"으로 규정짓고 있으며, 또한 혹자는 "전략은 환경적응에의 방식과 지침, 목표달성을 위한 기업과 환경과의 미래지향적인 상관방식과 사람들의 의사결정에 있어 지침이 되는 여러 방책의 조합"이라고 정의하고 있다.

전략연구에 있어 주요한 고려사항은 분석수준과 접근방법에 대한 것이며, 기존의 전략연구들은 주로 전략유형연구, 전략군연구, 환경 · 전략 상황연구 등으로 구분된다.

또한 전략관리는 의사결정이 이루어지는 기업내부의 수준에 따라 몇 가지로 나누어지는데, 이것은 기업의 전체목표를 정의하고, 어떤 사업에 참여하며, 어떻게 사업부들 간에 자원을 배분할 것인가를 결정하는 전사적 수준(corporate level)과 전사적 수준에서 결정된 전략적 방향과 목표에 입각하여 개별사업의 영위에 필요한 구체적인 전략들을 결정하는 사업부 수준(business level), 그리고 궁극적으로 각 경영 기능별 경영자들이 담당하여 전략을 실천하는 것과 직접 관련되어 있는 기능별 수준(functional level)으로 구분하는데 연구자들의 견해는 일치하고 있다.

결국 마케팅 전략이란 결국 올바른 표적시장(right MARKET), 올바른 제품(right PRODUCT), 올바른 경로(right PLACE), 올바른 가격(right PRICE), 올바른 촉진(right PROMOTION)의 결정과 관련되는데, 이러한 의사결정들을 위해서는 정확한 마케팅 정보가 투입되어야 하며 각 구성요소들은 건전한 마케팅 계획에 의해 조정됨으로써 목표(이익, 시장점유율 등)를 효율적으로 달성할 수 있게 된다.

2) 여행상품 마케팅전략

여행사에서 여행상품 마케팅을 성공적으로 유도하기 위해서는 어떠한 방법으로 접근해야 할 것인가를 종합적으로 검토하여 보면 다음과 같은 몇 가지 사항으로 요약 · 정리할 수 있다. 먼저 여행상품 마케팅은 크게 (1)마케팅 잠재력을 극대화하려는 노력과 (2)고품질의 서비스를 제공하려는 노력의 두 가지 사항이 중요하며, 이를 위해 (3)우수한 마케팅 조직을 구축해야 한다는 세 가지 사항이 핵심적 요소이다.

그런데 마케팅 잠재력의 극대화 노력은 ①서비스의 유형적 요소를 잘 관리하고 회사 자체를 브랜드화함으로써 신고객을 유치하고 ②현 고객의 이탈을 방지 및 유지하며 ③꾸준한 교육훈련을 통해 종업원의 자질을 향상시키는 세 가지 방법으로 나눌 수 있다.

그리고 고품질 서비스의 제공은 ①고객과 처음 마주하는 첫 번째 서비스를 잘하고 ②두 번째 서비스를 더욱 잘하여 신뢰감을 심어줄 것이며 ③고객의 기대수준을 충족시키거나 기대수준 이상의 서비스를 제공하는 세 가지 방법이 있다.

마지막으로 우수한 마케팅 조직은 ①마케팅을 라인 기능으로 전환하는 방법으로 고객과 가장 가까이 접촉하는 일선 종업원에게서 충분한 마케팅 에너지가 창출되도록 구축해야 한다.

이렇게 되면 우수한 마케팅 조직은 마케팅 잠재력의 극대화와 고품질 서비스의 양쪽에 영향을 미칠 것이며, 마케팅 잠재력의 극대화 결과는 고품질 서비스에, 고품질 서비스의 결과는 다시 마케팅 잠재력의 극대화에 영향을 미치는 피드백이 반복될 것이다. 다만 마지막으로 고품질의 서비스를 창출하기 위한 노력의 결과에 대해 올바른 서비스였는지 아닌지 확인 · 분별하는 기회를 추가한다면 완벽한 여행상품 마케팅의 통합 모델이 완성된다.

여행상품의 마케팅전략에는 다양한 것들이 있을 수 있으나 몇 가지 주요한 세부전략을 보면 다음과 같다.

(1) 환경분석전략

자사에서 개발되는 여행상품이 다양한 환경(정치, 경제, 문화, 사회 등)에 어느 정도 적응할 수 있는가에 관한 내용이다. 또한 이러한 여행상품이 개발되어 판매될 수 있는 조직과 자금력이 뒷받침되는지 등과 관련되는 내부환경도 포함된다. 따라서 이러한 환경들을 사전에 조사 · 분석하여 시장에서의 경쟁우위를 확보할 수 있도록 하여야 한다.

(2) 여행상품 구성전략

환경분석이 이루어지고 나면 새롭게 개발되는 여행상품이 타사의 유사한 상품과 어느 정도 차별화되어 있으며, 경쟁력이 있는가를 판단하여야 한다. 이를 위해서는 고객의 욕구를 충족시킬 수 있는 새로운 아이디어가 요구된다.

(3) 가격결정전략

새로운 여행상품으로 많은 고객(관광객)이 여행할 수 있도록 하기 위해서는 이들이 요구하는 여행일정과 가격, 그리고 여행기간에서 행하여지는 제반 서비스 등이다. 이렇듯 훌륭한 여행상품 조건에 있어 가격결정전략은 매우 중요한 하나의 요소가 될 수 있다. 여행일정이 유사한 타 여행사의 가격과도 비교가 되어야 하며, 고객들의 심리가격, 그리고 현재의 국내외적인 사회, 경제 등의 환경도 고려되어야 한다.

CHAPTER 04 실버여행의 기초이론

실버층의 전반적 이해

제1절 고령화 시대

1 우리나라 연령 계층별 인구 구성비

통계청에 의하면 우리나라의 경우 저출산의 영향으로 생산연령인구(15~64세)는 2018년을 정점으로 감소하며, 특히 인구의 고령화가 진전됨에 따라 총인구 중 65세 이상 비율은 1970년 3.1%→ 2008년 10.2%→ 2025년 20.3%→ 2036년 30.5%→ 2051년 40.2%로 크게 증가할 것으로 전망하고 있다.

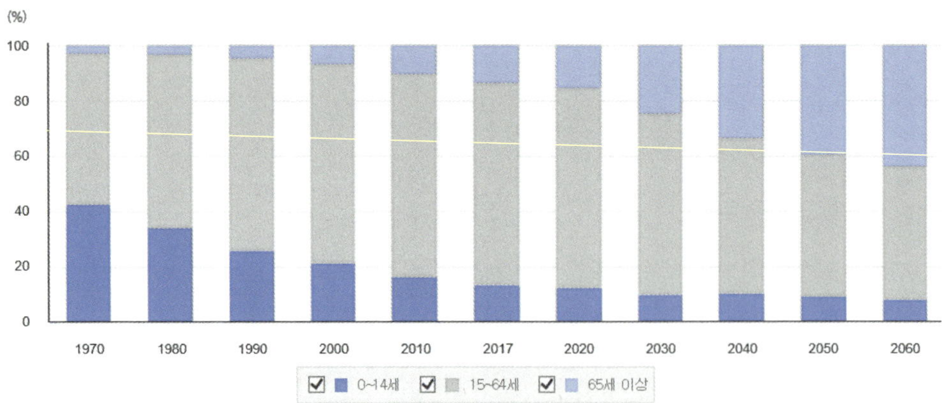

[그림 1-16] 연령 계층별 인구 구성비

출처 : 통계청(2019), 장래인구특별추계

2 우리나라 부양인구비

부양인구비는 인구의 연령구조를 반영하기 때문에 한 국가의 사회경제적 구조를 개괄적으로 파악하고 전망하는 데 유용하다. 노인부양인구비가 높은 사회에서는 노인복지가 중요한 사회 이슈로 대두된다.

한국의 소년부양인구비는 1960년 77.3으로 매우 높았지만 2021년에는 약 1/5 수준인 16.6으로 감소하였다. 소년부양인구비의 감소는 주로 출산수준의 저하에 기인한다. 반면 1960년 5.3에 불과했던 노인부양인구비는 지속적인 사망력 저하와 수명 연장으로 인하여 2021년 23.0으로 약 4배 증가하였다. 소년부양인구비의 감소 추세가 노인부양인구비의 증가 추세보다 더 빠르게 진행되었기 때문에 전체 부양인구비 역시 감소 추세를 보여준다. 부양인구비는 1960년 82.6에서 1990년 44.3으로 30년 사이에 절반 가까이로 줄었고 이후에도 지속적으로 감소하여 2021년 현재 39.6을 기록하고 있다.

부양인구비는 사회발전 수준과 인구변천 단계에 따라 큰 차이를 나타낸다. 대체로 서유럽 국가들과 미국 등의 선진국에서 부양인구비가 낮은 반면 개발도상국에서는 부양인구비가 높은 경향이 관찰된다. 또한 최근에 출산수준이 급격하게 저하한 한국, 중국, 싱가포르, 홍콩과 동유럽 국가들에서 부양인구비가 빠른 속도로 저하하는 추세를 보인다. 일반적으로 노년층에 대한 사회적 부담이 유소년층에 대한 사회적 부담보다 훨씬 크다. 중년 이후 급속하게 나빠지는 건강 때문이다. 따라서 노인부양인구비가 증가하는 선진국들에서는 향후 이들에 대한 정책적 지원이 중요한 사회적 이슈로 등장하게 될 것이다.

〈표 1-1〉 부양인구비율 (단위 : %)

	부양인구비	소년부양인구비	노년부양인구비
2008	37.8	23.8	14.0
2009	37.3	22.9	14.4
2010	36.9	22.0	14.8
2011	36.3	21.2	15.0
2012	36.2	20.6	15.6
2013	36.2	20.0	16.3
2014	36.2	19.4	16.9
2015	36.2	18.8	17.5
2016	36.2	18.3	18.0
2017	36.7	17.9	18.8
2018	37.1	17.5	19.6
2019	37.6	17.1	20.4
2020	38.6	16.9	21.7
2021	39.6	16.6	23.0

출처 : 통계청, 장래인구추계

3 우리나라 독거노인비

우리나라를 포함한 많은 나라들은 저출산과 고령화 현상을 동시에 경험하고 있다. 그 결과 노인인구의 비중이 급속하게 늘어나고 있다. 이에 따라 노인인구에 대해 어떤 정책을 펴는지가 중요한 사회적 이슈가 되고 있다. 우리나라의 부모들은 과거에는 노후에 자녀들이 부양할 것이라는 기대, 그리고 최근에는 자녀 양육으로 인한 경제적 부담으로 노후대책을 세우지 않는 경우가 많다. 앞으로 경제적 능력이 떨어지는 거대한 노인인구 집단을 어떻게 해야 하는지는 매우 중요한 과제가 될 것이다.

노인인구 중 특히 취약한 집단은 혼자 사는 노인이다. 한국은 일찍부터 고령화를 경험한 선진국들만큼 고령자를 위한 사회보장제도가 발달하지 못하였다. 그래서 한국 노인에게는 자녀를 포함한 가족이 가장 중요한 사회경제적 지원자일 수밖에 없다. 배우자 등 가족과 함께 사는 노인은 가족으로부터 다양한 지원을 받을 수 있지만 혼자 사는 노인은 그럴 수 없다. 특히 노인은 다양한 만성질환에 자주 시달리기 때문에 때로는 기본적인 일상생활을 영위하기도 쉽지 않다. 때문에 독거노인은 사회복지의 주요 관심 대상일 수밖에 없다. 독거노인은 경제상황이나 신체건강의 어려움도 있지만 정신건강도 매우 취약하다. 혼자 거주하는 노인들은 함께 사는 가족이 없기 때문에 외로움이나 우울감을 더 많이 느끼게 된다. 그렇기 때문에 이들에게 여러 가지 면에서 주의를 기울여야 한다. 65세 이상 노인인구 중 독거노인의 수는 2020년 158만 9천 명으로 전체 65세 이상 인구의 19.6%이다. 독거노인 비율은 2000년 16.0%에서 2005년 17.3%, 2010년 18.5%로 지속적인 증가추세를 보인 이후 2012년부터 2015년까지 18.4%에서 정체되다가 2016년부터 다시 증가하고 있다. 65세 이상 노인인구가 2000년 339만 4천 명에서 2020년 812만 5천 명으로 두 배 이상 증가한 데 비해 독거노인 수는 2000년 54만 3천 명에서 2020년 158만 9천 명으로 2.5배 이상 증가하였다.

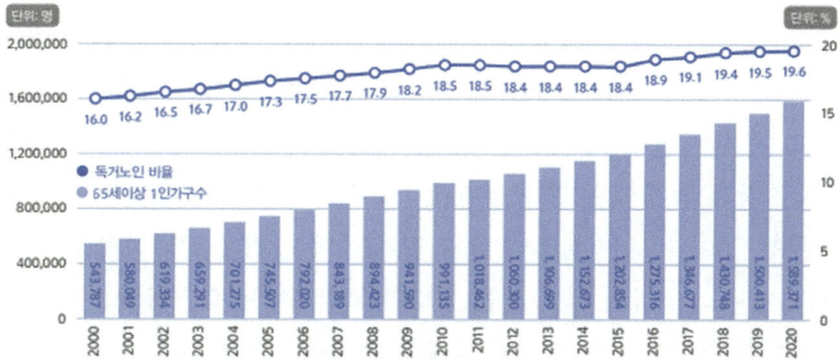

[그림 1-17] 독거노인 비율

출처 : 통계청, 「장래가구추계 2017」, 「장래인구추계 2017」

제2절 실버여행의 시대

1 실버여행의 특성

여행은 여가활동의 한 유형으로서 실버계층에게 건강과 삶의 질을 향상시키는 효과가 있다. 실버 여가대책으로 관광의 중요성이 강조되고 있는 이유는 다음과 같다. 첫째, 오늘날 그리고 앞으로의 실버계층은 예전과 달리 건강하고, 활동적이며 나이를 의식하지 않는다는 점이다.

둘째, 젊은 시기에는 일에 묶여 시간적 제약으로 인해 자기 의지대로 자유롭게 거주지를 떠나 여행할 기회가 많지 않았기 때문에 자유로운 여행의 욕구가 크다는 점이다. 셋째, 사회로부터 소외당하는 것을 싫어하고 주변과의 접촉을 추구한다는 점이다.

넷째, 여가를 통한 자기 개발, 자기 발견, 인생의 의미 성찰을 위해 거주환경으로부터 일시적으로 벗어나 새로운 환경에 접하는 관광의 경험이 매우 효과적이기 때문이다.

따라서 실버계층의 관광활동은 소외되지 않고 주체적으로 생활하며 활기찬 노후를 위해서 매우 중요한 위치를 차지한다. 그러나 '실버관광'이 건강하고 자유롭게 움직일 수 있는 사람에게는 은퇴는 더 많은 자유시간과 다양한 관광을 즐길 수 있는 새로운 기회로 작용하지만, 건강과 경제적 비용 때문에 다양한 관광을 하지 못하는 실버계층에게는 텅 빈 시간을 채우는 일은 쉬운 문제가 아니다. 이는 건강과 경제적 문제가 실버관광에 미치는 영향이 크다는 것을 단적으로 보여주는 것이다. 실버계층의 삶의 질 향상과 실버계층의 복지를 위하여 관광시설 및 서비스 공급의 확대 등을 통하여 고령자의 관광기회의 증대가 요구되며, 국가적 차원에서 책임져야 할 중대한 과제이기도 하다.

2 실버여행객의 특성

실버계층의 관광특성을 살펴보면 앞으로 관광의 소비주체 세력으로 등장할 것으로 예상하는데, 65세 이상의 실버계층과는 달리 비교적 젊은 실버계층일수록 노후를 활기차게 보내기를 희망하는 비율이 높고 적극적인 여가와 관광활동, 새로운 것을 배우려는 의욕이 강하게 나타남을 볼 수 있다. 이는 관광이 실버계층에게 의미 있는 삶의 활력소를 제공해 줄 수 있기 때문으로 생각한다. 국내 연구자들의 연구결과에 따르면 실버계층의 관광특성은 다음과 같다.

실버계층은 관광을 긍정적인 활동으로 인식하며, 휴양과 휴식, 좋은 추억과 새로운 경험을 하기 원한다. 계절적으로 가을, 봄의 순으로 선호하며 관광전세버스를 이용한다. 특히, 실버계층이 관광목적지를 결정할 때는 자연적 풍경, 아름다운 경관, 여행비용, 동반형태들을 중시한다. 관광활동을 할 때 불편사항은 사람들의 혼잡성, 요금, 휴식 공간 부족이 195명(60.9%)을 차지하였고, 고물가수준, 관광상품의 질, 시설의 운영상태가 불만족한 것으로 나타났다. 또한 실버계층이 선호하는 관광유형은 휴식 · 휴양으로 신체건강상 먼 거리의 여행보다는 가까운 지역을 선호하며, 불만족 사항에서는 불친절한 서비스와 비싼 요금이 높게 나타났다. 저축으로 여행경비를 충당하고, 배우자나 가족을 동반해서 소규모 단체관광을 하며 시간의 여유가 있어 연중 고르게 관광 다닐 수 있는 계절별 관광 상품을 원하며 관광 시기는 봄과 가을에 집중되어 있다. 이에 실버계층 대부분이 여가선용으로 관광을 중요하게 생각하는 것으로 나타났다.

3 실버여행객의 여행형태

한국관광공사 통계자료 중 우리나라 실버여행객의 여행활동은 자연 및 풍경감상, 휴식/휴양, 음식관광 등의 순위로 선호하는 것으로 조사되었다. 한편 외래관광객을 대상으로 실버여행객의 여행형태를 살펴보면 2019년도 기준으로 개별여행 63.39%, 단체여행 28.58%로 개별여행을 더 선호하는 것으로 나타났다.

〈표 1-2〉 외래관광객 연령별 여행형태 (단위 : %)

구분1	구분2	개별여행		단체여행(packagetour)	
		2018	2019	2018	2019
연령	15~20세	73.14	68.67	15.63	16.57
	21~30세	82.10	79.19	9.06	11.74
	31~40세	83.33	80.49	11.33	14.28
	41~50세	77.28	76.66	14.63	15.61
	51~60세	76.56	74.77	16.99	17.93
	61세 이상	76.52	63.39	11.87	28.58
	전체	79.93	77.08	12.36	15.12

제3절 실버여행상품의 특성

1 우리나라 실버여행상품의 특성

한일 실버여행상품 비교연구(류은주, 2014, 이하 연구내용)에 의하면 여행상품은 주요 타깃층의 니즈와 욕구를 반영해서 상품을 기획하는 것이 일반적이라고 할 수 있다. 한국에서 노인들의 여행상품이라고 하면, 효도여행 상품을 먼저 떠올리게 된다. 효도여행 상품은 자식들이 부모에게 효도하는 마음으로 여행을 보내드리는 것으로, 이러한 상품이 존재한다는 것은 한국 문화와의 관련도 있겠지만, 노인들 자신이 적극적으로 관광에 참여하지 못하는 즉, 관광활동에 있어서 수동적이라고도 말할 수 있을 것이다. 그래서 노인들이라고 하면 장애인과 같이 언급되면서 복지적 측면에서 접근하는 경우가 많고, 여행상품 또한 복지관광과 연관

지어 상품이 기획된다. 실제로 노인들을 주요 타깃으로 하여 여행상품을 기획, 판매하는 여행사들의 상품들을 보면, 〈표 1-3〉에서 알 수 있듯이, 효도여행 상품이나 복지여행 상품들이 많다.

〈표 1-3〉 우리나라 실버여행상품

여행사명	여행상품의 종류		
코리아 월드 트래블의 효도여행	효도 여행 상품	5060 효도 여행	중국(북경/장가계/원가계), 동남아(방콕/파타야/태국/하노이/하롱베이/말레이시아), 신일본일주, 서유럽일주 5일 효도여행
		6070 효도 여행	중국(북경/장가계/원가계), 동남아(방콕/파타야/호치민/번짜오) 5일 효도여행, 북큐슈/북해도 4일, 호주/뉴질랜드 남북섬 10일 효도여행, 제주도 3일
		7080 효도 여행	중국(북경/만리장성) 4일 효도여행, 동남아(방콕/파타야/호치민/번짜오) 5일 효도여행, 북큐슈 4일 효도여행, 호주/뉴질랜드 남북섬 10일 효도여행, 제주도 3일
		8090 효도 여행	동남아(방콕/파타야/하노이/하롱베이) 5일 효도여행, 북큐슈 4일 효도여행, 제주도 3일 효도여행
(주)씨티엘 네트웍스의 씨티엘 돌봄여행	돌봄 여행 상품	내륙 여행	속초/설악산 1박 2일, 고성/설악산 1박 2일, 경주 1박 2일, 충주/단양 1박 2일, 거제/통영/외도 1박 2일, 남도여행 1박 2일, 단양/제천 1박 2일, 아산 당일여행, 남이섬 당일여행, 나섬치즈마을 당일여행, 이천 당일여행
		제주도여행	제주도 2박 3일 여행
여전투어	기획 여행 상품	당일 여행	경주 벚꽃 당일여행, 전주로 떠나는 맛기행, 충북 구석구석, 광양 매화꽃 축제, 따뜻하게 즐기는 온양, 인천에서 즐기는 추억여행
시니어 실크로드	복지 여행 상품	명품 효도 여행	전문 간호사, 요양보호사와 함께 떠나는 영동권 투어 2박 3일/1박 2일
	일반 여행 상품	내륙 여행	버스를 이용한 계절별 전국여행(거제도/외도/보성녹차밭 1박 2일 코스)
		섬여행	울릉도, 독도 2박 3일 여행

		제주도	자유여행 및 맞춤 패키지, 가족여행, 신혼여행 패키지, 버스투어, 택시투어 패키지, 제주도 웰빙투어, 대한민국 최남단 마라도 투어 2박 3일, 제주도 올레길 투어, 한라산 등반/우도 여행
시니어 실크로드	일반 여행 상품	해외여행	일본(동경/나고야/오사카/센다이코스) 중국(장가계/곤명/북경만리장성/황산) 동남아(파타야/푸켓/세부/보라카이/사피섬/발리)
		성지순례 오지탐방 순례여행	태국/미얀마/캄보디아/라오스 코스
	시니어 복지 관광 교육		시니어 복지관광 교육 1박 2일(건강한 노후 생활 설계 교육+관광일정), 시니어 복지관광 교육 2박 3일(건강한 노후생활 설계, 귀농, 귀촌의 이해, 봉사활동 및 기부문화의 이해+관광일정)
	요양 및 휴양		1주일, 1개월 단위의 휴양, 여행상품(휴양지 : 이스라엘 홈케어, 이스라엘 수양관/휴양장소: 강원도 고성군)

출처 : 류은주(2014), 한일 실버여행상품 비교연구

효도여행사는 연령별로 나누어서 효도 여행상품을 기획하고 있다. 연령은 50대부터 90대까지이다. 이러한 연령대별 여행상품 구분으로 인해 비슷한 연령대의 사람들과 여행을 즐길 수 있는 이점이 있다. 노인 중에는 나이가 더 많다고 해서 적은 사람보다 신체적, 정신적 기능이 반드시 저하된다고 말할 수 없지만, 일반적으로 나이가 더 많을수록 거동이 불편하거나 여행하는 데 더 힘이 든다는 인식이 있다. 특히 그룹투어 같은 경우는 똑같은 일정을 같이 행동해야 하기 때문에 같은 신체적 조건을 가진 사람들끼리 여행하는 것이 편하다. 그런 의미에서 이러한 상품을 이용하는 경우, 노인들은 좀 더 편하게 여행을 즐길 수 있을 것이다.

상품을 구체적으로 살펴보면, 5060 효도여행 상품에서는 "젊으신 부모님을 위한 적당한 여행지"라고 여행사 측은 어필하고 있으며, 관광지도 가까운 일본, 중

국, 동남아뿐 아니라 거리적으로 먼 유럽 상품도 포함하고 있다. 6070 효도여행 상품은 여행사 관계자의 말에 따르면, 참가자의 70%가 60대라고 한다. 특히, 환갑, 칠순 여행 상품이 생길 정도로 인기가 있다고 한다. 이것으로 보아 6070 여행 상품은 기념적 여행이 많은 것으로 보인다. 7080 효도 여행 상품과 8090 여행 상품은 여유 있는 일정과 가까운 거리의 나라를 방문함으로써 노인들의 신체적 부담을 덜어준다는 것을 어필하고 있다. 특히, 7080 효도 여행상품은 지역한정이기는 하지만 휠체어를 준비해서 거동이 불편한 사람들도 참가할 수 있도록 해 준다. (주)씨티엘 네트웍스의 씨티엘 돌봄여행의 상품을 보면, 주로 내륙여행과 제주도 여행상품이 있다. 상품 내용을 보면 유명 관광지를 돌아보고 오는 일반 패키지 여행상품과 비슷하다. 여전투어도 마찬가지로 국내여행 중심이고 자연 등의 볼거리와 먹거리, 추억을 되살릴 수 있는 여행 등을 기획하고 있다.

마지막으로, 시니어 실크로드 상품을 보면, 복지여행과 일반여행, 시니어 복지 관광교육 프로그램, 요양 및 휴양형 여행상품이 있다. 복지여행 상품의 내용을 보면 영동권을 중심으로 한 투어가 중심이며, 전문 간호사, 요양 보호사가 동행하여 출발 전과 여행 중에 혈압, 맥박, 체온 등 기본적인 건강관리 검사가 이루어진다. 그리고, 재활 프로그램을 통해 치매예방 교육, 노후생활 교육을 받을 수 있고, 레크리에이션 활동도 즐길 수 있다. 즉, 여행상품 안에 건강관리와 교육, 레크리에이션 활동, 관광이 합쳐진 복합형 여행상품이라고 할 수 있다. 이 외에도 국내외 패키지 여행상품들과 장기간 체재하면서 요양, 휴양을 즐기는 요양·휴양형 여행상품이 있다. 시니어 복지관광 교육은 복지관광과 교육이 합쳐진 여행으로 1박 2일 일정을 보면, 첫째날은 설악산, DMZ박물관 등 관광을 즐기는 일정과 건강한 노후 생활 설계, 행복한 노후준비, 노인 장기 요양기관 견학, 치매예방 교육 및 운동, 치매 어르신 행동 이해하기, 노인의 건강증진, 가족관계의 이해에 대한 관련 전문가가 강의를 한다. 그리고 2일째는 낙산사, 정동진 조각공원, 경포대 헌화로 등을 여행하는 일정이다. 2박 3일 일정도 투어 내용이 비슷하고,

교육 부분에서는 귀농과 귀촌에 대한 강의, 봉사활동 및 기부문화에 대한 강의가 추가로 포함되어 있다. 이 여행은 교육적 목적이 강한 교육형 여행이라고도 할 수 있다.

이 외에도 각 여행사에서 기획, 판매하고 있는 여행상품은 매우 많지만, 주로 온라인에서 소개되고 있는 것을 중심으로 살펴보았다. 여행상품을 각 여행사의 자사 상품으로 판매하는 경우도 있지만, 해외여행 같은 경우는 자사의 상품이 아닌 홀세일러 여행사 상품을 판매하는 경우도 있었다. 각 여행사의 여행상품들을 종합해서 살펴보면, 실버여행 상품은 연령별로 세분화해서 기획된 상품, 효도여행 상품, 복지여행 상품, 주유형 여행상품, 교육형 여행상품, 요양·휴양형 여행상품이 있었다. 그리고, 거리적으로 먼 관광지보다는 가까운 국내여행이나 여유 있고 일정이 짧은 여행이 더 많았다. 또한, 노인들의 신체적 조건을 고려해서 건강관련 서비스와 프로그램, 건강을 위한 교육 프로그램이 포함된 여행상품도 있어서 노인들의 여행에 대한 부담감을 조금 덜어주고 있다.

2 일본 실버여행상품의 특성

일본에서는 노인들을 대상으로 한 다양한 상품들이 기획, 판매되고 있다. 특히, 노인을 타깃으로 하는 여행상품들은 팸플릿에 나이를 직접적으로 기재하여 노인들의 상품이라는 것을 어필하는 곳도 있다. 예를 들어, JTB로얄로드 긴자의 국내여행 상품인 유토리(여유) 기행은 팜플렛에 "70세대에게 추천하는 국내여행"이라고 명시되어 있고, 타비사이사이는 "60세부터의 유토리 여행"이라고 기재되어 있다.

노인 여행상품은 테마별로 되어 있어서 각각의 테마 여행상품은 매우 많다. 그중에서도 몇 가지의 테마별 상품들을 각 여행사별로 구체적으로 알아보면, 〈표 1-4〉와 같이 정리할 수 있다. 노인 여행상품은 일반적인 주유형 여행상품에서 테마형 여행상품, 노인들의 신체적 측면을 고려한 상품, 배리어 프리 상품 등 다양하게 기획, 판매되고 있다. 여행사별로 보면, 뷰 트래블 서비스는 국내, 해외 여행상품, 테마별 상품으로 나누어 기획되고 테마별 상품은 철도, 온천, 크루즈, 자연 등 20가지가 넘는다. 상품 중에 타사와 차별되는 특징적인 상품으로, 타비이치와 풀문, 미치 시루베 브랜드 상품을 들 수 있다.

먼저, 타비이치는 관광지의 지역주민들이 고안한 여행을 관광객들에게 안내하는 여행상품 브랜드로 지역의 문화, 역사, 산업, 식문화 등 그 지역만의 매력을 지역 주민들과 교류하면서 느낄 수 있는 체험형 여행상품이라고 할 수 있다. 이 상품은, 봄, 여름, 가을, 겨울 코스 별도로 있으며, 지역에 관해 잘 알고 있는 지역 주민들이 가이드를 담당하고, 그 지역만의 먹거리와 전통 문화를 체험할 수 있다는 것을 어필하고 있다. 부부 한정 여행 상품인 풀문은 부부만의 즐거운 시간을 보낼 수 있도록 지원해 주는 상품으로, 여행 중에 기념 사진을 제공하는 서비스 등을 제공하고 있으며, 부부끼리 참가가 가능한 상품이다. 이 상품은, 정년 퇴직한 후, 부부끼리의 생활이 많아지면서 부부들만의 시간을 보낼 수 있는 기회가 될 것이다.

미치 시루베는 해외의 문화나 역사 등을 알고, 배우고 체험하는 해외 여행상품 브랜드로 학습과 체험을 동시에 할 수 있는 다양한 여행상품들을 제공하고 있다. 다음으로 클럽 투어리즘의 상품들을 보면, 혼자 하는 여행(여성 한정 여행, 라라의 여행, 혼자 한정 여행), 배리어 프리 여행, 유타리(느긋한) 여행, 부부한정 여행 등을 들 수 있다.

여성 한정 여행상품은 여성들만이 참가하는 여행이며, 혼자 여행하는 여성들을 위해 기획된 상품이다. 여성들만 참가하므로, 여성들만이 즐길 수 있는 먹거리와 볼거리, 체험 등을 만끽할 수 있다. 라라의 여행(평균 연령 60.5세)과 혼자 한정 여행(참가자의 80% 이상이 50대 이상)의 특징적인 점은 연령제한이 없는데도 불구하고 참가자 대부분이 노년층이라는 점이다. 이 상품은 혼자만 참가 가능한 패키지여행 상품으로, 참가자들이 서로 교류하고 친구를 사귈 수 있도록 하기 위해 기획된 교류형 여행상품이다.

배리어 프리 여행은 신체적인 장애가 있는 사람들을 대상으로 기획된 여행상품으로 휠체어나 지팡이를 사용하는 사람들을 위해 기획된 복지형 여행상품으로 노년층들이 편안하게 여행을 할 수 있도록 트래블 서포터가 동행하여 케어해 주고 있다. 이 상품의 광고에는 나이가 들어 고령이라도 휠체어가 있어도 여행을 즐길 수 있고 여행을 포기하지 말라고 어필하고 있다. 느긋한 여행은 다리가 아파서 먼 거리를 걷지 못하는 노년층들을 위해 기획된 상품이다. 일반 패키지 여행에는 노년층뿐만 아니라 여러 세대의 사람들이 참가한다. 특히 젊은층과 같이 행동할 때에 노년층들은 젊은층보다 빠르게 움직이지 못하거나 따라가지 못하는 경우가 있어 같은 신체적 조건을 가진 사람들과 같이 참가한다면 무리없이 여행할 수 있을 것이다. 그리고, 이 상품은 많이 걷지 않는 느긋한 여행을 즐기고 싶은 사람, 일상적으로 걷는 데 무리는 없지만 장시간 보행이나 계단, 비탈길은 걷기 어려운 사람, 다른 사람과 똑같은 페이스로 걷기 어렵거나, 거의 걷지 않고 여행을 하고 싶은 사람, 이렇게 세 가지로 분류하여 상품을 제공하고 있어 노인들은 자신의 신체적 조건에 맞는 여행상품을 선택할 수 있다.

H.I.S.는 유쿠리(천천히) 여행이라는 노인 여행 상품을 기획, 판매하고 있다. 국내여행 중심이며, 큐슈, 시코쿠, 하우스텐보스, 홋카이도, 오키나와, 버스투어 여행상품을 제공하고 있다. JTB 로얄로드 긴자는 국내 · 해외별, 연령별로 나누어 상품을 기획하고 있다. 먼저 국내여행인 "유토리 기행"이라는 브랜드 상품은 70세대에 추천하는 여행상품으로 노인들이 여행에서 겪는 불안과 고민을 해소하고자 기획되었다. 이 여행상품은 다른 일반 패키지여행에 비해 일정이 여유롭고, 아침 일찍부터 일정이 잡혀 있지 않다. 그리고, 여행 중에 화장실 가는 시간을 배려하고, 많이 걷지 않도록 하는 등 노인들의 신체적 불편함을 고려하였다. 관광지에 가서도 빨리 다른 곳으로 옮기는 일정이 아니라 느긋하게 한 곳에서 관광지의 매력을 느낄 수 있게 하였고, 이동할 때의 교통수단 좌석도 넓고 편안 곳으로 하여 노인들의 부담을 덜어 주고 있다.

해외여행 브랜드 "타비사이사이"는 60세 이상의 노인들을 대상으로 한 상품 브랜드이며, 상품 내용을 보면, 연박 중심의 여유로운 일정이며, 무리하게 많은 관광지를 돌아보기보다는 느긋하게 관광지를 보고 빨리 호텔에 도착하고, 그 다음 날 아침은 늦게 출발할 수 있도록 체력적으로 무리가 가지 않게 배려를 한 일정을 제공한다. 숙박 시설 또한 지명도가 높고 시설이 좋은 곳뿐 아니라, 산책하기 좋은 입지에 있는 호텔과, 방에서 바라볼 때의 바깥 경치가 좋은 호텔을 이용할 수 있게 하고 있다.

일본의 실버여행 상품들을 종합적으로 살펴보면, 주유형 여행상품뿐 아니라, 복지형 여행상품, 학습형 여행상품, 여성이나 부부를 위한 상품, 교류형 여행상품, 혼자 한정 여행 상품, 다양한 테마형 여행상품 등이 기획, 판매되고 있었다. 특히, 노인들이 관광지를 선택하게 해서 여행상품을 선택하기보다는 테마를 위주로 해서 상품을 제공하고, 테마 안에는 매우 많은 여행상품들이 있어서 상품 선택의 폭이 아주 넓었다. 이러한 테마성 위주의 여행상품들은 "어디에 갈 것인가"보다는 "무엇을 할 것인가"가 더 중요시되며, 여행에서 자신과 같은 목적이나 취미나 욕구를 가진 사람들과 여행하면서 그들만의 여행문화를 공유하고 교류할 수 있을 것이다. 그리고, 테마형 상품이 많다는 것은 그만큼 노인들의 관광목적이 뚜렷하다는 것을 짐작할 수 있다.

〈표 1-4〉 일본 실버여행상품

<table>
<tr><th>여행사명</th><th colspan="2">여행상품의 종류</th></tr>
<tr><td rowspan="2">JR
동일본
뷰트래블
서비스</td><td>테마별 상품</td><td>철도여행, 추천여행, 온천여행, 고급 숙박 여행, 세계유산 여행, 축제 여행, 신사와 불각, 자연 여행, 꽃 여행, 전통문화 여행, 미각여행, 검진 여행, 당일여행, 크루즈 여행, 골프 여행, 강사동행 여행, 여성한정 여행, 부부한정 여행, 인터넷 한정 상품, 음악 여행, 무대 공연을 즐기는 여행, 타비이치(지역 주민이 추천하는 관광소재를 모은 여행, 봄, 여름, 가을, 겨울 코스)</td></tr>
<tr><td>국내여행</td><td>지역별 여행상품, 「신슈의 벚꽃 명소 우에다를 방문하다」, 「전문가이드 설명에 의한 동경역 안내와 동경 스테이션호텔의 특별 런치(양식 코스)」, 당일여행, 숙박여행</td></tr>
</table>

	해외여행	「자와&발리 5개 세계유산을 가는 충실 여행 6일간」, 알고 학습하는 성인여행 "미찌 시루베" 상품
클럽 투어리즘	혼자 하는 여행 (국내, 해외)	여성한정 여행(「일본 최대급의 사카타 불꽃쇼」, 「크로아티아 · 슬로베니아 감동 여행 9일간」)
		라라의 여행–산책형 상품(「정 넘치는 마을, 쯔키치 · 쯔키시마 · 쯔쿠다지마」), 생일 교류회 상품(「케이오 프라자 호텔에서 개최하는 생일 교류회」)
		혼자 한정 여행–「인기 있는 4곳 미술관 투어, 오오츠카 국제미술관 · 오오하라 미술관 · 스나 미술관 · 아다치 미술관」, 「헝가리, 호주, 체코 아름다운 3개국 주유 7일간」
	배리어 프리여행 (국내, 해외)	처음 참가하는 사람 한정 시험 여행, 트래블 서포터가 동행하는 여행 · 당일 교류 투어, 프린세스 전세 크루즈 여행, 전세 직행편 여행, 카마타 미노루씨와 가는 드림 페스티벌
	먼 거리를 걷지 않는 여행 · 느긋한 여행 (국내, 해외)	「대형 목욕탕 완비 호텔에서 체재하는 여유 있는 2연박 야쿠시마 일주 여행」, 「26명 한정 젠니쿠 비즈니스 클래스 이용, 이과수 폭포와 마추픽추 유적 나스카 지상화 남미 주유 13일간」
	부부 한정 여행(국내, 해외)	「야마나시 체리 따기 체험, 야츠다카케 로얄 호텔에서 먹는 런치, 화장실 있는 버스 플랜」, 「이세 · 난키 주유 3일간」
H.I.S.	유쿠리 여행 (국내)	큐슈, 시코쿠, 하우스텐보스, 홋가이도, 오키나와, 버스투어 여행상품
JTB 로얄 로드 긴자	타비사이사이 (해외)	「이탈리아 주유 10일간」, 「감동의 향연 대만 란탄 축제」, 「스페인 여유로운 체재 12일간」, 「프랑스 세계 유산 8일간」
	유토리 기행(국내)	「느긋한 연박, 세계유산 야쿠시마 방문 3일간」, 「하우스텐보스에서 마음 편히 지내는 장미축제와 운젠 온천 3일간」

출처 : 류은주(2014), 한일 실버여행상품 비교연구

2

실버여행상품 기획 실제

CHAPTER 01 실버여행상품 기획 실제

전략분석

전략분석은 어떤 사람이나 단체가 특정한 행동을 할 때 그 행동의 방법이나 책략을 파악함으로써 목적과 행동을 예측하여 대처하기 위해 사용된다. 이에 상품개발이나 기업경영 등 전반적인 면에서 전략분석이 필요하며 널리 이용되고 있다.

제1절 SWOT 분석

SWOT 분석이란 기업의 내부환경과 외부환경을 분석하여 강점(strength), 약점(weakness), 기회(opportunity), 위협(threat) 요인을 규정하고 이를 토대로 사업의 방향성을 잡고 경영전략을 수립하는 기법이다.

SWOT 분석의 가장 큰 장점은 기업의 내·외부환경 변화를 동시에 파악할 수 있다는 것이다. 기업의 내부환경을 분석하여 강점과 약점을 찾아내며, 외부환경 분석을 통해서는 기회와 위협을 찾아낼 수 있다.

- 강점(strength) : 내부환경(자사 경영자원)의 강점
- 약점(weakness) : 내부환경(자사 경영자원)의 약점
- 기회(opportunity) : 외부환경(경쟁, 고객, 거시적 환경)에서 비롯된 기회
- 위협(threat) : 외부환경(경쟁, 고객, 거시적 환경)에서 비롯된 위협

SWOT 분석은 외부로부터의 기회는 최대한 살리고 위협은 회피하는 방향으로 자신의 강점은 최대한 활용하고 약점은 보완한다는 논리에 기초를 두고 있다. SWOT 분석에 의한 경영전략은 다음과 같이 정리할 수 있다.

- SO전략(강점-기회전략) : 강점을 살려 기회를 포착
- ST전략(강점-위협전략) : 강점을 살려 위협을 회피
- WO전략(약점-기회전략) : 약점을 보완하여 기회를 포착
- WT전략(약점-위협전략) : 약점을 보완하여 위협을 회피

SWOT 분석은 방법론적으로 간결하고 응용범위가 넓은 일반화된 분석기법이기 때문에 여러 분야에서 널리 사용되고 있다.

따라서 SWOT 분석을 하기 위해서는 다음과 같은 핵심질문에 대한 답을 구해야만 한다.

- 강점과 약점 : 무엇을 할 수 있는가?
- 기회와 위협 : 무엇을 해야 될 것인가?
- 외부에서는 우리에게 무엇을 기대하는가?
- 우리가 키워야 할 내부역량은 무엇인가?
- 우리는 무엇을 조심해야 하는가?
- 어떻게 많은 공감대를 이끌어낼 것인가?

외부 환경 / 내부 환경	기회(O)	위협(T)
강점(S)	[SO전략]	[ST전략]
약점(W)	[WO전략]	[WT전략]

[그림 2-1] SWOT 분석

사례

하나투어의 SWOT 분석 사례

(강점-기회) S-O 전략

- 인적조직을 바탕으로 하여 성장위주의 경영전략으로 우호적인 거래선 관계를 유지하여야 한다. 전세기 취항 해외 현지법인(지사)을 직거래 운영하여 코스트다운을 이루도록 하고 크루즈 골프장, 리조트 호텔, 유레일패스, 암트랙, 패스 등 차별화된 상품으로 마케팅하며 여행사 밀집 지역 발권 카운터를 개설하고 여행정보 시스템을 거래선과 공유하며 교육지도까지 맡아서 생산성을 극대화시키면서 고객 지향적 관리적 마케팅을 실천해야 한다.

(약점–기회) W–O 전략

- 성장위주 경영전략으로 나타나는 직원의 증가로 인한 고정비 부담은 여행사 밀집지역에 발권 카운터를 개설하고 인천공항에 영업소를 개설하여 고객의 세세한 부분까지 체크해 주고 다양한 패턴의 여행을 개발해야 한다.

(약점–기회) W–O 전략

- 직원우리사주제도, 투명경영(참조 조직도 차후 작성예정)
- 인터넷, 신문공고 대졸직원 공채 제도, 인턴수습 마친 후 정직원으로 발령
- 팀별 책임제도 대리점영업부는 지역별 할당 담당, 입사 후 항공예약, 지상수배 등 세계 각국 전 지역 교육 평생직장 개념(퇴직자 숫자 10%) 경력직보다 신입사원 하나투어맨으로 양성

(약점–기회) W–O 전략

- 영업 본부 휘하에 대리점 영업부를 두고 중부팀3, 광화문팀3, 종로팀3으로 소팀제로 관리하게 하고 강남 사무소와 서부사무소를 개설하여 지역을 담당하게 하고 인천 수원 등 전국 10개 지역에 지사를 설립하여 증가하는 중소여행사의 업무를 관리하며 고정비 절감을 한다.
- 여행상품의 차별화 : 리테일러 상품들이 일반적인 대중상품을 홀세일러 입장에서 모객하므로 광고직판여행사와 비교하여 차별화가 약하다. 테마여행, SIT 여행을 개발한 중소여행사와 제휴를 하여 전국의 영업망을 활용하여 판매전략을 취한다.
- 인적 판매의존도 낮춤 : 정보화 시스템을 중소여행사와 공유하여 인적판매 의존도를 낮추고 있다.

(강점–위협) S–T 전략

- 경제 침체 및 국제 정세가 장기간 걸쳐 일어났을 경우 해외여행 상품보다 할인항공권 위주의 대량 생산 체제를 유지하여 거래선에 판매해야 한다. 덤핑 여행사 등장은 품질관리로서 차별화를 해야 한다. 항공 수수료 인하가 ATR 여행사

에는 위기지만 도매업을 하는 홀세일러는 오히려 매출증가로 이어지는 기회이다. 1998년 IMF 경제체제 시는 외국인 근로자 귀환 T-K 특별요금표를 여행사에 배부하여 직접 외국인 근로자를 영업한 M투어에 비해 상대적으로 중소여행사와 우호적 관계를 맺고 위협 시에도 경쟁사와 차별화하였다. (하나투어, 1997년 5월 여행잡지 TTJ 조사 중소여행사 선호도 홀세일러 1위)

(약점-위협) W-T 전략

- 약점은 고정비 부담이므로 장기간 경제 침체가 이어지고 국제 정세가 회복이 안 될 때는 일시적 임금을 삭감하고 정부 보조 인턴사원 등으로 위기를 극복한다. 일시적 임금삭감은 경기호황 시 스톡옵션제로 직원에게 환원한다.

S-O 전략	W-O 전략
• 성장위주의 경영전략으로 우호적인 거래선 관계유지 • 해외 현지법인과의 직거래 증대 • 전세기 취항, 크루즈, 골프장, 리조트 호텔 등 상품차별화 • 여행정보 시스템을 거래선과 공유 • 항공노선발달로 다양한 신상품 개발 • 인천공항 센딩 대행 • 주5일 근무 여행사 직원 공항업무 대행 물량확보 • 인증 받은 우수여행상품 P.R • 항공수수료 인하 중소 ATR 여행사 물량확보	• 여행사 밀집지역에 발권카운터를 개설하여 인건비 등 고정비 부담 경감(지역연고로 발권량 확대로 직원 활용) • 인천공항 등에 영업소 개설 • 우리사주 스톡옵션제로 직원에게 활용 • 대형사무실 구입하여 고정비 절감 • 여행정보시스템을 활용하여 인건비 절약 • 테마여행, SIT 영업망 활용 판매 • 인적판매로 중소 ATR여행사 판매 관리
S-T 전략	**W-T 전략**
• 경제침체 시 여행상품보다 할인 항공권 판매전략 추구, 상용전문 중소여행사 선택 집중관리 • 품질관리로 덤핑여행사에 대한 경쟁우위 확보	• 경제침체 시 인원감축 및 일시적 임금삭감, 직원 스톡옵션제 활용 • 정부 보조 및 인턴사원 활용

제2절 시장세분화(market segmentation)

1 시장세분화의 개념

고객은 노인, 중년, 청년, 여자, 남자, 돈 많은 사람, 돈 없는 사람, 고등교육을 받은 사람, 그렇지 않은 사람, 가족이 많은 사람, 가족이 적은 사람, 돈 잘 쓰는 사람, 구두쇠 등 아주 다양하며 그들이 선호하는 것 또한 각각 다르다.

따라서 어느 층을 대상으로 하여 물건을 만들 것이냐가 대단히 중요한 요소가 된다. 고객층을 구분하여 타깃을 정하고 그에 맞는 물건을 판매하는 것을 시장세분화(market segmentation)라고 한다.

사례 **P&G가 10가지 세제를 만드는 이유**

Procter & Gamble은 10가지의 다른 상표 세제(Tide, Cheer, Gain, Dash, Bold 3, Dreft, Ivory Snow, Oxydol, Solo 등)를 생산하고 있다. 비누는 7가지, 샴푸 6가지, 식기 세제 4가지, 치약 4가지, 화장실용 화장지 4가지를 생산 · 판매한다. 이에 더하여 이들 상표들은 각기 서너 가지 종류의 크기가 다른 포장이 있으며 가루로 된 것, 액체로 된 것, 향기가 있는 것 또는 없는 것 등으로 또다시 그 종류가 나누어진다.

그 이유는 앞서 말한 바와 같이 고객의 층이 다양하고, 각 고객층마다 욕구도 다르기 때문이다. 예를 들어 고객이 세제를 구입할 때는 경제적인 세제, 표백이 잘 되는 것, 천을 부드럽게 하는 것, 냄새가 산뜻한 것 그리고 강한 세제, 약한 세제 등의 특징에 따라 각자가 원하는 것을 구입한다. 결국 10가지 세제를 만드는 이유는 고객이 원하기 때문인 것이다.

P&G는 이렇듯 시장을 세분화하여 각 고객층의 욕구를 만족시켜 준 결과 세제 시장을 50% 이상이나 점유하게 되었다. 하나의 단독 상표로 50% 이상의 시장점유율을 차지한다는 것은 대단한 성과이다.

2 시장세분화의 기준

시장세분화는 제품이나 시장 상황에 따라 다르게 나타나기도 하지만, 일반적으로 다음과 같은 4가지 기준으로 한다.

1) 지역별 세분화

미국의 Maxwell house 커피는 제품을 전국적으로 판매하고 있으나 맛은 지역적으로 다르게 하고 있다. 즉, 진한 커피를 좋아하는 서부지역에는 진한 커피를 팔고, 동부지역에는 그보다 연한 커피를 판매한다.

또한 R. J. Reynolds 담배회사는 시카고 지역을 3개로 나누어 담배를 팔고 있다. 북쪽 지역은 높은 교육수준으로 건강에 많은 관심을 가지고 있기 때문에 타르가 적은 담배에 주력하고, 남동쪽 지역은 공장 근로자들이 많아 보수적이기 때문에 Winston을 집중적으로 판매한다. 한편 흑인이 많이 사는 남쪽지역은 흑인용 신문 등에 Salem을 광고하고 있다.

2) 인구통계상 세분화(demographic segmentation)

이는 성(性), 나이, 소득수준, 직업, 교육정도, 가족 수, 가정의 라이프사이클(Life cycle) 등에 의하여 시장을 세분화하는 것이다.

(1) 성에 의한 세분화

성에 의하여 많이 좌우되는 상품은 의류, 화장품, 잡지 등이다.

미국에서 1,2위를 서로 다투는 장남감 회사는 '매텔사'와 '해즈브로사'이다. 매텔사의 주요제품은 배추인형, 바비인형처럼 여자아이들이 좋아하는 인형인 반면, 해즈브로사는 '지 아이 조(G I Joe), 트랜스포머, 퍼비인형' 등 남자아이들을 위한 인형을 주무기로 삼고 있다. 즉 타킷마켓을 각기 다르게 잡고 있다. 1980년대 한때 해즈브로사가 1위를 차지했으나, 1990년대 1위를 매텔에 내주었다. 텔레토비 인형의 폭발적인 인기를 얻고 있는 해즈브로는 1999년에는 미국 완구시장의 1위를 차지할지도 모른다.

(2) 나이에 의한 세분화

고객의 욕구는 나이에 따라 달라진다. 따라서 같은 제품이라 하더라도 나이에 따라 변형된 제품을 제공해야 하며 마케팅 방법도 달리하여야 한다.

비타민을 만드는 모 제약회사는 비타민을 나이에 따라 어린이용, 십대 청소년용, 성인 남자용, 성인 여자용으로 구분하여 4가지로 만든다.

또한 맥도널드 햄버거 회사는 어린이용, 십대 청소년용, 어른용, 노인용에 따라 광고방법을 달리한다. 즉, 십대용 광고는 댄스음악을 효과음으로 넣고 모험적인 광고장면이 빨리 바뀌는 형식을 취하며, 노인용 광고는 부드럽고 감상적인 광고를 하고 있다.

이와 같은 Y세대의 저력을 보여준 대표적인 사례가 동대문 패션상가들이다. 1999년 2월에 문을 연 두산타워는 Y세대를 표적으로 한 마케팅 전략으로 성공하였으며, IMF 경제체제를 비웃기라도 하듯이 연일 대성황을 이루었다. 두산타워를 찾는 고객은 하루 평균 4만여 명이었으며 그중 10대가 차지하는 비중을 전체의 30%를 넘어섰다. 동대문의 재래시장이 주로 20~30대 일반인을 상대로 마케팅을 벌여온 것과 대조적이다.

이러한 동대문 패션이 인기를 끈 것은 1998년 8월 '밀리오레'가 문을 연 때부터 시작되었다. IMF 경제하에서도 밀리오레는 패션의 주고객인 젊은이들의 시선을 끄는 데 온갖 마케팅 활동을 집중시켰다. 연예인들을 초청하여 상가 앞 광장에서 쇼를 벌이기도 하고 우주선 탑승 이벤트를 열기도 하였으며 고객들에게 1만원짜리 상품권을 나눠주기도 했다.

이러한 결과 패션 유통계의 새바람을 몰고 왔으며 패션시장의 주도권이 백화점이나 부티크에서 밀리오레, 두산타워 같은 재래시장 내 패션 쇼핑몰로 넘어갔다. 이러한 결과 동대문 패션상가는 대학의 의류학과 마케팅학과 현장 실습장이 되기도 하였다.

(3) 가정 라이프 사이클에 의한 분류

가정의 라이프 사이클은 다음과 같이 7단계로 구분할 수 있다. 즉 미혼단계, 결혼 후 자녀가 없는 단계, 자녀가 생기는 단계, 자녀성장 단계, 학교를 졸업한 자녀가 있는 단계, 자녀 결혼 후 노부부 단계, 퇴직 후 노부부 단계이다.

각 단계마다 필요한 상품은 각기 다르다. 예를 들면 어린 자녀가 있는 가정은 세탁기, 아이용 식품, 인형 등이 필요할 것이며 자녀가 결혼한 노부부 가정에서는 여행도구, 고급상품, 여가선용 등의 상품이 더 필요할 것이다.

(4) 가족 수에 의한 세분화

가족의 수에 따라 시장을 세분화하는 이유는 여러 명이 함께 사느냐, 아니면 혼자 사느냐에 따라 소비패턴이 다르기 때문이다. 예를 들면 혼자 사는 여성들은 혼자 사는 남자들보다 병원 출입이나 약의 사용, 건강 보험을 위해 두 배 정도 더 소비한다고 한다. 그리고 선물을 많이 사며 교회 등 자선 단체에 남자들보다 3배 이상의 돈을 쓴다고 한다. 그러나 혼자 사는 남성들은 여성들보다 더 자주 외식을 하며 외식비용은 여성보다 2배 정도를 쓴다고 한다.

3) 생활양식에 의한 세분화(psychographic segmentation)

과거 오랫동안 Campbell은 종류가 단순하고 값싼 수프만을 생산하였다. 이에 따라 Campbell은 수프시장의 대부분을 점유하면서도 값싼 제품이 많기 때문에 높은 이익을 올리지는 못했다.

그러나 이 회사는 점차 생활양식의 변화를 깨달았고, 그 변화에 알맞은 여러 제품을 생산하여 크게 성공하였다. 과거에는 6시 정각에 모든 가족들이 모여 손을 씻고 식탁에 앉아 규칙적인 식사를 하였고 아버지는 일하고 어머니는 가정을 돌보며 아이들은 보통 두 명 정도 있었다.

그러나 지금은 생활양식이 크게 변하여 간식을 많이 먹으며 50% 이상의 가정이 식구가 2명 이하이고, 혼자 사는 경우도 많이 늘고 있다. 이에 따라 Campbell 사는 수프시장을 세분화하여 1980년과 1985년의 6년 동안 이들에게 알맞은 334개의 신제품을 내놓아 큰 성공을 거두었다.

생활양식에 의한 시장의 세분화는 다음과 같이 세 가지로 구분할 수 있다.

(1) 사회계층

사회계층에 따라 소비 행태가 다르게 나타날 수 있다. 특히 자동차, 옷, 가전제품, 여가선용 등에서 계층 간의 소비는 현저하게 차이가 난다.

돈이 없는 의사, 변호사도 있겠지만, 일반적으로 의사, 변호사가 저급 자동차를 타고 다니지는 않을 것이다. 그 이유는 동료들이나 이웃들(reference group)에 대한 체면 때문이라고 생각된다.

(2) 라이프 스타일(life style)

라이프 스타일은 개인의 욕구, 동기, 태도, 생각들의 복합체이다.

General Food의 카페인 없는 커피 Sanka는 이 라이프 스타일을 이용해 카페인 있는 커피와 차별화하여 또 다른 커피시장을 차지(reposition)하게 되었다.

Sanka는 그동안 정체되고 낡은 이미지로 인해 시장이 한정되어 있었다. 그러나 빠른 물결 위에서 카약을 타는 것과 같은 모험적인 장면을 광고로 선보이면서 건강하고 적극적인 라이프 스타일의 음료라는 이미지를 주어 성공하였다.

또한 리복 운동화는 건강하고 날렵한 몸매를 위해 에어로빅을 하는 여성에 초점을 맞추어 크게 성공하였다.

(3) 개인의 성격

고객의 성격은 제품을 개발하는 데 많은 영향을 끼친다. 전형적인 예로 여성들의 화장품, 담배, 보석, 술 등이 이에 속한다.

4) 상품으로부터 얻는 이익(benefit)에 의한 세분화

고객이 제품을 구입함으로써 얻게 되는 이익에 따라 시장을 세분화하여 성공한 예는 다음과 같다.

시계업체가 비싼 시계를 금은방에서 팔고 있을 당시 Daniel Yankelovich라는 사람은 시계업체가 고객들이 시계를 구입함으로써 얻게 되는 이익을 전혀 무시하고 있다는 것을 알게 되었다. Yankelovich의 조사에 따르면 시계를 구입하는 고객의 1/3은 값싼 시계를 원하며 다른 46%의 고객은 오래 사용하고 고급품인 시계를 원했다. 이에 응하여 Timex시계는 값싼 제품을 만들어 값싼 상품을 취급하는 소매상에서 판매하였고 그 결과 세계 최대의 시계회사가 되었다.

Lever Brother 회사는 옷에 자기 체취가 남아있는 것을 염려하는 고객들을 겨냥하였다. 미국인들은 운동을 많이 하고 또 인조 합성섬유로 된 옷을 많이 입기 때문에 옷에 체취가 오랫동안 남아 있었다. 여기에 초점을 맞춘 Lever Brother회사는 이 체취를 제거하는 세제 Surf를 개발하여 미국에서 두 번째로 잘 팔리는 세제가 되었다.

5) 틈새시장(niche market)

1988년 올림픽 특수가 끝난 후 호텔업계는 공급과잉이 발생한 때였다. 노보텔 강남은 1989년 건설을 시작하여 1993년 8월에 준공되어 문을 열기가 무섭게 고객이 몰려들어 개관 후 지금까지 5년 동안 매년 90% 이상 객실점유율을 기록하고 있다.

노보텔은 고객층을, 딜럭스 호텔에 묵기는 부담스럽고 그렇다고 여관이나 모텔에서 숙박하고 싶지는 않은 외국의 비즈니스맨들에게 맞춘 것이다. 가격은 특1급 호텔보다 3만~4만 원이나 큰 차이가 나기 때문에 인기가 높을 수밖에 없다. 그렇다고 서비스가 부족한 것은 아니며 단지 고급스러운 분위기를 유지하기 위해 설치하는 시설이나 레스토랑, 커피숍 업장 수를 대폭 축소했다. 한국 특급호텔은 엄청난 초기 투자가 들어가는 장치산업으로 인식해 왔다. 노보텔의 성공비

결은 그 상식을 깨뜨린 것이라고 노보텔 강남 총지배인 야니크 루브레가 말했다. 강남 노보텔에 성공한 이 호텔은 독산동에 진출하였다. 독산동은 공단과 연구소 단지가 있어 황량한 지역으로 호텔이 들어서기는 어울리지 않는다는 게 일반적 인식이었다. 그러나 이 역시 공단과 연구소를 찾는 외국의 바이어를 겨냥해 틈새를 파고든 것이다. 또한 시내에 비해 훨씬 낮은 땅값으로 가격경쟁력을 강화할 수 있었다.

3 고객의 선정(target market)

앞에서 설명한 시장 세분화의 원리에 의하여 치약을 구매하는 고객층을 다음과 같이 구분할 수 있다.

• 고객층 고객의 성격

- 값이 싸다 : 저소득층, 구두쇠, 독립적인 사람, 실질적인 사람, 노인
- 충치예방
- 하얀 이
- 치약 맛이 좋다 : 보수적인 사람, 우울한 사람, 젊은층, 사교적인 사람, 어린이, 쾌락주의자

시장을 세분화한 후 고객을 선정하는 방법은 다음과 같이 세 가지로 구분할 수 있다.

(1) 무차별 판매방법(undifferentiated marketing)

이것은 고객층의 구분을 무시하고 하나의 제품(치약)을 가지고 전 고객층에게 공급하는 방법으로 전체 인구를 상대로 한 종류의 치약만 만들기 때문에 생산원가가 저렴하다는 장점이 있다.

(2) 차별적인 판매방법(differentiated marketing)

고객층을 세분화하여 특정층을 상대로 제품을 만들고 거기에 알맞은 광고를 통해 판매하는 정책이다.

치약의 경우를 예를 들면 충치예방을 원하는 고객을 위해서는 불소 등을 첨가하여 충치를 예방할 수 있는 치약을 만들어 그 고객층에 적합한 광고를 하며, 하얀 이를 원하는 소비층을 위하여는 그에 적합한 제품, 그에 적합한 광고를 한다.

(3) 집중적인 판매방법(concentrated marketing)

하나의 고객층을 선택하여 그 층에 집중적으로 판매하는 방법이다. 치약의 경우 값이 싼 치약, 충치예방용 치약, 하얀 이를 위한 치약을 따로따로 만들기보다는 그중 하나를 선택하여 전문화하는 정책이다.

이 정책의 장점은 위 표의 a,b,c층을 대상으로 하여 시장 점유율(market share)을 각 고객층의 10%밖에 획득할 수 없는 것보다는 하얀 이를 위한 층에 전문화하여 하얀 이를 위한 치약 점유율을 50% 획득하는 것이 더 유리하다는 데 있다.

4 제품의 차별화와 제품의 위치 선정(product differentiation, positioning)

똑같은 제품, 똑같은 품질, 똑같은 성능을 가지고 경쟁사와 판매경쟁을 한다면 그 제품은 판매하기 쉽지 않을 것이다. 그러나 자사 제품이 경쟁사 제품보다 우수하거나 다른 용도가 있다면(제품의 차별화 : differentiation) 판매가 용이해질 것이다.

예를 들면 벤츠 자동차는 다른 어느 차보다 고급 자동차이며, 7-Up은 다른 청량음료와 달리 카페인이 전혀 함유되지 않았고, Sanka 커피도 연하고 카페인이 없어 다른 제품과 다르다. 삼성 세탁기는 삶아 세탁한 효과가 있다고 주장하고, 농심 신라면은 다른 라면과 달리 매운 맛을 강조한다. 미원에게 조미료 시장에서 항상 압도당하는 제일제당은 종합조미료를 만들어 차별화하고 있다. 독일과 일본차는 유류가 적게 드는 소형자동차로 미국산 차와 차별화하고, 미국의 밀러 맥주회사는 'Light beer' 시장을 선점하고 있다. 컴팩이라는 PC회사는 IBM소프트웨어를 전부 사용할 수 있고 처리속도나 자료 저장 능력이 IBM에 못지 않다고 하여 여타 PC회사들과 차별화하고 있다.

5 고객의 구매동기와 고객의 구분

고객의 구매동기는 천차만별이다. 같은 상점에서 같은 물품을 구입했다 하더라도 그 구매동기는 다를 수 있다.

1) 프로이드(Freud) 동기 이론

프로이드는 인간행동을 유발하는 심리적인 요인을 무의식이라고 보고 있다. 사람은 사회적인 규범을 지키기 위하여 많은 욕구를 억제하며 살아가고 있다. 그러나 이 욕구는 완전히 제거할 수 없으며 통제할 수도 없어 꿈속에서 나타나며 말로써 표현되기도 한다. 따라서 사람은 자기의 근본적인 동기를 충분히 이해할 수 없는 것이다. 어떤 직장인이 개인용 컴퓨터를 구입하려고 할 때 동기를 물어 보면 자기 취미를 살리기 위해서 혹은 그 사용법을 충분히 익혀 직장에서 유용하게 쓸 수 있기 위한 것이라고 말할지도 모른다. 그러나 그 동기를 깊이 파고들면 직장동료나 타인에게 자랑스럽게 보이려고 개인용 컴퓨터를 사는 것인지도 모른다. 더 깊이 들어가면 그는 컴퓨터를 구입함으로써 자기가 현대화되었으며, 젊음이 넘치고 유능하다고 생각되기 때문일 것이다.

따라서 컴퓨터의 성능뿐만 아니라 모양, 크기, 무게, 색깔, 재료, 케이스 등이 구매에 직접 영향을 끼칠 수 있다. 예를 들면 단단하게 보이는 컴퓨터는 그를 남성적인 느낌으로 이끌 수 있을 것이다.

[구매동기 심리]

- 고객들은 일반적으로 말린 자두를 좋아하지 않는데 그 이유는 쭈글쭈글한 모양이 사람으로 하여금 나이가 많음을 연상시키기 때문이다.
- 남자들은 그들의 강한 남성상을 보여주기 위하여 독한 담배 연기를 풍기는 여송연을 좋아한다.
- 여자들은 빵을 구울 때 그 태도가 매우 신중한데 그 이유는 무의식적으로 출산을 하는 것을 생각하기 때문이다.
- 여자들은 동물성보다 식물성 쇼트닝을 선호하는데, 그 이유는 동물성 쇼트닝을 사용하는 것은 동물을 살상하는 느낌을 받기 때문이다.

2) 매슬로우(Maslow) 동기 이론

매슬로우는 사람에 따라 어떤 사람은 자신의 안전(편안함)을 원하는데 또 다른 사람은 왜 그보다는 타인의 존경 받기를 원하는 가를 연구하였다. 연구결과 인간의 요구는 절실히 요구되는 것과 그렇지 않은 것 등 욕구 자체가 여러 계층으로 이루어져 있다는 것을 밝혀냈다. 즉, 제일 중요한 순서부터 말하자면 생리적 욕구(배고픔, 목마름) 안정성의 욕구(보안, 보호) 사회적인 욕구(사랑, 소속감), 존경 받고 싶은 욕구(지위, 인정, 자존), 자기 실현의 욕구(자기개발, 성취감) 등이 그것이다.

인간은 가장 중요한 욕구를 제일 먼저 만족시키려고 하고 그것이 실현되면 그 다음 단계로 중요한 욕구를 만족시키려 동기를 유발한다는 것이다.

(1) 매슬로우 인간욕구의 5단계

배고픈 사람(욕구 1단계)은 지금 당장에는 예술의 세계(욕구 5단계)는 물론, 타인으로부터 존경 받고 싶어하는 욕구(욕구 3, 4단계) 또는 깨끗한 공기를 원하는 욕구(욕구 2단계)에는 관심이 없을 것이다. 앞서 예를 든 컴퓨터를 사고 싶은 직장인은 이미 제1단계, 제2단계, 제3단계 욕구는 충족되었다고 볼 수 있다.

따라서 그에게 제4단계, 제5단계의 욕구를 충족시킬 수 있는 동기를 유발시켜 주지 않으면 개인용 컴퓨터를 판매하기는 어려울 것이다.

1960년대만 하더라도 경트럭은 목동 또는 상인이 작업상 짐을 나르는 데 사용되었다. 그러나 1970년대 이후 경트럭을 개인용 승용차와 같은 목적으로 팔리기 시작했다.

1987년대에서 1997년까지 미국에서 경트럭 구매자 수는 47%나 증가하였다. 이러한 수요증대에 힘입어 총 자동차 판매에서 트럭이 차지하는 비율은 87년 31%에서 1997년 45%로 상승했다. 머지않아 트럭의 판매비율은 승용차를 앞지를 것으로 전망된다.

1960년대만 하더라도 대형 픽업과 밴의 두 종류만이 경트럭 제품으로 만들어졌다. 그러나 오늘날은 대형, 중형, 콤팩트형의 픽업과 밴 그리고 SUV(Sport Utility Vehicles)로 세분되고 있을 만큼 다양하다.

미국인은 왜 이렇게 경트럭을 선호하는 것일까? 자동차 컨설턴트 휴턴씨는 미국인의 개척자 정신을 들고 있다. 미국인은 어느 나라 국민보다도 영웅적 개척자의 후예라는 의식을 잠재적으로 가지고 있으며, 카우보이나 기병대가 되고 싶어하는 욕구를 가지고 있다고 한다. 이러한 욕구는 일상생활에서 억압을 느낄수록 더 느낀다고 한다.

따라서 이러한 프런티어 욕구를 충족하기 위해서 경트럭을 사려는 고객에게 주행감이 좋다든가 핸들이 좋다든가 하는 선전은 그 의미가 없는 것이다.

우리나라 고객의 문화적 욕구는 무엇인가 연구해 볼 필요가 있다고 생각된다.

3) 고객의 기타 구매동기

(1) 개인적인 동기

고객은 물건을 산다는 것 이외에 다름과 같은 구매 동기가 있을 수 있다.

– 자기의 역할

예를 들면 남편이 자기의 아내와 자녀들을 위하여 유명한 백화점에서 품질이 좋은 상품을 선물해야 한다고 생각하는 경우이다.

– 기분전환
– 화려한 실내 상품진열, 음악 등

(2) 사회적인 동기

– 사회적 경험
– 소속감

고급식당을 자주 들르는 것은 자기의 신분이 높다는 것을 보여주기 위한 뜻도 있으며, 10대 청소년들이 레코드 상점에 자주 방문하는 것도 팝송을 좋아하는 동년배와 동일하다는 소속감을 충족시켜 주는 이유가 있는 것이다.

– 이기심의 만족

따라서 영업 책임자는 고객의 구매동기를 정확히 파악하여 이에 적절히 대처하여야 한다. 우리나라 백화점도 이러한 동기를 파악하고 고객에게 즐거운 공간서비스를 제공하고 있다.

제3절 표적시장(targeting)

표적시장은 시장세분화를 통해서 나누어진 고객군 중 표적 고객군을 선정하는 것이다. 즉 세분화된 시장의 규모와 성장률, 경쟁 우위, 자사와의 적합성 등을 고려하여 마케팅 목표로 삼는 시장으로 고객과 기업 모두에게 성과를 줄 가능성이 높은 매력적인 시장이다. 시장세분화는 전체 시장에서 상품에 대한 욕구가 비슷한 동질적 부분으로 나누는 과정이라면 이렇게 나누어진 동질적인 부분 시장을 세분시장이라고 하며 그중에서도 기업이 구체적으로 상대하려는 세분시장을 표적시장이라고 한다.

결국 표적시장은 시장 표적이라고도 하며 광고자가 직접 머천다이징과 상품, 촉진행사에 관여할 수 있도록 전체 시장에서 세분화한 것의 한 부분으로 인구 통계학에 의해 규정될 수 있다. 즉, 시장을 구매자의 취미, 기호, 연령, 소득 등으로 세분화하여 품질이나 사이즈, 색깔, 스타일 등으로 분류하여 기업이 판매 계획을 하는 특정의 고객 집단이다.

제4절 포지셔닝(positioning)

포지셔닝은 마케팅 목표를 효과적으로 달성하기 위하여, 기업 · 제품 · 상표 등의 마케팅 대상이 잠재 고객들에게 긍정적으로 인식되도록 하는 전략분석방법이다. 즉 상품의 특성 및 경쟁상품과의 관계, 자사의 기업 이미지 등 각종 요소를 평가 · 분석하여 그 상품을 시장(고객)에 자사만의 특정한 위치에 인식되도록 하는 것을 의미한다.

광고 전략에서는 잠재 소비자의 의식 속에 광고상품의 이미지 및 기업 이미지를 특정한 위치에 설정하는 일, 즉 사실상 동일한 상품일지라도 포지셔닝에 따라 전혀 다른 상품으로 인식될 수도 있다. 포지셔닝은 오늘날의 마케팅 및 광고전략 수립의 기본 전제로서 고려해야 하는 사항인데, 왜냐하면 경쟁이 가속화되어 광고 등의 정보가 과잉상태에 이르러 상품 · 기업의 이미지 혹은 그 자체가 잠재소비자에게 인식되기가 힘들기 때문이다. 따라서 효과적인 포지셔닝으로 잠재소비자의 욕구를 들추어내는 것이 마케팅 · 광고 활동에 필수 불가결한 조건으로 제기되고 있다. 포지셔닝 전략의 절차는 크게 5단계로 구성된다. 1단계는 소비자 분석으로 소비자가 무엇을 원하는지를 파악하는 단계이다. 다음으로 도입 제품의 경쟁사를 점검하는 단계이다. 그리고 나서 경쟁사의 제품이 어떤 포지션을 차지하고 있는지 분석하고 거기에 따라 자사 제품의 포지셔닝을 결정한다. 마지막으로 소비자와 시장 분석을 통해 제품의 포지셔닝을 조정하게 되는데 이를 리포지셔닝이라고 한다.

사례

T.G.I Friday's의 마케팅

[외부 환경 분석]

1. 시장분석

가. 시장상황

외식 시장은 폭발적인 성장을 거듭하여 현재 한참 성장가도를 달리고 있으며, 외식 산업이 이제 우리 소비생활 및 식생활에서 자지하는 비중은 급격히 증대되고 있다. 이러한 외식사장의 성장은 경제적 · 기술적 발전을 바탕으로 한 사회적 · 문화적 변화에서 기인한 것이다.

1) 사회적 요인

여성의 사회진출 증가, 맞벌이 부부의 확산, 여가 관심 고조, 신세대 및 뉴패밀리층의 출현, 새로운 가치관 대두(모방과 적응)

2) 문화적 요인

문화적인 의식 향상, 식생활의 서구화, 서구 음식 문화 도입, 자기만족적인 의식구조

3) 경제적 요인

경제성장 수입자유화 및 글로벌화 대내외 경쟁력 강화

4) 기술적 요인

포장기술의 발달, 해외 유명브랜드와 기술제휴, 콜드체인 시스템의 보급 확산

이러한 식문화의 새로운 경향으로 인해 식사는 '먹는 것'이 아닌 '먹는 일'로 규정되며, 특히 외식은 그 자체가 하나의 문화로 창출되었다. 고객들은 값으로

구매하는 것이 아니라 감각과 재미로 구매를 하며, 식도락을 추구하고 식품의 엔터테인먼트화를 이루며 새로운 식문화가 정착되고 있다. 체계적이고 선진화된 경영전략과 다양한 고객만족 프로그램을 구사하고 있는 패밀리 레스토랑 업계는 지난 하반기 이후 괄목할 만한 성장을 거듭했다. 각 업체들의 매출은 전년대비 작게는 31%에서 크게는 156%까지 신장했으며 신규점포를 제외한 동일매장을 기준으로 해도 평균 20~30%가 성장한 것으로 나타났다. 이는 지난 상반기 전반적인 경기호조와 함께 지난해 하반기부터 활기를 띠기 시작한 신규점 오픈과 공격적인 영업력에 따라 전체적인 매출 상승효과를 본 것으로 풀이된다. 그러나 경기가 후퇴 조짐을 보이고, 제휴 이동통신업체 회원에 대한 할인마케팅이 보편화되면서 레스토랑 업체들의 매출신장률이 둔화되고 있다. 외식업계에 따르면 최근 주요 패밀리 레스토랑 업체들의 3 · 4분기 매출은 점포 수 확대와 여름방학 성수기의 영향으로 지난해 같은 기간에 비해 대부분 45% 이상 늘어났다. 그러나 신장률은 지난해 동기 대비 29~156% 증가했던 상반기보다 3~59% 포인트씩 낮아졌다. 주요점포별 매출신장률도 4~18%로 상반기 17~37%의 0/2~1/5 수준으로 떨어졌다. 하반기 이후 경제위기에 대한 염려와 징후들이 사회 전반에 퍼져 있어 앞으로의 외식산업계에 위협이 될 수도 있는 상황이 늘었지만, 일단 패밀리 레스토랑에 대한 고객의 욕구가 증가된 상태이고, 맛과 서비스에 길들여져 있기 때문에 쉽게 수요를 잃지는 않을 것이나 앞으로 유념해야 할 것이다.

2. 경쟁사 분석

현재 국내에 들어와 있는 패밀리 레스토랑 중 TGIF와 유사한 패밀리 레스토랑은 베니건스, 마르쉐, 아웃백 스테이크, 시즐러, 칠리스 등이다. 패밀리 레스토랑은 공통적으로 '새로움', '편리함', '세련됨' 등의 특징을 지니고 있으며 브랜드마다 다소의 차별점은 있다.

가. 공통점

- 새로움
- 음식이 새롭다

- 다양한 메뉴
- 이국적 분위기
- 편리함
- 좋은 서비스
- 주차 가능
- 입맛대로 골라먹기 가능
- 세련됨
- 젊은이들의 앞서가는 만남의 장소
- 가족단위의 기분 내는 외식 장소
- 서구적, 미국적 구성

나. 경쟁 레스토랑의 특징

※ 베니건스

TGIF 다음으로 많은 점포수, 음식 종류도 비슷함, TGIF에 비해 약간 더 매콤 달콤한 맛, 녹색이 테마색이며, 서버의상도 녹색이 주류, 전체적으로 미국 중부의 분위기를 따와 서민적, 비교적 조용한 분위기

※ 정글짐

외국상표를 들여오지 않고 한국에서 독자적으로 개발, 해산물, 샐러드 볼에 담겨 나오는 샐러드, 나무판에 구워 나오는 피자 등이 특색있는 음식. 극장, 학원과 같은 건물에 입점해 다수의 고객을 끌어들임. 소란스럽지 않은 분위기

※ 이탈리아니스

이탈리안 캐주얼 레스토랑, 이탈리아 고급식당 분위기, 자유로운 분위기와 저렴한 가격이 차별화 포인트(이탈리아 고급 레스토랑을 패밀리 레스토랑의 형태로 접목시킨 것). 전체 테이블 커버와 종업원 의상이 하얀 색으로 고급 레스토랑 분위기를 냄

※ 칠리스

미국식 멕시코 음식으로 차별화된 패밀리 레스토랑. 종업원 중 일정 인원을

외국인으로 배치하여 외국인 손님에게 편리하도록 배려. 어린이 메뉴 보유

※ 토니로저스

Rib 전문 패밀리 레스토랑으로 차별화되어 있음

※ 마르쉐

'맛으로 떠나는 세계 여행'이란 콘셉트로 고객에게 경험을 선사. 세계 각국의 음식을 자기 방식대로 쇼핑하는 느낌을 줌(유럽의 재래시장을 연상). 각 매장과 매장 내 구역마다 색다른 인테리어

3. 고객 환경

패밀리 레스토랑의 타깃 고객은 대부분 20~30대 여성과 남성이며, 10대 및 40대 이상의 고객은 가족 동반의 형태로 흡수될 수 있다. 이들 업계가 지난해부터 시작한 이동통신회사 카드와의 제휴, 빅패밀리 공동마케팅 등의 프로모션 정책인 이들 업계의 매출신장에 도움이 되었다. 패밀리 레스토랑의 고객들은 조금 더 비싼 값을 내더라도 맛과 질 높은 서비스가 보장된다면 아까워하지 않고 오히려 오는 것을 즐긴다. 각 패밀리 레스토랑 브랜드별 이용고객의 만족도는 높은 편이며, 최근 몇 년 이전에는 커뮤니케이션 활동이 적극적이지 않았음에도 불구하고 이용고객의 인식 속에 브랜드 간의 차별화가 일정 수준 이루어지고 있다.

가. 이용이유

각 브랜드별로 내세우는 분위기가 다양하고 독특하여 고객들에게 충분히 매력적이고, 각 지점들이 구매력 있는 고객들이 주로 모이는 장소에 입점하였기 때문에 자주 이용할 수 있다. 또, 맛과 서비스의 고급스러움이나 독특함으로 새로운 것을 추구하려는 주요 고객층에게 가까이 다가서게 되었다. 이들은 주로 입소문에 의해서 고객들에게 알려진 각 패밀리 레스토랑들은 고객들의 입맛이 다양해지고 서구화되어 가는 문화적 성향의 변화에 힘입어 성장을 거듭하고 있다. 최근에는 프로모션 활동이 활발해져 이전과는 달리 고객들과의 커뮤니케이션이 증가했다. 특히, 인터넷 확산의 사회적 변화에 힘입어 각 레스토랑별로 홈페이지를 만들어 사이버 공간을 통해 DB마케팅과 1:1 마케팅이 가능하게 되었다.

4. 내부 분석

가. 맛, 분위기

처음 우리나라에 TGIF가 들어왔을 때는 서양식의 음식이 상당히 낯선 부분이었으나, 점차 많은 외식업체가 들어오고 고객들의 의식향상과 더불어 입맛도 다양해졌다. TGIF의 맛에 대한 정책 방향은 전체 대중 고객을 설득하기보다 원래 가지고 있는 음식을 Recipe에 맞게 최고의 맛을 내는 것이다. 예로, '케이준'이라는 TGIF의 독특한 양념과 '피자딜라'라는 메뉴는 TGIF를 찾는 고객들에게 인기가 높다. 메뉴 또한 다양하여 고객에게 세계의 음식을 입맛대로 골라 먹을 수 있다는 기회를 준다. 식사뿐만 아니라, bar에 쏟는 노력도 남달라서 TGIF만의 수많은 칵테일 노하우를 보유하고 있으며 칵테일 메뉴 또한 다양하여 즐겨 찾는 고객들이 많다. 전문교육을 통해 바텐더를 양성하는 것은 TGIF의 자랑이 되었다. 매장의 이국적 분위기는 TGIF만의 상징인 빨간색과 하얀색의 스프라이트 모양 테이블 커버와 미국산 골동품들이 조화를 이루고 있다. 음식을 더 맛있게 보이게 하는 선홍색 조명도 TGIF의 독특한 분위기를 연출하는 데 일조를 하고 있다. 매장 직원들의 유니폼 역시 TGIF의 고유색 상의와 검정색 하의로 통일되었고, 개인별로 독특한 소품으로 장식을 하여 고객들에게 신선한 감동을 선사하고 있다. TGIF가 맛과 분위기 면에서 고객만족을 이끌어 내는 데에는 충분히 경쟁력을 갖추고 있다는 것이 인정된다. 그러나 후발 브랜드들이 국내에 들어오면서 이들 업체의 맛과 서비스를 접해 본 고객층이 넓어졌고,점차 패밀리 레스토랑의 상대적으로 높은 가격에 불만이 많은 고객들 또한 늘어나고 있다는 점에 유의해야 한다.

나. 차별화된 서비스

1990년대 초 1호점을 개점한 이후 광고활동을 거의 펼치지 않았음에도 불구하고, TGIF는 차별화된 서비스를 경험한 고객들의 입소리에 의해서 많이 홍보가 되었다. 비싼 만큼 좋은 음식과 서비스를 제공하여 고객만족을 창출함으로써 고객의 재구매를 유도해 냈고, 고객의 주변 사람들에게 파급효과를 가져왔다. 그동안 국내에서 볼 수 없었던 퍼피독 서비스(손님과 눈높이를 맞추기 위해

무릎을 꿇고 주문 받는 서비스)를 실시하여, 전 세계 TGIF뿐 아니라 동종 경쟁사에서도 벤치마킹을 선사하고 있다. 한국 TGIF는 1998년 일본 TGIF 오픈을 도운 NSO Team을 파견할 만큼 충분한 실력과 노하우를 갖추게 되었다. 지금도 TGIF는 고객들에게 질 좋고 새로운 서비스를 제공하기 위하여 노력하고 있으며, 업계 최고의 서비스를 제공한다는 자부심하에 최근 상도동에 서비스 아카데미를 설립하고 직원들의 서비스 교육에 많은 노력을 하고 있다. 현재 TGIF가 내세우는 차별화된 서비스는 퍼피독 서비스 이외에도 장애인 정책(점자 메뉴), 서비스 보증(만족 못했을 때 음식값 무료),청결한 화장실 등이 있다. 뿐만 아니라 업계 최초로 사이버 공간을 이용하여 고객들과 만나는 기회를 늘렸고, 지속적인 DB마케팅과 앞으로의 1:1 마케팅에 대한 기회가 증가되었다. 여기서 유의해야 할 점은 TGIF가 적극적인 벤치마케팅의 대상이 되면서 점차 모방하는 후발 업체들이 늘어나게 되었다는 것이다. 이는 고객들이 그들의 서비스에 무뎌지거나 식상함을 느낄 가능성을 높였고, 지속적으로 새롭고 차별화된 서비스 연구/개발이 필요하다는 것을 의미한다.

다. 업계 최고의 시장 점유율

TGIF는 대중을 상대로 특별한 광고 활동을 펼치고 있지 않음에도 불구하고, 업계 최고의 시장점유율을 차지하고 있다. 1999년도 자료에 따르면 인지도와 점유율 모두에서 패밀리 레스토랑 업계 1위로 나타났다. 브랜드 로열티가 높고, 현재 펼치고 있는 프로모션 정책(쿠폰, 이동전화 고객 25% 할인 등)으로 점차 고객층을 넓히고 있다. 얼마 전 홍콩상하이 은행과의 합작으로 상대적으로 안정적인 자금 조달이 가능해졌고, 이를 통해 좀 더 적극적인 국내 진출이 있을 예정이다. 현재 베니건스나 마르쉐 등의 강력한 경쟁자들이 공격적인 마케팅 활동을 펼치며 추격을 하고 있다는 사실은 TGIF에게 유의해야 할 점이 되고 있다.

• 강점

– 다양한 메뉴, 차별화된 서비스를 선도하는 브랜드(고객환희 서비스)

– 업계 최고의 시장점유율, 업계 최초의 홈페이지 구축

- 안정적 자금 공급

• 약점
  - 높은 가격대
  - 외식 업소 지원들의 관리 어려움
  - 동질화된 서비스 제공 어려움
  - 고객증가에 따른 Responsiveness의 한계

• 기회
  - 외식 소비 심리의 지속적 상승
  - 점포 확장 가능성
  - 인터넷을 통한 1 대 1 마케팅 가능성
  - 젊은이들로 구성된 인구 구조 확산
  - 공동 프로모션을 통한 마케팅 기회 증대

• 위협
  - 경쟁업체 간의 공격적인 프로모션(출혈 경쟁 가능성) 기회
  - 외식 소비 심리의 지속적 상승
  - 점포 확장 가능성
  - 인터넷을 통한 1 대 1 마케팅 가능성
  - 젊은이들로 구성된 인구 구조 확산
  - 공동 프로모션을 통한 마케팅 기회 증대

[STP 전략 분석]

1. **시장세분화**(segmentation)

– 식생활에서 중요하게 생각하는 가치에 따라 –

가. 기본적인 배고픔의 해소를 위한 고객층

나. 건강주의 고객층

다. 가족화합층

건전성을 추구하는 고객층. 반드시 비싼 음식을 하지 않더라도 가족이 함께 식사할 수 있는 단란한 분위기를 가장 중요하게 생각하는 고객층이다. 경제적으로 여유 있지는 않지만 단란함을 추구하는 근로자 가족과 대학교육 이상 높은 교육 수준의 중산층에 많다. 특히, 중산층의 경우 가격과 상관없이 가족 모임을 위해 서비스와 분위기가 좋은 곳을 선택할 가능성이 높다.

라. 식생활의 문화적 가치를 추구하는 고객층

–행동적인 기준에 따라–

가. 일상적인 생활의 일부분으로 음식점을 찾는 고객 – 맛 대비 가격의 합리성을 중시

나. 특별한 목적(생일파티 등)으로 음식점을 이용하는 고객 – 맛과 서비스, 음식점 인테리어, 이벤트 등을 중요한 요인으로 생각

–음식점 이용특성에 따라–

새로운 사람의 처음 방문이 많은 경우, 기존 고객의 지속적인 이용이 많은 경우

–인구통계학적, 지리적 기준에 따라–

2. 목표대상설정(targeting)

가. 연령 : 20~30대의 젊은 세대, 특히 여성, 어린이, 가족

나. 지리적 위치 : 서울, 강남, 대학가, 젊은 유동인구가 많은 강북, 사무실 밀집지역

다. 학력 : 대졸, 전문대졸 이상의 고학력

라. 중요하게 생각하는 가치

– 맛, 친절한 서비스, 세련되고 깔끔한 분위기

– 즐거움을 추구 : 무료한 일상에서 탈출하고 싶어함, 즐거움을 주는 이벤트

를 선호

- 개성을 중요시 여김
- 새로운 음식을 먹어보는 경험을 중요시 여김
- 서구 음식, 문화 선호
- 가족 중심적인 사고
- 외식 선호

3. **포지셔닝**(positioning)

가. 가치 부여

문화적인 가치를 부여함으로써 차별화되었다. 가족중심, 다양한 서구음식, 색다른 인테리어, 높은 서비스 등을 본격적으로 내세워 레스토랑을 브랜드화함으로써 패밀리 레스토랑이라는 차별화되는 시장을 개척했다.

나. 높은 질과 캐주얼한 분위기

자료 : 맥스컨설팅(주)

3 전략분석 사례연구

CHAPTER 01 전략분석 사례연구

여행상품 전략 사례

FIT시장 공략으로 '승승장구'

패키지 대비 점유율 높이며 다양한 마케팅 구사

인터넷을 무기로 시장을 공략하는 온라인 여행업과 배낭시장 역시 개별여행객에 대한 집중도를 높이며 성장하고 있다.

할인 항공권 판매로 인지도를 높여온 투어익스프레스의 경우 30% 정도였던 개별여행시장이 1년 새 전체 판매의 70%를 점유하며 빠른 성장을 보였다. 투어익스프레스의 장연상 사장은 "패키지가 줄어들어 점유율이 바뀐 것이 아니라 개별여행을 찾는 수요가 그만큼 증가한 것"이라며 "이 같은 추세는 여행경험자가 많아지는 향후에는 더욱 강한 힘을 발휘할 것"이라고 확신했다.

웹투어는 맞춤여행과 단체 패키지판매의 비율을 50 대 50으로 집계하고 있다. 웹투어는 특히 짧은 일정의 유럽개별상품이 강하다. 웹투어의 한재철 부사장은 "유럽계 항공사의 사전발권제도가 일반화되면서 개별여행에 대한 항공권도 경쟁력을 갖게 됐다"며 "유럽상품의 인기는 패커문 등 개별여행시장을 공략해 온 웹투어의 전략이 빛을 본 경우"라고 설명했다.

웹투어 역시 매년 50% 이상의 성장률을 보이며 개별여행시장을 확대하고 있다. 한 부사장은 "점유율은 50%지만 수익에서는 개별여행객이 전체의 70%를 차지할 만큼 높다"고 밝혔다.

여행백화점 넥스투어는 개별여행 대비 패키지 상품판매비율이 점차 반비례하고 있다. 2년 전만 해도 인센티브를 제외한 FIT대비, 패키지가 20 대 30이었으나 최근에는 40 대 20 정도로 추산한다. 특히 이 수치에는 가족여행 등 소그룹이 빠져 있어 이를 감안하다면 더욱 높은 점유율을 짐작할 수 있다.

배낭시장에서도 '깃발'이 사라져가고 있다. 모험심 많은 배낭족들은 이미 에어텔 형식으로 자신들만의 일정을 만들어왔으며, 이 같은 욕구는 다국적 배낭여행이나 다양한 형태의 자유배낭으로 구현되고 있다.

투어닷코리아는 올해 민박과 항공을 연계한 상품을 새로이 준비했다. 한식을 접할 수 있을 뿐 아니라 여행자 간의 정보가 교환되는 민박은 여행지에서 만나는 소중한 사랑방이다. 투어닷코리아의 주성호 사장은 "재작년부터 늘어나고 있는 현지 민박은 개별배낭을 뒷받침해주는 힘"이라며 "지난해 40%를 차지한 개별배낭이 올해는 50% 이상 될 것으로 기대한다"고 밝혔다. 특히 유럽항공사들을 중심으로 진행되고 있는 조기예약자의 경우 개별배낭이 예약자의 80%를 차지할 만큼 높다.

여행천하여행사 역시 비슷한 상황이다. 여행천하는 개별출발이 가능한 '다국적 배낭상품'에 공을 들인 지 오래다. 그 결과 현재 모객의 80%가량이 개별적으로 출발, 현지에서 각국의 여행자들과 만난다. 여행천하의 양재영 부장은 "현지에는 안전과 숙박을 보장하는 여행프로그램이 너무나 다양하게 발달해 있다"며 "향후 배낭시장은 가격경쟁력이나 일정의 자유로움 등을 무기로 다국적 배낭형태로 나아갈 수밖에 없다"고 자신했다.

다국적 배낭여행은 1인 이상 출발해 현지에서 각국의 여행자들이 결합해 만들어지는 상품이다. 영어로 진행된다는 난점이 있어 초기 시장진입에 어려움을 겪었으나 이제는 어느정도 자리를 잡았다. 여행천하는 유로피안 패스나 다국적 버스투어인 탑덱(Top Deck) 등 다양한 상품을 한국에 소개하고 있다.

위와 같이 온라인 여행업들은 고객들에게 다가가기 위해 다양한 마케팅을 구사하고 있으며 보다 더 새로운 전략을 내놓고 있다.

자료 : eunkyung@traveltimes.co.kr

"자유일정 추가 매력 지속"
패키지 다음으로 선택…목적지·종류 확대

항공과 호텔만을 연계하고 나머지 일정은 여행객 스스로 자유롭게 꾸밀 수 있도록 구성된 에어텔 상품은 개별여행 시장의 확대 추세와 맞물려 그동안 빠른 성장을 해왔고, 앞으로도 그 성장 고삐는 늦춰지지 않을 것으로 전망되고 있다. 그 형태도 항공과 호텔만을 연계한 순수 개념에서 패키지 상품의 성격을 가미한 에에텔 패키지 상품까지 점차 다양해지고 있으며 목적지와 상품 종류도 계속 확대되고 있다.

항공사 에어텔 상품은 아시아, 유럽, 미주, 대양주 지역을 중심으로 활발하게 운영되고 있다. 양 국적항공사를 비롯해 캐세이패시픽항공, 타이항공, 필리핀항공, 싱가포르항공, KLM네델란드항공, 루프트한자독일항공, 에어뉴질랜드, 에어캐나다 등이 고유 에어텔 브랜드를 내걸고 활발하게 영업을 진행하고 있다.

캐세이패시픽항공의 '홍콩 수퍼시티 패키지'와 같이 역사가 오래된 에어텔 상품은 본 궤도에 올라 매년 전년 대비 10% 안팎의 성장률을 기록하고 있다. 싱가포르항공의 경우 2000년과 2001년에 각각 50%의 성장률을 기록했다.

1999년에 처음 소개된 KLM네델란드항공의 '유럽포유'는 2001년의 경우 전년대비 100%, 2002년에는 50% 이상 성장하는 기염을 토했으며, 루프트한자독일항공의 '이지투유럽'도 2002년의 경우 전년대비 80% 가량 성장하는 등 빠르게 자리를 잡았다.

에어텔이 활성화된 지역의 공통된 특징은 바로 에어텔 상품에 앞서 충분한 패키지 수요가 뒷받침되고 있다는 점이다. 이는 패키지 상품을 이용했던 구매층이 그 다음 단계로 개별적인 자유가 보장되는 에어텔 상품으로 옮겨가는 것으로 분석된다.

항공사 관계자들은 일단 에어텔 상품을 이용한 고객은 패키지 상품으로 회귀

하기보다는 목적지를 바꿔 계속해서 에어텔 상품을 이용하려는 경향이 강한 것으로 평가하였다.

루프트한자독일항공 허태영 이사는 “아직 큰 비중은 차지하지 않지만 개별여행 확대와 패키지의 위축 추세와 맞물려 에어텔 상품은 꾸준히 성장할 것”이라며 “좋다 나쁘다의 차원이 아니라 시장의 흐름이자 추세”라고 말했다.

위와 같이 항공과 호텔만을 연계한 상품들이 오래전부터 등장하면서 여행상품의 차별화가 시작되었다.

자료 : vagrant@traveltimes.co.kr

CHAPTER 02

전략분석 사례연구

다양한 마케팅 사례

제1절 유스마케팅

유스마케팅이란 미래의 고객이 될 젊은 세대들을 대상으로 펼치는 마케팅이다. 따라서 이들이 브랜드를 친숙하게 여기도록 하기 위해서 젊은 세대가 좋아하는 문화를 활용한다.

'미국 어디까지 가봤니?'라는 대한항공의 광고가 이에 해당한다. 미국 10개 도시 최다 노선 운항이라는 점을 효과적으로 홍보하기 위해 해당 지역에서 여행하는 인기 스타의 모습을 보여줌으로써 많은 사람들의 여행 심리를 자극했다. 한 번쯤 가보고 싶다는 생각을 들게 하며 젊은이들의 열정을 잘 보여준다. 특히 호화로운 여행이 아닌 배낭여행이라는 콘셉트가 많은 이들의 향수를 자극하였다. 스타 마케팅으로 볼 수도 있겠지만 톱스타가 아닌 젊은층들에게 호감이 높은 모델들을 섭외했다는 것도 참고할 만하다. 즉 청년층에게 인기 있는 모델들이 보통의 청년들처럼 여행지에서 소박하게 즐기는 모습을 내세운 성공적인 사례이다.

제2절 스토리텔링 기법 감성광고

1) 문화마케팅

문화마케팅이란 문화를 매개로 하여 자사의 이미지를 높이기 위한 마케팅이다. 따라서 공익성을 강조하거나 문화를 광고 판촉의 수단으로 활용하기도 한다.

대한항공은 프랑스 루브르박물관과 오르세미술관, 영국 대영박물관, 러시아 에르미타주박물관 등 해외 유명 박물관에 한국어 안내 서비스를 지속적으로 후원하고 있다.

중국 노선 광고에서는 중국 선인들의 명언이나 고서의 인상 깊은 문구가 중국어 발음과 중국의 풍경에 오버랩되며 중국문화를 엿볼 수 있게 하였다. 중국에 대해 일반적으로 가지고 있는 인식, 예를 들면 유교라거나 삼국지와 같은 역사를 접목한 편이었다. 중국을 잘 나타내면서도 중국에 대한 약간의 부정적인 견해들을 어느 정도 가시게 해준 마케팅이다.

2) 스토리텔링 마케팅

스토리텔링 마케팅이란 기업이나 브랜드, 상품과 잘 어울리는 이야기를 만들어 소비자의 마음을 움직이는 마케팅이다.

대한항공의 동유럽 노선 광고는 도시와 관련된 이야기를 들려주는 전형적인 스토리텔링 마케팅이었는데 도시의 풍경과 함께 제시되어 도슨트에게 안내를 받는 듯하다. 또 시간상 다루지 못한 뒷이야기를 들을 수 있도록 대한항공 홈페이지에 오디오 가이드를 제공하는 등 서비스적인 면에서도 많은 이들을 만족시켰던 마케팅이다. 동유럽 노선 광고는 특히 인기가 많았는데, 이 광고가 나왔을 때쯤 유독 많은 이들이 대한항공을 이용하고 싶다는 대답을 했을 정도였다. 서구에서는 직설적이고 객관적인 사실들을 제시하는 것을 선호하는 반면에 우리나라 사람들은 내러티브, 즉 이야기를 좋아한다. 공동체적 문화의 영향 때문인지 사연이 있는 것을 좋아한다고 한다. 대한항공은 이런 점을 잘 노렸다고 볼 수 있겠다.

이후에도 '일본, 일본에게 묻다'라는 타이틀로 일본 노선 광고를 내보냈다. 우리에게도 익숙한 일본의 유명인사 5명을 선정하여 주제를 하나씩 주고 그들의 목소리로 조근조근 설명한 일본여행 마케팅은 동유럽과 마찬가지로 스토리텔링 마케팅의 일환이었다.

3) 감성마케팅

감성마케팅이란 소비자의 감성적 동인을 자극해 판매를 촉진시키는 마케팅이다. 따라서 감성마케팅을 기획하기 위해서는 반드시 고객과 감성적 공감을 형성해야 한다. 고객과의 관계를 구축하고 그 관계를 돈독히 유지함으로써 소통하는 커뮤니케이션을 지향해야 한다.

이런 측면에서 고객 참여 마케팅을 유도하는 대한항공의 마케팅은 단순히 광고로만 그치지 않는다고 할 수 있다.

그 예로 체험단 마케팅을 들 수 있는데, 일본편에서 UCC 제작을 공모하여 부상으로 항공권과 여행상품을 제공하는 마케팅을 펼쳤다. 그리고 실제로 다녀온 이들의 후기를 함께 공유하고자 했다. 이는 일시적인 마케팅에 그치는 것이 아니라 꾸준히 이어가려고 노력한 흔적이라고 볼 수 있다. 이처럼 대한항공은 이용고객, 잠재고객 모두에게 직·간접적 참여를 통해 관계를 돈독하게 하고 커뮤니케이션을 지향한다고 볼 수 있다.

제3절 버즈마케팅

버즈마케팅(Buzz Marketing)이란 인적인 네트워크, 즉 제품을 이용해 본 소비자를 통하여 다른 소비자에게 상품정보를 전달하는 마케팅으로 구전 마케팅의 일종이다.

대한항공은 자사가 직접 제작에 참여한 차세대 항공기인 보잉 787을 홍보하는 효과를 극대화하기 위해 실사연출을 활용한 버즈마케팅을 이용하였다. 바로 김포공항 본사와 명동 한진그룹 사옥에 항공기 그림으로 건물 전체를 뒤덮는 래핑광고를 설치한 것이다. 이는 입소문을 타면서 행인들이 사진을 촬영하는 명소가 되었다.

김포공항 대한항공 본사 건물의 래핑광고는 가로 160m, 세로 45m로 총 7,200m^2에 달하며 설치 작업에 8일 동안 총 175명을 투입하였다. 서울 명동에 위치한 한진 사옥의 래핑광고는 가로 28m, 세로 38m에 달한다. 보잉 787이 마치 건물을 뚫고 나오는 듯한 그림으로 연출한 이 래핑광고는 대한항공 조양호 회장의 막내딸인 조현민 광고선전부 과장이 고안한 아이디어라고 한다.

래핑광고는 전형적인 '버즈 마케팅'으로 소비자들이 자발적으로 메시지를 받아들여 상품에 대한 긍정적인 입소문을 내게 만드는 구전 마케팅 기법이라고 볼 수 있다. 대한항공이 버즈마케팅을 구사하는 이유는 이미 자사 브랜드가 널리 알려져 있는 만큼 TV CF 등 매체 광고로는 큰 홍보 효과가 없다고 판단하고 오히려 고객이 자발적으로 관심을 갖도록 하는 것이 필요했기 때문이다.

제4절 제휴마케팅

대한항공이 하나은행과 함께 금융상품 제휴를 확대하는 등 젊은 계층을 위한 마케팅 강화에 나섰다. 이번 제휴에 따라 하나은행 금융상품인 '꿈나무 적금', '나의 소원 적금', '시크릿 적금', '바보의 나눔 적금' 등에 참여하였다.

구체적으로 2012년 말까지 적금 가입기간 중 대한항공 국제선 탑승 시 우대이율 0.2%와 추가 보너스 1000마일을 제공하였고 만 25세 미만 적금 가입 고객이 하나은행에서 대한항공 마일리지 프로그램인 '스카이패스' 프로그램에 신규 가입할 경우 1000마일을 적립해 주었다.

대한항공과 하나은행은 일정 기간에 해당 적금에 가입한 고객과 마일리지 적립기능이 탑재된 체크카드인 '비바플래티늄체크카드' 발급 고객에게 경품을 증정하는 행사를 진행하였다.

추첨을 통해 1등 1명에게는 대한항공 유럽노선 일반석 2매 항공권을, 2등 2명에게는 각각 대한항공 동남아 노선 일반석 2매 항공권을, 3등 500명에게는 각각 3만 원 상당의 도서상품권을 각각 나눠주었다. 아울러 적금가입 혹은 카드발급 전 고객 중 1000명을 추첨, 대한항공 스카이패스 마일 1000마일을 주었다.

이러한 제휴 서비스를 통해 고객에게 서비스 제공의 폭을 넓힘과 동시에 미래 잠재 고객인 어린이들에게 다가섬으로써 제휴마케팅과 유스마케팅을 동시에 실천하였다.

CHAPTER 03 전략분석 사례연구

STP 전략 사례

제1절 시장세분화(market segmentation) 전략

시장세분화는 전체 시장을 구성하는 잠재고객을 동질적인 하위시장들로 나누어 분리하는 과정을 말한다. 이러한 시장세분화 작업은 이천 도자기축제 행사의 마케팅전략의 과정에서 표적시장의 선정 및 포지셔닝(positioning) 전략을 위한 기초가 된다. 시장세분화 하는 변수로는 여러 가지가 있으며, 본 연구에서는 인구통계적 변수를 통하여 시장세분화하였다. 즉 행사를 방문한 방문객들의 직업, 생활거주지, 연령 등을 통하여 살펴보았다. 행사를 바탕으로 시장세분화 과정을 보면 〈표 3-1〉과 같다.

〈표 3-1〉 행사 방문객 일반적 현황

구 분		백분율(%)	비 고
직 업	회사원	19.0	
	공무원	8.2	
	자영업	6.7	
	농업	2.1	
	교직원	3.6	
	학생	40.0	
	주부	12.3	
	기타	8.2	

생활거주지	지역민	5.1	
	서울	27.7	
	경기	57.4	
	강원	2.1	
	경상	0.5	
	전라	1.5	
	충청	5.1	
	기타	8.2	
연 령	60대 이후	3.1	
	50대	5.1	
	40대	20.0	
	30대	21.5	
	20대	26.7	
	10대	23.6	

결과적으로 행사를 바탕으로 시장세분화에 관한 분석결과 행사기간 동안 방문객의 직업으로는 학생, 회사원, 주부가 71.3%로 주를 이루었으며, 생활거주지역으로는 경기 일대와 서울 거주자의 비율이 85.1%에 달해 중심을 이루었다. 연령층으로는 10대에서 40대까지 주된 분포를 이루었으며, 상대적으로 50~60대의 연령층이 매우 낮았다.

제2절 표적시장(target market) 전략

행사의 인구통계적 변수를 통한 시장세분화 이후 표적시장을 설정하였다. 이미 조사분석된 자료를 바탕으로 행사의 표적시장 전략을 보면 〈표 3-2〉와 같다.

앞서 살펴본 바와 같이 '행사 참가는 누구와 함께'라는 질문에는 '친구/연인과 함께 32.3%, 가족과 함께 25.1%, 동료와 함께 20.5%, 그리고 단체 15.9%' 등의 응답을 보였다. 결국 20대의 친구/연인, 혹은 30~40대의 초등학생 자녀를 둔 가정이 표적시장이 된다.

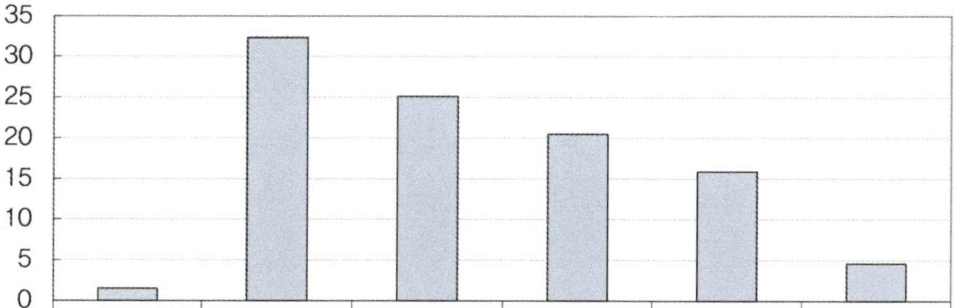

	혼자	친구/연인	가족	동료	단체	기타
%	1.5	32.3	25.1	20.5	15.9	4.6

[그림 3-1] 행사 참가는 누구와 함께

〈표 3-2〉 표적시장 목표 및 전략

시장환경 상황 및 표적시장 목표	• 행사의 국제적 규모화에 따른 이미지 증대 효과 및 서울·경기 일대 도시민의 주 5일제 근무확대에 따른 탈도시화로 방문객수 증대 기대 • 자연환경을 접하고자 하는 도시민들의 욕구와 관광을 통한 자녀교육 효과 기대 • 행사의 표적시장으로는 20대의 친구/연인, 그리고 가족을 동반한 30~40대의 서울 및 경기 일대에 거주한 자들로 이들의 성향에 따른 체험거리와 참여거리 및 먹거리 등의 제공을 감안하면 5~10% 성장률 기대
표적시장 전략	• 가족의 경우 자녀와 함께 동반하여 도자기 체험과 작품을 감상할 수 있는 장소로의 기회를 가짐에 따라 가장 높은 공헌도를 나타내는 세분시장이 됨. 또한 20대의 친구와 연인들이 함께 어울려 추억을 만들 수 있는 다양한 이벤트 행사(예 고스트 영화 만들기, 타이타닉 속의 주인공, 연인의 숲 등)를 개발함으로써 재방문의 효과 및 긍정적 구전효과 창출 • 가족 단위의 방문객은 초등학생 이하의 자녀를 둔 가족이 전략적 표적시장이 되므로 우리나라 전통의 독특성과 관련한 체험거리와 참여거리 등을 대폭 확대·운영함. 그리고 친구 및 연인으로 구성된 방문객을 위한 참여거리와 재미거리, 상품판매 등은 혼자가 아닌 두 사람을 위한 추억 만들기로 경제적 효과 창출

제3절 포지셔닝(positioning) 전략

지속가능한 행사의 활성화를 위해서는 일회성의 프로그램으로 진행되는 것을 배제하고 지역민이 주체가 되어 도자기의 정신을 보고, 듣고, 경험할 수 있는 체험관광지로서 거시적인 측면이 고려된 새로운 위치정립이 절실히 필요하다.

결국 포지셔닝은 본 축제행사의 이미지를 고양시키기 위한 차별화단계라고 할 수 있다. 행사 방문객의 인식을 재정립시키기 위해 리포지셔닝(repositioning) 전략을 기본으로 거시적 환경변화에 대응하는 전략을 제시하면 다음과 같다.

1 표적시장의 재정립

〈표 3-3〉 표적시장의 재정립

전략방향	표적시장의 재정립
리포지셔닝 전술	• 행사의 활성화를 위한 표적시장은 20대의 친구와 연인 그리고 초등학생 자녀를 둔 30~40대의 가족이며, 당일관광권을 형성하고 있는 서울 및 경기 일대 거주자임 • 특히 초등학생 자녀를 둔 가정주부는 도시를 벗어나 그들과 함께 한국의 예술을 직접 체험해보고자 하는 욕구를 가지고 있어 자연환경과 더불어 자녀교육을 목적으로 한 인식에 중점을 두어야 함. 또한 탈도시화의 욕구를 추구하는 20대의 젊은층도 새로운 표적시장으로 선정하여 경제적 공헌도를 높이도록 함

2 새로운 축제행사 이미지 구축

〈표 3-4〉 새로운 축제행사 이미지 구축

전략방향	새로운 축제행사 이미지 구축
리포지셔닝 전술	• 탈도시화를 위해 산과 같은 자연을 대상으로 하는 자연관광지를 방문하는 방문객이 급증하고 있어 산과 연계한 자연친화적인 방문지로의 새로운 이

	미지 구축. 뿐만 아니라 한국 고유의 전통방식에 따른 상품생성 과정을 통해 가족 혹은 연인들이 함께할 수 있는 다양한 이벤트 프로그램을 마련하여 경쟁적인 타 지역의 행사와의 뚜렷한 차별화로 세분된 시장의 방문객에게 욕구충족을 마련할 수 있는 행사로서 새로운 이미지를 구축함 • 따라서 본 행사는 각종 상품만을 전시하여 판매하는 장소라는 방문객의 인식을 변화시키기 위해서는 상품과 함께 살아가는 지역(마을)민을 주제로 하는 행사로서 행사가 이루어져야 하며, 각종 행사의 주된 프로그램은 주된 상품과 연관성을 지녀야 함. 즉 다양한 행사내용(참여거리, 먹거리, 볼거리, 살거리 등)은 상품의 맛과 멋을 느낄 수 있도록 하여 방문고객에게 새로운 이미지를 창출함

3 축제행사의 차별화

〈표 3-5〉 축제행사의 차별화

전략방향	축제행사의 차별화
리포지셔닝 전술	• 고유의 전통방식으로 상품을 만들어 가는 모습을 펼쳐 보이는 전통마을과의 연계, 또한 체험거리와 볼거리 등의 주된 행사프로그램은 도자기와 관련성을 유지함. 그 밖에 자연의 조화를 이루고 있는 산을 대상으로 기존에 형성된 산책로를 가족(행복의 숲)과 연인을 위한 숲(연인의 숲)으로 조성하여 타 지역 행사와의 차별화를 모색함 • 살거리가 마련된 부스를 축소하여 체험거리 및 놀거리의 장소를 확대함. 먹거리는 기존에 마련된 일반적인 음식의 유형과 다른 한국전통의 맛(예 향토음식, 혼례음식, 궁중음식, 계절음식, 전통차 등)을 볼 수 있는 음식으로 차별화함. 또한 놀거리는 가족과 연인들이 함께 참여할 수 있는 전통놀이와 현대의 것을 접목한 새로운 놀이프로그램을 개발하여 차별화를 모색함 • 본 행사 프로그램의 차별화를 위해서는 방문객들의 성향분석에 따라 지속적으로 개발되어야 하며, 이에 따른 행사진행의 참여자는 지역주민들로 구성되어 능동적인 주민행사로 이어져야 함

CHAPTER 04 전략분석 사례연구

고객만족도 분석사례

제1절 설문조사 분석

1 방문객 일반적 사항

행사기간 동안 방문한 방문객을 대상으로 조사한 결과, 성별로는〈그림 3-2〉와 같이 '여성 58%', '남성 42%'로 여성이 우위를 보였다. 〈그림 3-3〉에서 보는 바와 같이 직업으로는 '학생(40%)'이 가장 많았으며 이어 '회사원(19%)'으로 나타났다. 그리고 생활거주지로는 '경기권(57.4%) 및 서울권(27.7)'이 우세하였다. 연령층으로는 '20대(26.7%)'가 가장 많은 분포를 차지하고 있었으며 '10대(23.6%), 그리고 30대(21.5%), 40대(20%)'로 각각 나타났다.

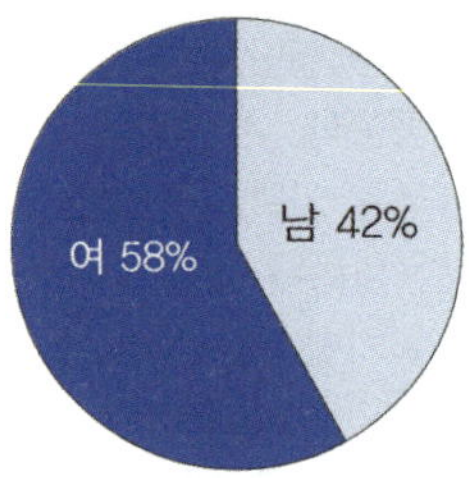

[그림 3-2] 방문객 성별

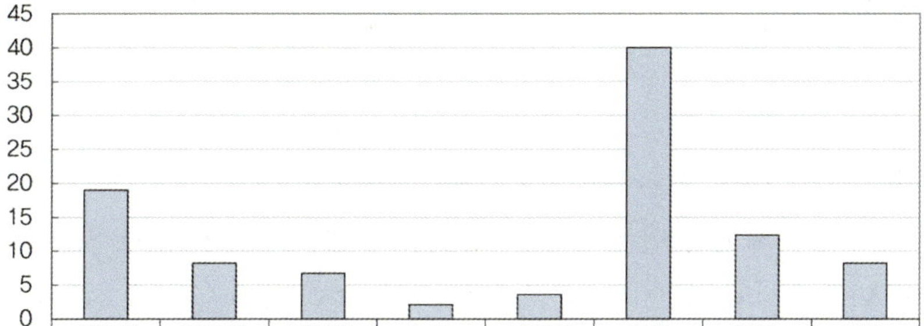

	회사원	공무원	자영업	농업	교직원	학생	주부	기타
%	19	8.2	6.7	2.1	3.6	40	12.3	8.2

[그림 3-3] 방문객 직업

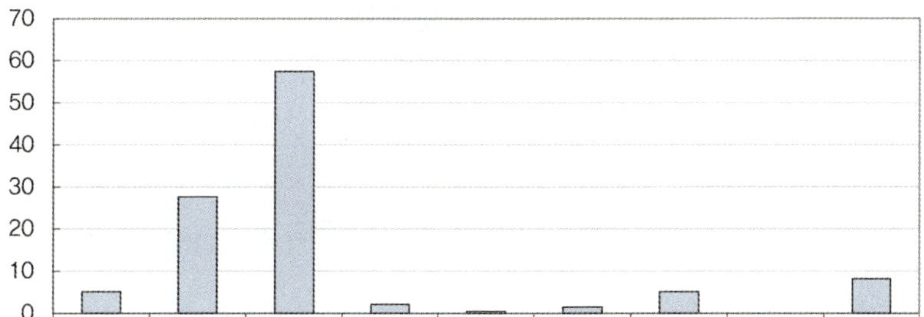

	지역민	서울	경기	강원	경상	전라	충청	제주	기타
%	5.1	27.7	57.4	2.1	0.5	1.5	5.1	0	8.2

[그림 3-4] 방문객 거주지

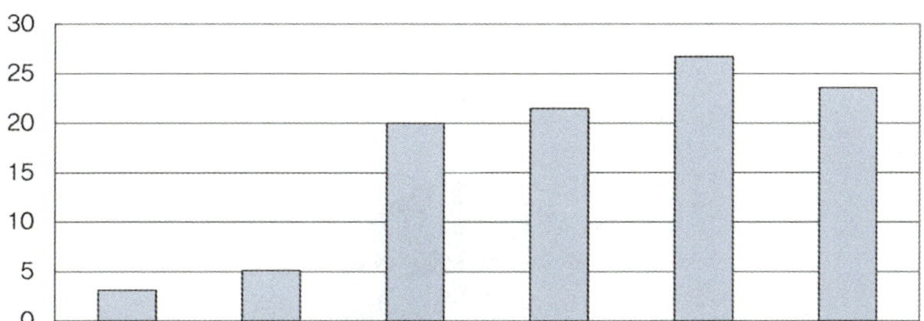

	60대 이후	50대	40대	30대	20대	10대
%	3.1	5.1	20	21.5	26.7	23.6

[그림 3-5] 방문객 연령

2 방문객 만족도

1) 전반적인 만족도

행사기간 동안 방문객들의 만족도에 관한 사항을 세부항목별로 살펴보았다. 먼저 전체적인 축제행사 만족에 관한 내용을 보면 〈그림 3-6〉과 같이 '55.4%의 방문객이 만족'을 나타냈으며 '28.7%는 그저 그렇다'라는 응답을 보여주었다.

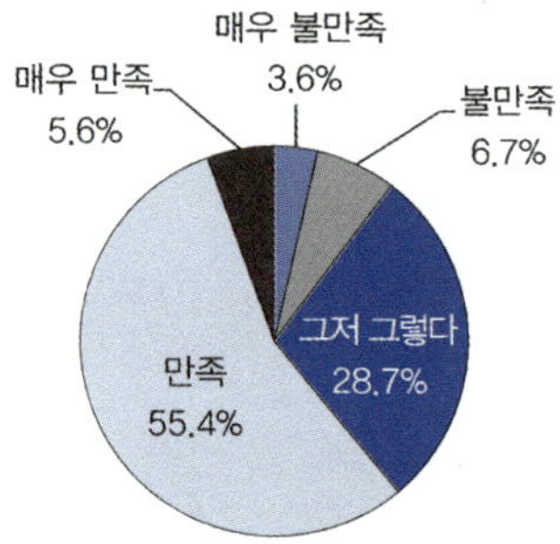

[그림 3-6] 전반적인 만족도

2) 부문별 만족도

(1) 도자기축제 개발상태

방문객들은 '본 행사가 특성화된 도자기축제로서의 개발상태'에 관한 질문에 '만족 53.3%, 그저 그렇다 30%'로 분석되었다.

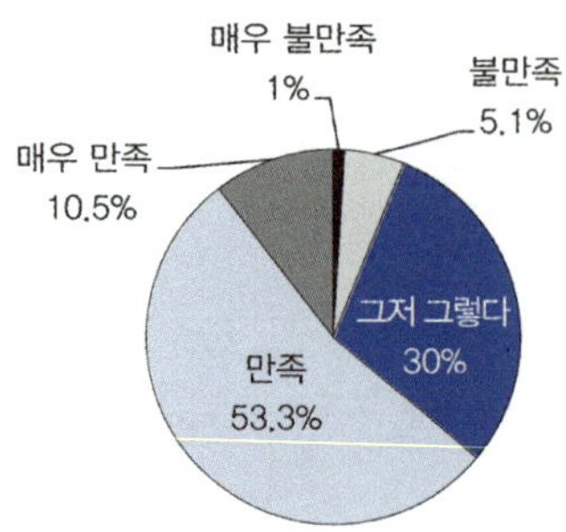

[그림 3-7] 도자기축제 개발상태

(2) 행사장 내 동선구조

'행사장 내 관람 및 행사참여 등의 동선구조'에 관해 '만족 43.6%, 그저 그렇다 38%'를 나타내었다.

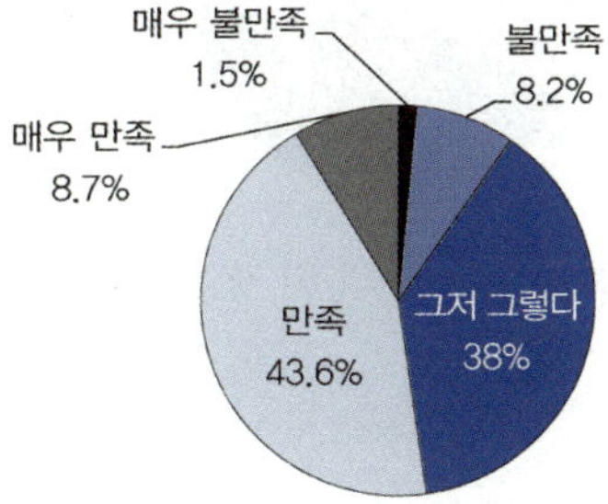

[그림 3-8] 행사장 내 동선구조

(3) 체험프로그램 개발

'행사장 내 체험프로그램 개발'에 관한 질문에 대해 '그저 그렇다 46.1%, 만족 30.2%, 불만족 14.4%'를 보여 조금은 부정적인 시각으로 답하였다.

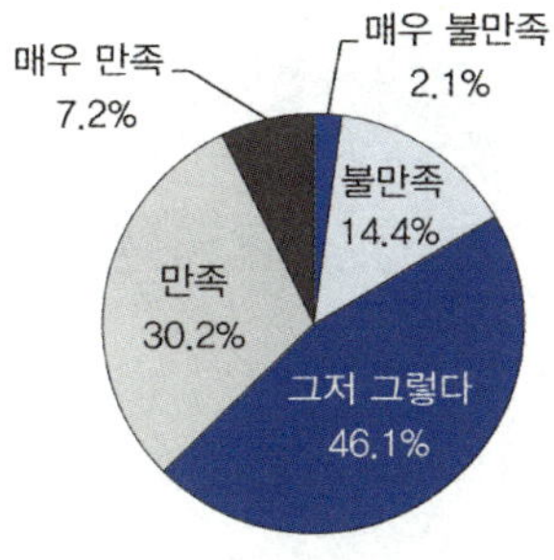

[그림 3-9] 체험프로그램 개발

(4) 편의 및 휴게시설

'행사장 내 편의시설 및 휴게시설'에 관해 어느 정도 만족하는가에 대한 질문에는 '그저 그렇다 45.6%, 만족 27.2%, 불만족 16.9%'를 보임에 따라 편의 및 휴게시설에 대해서는 부정적인 반응을 나타내었다.

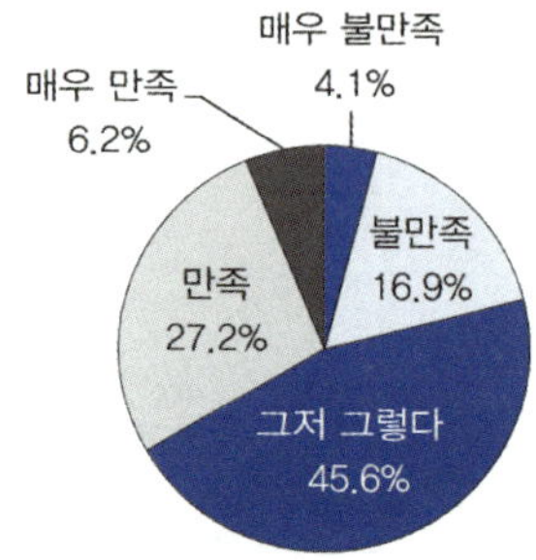

[그림 3-10] 편의 및 휴게시설

(5) 위락시설

'행사장 내 위락시설'에 대한 질문에는 '그저 그렇다 60%, 불만족 25.1%'를 나타내었으며, '만족과 매우 만족 10.7%'를 보여 '행사장 내 위락시설'에 관해 그 어느 항목보다도 불만족의 반응을 나타내었다.

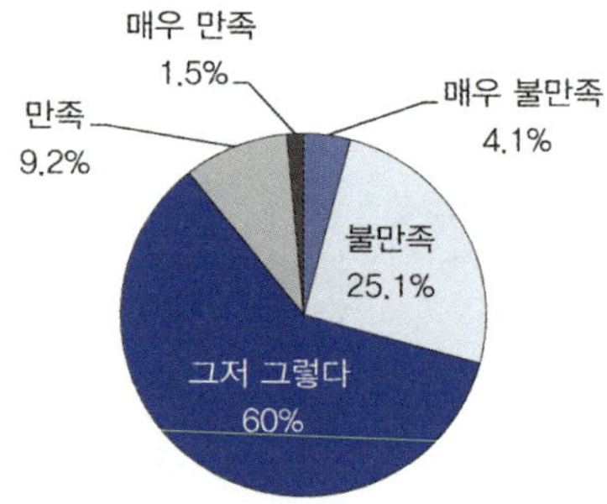

[그림 3-11] 위락시설

(6) 볼거리 상품개발

'행사장 내 볼거리 상품개발'에 관해 어느 정도 만족하는가에 대한 질문에는 '그저 그렇다 48.2%, 만족 27.7%, 불만족 16.4%'를 보여 부정적인 인식이 있는 것으로 나타났다.

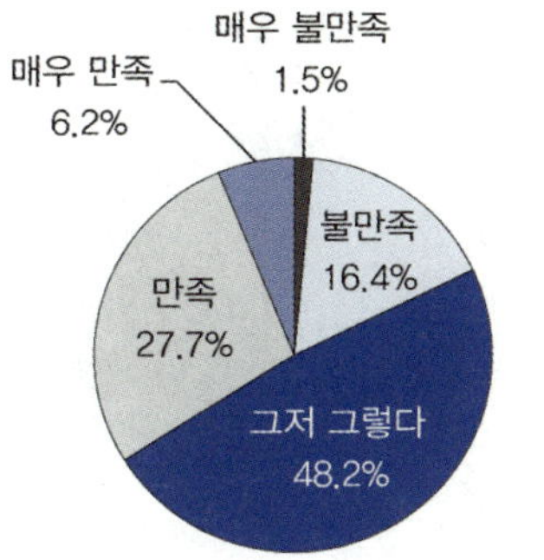

[그림 3-12] 볼거리 상품개발

(7) 먹거리 상품개발

'행사장 내 먹거리 상품개발'에 대해 어느 정도 만족하는가에 대한 질문에는 '그저 그렇다 52.3%, 만족 27.7%, 불만족 18.5%'를 보여 많은 방문객이 이 부문에 관해 긍정의 반응을 나타내지 않았다.

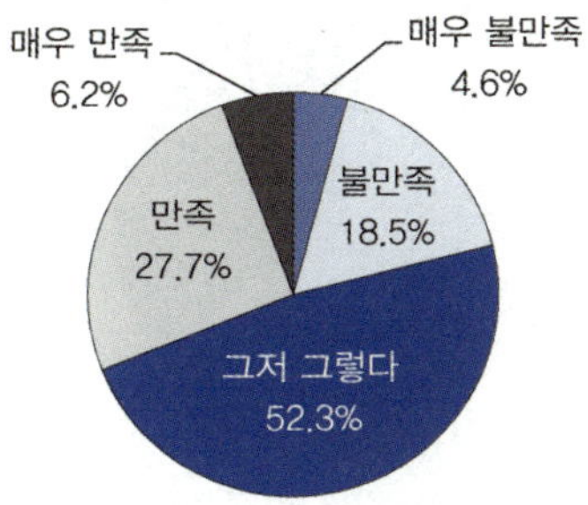

[그림 3-13] 먹거리 상품개발

(8) 관광안내

'행사장 내 관광안내' 부문에 대해 어느 정도 만족하는가에 대한 질문에는 '만족 43.1%, 그저 그렇다 35.4%, 불만족 10.8%'를 보여 다소 긍정적인 반응을 나타내었다.

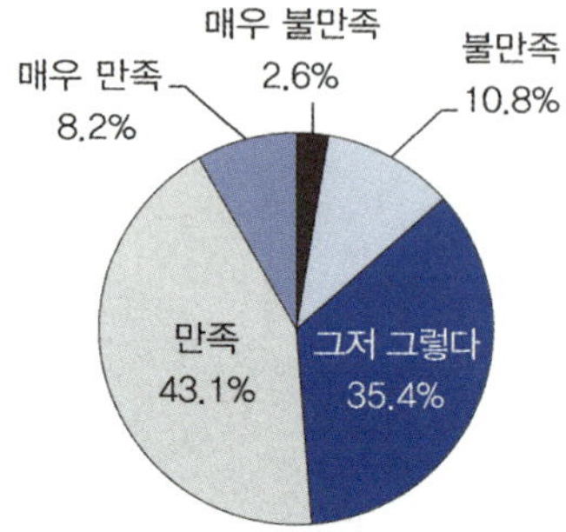

[그림 3-14] 관광안내

(9) 접근 도로시설

'행사장 연결 접근도로 시설'에 대한 질문에는 '만족 55.9%, 그저 그렇다 26.7%, 불만족 8.2%'를 보여 긍정적인 반응을 나타내었다.

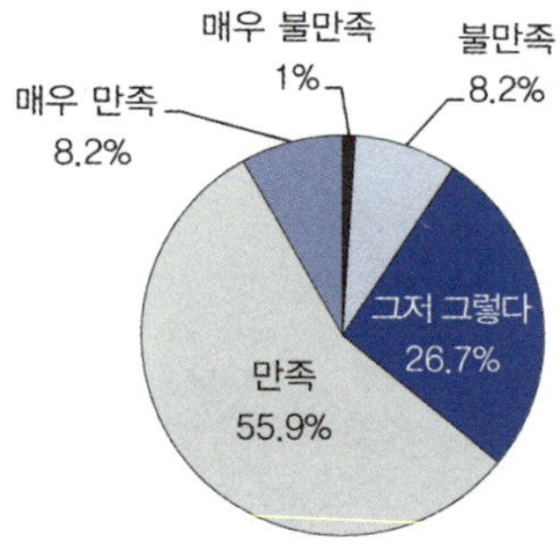

[그림 3-15] 접근 도로시설

(10) 도자기상품 가격

'도자기상품 가격'에 어느 정도 만족하는가에 대한 질문에는 '그저 그렇다 44.6%, 비싸다 31.3%, 저렴하다 18.5%'를 보여 시중에서 판매되는 도자기의 가격보다 비싸게 인식하는 것으로 나타났다.

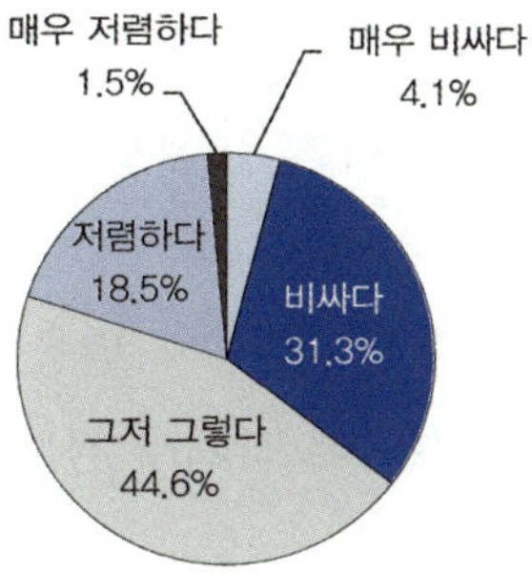

[그림 3-16] 도자기상품 가격

3) 기타사항 만족도

행사에 방문한 방문객들의 만족도 조사 가운데 일반적인 기타사항들에 대한 만족도를 보면 다음과 같다.

(1) 가장 만족하는 행사내용

'가장 만족하는 행사내용'에 대한 질문에는 '전시행사 53.8%, 참여행사 14.9%, 테마공원 9.2%, 공연행사 8.7%' 등을 보여 축제 행사내용 가운데 '전시행사'를 가장 선호하는 것으로 나타났다.

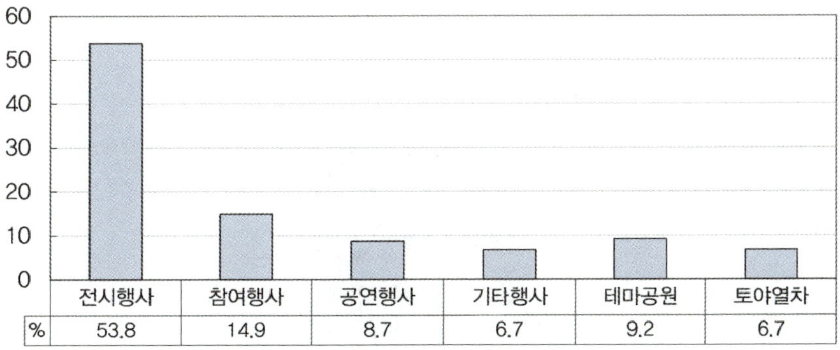

[그림 3-17] 가장 만족하는 행사내용

(2) 재방문 의사

'향후 재방문 의사'에 대한 질문에는 '방문함 41.5%, 모르겠다 33.8%, 꼭 방문함 10.3%, 방문 안 함 9.7%' 등을 보여 재방문 의사에 다소 긍정적인 답을 보였다. 하지만 '모르겠다 33.8%'와 '방문 안 함 9.7%' 반응을 보인 것은 본 축제행사를 향후 지속가능한 축제로 발전시키는 데 반드시 검토해야 할 내용으로 보아야 한다.

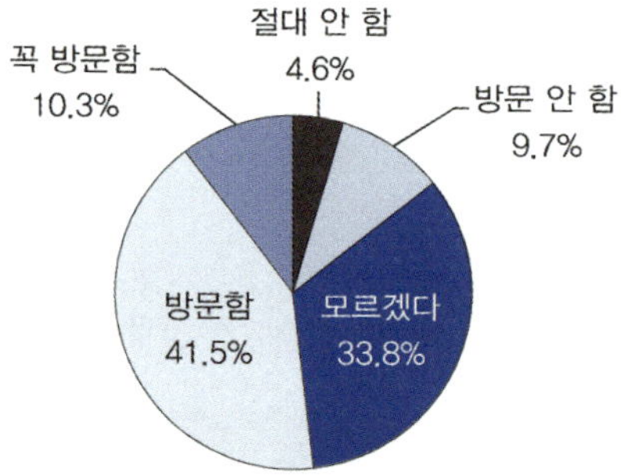

[그림 3-18] 재방문 의사

(3) 추천의사

'본 축제행사를 타인에게 추천할 의사'에 대한 질문에는 '추천함 46%, 모르겠다 37%, 추천 안 함 8%, 꼭 추천함 7%' 등을 보여 추천의사에 다소 긍정적인 답을 보였다.

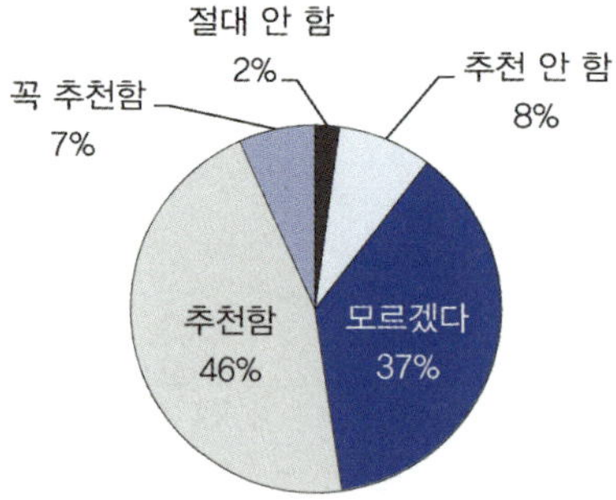

[그림 3-19] 추천의사

(4) 축제행사 참가 횟수

'본 축제행사 참가 횟수'에 대한 질문에는 '첫 번째 방문 45.6%, 두 번째 방문 30.3%, 세 번째 방문 9.7%, 네 번째 방문 4.8%, 그리고 다섯 번째 이상 방문 10.3%'를 보여 '첫 번째 방문'과 '두 번째 방문'을 한 방문객이 대다수를 차지하고 있었다.

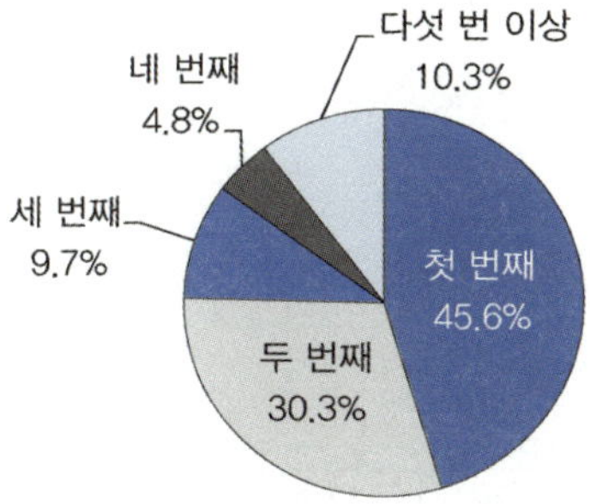

[그림 3-20] 축제행사 참가 횟수

(5) 부문별 비용

'어느 부문에 비용을 가장 많이 지출하였는가?'라는 질문에는 '식음료비 36.9%'로 가장 많았으며, '교통비 21%, 쇼핑비 20%, 행사참가비 12.8%, 숙박비 3.6%, 그리고 기타비용에 5.6%'를 지출한 것으로 조사되었다.

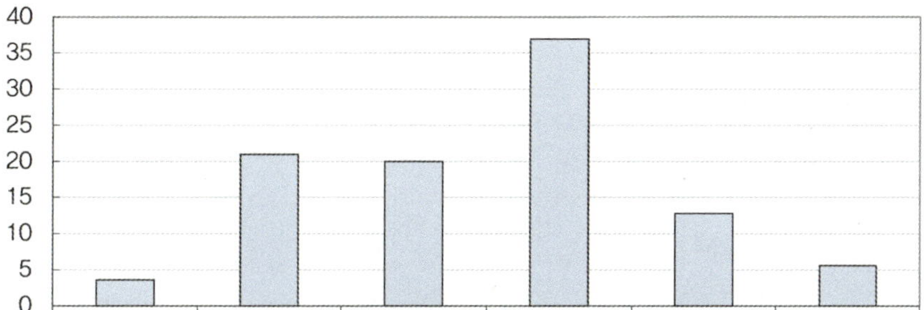

	숙박비	교통비	쇼핑비	식음료비	행사 참가비	기타비
%	3.6	21	20	36.9	12.8	5.6

[그림 3-21] 부문별 비용

(6) 축제행사 정보입수 경로

축제행사 정보입수 경로에 대한 질문에는 '친구 및 동료 31.3%, 가족/친지와 방송 각각 14.4%, 신문과 잡지 각각 8.7%, 인터넷 7.7%'로 나타났으며, '기존에 이미 알고 있거나 어떤 경로를 통하지 않은 경우의 기타 부문에 23.6%'의 응답을 보였다.

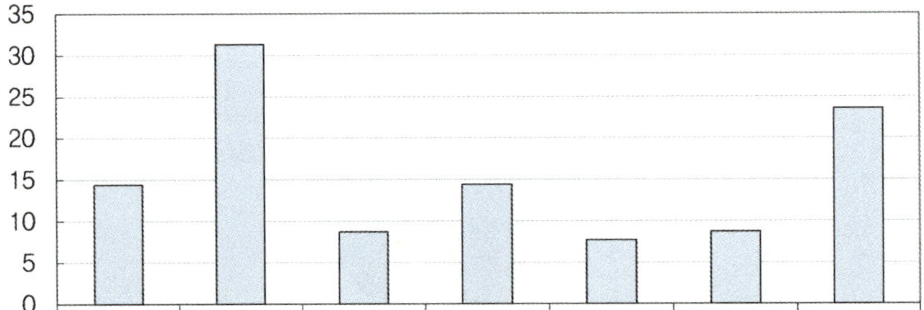

	가족/친지	친구/동료	신문	방송	인터넷	잡지	기타
%	14.4	31.3	8.7	14.4	7.7	8.7	23.6

[그림 3-22] 축제행사 정보입수 경로

(7) 참가는 누구와 함께

'축제행사 참가는 누구와 함께'라는 질문에는 '친구/연인과 함께 32.3%, 가족과 함께 25.1%, 동료와 함께 20.5%, 그리고 단체 15.9%' 등의 응답을 보였다.

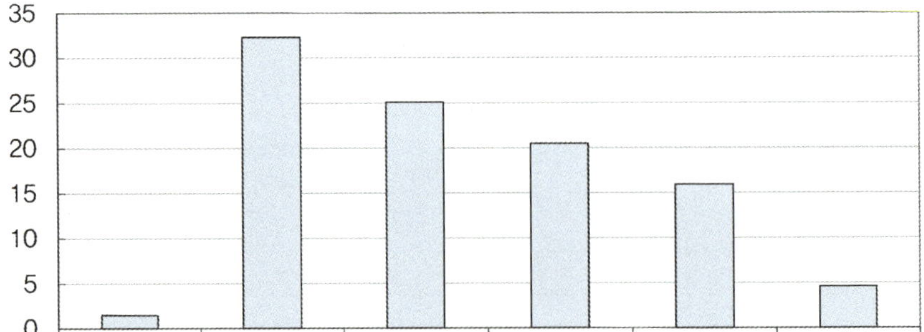

	혼자	친구/연인	가족	동료	단체	기타
%	1.5	32.3	25.1	20.5	15.9	4.6

[그림 3-23] 참가는 누구와 함께

(8) 교통편

'축제행사장으로의 교통편'에 대한 질문에는 '자가용 이용 45.1%, 버스 이용 26.7%, 관광버스 이용 16.4%, 기타 11.8%'를 보여 많은 방문객이 '자가용'을 이용하여 방문한 것으로 나타났다.

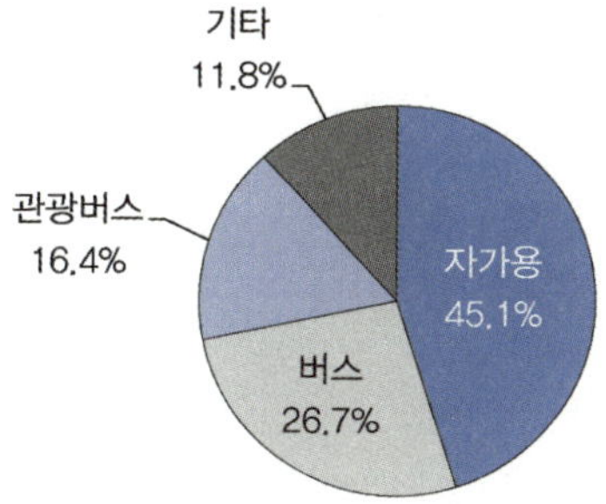

[그림 3-24] 교통편

(9) 방문동기

'축제행사의 방문동기'에 대한 질문에는 '축제를 즐기기 위해서 40%, 지역행사이기 때문에 23.6%, 특별한 이벤트를 보기위해서 16.9%, 그리고 도자기 구입을 위해서와 자녀교육을 위해서 각각 8.7%'를 보여 도자기의 특성화된 축제임에도 불구하고 상대적으로 '도자기 구입'을 위한 방문목적은 매우 적은 것으로 나타났다.

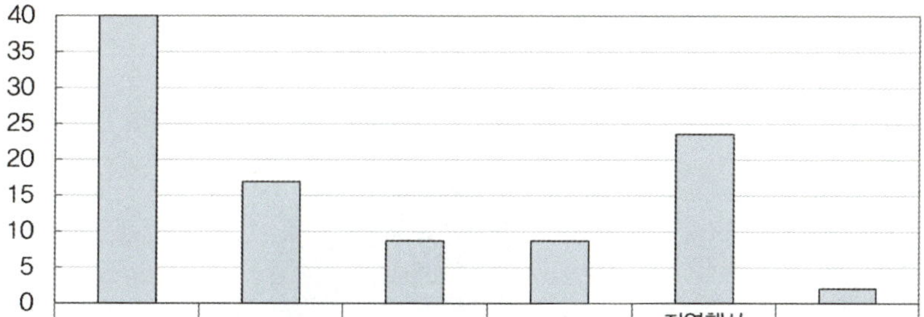

	축제 즐기기	특별한 이벤트	도자기구입	자녀교육	지역행사 이므로	기타
%	40	16.9	8.7	8.7	23.6	2.1

[그림 3-25] 방문동기

(10) 구입품목

'축제행사장 내에서의 구입품목'에 대한 질문에는 '생활도자기 28.2%'로 가장 많았으며, '각종기념품 14.9%', '도자기소품 14.4%'를 보였다. 그러나 '아무것도 구입하지 않음'에 16.4%로 조사되어 본 축제행사기간 동안 도자기 판매로 인한 지역민의 경제적 효과를 향상시키는 방안을 검토해야 하는 것으로 나타났다.

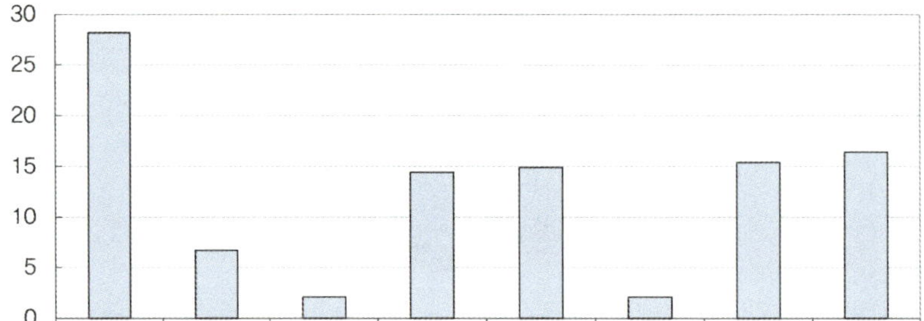

	생활 도자기	전통예술 도자기	기능성 도자기	도자기 소품	각종 기념품	지역 특산품	기타	구입하지 않음
%	28.2	6.7	2.1	14.4	14.9	2.1	15.4	16.4

[그림 3-26] 구입품목

(11) 가장 만족하는 프로그램

'축제행사 프로그램 중 가장 만족하는 것'에 대한 질문에는 '도예교실 31%'로 가장 높이 평가되었으며, '세계도자전시 29%', '전통 불가마 지피기 10%', '토야열차 운행 10%' 등으로 조사되었다.

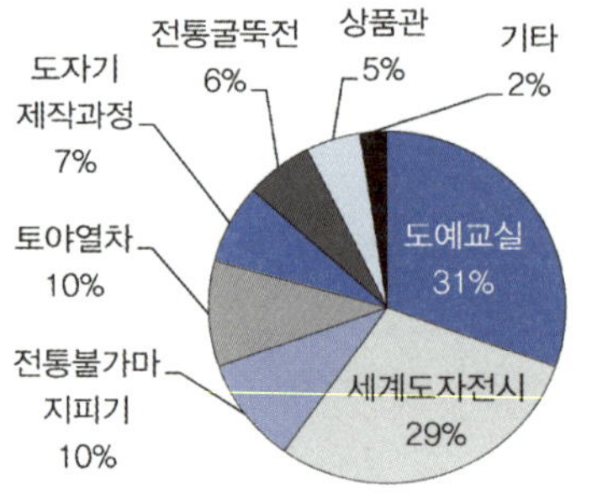

[그림 3-27] 가장 만족하는 프로그램

(12) 가장 불만족하는 프로그램

'축제행사프로그램 중 가장 불만족하는 것'에 대한 질문에는 '물레경연대회 20%'가 가장 불만족한 것으로 평가되었으며, '도자기경매 17%', '미술대회, 야생화전, 전국무용콩쿨대회 각각 13%', '기획공연 10%' 등으로 조사되었다.

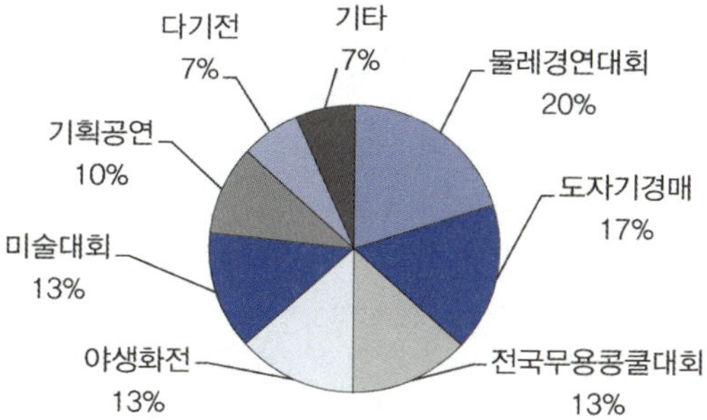

[그림 3-28] 가장 불만족하는 프로그램

(13) 개인별 지출금액

'축제행사를 위한 개인별 지출금액'에 대한 질문에는 '1만 원 미만 27%'의 금액을 지출한 방문객이 가장 많았으며, '1만 원 20%', '2만 원 19%', '3만 원 14%', '5만 원 12%' 등으로 조사되었다.

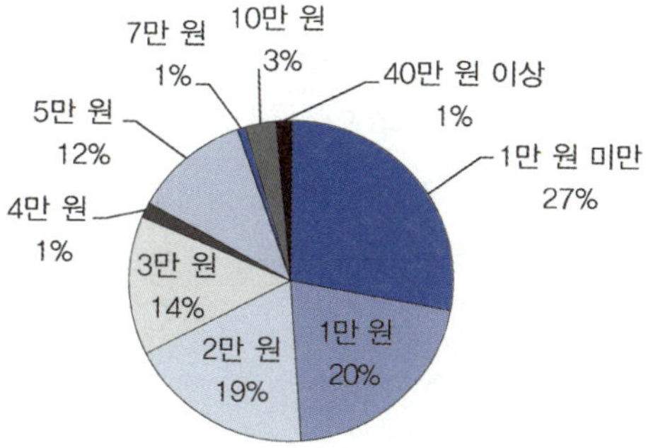

[그림 3-29] 개인별 지출금액

4) 부문별 만족도 종합결과

행사 방문객의 부문별 만족도를 분석한 결과 '접근도로'의 부문에서 10점 만점에 6.3점으로 가장 높은 평가를 받았으며, '개발상태'의 부문에서 6.2점으로 평가되어 행사장으로서의 위치와 접근성은 양호한 것으로 분석되었다. 그러나 가격부문(2.0)과 숙박 및 위락시설부문(1.1), 먹거리 상품개발부문(2.4)은 방문객들의 매우 낮은 점수를 준 것으로 나타나 향후 이러한 부문에서의 대폭적인 개선이 요구된다. 그 밖의 부문별 내용에 관한 평가는 〈그림 3-30〉 부문별 만족도 결과에서 살펴볼 수 있다.

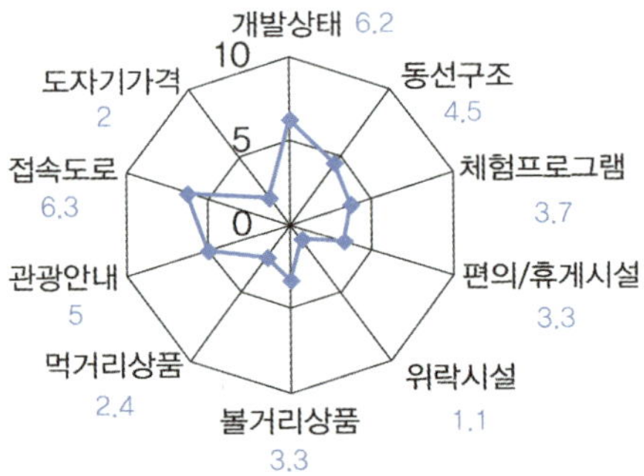

[그림 3-30] 부문별 만족도 결과

5) 연령별 불만족지수

행사에 참석한 방문객 가운데 각 연령별로 불만족지수를 보면 〈그림 3-31〉과 같다. 50대와 20대에서 행사에 관한 불만족을 많이 느끼고 있었으며, 상대적으로 60대 이후와 30대, 10대의 연령층에서는 불만족지수가 낮게 분석되었다.

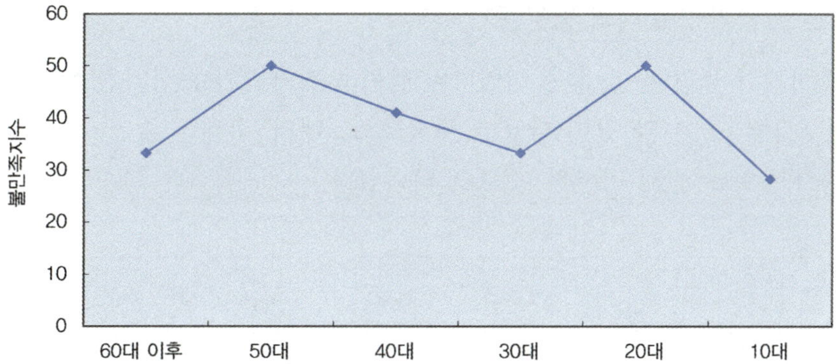

[그림 3-31] 연령별 불만족지수

6) 주요 방문객 그룹별 방문동기

(1) 가족 방문객의 방문동기

행사에 참석한 방문객 가운데 가족단위를 구성하여 방문한 고객들의 방문동기는 '행사를 즐기기'를 원함이 가장 많았으며, 또한 '자녀교육'을 위해 방문한 것으로 분석되었다.

이와 같은 분석내용으로 볼 때 가족단위를 위한 행사의 프로그램 내용이 더욱 개선 · 확대되어야 함을 알 수 있다.

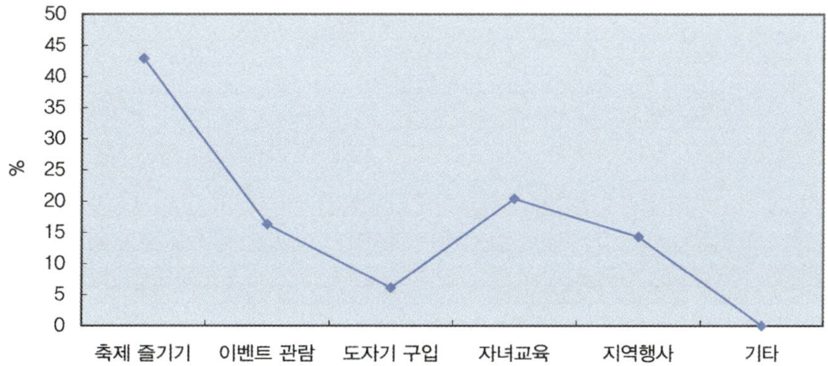

[그림 3-32] 가족 방문객의 방문동기

(2) 친구/연인 방문객의 방문동기

본 행사기간 동안 친구 혹은 연인과의 단위로 참가한 방문객의 방문동기를 살펴보면 〈그림 3-33〉과 같이 다양한 행사프로그램의 '축제를 즐기기' 위한 것과 '지역행사'임으로 인해 방문한 것으로 나타났다.

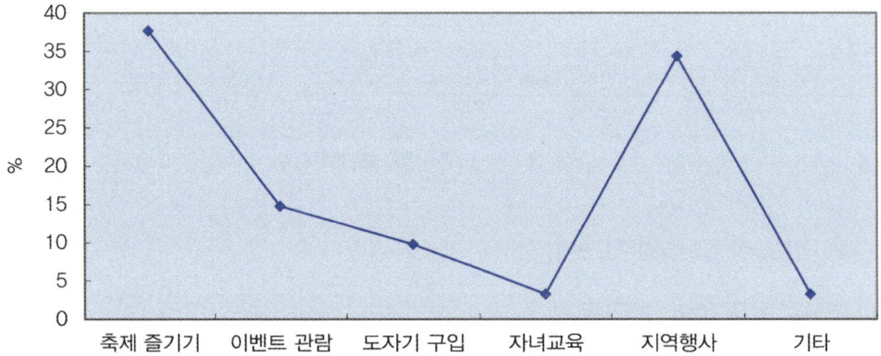

[그림 3-33] 친구/연인 방문객의 방문동기

4 고객 및 전략분석 이론

CHAPTER 01 고객 및 전략분석 이론

고객심리의 이해

제1절 고객가치

1 가치의 개념

가치(value, 價値)는 '주관 및 자기의 욕구, 감정이나 의지의 욕구를 충족시키는 것'이다.

우리의 일상생활에서 필요와 욕구를 충족시킬 수 있는 것은 모두 가치이다. 그런 의미에서 상품은 모두 가치이다. 그러나 이런 경제적 가치 외에 육체적인 건강도 가치 있는 것이며, 나아가 인간의 정신적 활동에 만족을 주는 가치가 있다. 즉 논리적 가치와 도덕적 가치, 미적(美的) 가치, 종교적 가치로 생각할 수 있다. 물론 가치란 인간을 떠나 실재하는 것이 아니다. 가치를 느껴서 아는 인간에게만 존재한다. 또한 가치가 생기기 위해서는 대상에 관계하는 자기의 일정한 태도, 즉 평가 작용이 예상되며 그러한 평가 작용의 주체인 자기성격에 따라 가치 자체에도 개인적 · 사회적 · 자연적 · 이상적이라는 구별이 생긴다.

가치는 구분하는 방식에 따라 다르게 분류가 가능하며, 하나의 가치가 하나의 영역에만 속하는 것은 아니다. 예를 들어 '돈'은 물질적 가치이면서 도구적 가치이다.

〈표 4-1〉 가치의 분류

구분	가치	내용
구분1	물질적 가치	특정한 물질이나 사물이 지니는 가치와 이러한 것을 통해 느끼는 즐거움 예 의복, 음식, 주택 등
	정신적 가치	정신적인 만족을 주는 가치 예 진(지적 가치), 선(도덕적 가치), 미(미적 가치), 성(종교적 가치)
구분2	도구적 가치	다른 목적을 위한 수단이 되는 가치 예 돈
	본래적 가치	그 자체가 목적이 되는 가치 예 우정, 사랑, 생명, 인격 등

2 고객가치

고객의 가치는 얼마나 될까? 물론 고객의 가치를 수치적으로 정확하게 나타낼 수는 없다. 어느 항공사 기내서비스에서 생길 수 있는 사례로 고객의 가치를 알아보자.

수십 년간 해외여행을 미루어 오던 어느 부부가 드디어 6박 7일의 여행을 결심하고 1인당 350만 원하는 유럽여행을 떠나기로 하였다. 여행사에서 예약을 하고 집으로 돌아오는 동안 부부는 행복감이 가득하였다. 특히 아내는 집안일과 아이들 키우느라 해외여행을 한 번도 경험해 보지 못한 상태여서 더욱 설레었다. 그러한 마음으로 몇 주가 지나고 드디어 여행일정의 첫날이 되었다. 공항에 일찍 도착한 부부는 서둘러 출국절차를 마치고 남는 시간에 여기저기를 구경하였다. 시간은 빠르게 지나서 부부는 항공기에 탑승하였고 정해진 좌석에 앉아 친절한 승무원의 안내를 받았다. 그리고 그들은 긴장감과 두려움 속에 항공기 이륙의 경험을 맞이하였다. 이후 항공기는 안정감을 유지하였고 승무원들의 빠른 서비스로 음료와 음식을 주문받았다. 한 승무원이 부부에게 다가와 물었다. "고객님, 식사가 치킨 스튜와 비빔밥이 준비되어 있습니다. 무엇으로 드릴까요?" 아내는 생소한 메뉴가 있어 승무원에게 "저, 치킨 스튜가 뭐지요?" 그러자 승무원은 "해외여행 처음이신가 보죠?"라고 말하였다. 순간 아내는 얼굴이 빨갛게 변하였고 수치감을 느꼈다. 주변 좌석에 앉아 있던 다른 여행객들이 자신을 보는 것 같아 여행의 설렘은 사라지고 빨리 공항에 도착하기만을 바랐다. 또한 남편도 아내의 그런 기분 때문에 여행일정 기간 동안 마음이 좋지 않았다. 여행을 마치고 집으로 돌아온 부부는 700만 원의 여행경비가 너무 아깝다는 생각이 들었다. 자식들과 친구들이 여행담을 듣고자 했을 때 부부는 가장 먼저 항공기에서 벌어진 기분 나쁜 얘기를 해 주었다.

결국 순간적으로 그 승무원이 아무런 생각 없이 전달한 한 마디의 말실수로 인해 항공사 전체 이미지에 나쁜 영향을 주었다. 뿐만 아니라 그런 경험을 당한 부부는 물론이고 그들로부터 이야기를 전해들은 주변 사람들까지 이탈고객이 되는 결과를 낳았다. 반면 그들 부부가 항공기 기내에서 인상적인 서비스를 받았더라면 여행은 매우 즐겁고 만족스러웠을 것이고, 그들은 그러한 기분을 가족과 지인들에게 말해 줌으로써 그 항공사의 홍보는 배가되었을 것이다. 결과적으로 고객의 가치를 제대로 인식하지 못한 승무원의 말실수는 향후 회사에 엄청난 불이익을 주게 되었다. 한 번의 불만족한 서비스가 기업에게는 커다란 영향을 가져올 수 있는 사례이다.

고객의 가치를 인식하는 것은 단연 직원만의 문제는 아니다. 회사에서 직원의 가치를 인식할 때 비로소 해결될 수 있다. 고객의 가치를 수익적으로 환산하여 생각한다면, 그 또한 고객의 의미를 정확히 파악하지 못하는 것이다. 고객의 가치는 서비스를 제공하는 사람에 의해 그 가치는 달라질 수 있다. 고객의 입장에서 생각한다면 고객의 가치는 이해될 것이다.

3 고객가치의 의미

전통적인 심리적 의미에서 고객가치(customer value) 또는 지각된 고객가치(perceived customer value)는 특정상황이나 대상에 대해 행동이나 판단을 이끄는 광범위한 신념이다. 이러한 가치는 마케팅 활동을 수행함에 있어서 이해하고 예측할 수 있어야 하며, 고객 개개인이 지니고 있는 가치체계를 마케팅에 활용하기 위해서는 어떤 가치가 존재하는지를 파악함과 동시에 그 중요성이 어느 정도인지 혹은 어떤 변화 양상이나 트렌드를 지니고 있는지를 파악하는 것이 중요하다.

파라슈라만과 그레월(Parasuraman & Grewal)은 고객가치는 네 가지로 구성되는데 ①금전적 비용의 희생을 통해 얻는 획득가치(acquisition value), ②거래를 통해 얻는 즐거움과 같은 감정을 설명하는 거래가치(transaction value), ③제품이나 서비스의 효용성에 대한 사용가치(in-use value), ④거래 이후 장기간 동안 제공되는 잉여가치를 설명하는 상환가치(redemption value)가 그것이다. 이러한 각각의 네 가지 차원들은 제품 · 서비스의 시간적인 주기에 따라 그 적합성이 달라진다고 주장하였다.

스위니와 수타르(Sweeney and Soutar)는 서비스품질이 높다고 하더라도 이에 대한 비용이 너무 높은 경우 고객은 만족하지 않는다고 하였다. 그러나 가치는 기능적 가치(functional value), 사회적 가치(social value), 감정적 가치(emotional value), 품질 등을 포함하기 때문에 가치를 경제적인 측면만으로 측정해서는 안 된다고 주장하였다.

〈표 4-2〉 다차원적 고객가치의 구성요소

구성요소	개념
감정적 가치	제품에서 제공받는 느낌이나 정서적인 측면에서 파생되는 가치
사회적 가치	사회적인 개념을 증대시키는 제품의 능력에서 파생되는 가치
기능적 가치	제품의 사용에 따른 시간 절약에서 오는 비용절감에 의한 가치
품질(성과)	제품의 지각된 품질과 기대성과의 차이에서 파생되는 가치

자료 : Sweeny, J. C., Soutar, G. N.(2001)

그리고 코틀러와 캘러(Kotler & Keller)는 [그림 4-1]과 같이 고객의 지각된 가치(customer perceived value: CPV)를 모든 편익에 대해 예상되는 고객의 평가와 제공물 및 지각한 대체안들의 모든 비용들 간의 차이라고 하였다. 또한 총 고객가치(total customer value)는 고객이 특정한 시장 제공물로부터 기대하고 있는 경제적, 기능적, 심리적 편익들에 대해 지각하는 화폐적 가치라고 보았다.

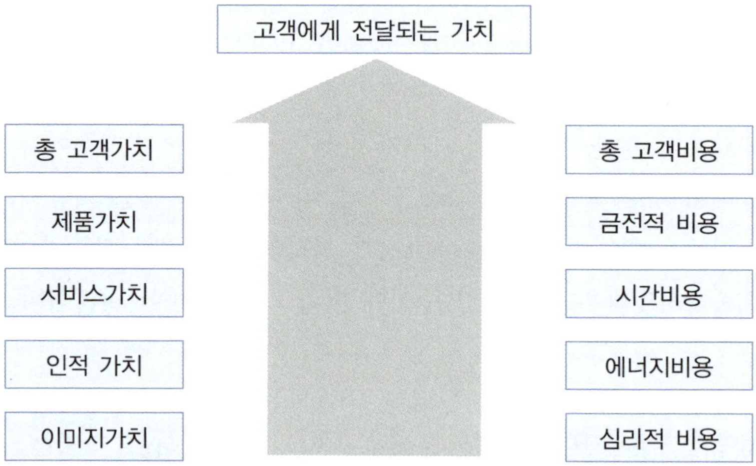

[그림 4-1] 고객에게 전달되는 가치의 결정요소

고객가치에 대한 정의는 고객들이 가치를 인지하는 환경적인 조건에 따라 변할 수 있다. 즉 고객들이 인지하는 제품에 대한 가치 기준은 구매 전, 사용 중, 또는 사용 후에 따라서 달라질 수 있다는 점이다. 구매 시에는 제품의 속성이 중요한 역할을 하지만, 사용 중에는 제품의 사용 결과에 가치의 초점을 둔다고 보고 있다. 고객가치를 이해하는 것은 고객들이 특정 제품 및 서비스를 선택하는 이유를 이해하는 것이다. 고객이 원하는 가치 있는 제품과 서비스를 만들어내기까지는 고객가치를 정의하고 결정하는 복잡한 과정을 거친다.

스타벅스(Starbucks)의 하워드 슐츠(Howard Schultz) 회장은 “당신이 무엇을 상징하고 있는가를 고객들이 인식해야만 한다.”라고 하였다. 브랜드의 존재 이유를 대내외적으로 명확히 인식시켜야만 치열한 경쟁에서 살아남을 수 있다는 말이다. 이것은 고객가치를 알고 있어야 실현할 수 있는 것이다. 즉 모든 것은 고객입장에서 생각해야 하는데 고객이 무엇을 필요로 하는지 알아야 고객이 원하는 브랜드를 만들고, 고객에게 그 브랜드를 인식시킨다.

스타벅스는 전 세계 어느 곳에서나 눈에 가장 잘 띄는 랜드마크와 같은 역할을 수행하기 위해 가장 목 좋은 곳에 위치하고 있다. 또한 스타벅스의 브랜드 파워에 힘입어 스타벅스가 들어서면 주변 상권이 살아나서 땅값까지 상승하는 것은 물론이고, 랜드마크적인 성격을 극대화하기 위해 테헤란로에는 스타벅스를 집중적으로 오픈하여 테헤란밸리가 아니라 스타벅스밸리라는 애칭까지 생길 정도이다. 약속장소를 정할 때 주변에서 찾기 쉬운 스타벅스를 지목하는 경우가 많을 정도로 이제 제3의 공간은 우리들 생활 속에 자연스럽게 자리를 잡아가고 있다. 제3의 공간과 같은 개념은 브랜드의 차별화와 활력을 유지시키는 핵심가치이다.

사례 1 '스타벅스'의 비전과 가치

〈우리의 비전〉

- 인간의 정신에 영감을 불어넣고 더욱 풍요롭게 한다.
- 이를 위해 한 분의 고객, 한 잔의 음료, 우리의 이웃에 정성을 다한다.

〈우리의 가치〉

- 우리의 핵심을 지켜나가며 파트너와 커피, 고객과 함께하는 가치들을 실행한다.
- 모두가 환영 받을 수 있는 따뜻하고 친밀한 문화를 만든다.
- 현재로부터 투명성과 품위와 존경을 상호 연결해 나간다.
- 용기를 가지고 행동하고, 현재에 안주하지 않고 도전하며, 회사와 서로가 성장할 수 있는 새로운 방법을 찾는다.
- 우리가 할 수 있는 모든 것에 최선을 다하며, 결과를 얻기 위해 스스로 책임감을 가진다.

– www.istarbucks.co.kr

사례 2

하버드 비즈니스 스쿨(HBS)에서 전설의 명강의로 알려진 시어도어 레빗 교수는 저서 '마케팅 상상력'에서 고객이 기업의 생존을 좌우한다고 규정했다.

레빗 교수는 "기업은 사업 영역과 기업 규모를 지속적으로 확장하고 수익을 안정적으로 창출해야 생존할 수 있는데, 안정적인 수익을 창출하려면 고객이 중요하다"고 강조했다. 특히 "고객이 진정으로 원하는 제품과 서비스를 제공하기보다는 기업이 잘 만들 수 있는 제품을 제공하려는 고객 외면의 경영 전략은 필연코 실패할 수밖에 없다"고 경계했다.

레빗 교수의 조언은 아마존의 혁신방법론이 주목받는 이유이기도 하다. 아마존은 제품이나 상품에 대한 기획을 아이디어에서 시작하는 것이 아니라 고객으로부터 시작해 거슬러 올라가는 작업을 진행한다.

아마존은 일을 시작할 때 항상 고객은 누구인가, 고객의 문제는 무엇인가, 고객에게 가장 중요한 혜택은 무엇인가, 고객이 원하는 것을 어떻게 알았는가, 고객의 사용 경험은 어떠한가 등 다섯 가지의 역행 질문에서 출발한다. 이 과정을 거치면서 제품이 고객에게 유용한지를 살펴보고, 새 제품이 기존 제품을 어떻게 대체할 것인지, 세상 사람들이 해당 제품을 어떻게 볼지를 명백히 밝힌다. 그러면서 제품의 장점이 명확해져 아이디어가 정리된다.

LG유플러스가 선보인 'U+가족무한사랑'은 이 같은 혁신방법론을 철저하게 적용한 상품이다. U+가족무한사랑은 가족의 스마트폰을 결합해 요금을 할인받는 상품으로, 출시 전 세세한 부분까지 고객의 의견을 청취하고 이를 반영했다. 그 결과 U+가족무한사랑 가입자는 10만 명을 돌파했고, 앞으로 100만 명이 이용하는 상품으로 거듭날 것이란 기대감을 갖게 한다.

상품 간 차이를 찾기가 쉽지 않은 마케팅의 홍수 시대에 상품과 서비스에 고객 가치를 입히는 일은 차별화를 찾는 과정이다. 그리고 고객 가치 창출을 위한 일이 아니라면 과감히 제거하는 것이 고객 가치 극대화를 실현하는 일이다.

– 이투데이

사례 3 고객 마인드로 관점을 전환하라

이 시대에는 과연 누가 이기는 게임을 하고 있는가? 과거에는 큰 기업이 작은 기업을 이겼고, 빠른 기업이 느린 기업을 이겼지만, 현재에는 변화하는 기업이 변화하지 못하는 기업을 이기고 있다. 그러면 어떻게 변화해야 하겠는가? 고객 관점의 전환을 통하여 답을 찾을 수 있을 것이다. 듀퐁(Dupont)사의 CMO였던 다이앤 굴리아스(Diane H.Gulyas)는 "불행하게도 제품을 파는 데 있어서 위대한 기술의 영향력은 약해졌다. 이제 영업과 마케팅이 중요하다."라고 말한 바 있다.

하지만 그녀의 말도 이제는 과거의 이야기이다. 이제는 단순히 마케팅이나 영업 부서에서만 고객 마인드를 고민하는 것이 아니라, 전사적으로 고객을 향한 관점의 전환이 이루어져야 고객들의 감춰진 마음을 진정으로 들여다 볼 수 있다.

영국의 이코노미스트(Economist)지는 "Brand Manager의 종말"이란 칼럼에서 "고객 중심 경영 시대에 마케팅은 개별기능이 아니라, 전사에 체화(생각 따위가 몸에 배어서 자기 것이 되는 것)되어야 하는 가치이다."라고 역설하며, 전사적인 마케팅, 전사적인 고객 마인드를 강조하였다.

따라서 기업은 아직도 고객에 대해 잘 모르고 있다는 사실을 깨우치고, 전사적으로 고객을 연구하기 위해 더욱 시간과 노력을 투자해야 한다. 그것이 바로 고객 마인드로 관점을 전환하는 시발점이다.

그러나 아무리 많은 조사를 하여도 고객에 대한 통찰은 매우 어려운 일이다. 그 이유는 아래와 같다.

(1) 고객도 자신의 니즈를 잘 알지 못하는 경우가 많다(특히 신기술 제품).

(2) 고객은 니즈를 알더라도 잘 표현하지 못하는 경우가 많다.

(3) 고객은 자신의 니즈를 표현함에 있어서 솔직하지 않게 응답하는 경향이 있다.

하버드 경영대 잘트만 교수는 "인간의 사고는 95%가 무의식 중에 일어나며, 나머지 5%조차도 언어로써 표현할 수 없는 경향이 많다."고 말했다. 따라서 기업은 망망대해와 같은 95%나 차지하는 고객의 무의식의 세계를 찾아내기 위해 끊임없는 항해를 하고 있는 것이나 다름없는 무척이나 머리 아픈 일을 하고 있는 것이다.

한 담배회사에서 고객들에게 브랜드를 가린 상태에서 담배를 피우게 하고 7점 만점으로 평가를 하게 하였다. 조사 결과 그리 좋지 않은 3.97을 받으며 독한 맛이라는 평가를 받은 브랜드가 있었는데, 다름 아닌 마일드 세븐이었다.

그러나 마일드 세븐은 브랜드 네임에서 풍기는 의미처럼 부드러운 담배로 소비자에게 인식되어 있기 때문에, 브랜드를 보여주며 다시 평가를 하였을 때는 이전과는 반대로 부드럽다는 평가와 함께 4.53의 높은 평점을 받았다. 바로 브랜드는 제품이라는 실제(What It is)가 아닌, 고객의 인식(What They perceive)의 문제라는 것을 입증하는 사례였다.

그래서 마케팅은 제품의 싸움이 아니라 인식의 싸움이라고 한다. 사실이 중요한 것이 아니다. 고객의 마인드 속 인식이 중요한 것이다. 그래서 전사적으로 고객 관점의 마인드 전환을 해야만 회사는 진실로 인식의 싸움의 승자가 될 수 있을 것이다.

- THE COMMA

제2절 고객행동

사람은 거의 매일같이 경제활동을 하면서 살아간다. 이런 과정에서 사람은 고객으로 대우를 받으며 자신이 원하는 제품과 서비스를 구매한다. 결국 기업 입장에서는 이러한 고객의 활동에 대해 자세히 알고 있어야 자사의 제품과 서비스를 영속적으로 판매할 수 있다. 고객의 심리는 점점 복잡해지고 까다로워지기 때문이다.

1 고객행동의 개념

고객행동을 사전적 의미로 해석하면 다음과 같다. '고객은 상품과 서비스를 구매하거나 이용하는 사람을 격식을 갖추어 지칭하는 말이다. 그리고 행동은 몸을 움직여 동작을 하거나 행위를 하는 것으로서 심리적로는 내 · 외적 자극에 대한 반응을 통틀어 이르는 말이다.' 이렇게 볼 때 고객행동은 상품과 서비스를 구매하거나 이용하는 고객이 내 · 외적 자극으로 인해 어떠한 반응을 보이는 것이라 할 수 있다.

고객행동에 대한 학자의 견해는 어떠한가. 잘트만(Zaltman) 등은 고객행동을 '개인, 집단, 조직이 제품, 서비스 및 그 밖의 자원을 획득하고 사용하며, 또한 사후에 얻은 경험을 통해서 나타내 보이는 행동과정 및 사회적 관계'로 정의하고 있다. 이와 같이 고객행동은 고객이 자신의 욕구를 충족시킬 것으로 기대하는 제품이나 서비스를 탐색, 구매, 사용, 평가, 처분하는 과정이라고 하겠다. 또한 고객행동은 고객이 소비와 관련된 항목에 돈, 시간, 노력 등의 자원을 어떻게 사용하기로 결정하는가를 다루는 것이다.

고객행동에는 구매활동 그 자체뿐만 아니라 구매행동의 앞뒤에 있게 되는 정보탐색이나 사용평가까지도 포함시키고 있다는 것이다. 그러므로 구매에 앞서 정보를 수집하고 여러 판매점을 돌아다니면서 각 상표들을 서로 비교평가해 보는 행위에서, 사용한 후에 그 사람이 가지게 되는 인지적 평가과정까지도 모두 고객행동의 범주에 포함된다. 여기서 말하는 고객은 의사결정단위로 보기 때문에 개인은 물론이고 가족과 같은 집단, 기업과 같은 조직체까지도 포함된다. 즉 가족 모두가 필요로 하는 제품을 서로 상의해서 구매할 때 가족이 하나의 의사결정단위가 되며, 기업과 같은 조직체도 기업의 생산활동이나 필요에 의해서 각종 제품을 구매하므로 조직체로서 하나의 의사결정단위가 된다.

고객행동 개념에 포함되는 핵심 구성요소는 다음과 같다.

첫째, 고객행동은 제품, 서비스, 활동 및 아이디어 등의 다양한 제공물에 대해 이루어진다.

둘째, 고객행동은 제품이나 서비스의 획득, 사용, 처분 등의 소비 유형을 포괄한다.

셋째, 고객행동은 획득, 소비, 처분이 일정한 기간에 걸쳐 순차적으로 발생되는 동태적 특징을 가지고 있다.

넷째, 고객행동은 정보 수집자, 영향력 행사자, 의사결정자, 구매자, 사용자 등의 다양한 역할을 맡은 개인들을 포함한 의사결정 단위를 갖는다.

다섯째, 고객행동은 제공물의 획득, 사용, 처분에 대한 여부와 그 대상과 이유, 방법, 시점, 장소, 양, 빈도, 기간 등의 다양한 의사결정들을 포함한다.

결국 고객행동이란 '고객 개인 또는 조직의 욕구충족을 위해 제품이나 서비스를 구매하고, 이용하며, 사후평가에 이르기까지의 총체적 활동이다.'

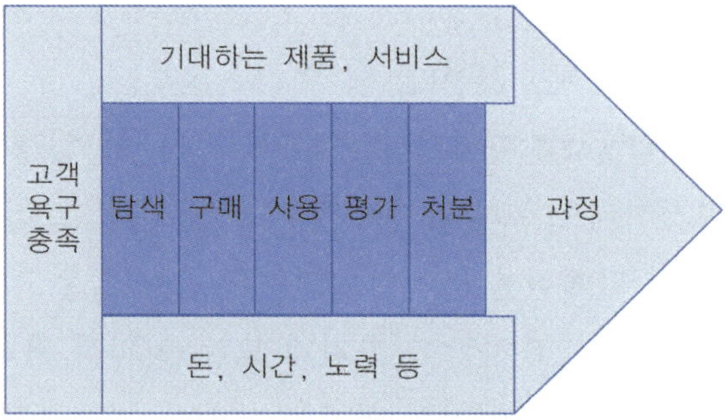

[그림 4-2] 고객행동의 개념

2 고객행동의 특성

1) 동기(motive)에 의해 행동한다

고객은 자신이 무엇인가 욕구하고 필요로 하는 것이 있을 때 그것을 성취하고자 비로소 행동한다. 자신의 내적(內的)인 직접요인, 즉 어떤 일이나 행동을 일으키게 하는 계기가 동기인데 이러한 동기가 있어야 행동을 하는 것이다. 결국 고객은 특정한 목표나 목적을 위하여 자신의 동기에 따라 행동으로 옮기는 특성을 지니고 있다.

2) 일련의 과정이다

고객행동은 문제인식, 정보탐색, 대안의 평가, 의사결정, 구매 후 행동이라는 단계를 거쳐서 이루어진다. 즉 자신의 욕구가 무엇인지를 인식하게 되면 그 욕구를 해결하기 위해 정보를 탐색하게 되고 그 정보에 의해 자신이 필요로 하는 것을 비교, 평가하게 된다. 그 이후에 구매할 것인지 구매하지 않을 것인지를 고민하게 되며, 그 결과 구매한 제품을 사용을 하는데 그 과정에서 만족에 대한 평가를 하게 된다. 이렇듯 고객행동은 구매 이전의 행위, 구매행위, 구매 후 행위로 나누어지며 이 모든 행위가 하나의 연속된 과정이다.

그리고 고객은 이러한 행위 과정에서 많이 생각하고, 대화하고, 느끼고, 비교하고, 평가하고, 결정하게 되는 것이다. 따라서 고객행동은 이 같은 과정 모두를 포함하게 된다.

3) 복잡성을 지니고 있다

고객행동은 복잡한 과정을 통하여 이루어진다. 특히 요즈음과 같이 인터넷과 모바일이 나날이 발달하고 있는 가운데 고객들은 많은 정보와 지식을 가지고 있다. 때문에 구매 의사결정 과정은 더욱 복잡해지고 있다. 고객들의 개인적인 성격과 라이프스타일에 따라 다르기는 하지만 고가의 상품이나 자신이 절실히 욕구하는 것일수록 더 많은 정보를 구하고 브랜드 간 비교하면서 매우 신중한 행동을 보인다. 반면에 복잡한 것을 싫어하는 고객들은 단순하게 행동하려고 하며 그들은 이전 구매경험을 통해서 동일한 제품을 선택하기를 원하는 성향이 있다.

일반적으로 구매 의사결정 과정에서의 복잡성은 시간과 상관관계를 보인다. 즉 구매 의사결정이 복잡할수록 시간이 많이 걸리고, 그렇지 않을수록 시간이 덜 걸리는 것이 보통이다.

4) 외적 요소로부터 영향을 받는다

고객은 제품이나 서비스를 구매 · 이용하는 과정에서 자신 스스로 생각하고 평가하고 결정하는 행동을 보인다. 다시 말해 구매 의사결정은 고객 자신이 판단하게 된다. 그러나 이러한 행동은 외부적인 요소들로 부터 영향을 받는다. 즉 문화, 사회계층, 준거집단, 가족, 상황적 요인 등과 같은 사회문화적인 요소들뿐만 아니라 경제, 정치적인 요소 등과 같은 다양한 외적 요소들로부터 영향을 받는다.

5) 고객마다 다르다

고객행동은 각 개인마다 다르다. 어느 한 제품을 구입할 때 자신과 의견이 같은 사람도 있을 수 있으나 대부분 다른 성향을 나타낸다. 이러한 이유는 각자 개인이 지니고 있는 동기, 태도, 필요, 욕구, 라이프스타일, 개성 등이 다르기 때문이다. 특히 현대인의 욕구와 성향이 빠르게 변화하고 있기 때문에 마케팅에 있어서 더욱 복잡한 과정을 거쳐야만 한다.

3 고객행동의 모델

고객행동 모델에서 모델(model)이란 어떤 현상의 주요한 특성을 설명할 수 있도록 주된 요인만으로 간략화한 것이다. 이 요인을 변수라고도 하는데 이러한 변수들 간의 관계를 한눈에 볼 수 있도록 단순하게 도식화한 것이 모델이다. 고객행동 모델은 학자들에 의해 간단하고 단순한 모델서부터 자세하고 세밀한 모델에 이르기까지 다양한 형태로 설계되어 있다. 고객행동 모델은 크게 전통적 모델과 현대적 모델로 구분한다. 전통적 모델은 고객행동 영향변수(變數, variable)를 단순화시켜 순수 심리이론과 경제 및 사회이론에 한정하여 고객행동 모델을 구성하고 있다. 전통적 고객행동 모델로는 블랙박스(Black box) 모델, 마셜(Marshall) 경제 모델, 프로이드(Freud) 정신분석 모델, 코틀러(Kotler) 행위선택 모델 등이 있다.

전통적인 모델이 변수들을 단순화하여 구성함에 따라 고객행동 과정에 나타나는 여러 선택조건에 대한 설명력이 부족하였다. 학자들은 이러한 단점을 보완하고자 여러 가지 변수를 사용하여 고객행동을 설명하려고 하였다. 전통적 모델이 한두 가지 변수만으로 인간행동을 설명하려 하는 단순한 모델인 데 반해 현대적 모델은 여러 가지 변수를 사용하는 포괄적 모델이라 할 수 있다. 현대적 모델로는 하워드(Howard) 모델과 이 모델의 수정 모델인 하워드 · 셰스(Howard-Sheth) 모델, 니코시아(Nicosia) 모델이 있다. 그리고 엥겔 · 콜라트 · 블랙웰(Engel-Kollat-Blackwell) 모델과 이 모델의 수정 모델인 엥겔 · 블랙웰 · 미니야드(Engel-Blackwell-Miniard) 모델이 있다. 그 외에도 다양한 현대적 모델이 있다.

현대적 고객행동 모델 중에서 EBM(Engel-Blackwell-Miniard Model) 모델에 관해 좀 더 알아보기로 하자. 1968년 최초의 엥겔 · 콜라트 · 블랙웰(Engel-Kollat-Blackwell) 모델이 개발된 이후 여러 차례 수정을 거듭하여 1995년도에 엥겔 · 블랙웰 · 미니야드(Engel-Blackwell-Miniard) 모델이 되었다. 이것이 EBM 모델이다. EBM 모델에 대한 특징을 살펴보면 다음과 같다.

첫째, 내 · 외적 요인

내적 영향력은 개인적 차이로서 고객의 능력, 동기와 관여도, 지식, 태도, 개성, 가치관, 라이프스타일을 포함한다. 외적 영향력에는 여러 가지 외부환경으로부터의 자극이며 그 내용은 문화, 사회계층, 개인적 영향, 가족, 상황이 있다.

둘째, 의사결정 요인

의사결정 과정은 욕구의 인식, 탐색, 구매 전 대체안, 구매, 소비, 구매 후 대체안, 만족, 불만족, 처분으로 구분한다. 특히 구매 후의 평가 다음에 일어나는 행동유형을 만족과 불만족, 그리고 처분으로 나누었다. 처분은 환경문제가 대두되면서 문제가 되고 있는 폐기, 재활용, 중고판매 등을 의미한다.

셋째, 정보처리 요인

정보처리과정은 고객이 외부로부터의 자극을 각자 나름의 기억으로 상기시키는 것으로 이것은 욕구의 인식에 영향을 미친다.

넷째, 투입 요인

투입 요인은 노출, 주의, 이해, 수용, 보유로 구분하여 나타내었으며, 이것은 기업의 마케팅 활동 등 외부로부터의 자극에 대한 정보를 처리하는 투입 요소들이다. 외부의 자극들은 이러한 투입 요인을 거치면서 여과가 되어 기억으로 남게 된다.

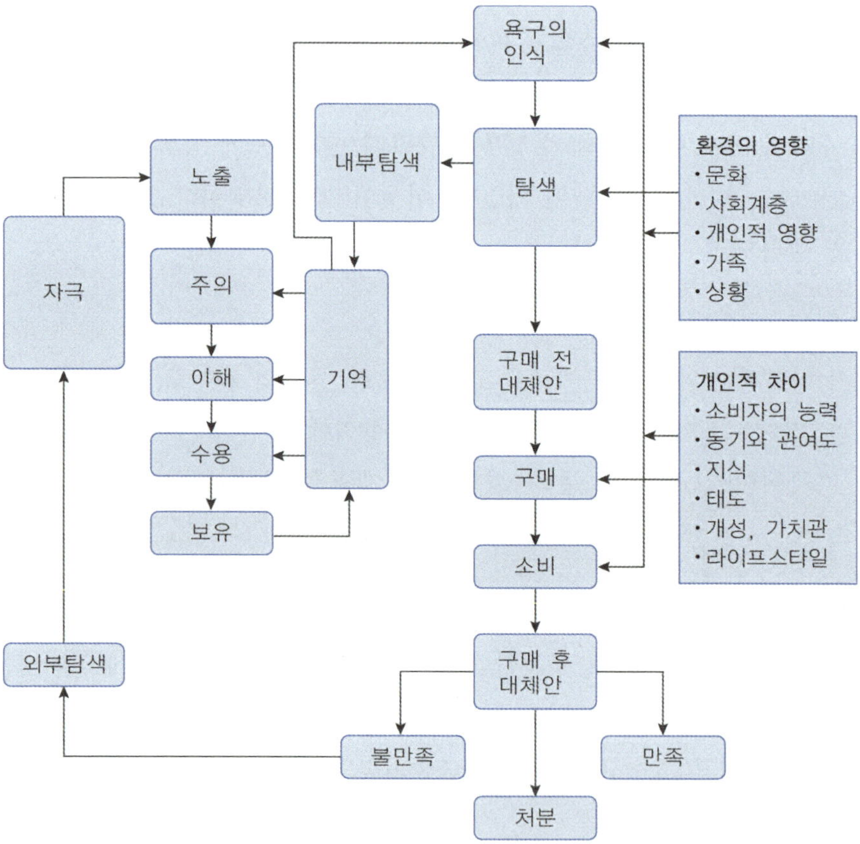

[그림 4-3] EBM의 고객행동 모델

4 고객행동의 모형

각 개인들은 자아개념을 개발하고 이어서 다양한 내부영향요인(주로 심리적이고 육체적인)과 외부영향요인(주로 사회적이고 인구통계학적인)에 기반을 둔 라이프스타일을 개발한다. 이러한 자아개념들과 라이프스타일들은 욕구와 바람을 만들어 내며 이 욕구와 바람들 중 많은 것들은 구매 의사결정을 요구한다. 각 개인들이 해당 의사결정 문제 상황에 직면하게 되면 고객 의사결정 과정이 활성화된다. 이러한 과정 및 이 과정이 유발하는 경험 및 구매는 내적외적 특성들에 영향을 주어서 이것이 고객들의 자아개념과 라이프스타일에 영향을 미친다.

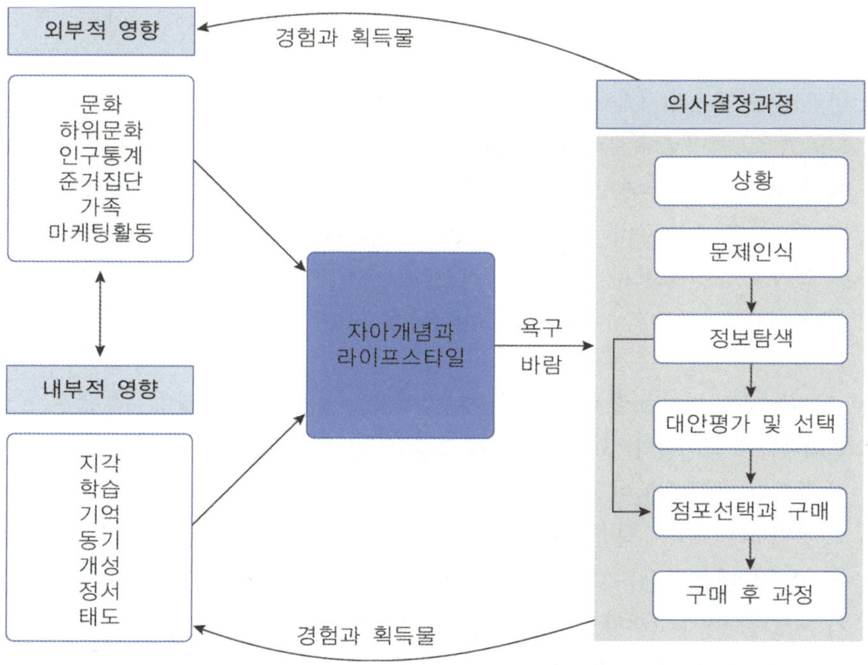

[그림 4-4] 고객행동의 모형

출처 : Del I. Hawkins David L. & Mothersbaugh, Consumer Behavior(2014)

물론 생활이 [그림 4-4]와 같이 구조적인 것은 아니다. 고객행동은 절대적으로 이렇게 단순하고, 구조적이고, 의식적이고, 기계적이거나 선형적이지 않다. 반면 여러분의 행동과 친구들의 행동을 분석해 보면 고객행동이 종종 복잡하고, 조직화되어 있지 못하고, 무의식적이고 유기적이며, 순환적인 것이라는 것을 알게 된다. [그림 4-4]는 단지 모형일 뿐이고 분석의 출발점이라는 것을 유념해야 한다.

사례

고객심리 변화에 따른 광고변화

상대적으로 단조로웠던 마케팅 현장이 복잡해진 건 기술의 변화에서 출발한다. 2000년대를 지나면서 우리의 모든 환경은 디지털로 재편되었다. 도서관이 아닌 구글, 삐삐가 아닌 스마트폰, TV가 아닌 유투브 등 우리의 모든 삶은 디지털로의 변환(digital transformation)을 겪었다. 음식 주문도 전화가 아닌 스마트폰으로 하게 되었고 TV 본방보다 모바일로 무한도전을 보는 게 익숙한 세상이 되었다. 누구나 페이스북을 통해 콘텐츠 배포자가 될 수 있으며 스마트폰을 통해 누구나 콘텐츠 제작자가 될 수 있으며 TV 외에 스마트폰, 태블릿 PC 등 콘텐츠를 소비할 수 있는 공간도 다양해졌다. 수도 없이 들어봤을 이러한 기술의 변화는 미디어의 변화로 이어졌고 나아가 고객의 변화, 커뮤니케이션의 변화로 이어졌다.

모든 것이 디지털로 변화한 것은 단방향적 소통이 아니라 쌍방향적 소통으로 변화했음을 의미한다. 고객 입장에서 항상 TV나 신문 등 소수의 정보창구로 정보를 주입만 받았는데 이제 다양해진 정보창구로 인해 정보를 선별할 수 있게 되었고 무엇보다 고객이 직접 정보를 생산하고 배포할 수 있게 된 것이다. 이는 고객에게 정보에 대한 능동적 욕구를 증대시켰고 미디어의 주권이 고객에게 넘어온 계기가 되었다. 이제 고객이 좋아하지 않으면 정보는 공유되지 않는다. 흥미로운 콘텐츠가 디지털 세상에 던져지면 정보를 주도적으로 공유하는 주체는 바로 고객이다. 아이스버킷, 마네킹챌린지, 인스타그램의 인증문화처럼 언론이나 브랜드가 아닌 고객가 주도했을 때 디지털 세상을 움직이는 콘텐츠, 문화가 만들어진다. 디지털 시대의 고객는 정보에 대한 판단을 댓글이나 공유 수, 좋아요 수 등 다른 고객의 반응으로 판단하는 것처럼 고객 사이에서 정보가 어떻게 확산되는지도 브랜드에게 무척 중요하다.

TV 외에도 즐길 수 있는 콘텐츠는 많다. 배너광고를 보지 않기 위해 광고차단 프로그램을 설치하면 되고, 영상을 보기 전 노출되는 광고는 스킵하면 그만이고, 광고가 많은 매체는 보지 않으면 되는 등 정보를 선택할 권리를 얻게 된 고객은 더 이상 광고에 리드당하지 않게 되었다. 그렇다면 수많은 정보 중에서 우리 브랜드의 정보를 고객이 보게 만들고 공유하게 만들고 싶다면, 고객이 좋아하고 즐기는 콘텐츠를 만들어야 하는 것은 브랜드의 숙명이다. 고객을 설득해야 하는 브랜드 입장에서 기존 광고에 변화가 필요했고 그 변화가 바로 브랜디드 콘텐츠다.

브랜디드 콘텐츠란?

광고에게 디지털이란 콘텐츠로의 변화다. 광고는 기본적으로 상업성이 본질인데, 디지털 시대에 접어들며 더 이상 광고로는 고객이 설득되지 않게 되었고, 이러한 고객을 대상으로 소비행동에 대응하는 콘텐츠를 통해 반응을 이끌어 내는 일이 바로 디지털 콘텐츠 마케팅이자 브랜디드 콘텐츠인 것이다. 아날로그에서 디지털로 넘어가는 과정은 광고가 콘텐츠가 되어가는 과정이며 디지털이라 함은 단순 미디어 Tool의 변화가 아닌 고객 커뮤니케이션 환경의 변화로 이해해야 한다. 광고가 주로 상업적 목적을 추구했다면, 브랜디드 콘텐츠는 포괄적이며 문화적 목적을 추구한다. 광고가 일방적 속성이라면 브랜디드 콘텐츠는 자발적이며 상호작용적이다. 모든 브랜드는 콘텐츠를 만들어내야 한다는 유명 저널리스트 Tom Foremski의 말처럼 고객의 관심을 어떠한 콘텐츠로 끌 것이냐가 디지털 시대에 브랜드에게 주어진 마케팅 과제다.

– platum.kr

제3절 고객들의 숨겨진 구매동기

경제원리에 의하여 고객들의 구매행동을 예측하기란 매우 어려운 일이다. 대부분의 고객들은 경제이론에 의하여 널리 인정되는 통념에 위배되거나 모순되는 구매행동을 하는 것이 보통이다. 이처럼 분명하게 불합리한 행동을 하는 고객들을 잘 이해할 수 있는 능력을 가진 호텔 · 레스토랑 지배인들은 경제이론보다는 고객의 욕구와 실제의 구매행동에 일치하는 적합한 가격책정과 지불방식을 설정한다. 이 절의 내용은 이미 발표되었던 자료를 바탕으로 한 것이며 이론과 다른 고객 구매행동의 형태를 잘 보여주고 있다.

첫째, Scenario 1 : Pain and Pleasure[고통과 기쁨]

Mr. Hector Onebet는 지난 가을, 어느 토요일에 대학축구 게임에서 내기(betting)를 하여 200달러를 벌었다. 같은 주말에 그의 친구 Lyle Twobet는 돈내기 게임에서 100달러, 그리고 다음 날 프로축구 경기에서 우승하여 100달러를 벌었다. 비록 벌어들인 액수는 동일하지만 Lyle은 두 번이나 기쁨을 경험했기 때문에 Hector보다 더욱 많은 기쁨을 얻었다고 볼 수 있겠다. 그다음 주말에는 Hector가 그의 대학축구 경기에 패자가 되어 200달러의 손실을 보았고, Lyle은 대학축구 경기에서 실패하고 또 프로축구 경기에서 실패하여 2회에 걸쳐 100달러씩의 손실을 보았다. 이러한 경우 양자 모두 손실액은 동일하지만 Hector보다 Lyle이 체험한 고통이 더욱 컸을 것이다.

둘째, Scenario 2 : Found Money[습득금전]

Todd Posttime은 주식시장과 경마장에 투기 노름을 하는 사람이다. 지난주 금요일, Todd는 경마장에서 150달러를 벌어들였다. 기분이 좋아 축하파티를 열기로 결심하고 부인을 저녁식사에 초대하고 나이트클럽에 가서 춤까지 추었다. 그러나 그가 벌었던 돈을 쉽게 탕진하고 말았다. 다음주 금요일, Todd가 투자했던 주식의 값이 상승하여 150달러를 벌어들인 셈이 되었지만 자축하고 싶은 생각이 없었다.

셋째, Scenario 3 : Price Gouging[특별인상가격]

Pennsylvania주 Stroudsburg시에 살고 있는 John Ballfan이라는 사람은 최근 Yankee Stadium에 구경하러 갔다가 ball park 음식점에서 핫도그 1개에 2달러, 콜라는 1달러를 지불하고 기분 좋게 점심식사를 했다. 집에 귀가했다가 다음 주에 그가 평소에 찾던 샌드위치 가게에 들렀다. 평소에는 판촉을 위한 특별 서비스로 핫도그 2개와 콜라 하나에 1.49달러를 받아 왔었는데 이번에는 핫도그 하나에 75센트 그리고 콜라는 50센트를 요구했다. John은 심히 불쾌하여 가격이 비싸다고 불평을 했다.

넷째, Scenario 4 : Canceling Plans[계획취소]

Nathan Slamdunk씨는 지난 겨울 Syracuse - Georgetown에서 개최되는 야구게임에 입장할 관람권 4장을 구입하게 되어 자신이 매우 행운아라고 생각했다. 게임 시작 3일 전 한 장에 10달러씩 40달러를 지불하고 구입했다. 그의 이웃친구 Highfive는 같은 게임의 입장권 4장을 선물로 받았지만, 마침내 게임이 개최되는 날 그가 살고 있는 Syracuse지역을 눈보라와 폭풍이 강타하였다. Slamdunk가족은 용기를 발휘하여 경기장에 도착하기 위하여 30마일의 머나먼 길을 자동차로 질주하였다. 한편, Highfive는 선물로 받았던 입장권을 포기하고 집에 누워서 텔레비젼 방송을 통하여 게임을 시청하기로 결심했다.

다섯째, Scenario 5 : Purchases and Presents[구매와 선물]

사고 싶은 욕망이 대단했지만 Elliott Chipshot은 골프클럽 1세트를 400달러에 살 수 있는 기회를 포기하고 만다. 왜냐하면 그가 현재 가지고 있는 중고품도 쓸 만하기 때문에 그 정도의 많은 돈을 지불하고 또 사야 할만큼 충분한 이유를 가지고 있지 않다고 판단했기 때문이다. 그와 공동으로 당좌예금(checking account)을 갖고 있는 그의 부인 Jane Chipshot는 남편의 그러한 심정을 눈치채고 몰래 구입해두었다가 그의 생일선물로 내놓으니 남편은 한없이 즐거워한다.

여섯째, Scenario 6 : Discounting Hunting[할인구입헌팅]

Bruce Doublefault는 자동차를 몰고 시내를 횡단하여, 새로 개업한 운동구점(sporting - goods store)에서 30달러를 지불하고 운동화를 구입했다. 5달러를 할인받기 위하여 먼길을 간 것이다. 한편, 바로 옆집에 살고 있는 Max Letcourt씨는 200달러짜리의 테니스 라켓을 사고싶어 하는데 5달러를 할인받기 위하여 그곳까지 먼 길을 가지않고 부근에 있는 소규모 운동구점에서 200달러 전액을 지불하고 구입했다.

1 경제이론에 위배[violations]

지금까지 살펴본 시나리오 1~6까지의 고객 행동(consumer behavior)[1)]은 경제학에서 규정한 효용(utility)이론에 위배된다. 경제이론에 의거하여 해석할 경우 시나리오 각 항목의 고객들은 다음과 같이 행동했어야 할 것이다.

(1) Hector와 Lyle은 다같이 동일한 즐거움과 괴로움을 겪어야 했다. 수익과 손실의 액면을 비교할 때 양자가 동일하기 때문이다.

(2) Todd는 경마장에서 우승했을 때나, 주식시장에서 돈을 벌었을 때 모두 동일한 기쁨을 얻었어야 했다. 왜냐하면 벌어들인 금액은 양자가 동일했기 때문이다.

(3) John이 사서 먹었던 핫도그와 콜라값은 공정거래 가격측면에서 평가할 때 자기 집 근처의 "lunch counter"에 대하여 불평할 것이 아니라 오히려 Yankee Stadiun 근처의 "ball park"를 불평했어야 할 것이다.

---

1) 고객 행동(consumer behavior) : 기업이 마케팅 활동을 전개할 때 가장 중요한 것은 기업의 환경적 제 요인을 정확하게 파악하여 고객 행동의 특성이나 변화를 예측하는 것이다. 고객은 완전한 정보를 가지고 의사결정을 하는 경제인과는 다르다. 고객이 귀속하고 있는 집단이나 조직, 더 나아가서 일반적 사회 환경과의 상호작용을 갖는 개인으로서의 행동을 분석함으로써 고객 행동의 특성과 변화를 예측할 수 있다.

(4) Slamdunk 가족은 게임구경에서 기대되는 즐거움보다도 눈보라가 치는 폭풍 속을 질주하는 고통이 더욱 컸을 것이므로 현장 관람을 포기하고 집에서 라디오나 TV를 통해 관람했어야 할 것이다.

(5) Elliott는 그의 아내가 생일선물로 사 준 골프클럽을 정중하게 거절했어야 했다. 왜냐하면 그가 이미 구입하지 않기로 결심한 후였고, 특히 생일선물로 지불했던 금전은 Elliott와 공동으로 예금한 동일 구좌의 통장에서 찾아 사용했기 때문이다.

(6) Bruce와 Max씨는 5달러를 절약할 수 있는 상황이었으므로 동일하게 행동했어야 했다.

지금까지 살펴본 바와 같이 고객들이 왜 그러한 구매행동을 취하는가에 대하여 설명하기 위해 최근에 제시된 고객 구매행동에 대한 새로운 이론을 고찰해 보기로 하자.

2 예기(豫期) 이론[prospect theory]

개별고객들의 구매행동에 대하여 경제이론은 여러 가지로 잘 설명하고 있다. 그러나 효용이론(utility theory)[2)]이 실제의 구매행동을 어느 정도 정확하게 예측하는가에 대하여 최근의 연구에서 몇 가지 문제점들을 제기하고 있다. 심리학자 Daniel Kahneman과 Amos Tversky는 1979년 그들의 실험에 참가한 참석자들에게 도박게임을 하도록 했다. 한 쌍의 카드를 주어 각 카드마다 2개 중에서 하나씩 택일하도록 했다. 이 실험은 개별인간이 손과 익(losses and gains)의 문제에 당면했

2) 효용이론(utility theory) : 19세기말의 Manager, Jevons, Walras, Marshall 등에 의해서 전개된 한계효용이론으로, 고객들의 주관적인 만족감을 나타내는 효용은 수량적으로 측정할 수 있다는 효용 가측성(可測性)의 전제하에서, 주어진 소득으로 가장 합리적인 소비방법을 찾는 이론이다. 효용이론의 한계 : ①개인적·주관적인 효용의 측정이 불가능하다. ②생산재의 가치는 효용으로 설명하기가 어렵다. ③가격과 소득의 불변을 가정한다.

을 때 어떻게 행동(처리)하며, 승과 패(winning and losing)의 확률(probabilities)에 대하여 어떻게 평가하는가를 알아내기 위한 것이었다. 실험 결과, 연구가들은 다음과 같은 결론을 내렸다 :

(1) 사람들은 돈을 따고 여유가 있을 때에는 모험을 싫어하고 돈을 잃었을 때에는 모험을 추구한다.

(2) 사람들은 승산의 확률이 낮은 많은 금액보다 승산의 확률이 높은 적은 금액을 택하기를 좋아한다. 확률이 높은 쪽을 지나치게 중시하는 성향을 갖고 있다.

이상의 2가지 결론은 다음의 추론을 가능하게 한다. 첫째, 고객들은 그들이 선택을 할 때 최종적인 경제가치의 총합보다 손익을 따지는 데 더 많은 신경을 기울인다. 둘째, 사람들은 실질적인 승산의 확률이 높은 것을 택한다.

Kahneman과 Tversky에 의해 발견된 위의 이론에 의하여 새로운 가치기능(value function)은 다음의 행동특징에 기초한 것이다.

(1) 가치(value)란 손익의 관점에서 정의되는 것이며, 최종가치의 총합(final states of wealth)에 근거한 것이 아니다.

(2) 가치기능(value function)은 이익에 대하여는 오목(concave)의 관계이고 손실에 대하여는 볼록(convex)의 관계에 있다. 다시 말하면, 이익이 증대하면 기쁨도 증대하지만 그 증가율은 어느 상한점에 도달하면 점차 감소되고, 손실이 증대하면 고통도 증대하지만 마찬가지로 어느 상한점까지 도달하면 그 증가율은 점차 감소한다.

(3) 손실기능(loss function)은 이익기능(gain function)보다 엄청나다. 다시 말하면, 특정금액의 이익을 얻었을 때 받는 고통보다 동일금액의 손실을 입었을 때 받는 고통이 더욱 크다.

경제학상 인간의 욕망을 충족시켜주는 재(財)의 성능을 가리켜 효용이라 한다.

그런데 효용은 재(財) 중에 객관적으로 존재하는 고유한 성능이 아니고 인간 욕망의 증감에 의한 주관적인 개념이다.

3 심리회계[mental accounting]

이러한 가치기능(value functions)들은 고객 구매행위의 어떤 부분들을 이해하기 위한 수단으로 사용될 수 있다. 1985년, Richard Thaler는 심리학자 Kahneman과 Tversky의 예기이론(prospect theory)을 믿고 이에 근거하여 연구 · 조사를 실시했다. 그 결과 Thaler는 기쁨과 고통 기능의 두 가지 특징을 놓고 볼 때, 이익으로부터 얻은 기쁨을 최대한으로 하기 위해서는 이를 분산시켜 생각하고, 손실로부터 받은 고통을 극소화시키기 위해서는 이를 통합시켜 생각하며, 작은 손실과 커다란 이익이 동시에 겹쳤을 때에는 작은 이익을 큰 손실로부터 분리시켜 생각해야 한다는 이론을 제시했다.

EXHIBIT 1

예기이론에 의한 손익가치의 측정

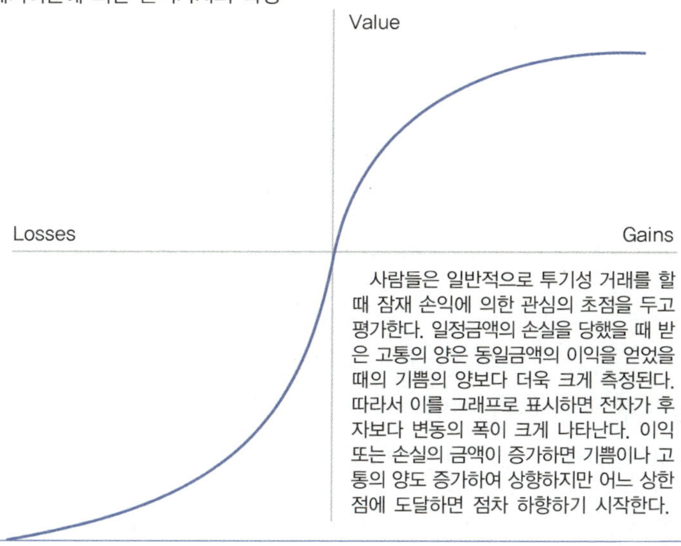

사람들은 일반적으로 투기성 거래를 할 때 잠재 손익에 의한 관심의 초점을 두고 평가한다. 일정금액의 손실을 당했을 때 받은 고통의 양은 동일금액의 이익을 얻었을 때의 기쁨의 양보다 더욱 크게 측정된다. 따라서 이를 그래프로 표시하면 전자가 후자보다 변동의 폭이 크게 나타난다. 이익 또는 손실의 금액이 증가하면 기쁨이나 고통의 양도 증가하여 상향하지만 어느 상한점에 도달하면 점차 하향하기 시작한다.

Thaler suggested that people should segregate gains(for maximum pleasure), integrate losses(for minimum pain), cancel losses against larger gains, and segregate small gains from larger losses.

이익과 손실(gains and losses)

이익-기쁨기능(the gain-pleasure function)의 형태상의 이유 때문에, 취득한 이익 금액이 동일함에도 불구하고 전체를 하나로 생각하는 것보다 두 개로 분리하여 생각하는 것이 더욱 커다란 기쁨을 창출한다. Scenario 1의 경우에서처럼, 한꺼번에 200달러를 버는 것보다 토요일에 100달러, 그리고 일요일에 또다시 다른 게임에서 100달러를 벌어들여 더욱 커다란 기쁨을 얻을 수 있었던 것이다. 마찬가지로 손실을 당했을 경우 200달러를 한 번에 잃고 받는 고통보다 별도로 100달러를 2회에 걸쳐 잃어버린 경우에 받는 고통이 더욱 통렬함을 느끼게 한다.

비관 속의 광명(silver lining)

비록 동일금액에도 불구하고 손실에서 받는 고통이 이익에서 얻는 기쁨보다 더욱 엄청나므로 손실과 이익을 동시에 얻어 서로 상쇄시키고 받게 된 작은 손실의 고통이, 이익과 손실을 별도로 체험하여 받는 손실의 고통보다 더욱 경감된다.

그러나 이익이 손실에 비하여 너무 소액의 금액일 경우 분리하는 것이 좋다. 양자를 조합시켜 상쇄시켜도 손실로부터 받는 고통이 너무 지대하므로 별다른 효과가 없을 것이기 때문이다. 이렇게 비록 소액의 이익금이라 할지라도 별도로 분리해 두었다가 다음 날 이와 비슷한 이익금을 다시 얻게 되었을 때 그 기쁨은 배가(倍加)되어 지난번에 겪었던 고통과 절망 속에서도 나름대로 참된 기쁨을 맛볼 수 있을 것이다. 이를 Thaler는 "절망 속의 광명(silver lining)" 효과라고 지칭했다.

이상과 같은 안은 우리의 개인적인 일상생활에도 적용하여 고통을 회피하고 기쁨을 배가시키기 위한 수단으로 활용될 수 있다. 가령 직장이 두 군데가 되어 봉급을 두 번 받게 되면 각기 다른 날짜에 봉급을 2회에 걸쳐 받는 것이 더욱 많은 기쁨을 맛보게 한다. 1개월 동안에 누적된 외상값이 있으면 한번에 모두 갚아버린 것이 2~3에 걸쳐 갚는 것보다 고통을 더욱 경감시켜 준다. 그리고 남에게 지불해야 될 외상값은 여러 개의 신용카드에 분산시키는 것보다 하나의 신용카드에 집중시키는 것이 더욱 현명하다.

Thaler는 고객들의 행동에 관한 4가지 원칙들을 추가로 제시하여 관광산업분야의 업주들이 유용하게 활용할 수 있도록 도움을 주고 있다. 이러한 원칙들은 이 절의 서두에 나왔던 Scenario 1~6에서 제기되었던 문제들을 제외한 다른 문제에 관련한 사항들로서; 표준지표가격(reference prices), 매몰원가(sunk cost)[3], 선물증여(gift giving), 그리고 비례할인(proportional discounts)이 여기에 포함된다.

표준지표가격(reference prices)

고객이 어떤 품목에 대하여 구매를 결정하고자 할 때 당해 품목의 공정가격(fair price)에 대한 그의 인식은 구매결정에 매우 중요한 영향을 미친다. 당해 상품의 실제가격과 마음속으로 인정하는 가치는 표준지표가격(reference prices)과 함께 동시에 고려된다. Scenario 3에서, 대규모 경기행사가 개최되고 있는 Yankee Stadium 주변에 위치한 음식점 "ballpark"에서 팔았던 핫도그와 콜라의 표준지표가격은 고객 자신의 집 근처의 "lunch counter"에서 팔고 있는 동일 상품에 대한 표준지표가격보다 훨씬 높을 것으로 고객이 인식하고 있다. 고객 John Ballfan이, 비싼 가격을 받고 있는 "ballpark"에서는 기분 좋게 구입하고 비교적 저렴한 가격을 받는 자기 집 근처의 "lunch counter"에 대하여 불평하는 이유도 표준지표 가격의 측면에서 판단한 결과이다. "ballpark"의 경우 주변에 대규모 행사가 개최 중에 있으므로 독점판매(monopoly)와 거기에 따른 제 경비(overhead)를 인정하지 않을 수 없기 때문이다.

---

3) 매몰원가(sunk cost) : 회수불능원가(irevocable cost)를 말한다. 예를 들면, 보유기계가 진부화하여 전매 내지 전용할 수 없다면 미상각잔고가 매몰원가이다. 제조업에서 신제품의 생산을 계획하여 설비를 전면적으로 바꿀 때 종래의 설비는 모두 매몰원가이다.

매몰원가(sunk costs)

일명, 회수불능원가(irrecoverable cost)라 하며 용도가 극히 특수화한 설비자산의 취득에 소요된 원가의 전부 또는 일부가 일정한 상태하에서 회수할 수 없는 원가를 말한다.

Scenario 4에서 Nathan Slamdunk씨는 야구경기 입장권 4매 값을 이미 지불하고 구입했기 때문에 남에게 전매할 수도 없는 상황에서 이를 포기할 경우 회수불능원가(sunk cost)가 되어 버린다. 따라서 이를 만회하기 위하여 같은 지역에 눈보라 폭풍이 강타하고 있음에도 불구하고 용기를 내어 경기장에 도착하기 위하여 30마일의 머나먼 길을 자동차로 질주하였다. 그런가하면 이와는 대조적으로 그의 이웃 친구 Norbert High five씨는 입장권 4매를 구입하기 위하여 한 푼의 돈을 지불하지 않고도 남으로부터 증여받았기 때문에 미끄럽고 위험한 자동차 질주를 포기하였던 것이다.

선물증여(gift giving)

선물증여의 논리는 기존의 경제원리와 상반되는 경우가 종종 있다. 경제이론에 의하면 고객은 소비패턴(consumption pattern)에 있어서 1달러를 지불할 때마다, 그 효용가치를 최대화하여 결정한다. 이것은 곧 선물을 주는 사람이 여러 가지 품목 중에서 당해 선물을 선택할 때, 선물을 받을 사람이 구매하기로 마음의 결정을 하였으나 아직 사지 못한 품목을 선물로 선택하게 됨을 의미한다. 그러나 Scenario 5에서 남편인 Elliott Chipshot의 경우는 그러한 경제원리와 일치하지 않는다. 그가 수개월 전에 Golf club을 새로이 구입하지 않기로 마음의 결심을 하였는데도 불구하고 그의 부인으로부터 선물을 받게 되자 매우 즐거워했다. 이러한 사실에서 우리가 분명히 알 수 있는 것은, 자기통제(self control)에 의해서 자신의 행동에 가한 제약은 특별한 기호(special occasion)를 맞이했을 경우, 보통은 쉽게 변경된다는 사실이다.

비례할인(proportional discounts)

전통적인 경제이론에 의하면, 고객은 자기가 기대한 만큼의 할인을 받을 수만 있다면 끝까지 노력하게끔 되어 있다. 그러나, Thaler의 이론에 의하면 그렇지 않는 경우도 있다는 것이다. 할인 가격이 상품가격 전체의 몇 퍼센트를 차지하고 있느냐가 문제가 된다.

Scenario 6(discounting hunting)에서 Doublefault씨가 30달러의 운동화에 5달러의 할인을 받기 위해 시내를 횡단하는 일은 정당화될 수 있다. 그러나 Letcourt씨가 200달러의 라켓에 5달러의 할인을 받기 위해 그렇게 먼 곳까지 일부러 가야 될 필요는 없는 것이다.

4 서비스업에의 적용[hospitality applications]

이러한 개념(concepts)들은 서비스 업종의 여러 가지 상황에 적용할 수 있는데 특히 마케팅 분야에 대부분 적용 가능한 것들이 많다. 그 이유는 당해 호텔이나 레스토랑에 대하여 고객들이 어떠한 인식과 이미지를 가지고 있는가를 평가하는 데 유용한 개념들이기 때문이다. 우리가 제시한 모든 안(案)들이 어떤 유형의 업소에나 모두 적합한 것은 아니다. 영업의 성격과 고객의 계층에 따라 적용가능한 전략을 채택해야 할 것이다.

기쁨의 확장(extending pleasure)

호텔이나 레스토랑 업주들은 기쁨이나 오락 등의 개념을 산개(散開)시키고 슬픔이나 고통(요금지불)의 개념은 하나로 뭉치도록 하는 것이 좋다. 호텔의 서비스를 판매함에 있어서 기쁨에 관련되는 것들(예 free breakfast, welcoming cocktail hour, exercise facilities, king-size waterbeds)은 분산시켜 강조함으로써 더욱 큰 효과를 창출해낸다.

고객에게 서비스를 판매할 때 두 가지 판매전략(upselling service and simplifying

payments)을 세운다. 판매담당 요원이나 데스크 클럭은 고객에게 비교적 비싸지 않은 부가적인 품목들을 주요품목에 추가시켜 주문을 하도록 권장함으로써 판매를 촉진시키며, 호텔고객이 바(bar)에서 마신 음료비나 레스토랑에서 먹은 식사비는 객실료와 함께 일괄적으로 계산서에 부과시켜 일시에 지불하도록 함으로써 요금지불을 단순화시키는 것이 좋다.

고객에게 객실을 판매할 때 100달러의 객실을 추천하는 것보다 10달러를 추가시켜 보다 비싸고 서비스가 좋은 110달러의 객실을 사용하도록 추천하는 것이 10달러의 저녁식사에 2달러의 디저트를 첨가하여 판매하는 것보다 더욱 쉬운 일이다. 가격에 민감한 고객일수록 부수적인 품목을 권장할 때에는 특히 유의하여 고객의 마음결정에 일임하는 것이 좋다.

호텔객실 요금의 객실유형에 따른 단가차액은 여타 품목들의 단가차액보다 비교적 크므로 Upselling 판매전략은 객실판매의 경우 더욱 수익성 있는 실효를 거둘 수 있다. 특히 요금에 별다른 신경을 쓰지 않는 상급류 시장고객을 확보하고 있는 호텔일수록 Upselling 판매전략은 더욱 성공적이다. 반면에 레스토랑 부문에서는 식전에 권유하는 음료와 식후의 음료 및 디저트를 권유함에 있어서 신중을 기하여야 한다. 고객이 가격문제에 민감한 반응을 보이지 않는 고급 레스토랑의 경우에는 저녁 식사비 단일가격에 모든 것을 일괄 포함시켜 패키지(package)로 판매할 것을 고려해볼 만하다. 그리하여 메뉴선택의 괴로움, 최종계산서에 나타나는 부가품목의 추가요금 등의 불편을 덜어 줄 수 있을 것이다. 한편 메뉴품목의 가격이 전반적으로 저렴한 레스토랑에서는 고객들도 가격에 매우 예민하므로 메뉴품목마다 가격을 별도로 책정하여 고객으로 하여금 임의대로 최저가격의 품목을 용이하게 선택할 수 있도록 허용해준다. 그러나 디저트(dessert) 같은 부가품목을 권유하여 판촉을 도모하는 것도 바람직하다. 한편 판촉실적이 성공적으로 잘 이루어지면, 디저트 정도는 무료 서비스로 제공해도 고객유치를 위해 3배의 이점과 판매효과를 거두어 수익을 증가시킬 수 있다.

표준지표가격 변경(altering reference prices)

표준지표가격을 고객이 인정하고 있음은 상황에 따라, 지역에 따라 동일 품목에 대한 가격의 차액을 기꺼이 지불하겠다는 의지의 표시이다.

가격을 인상시키는 한 가지 방법은 표준지표가격을 변경시킴으로써 가능하다. 새로이 개업하고자 하는 업소는 입지 선정 등 여러 가지 면에서 표준지표가격을 변경시킬 기회가 많지만 기존업소는 어려운 점이 많다. 그러나 시설을 다시 장식하고 개조하며 오락장을 신설하여 새로운 이미지 부각과 함께 새로운 계층의 고객들을 유치함으로써 가격을 변경하거나 인상하는 방법도 있다.

표준지표가격을 변경시키는 또 다른 방법은 제품을 위장시킴으로써 가능하다. 여러 가지 제품을 모아 포장해서 패키지로 판매하면 개별 제품의 실제 원가를 감추는 방법이 된다. 여행상품의 예를 들면, 호텔의 객실료, 교통비, 식사비, 골프 등 여행에 소요된 제 경비가 모두 포함되어 있기 때문에 개별 경비가 감추어진다. 설령 고객이 개별 품목의 가격을 목록화하여 알고 있다 해도 패키지 상품의 원가를 알 도리가 없다. 고객이 어렴풋이 알 수 있는 것은 경험으로 비교해서 당초의 계약을 잘했다 잘못했다를 느낄 뿐이다.

매몰원가(sunk costs)

이미 소요된 비용으로서 회수불능한 원가는 현재의 사정과 결과가 어떠하든 아무런 관련이 없는 것이다. 따라서 고객들의 생각을 종종 당황하게 만든다. 호텔업계에서 매몰원가(sunk cost)와 관련된 사항으로서 예약을 보증하기 위한 예약보증금 제도가 있다. 예약금은 호텔에서 고객이 도착할 때까지 객실을 남에게 주지 않고 잡아두도록 보장하기 위한 일종의 보증금으로서, 고객이 예약금을 지불했다가 예약된 날짜에 객실을 사용하지 않으면, 고객의 입장에서 볼 때 매몰원가가 된다. 그러나 호텔업주의 입장에서 볼 때 더욱 중요한 것은, 예약보증금을 지불한 고객이 예약한 대로 성실히 이행해 줄 것을 바라는 것이며 No-show(예약만 해놓고 고객이 나타나지 않음)의 경우에도 다행히 다른 사람에게 객실을 판매하여 객실의 수익을 보장받기를 원한다. 예약보증금을 요구하는 호텔들은 대개 영업이 잘 되지 않거나 예약없이 들어오는 고객(walk-in guests)이 없는 업체에서 주로 원한다. 예약 보증금제를 실시하지 않고 있는 호텔들도 경영자들이 이러한 제도를 다시 채용하기로 재고할지도 모른다. 특히 객실 점유율(occupancy rate)을 예측하기 곤란하거나 초과예약(overbooking) 때문에 많은 문제를 야기시켰던 호텔들은 더욱 그렇다.

선물증여(gift giving)

대부분의 사람들은 선물을 구입할 때, 받는 사람이 보통 구입하지 못한 물건을 선택한다. 호텔의 분위기는 고객에게 선물을 증여하는 것 같은 기분을 느끼게 해야 한다. 호텔에서 제공하는 서비스 자체가 고객에게 선물을 증여하는 것과 같은 것임을 간과해서는 안 된다. 비록 작은 선물이지만 받는 사람을 기쁘게 하기 위해서 품질이 좋아야 하는 것과 마찬가지로 호텔의 서비스를 질적으로 제고하여 고객에게 기쁨을 선사해야 한다.

전략탐색(search strategy)

업소에 따라 할인제 실시가 실효를 거두는 곳이 있고 그렇지 못한 곳이 있다. 어떤 업소는 할인보다 품질과 서비스를 질적으로 제고하여야 고객 유치가 가능한 경우가 있다. 그러나 Fast food를 판매하는 음식점에서는 식사비를 적절히 할인하여 저렴한 가격으로 제공함으로써 많은 고객을 유치할 수 있다. 한편 비싼 가격을 받는 고급호텔에서는 필요에 따라 대폭 할인을 해주어야 한다. 20달러의 저녁식사비에 5달러를 할인해 주면 매우 고맙게 생각되지만 100달러의 호텔객실에 5달러를 할인해 주면 오히려 하지 않는 것만 못하다. 비교적 저렴한 제품을 사기를 좋아하고 가격에 예민한 고객들일수록 할인받기를 좋아한다.

5 심리경제학[psychological economics]

고객들은 구매 결정을 하는 과정에서 이미 확립된 경제원리와 상반되는 행위를 많이 한다. 심리경제학의 원리를 이해하고 있는 영업운영자들은 가격구성을 잘하여 고객들이 즐거운 마음으로 소비할 수 있도록 한다.

심리경제학 원리의 요지는 다음과 같다.

(1) 고객에게 특별히 기쁨을 선사하기 위한 호텔서비스 계획은 가능하다면 분산되도록 배분하는 것이 좋다. 한편 고객의 요금 지불은 집중시켜 가능한 한 한꺼번에 지불하도록 한다.

(2) 고객들은 거래가격의 공정성을 표준지표가격(reference price)을 기준으로 하여 판단한다. 그리고 업소의 판매가격을 적정가격으로 보이게 하기 위하여 판매하는 사람이 표준지표가격을 은폐하기도 하고 혼동스럽게 보이게 한다.

(3) 고객들은 그들의 소비활동 과정에서 회수불능한 경우를 당하기 싫어하므로 구속력 있는 예약보증금 지불을 꺼려한다.

(4) 선물구입은 고객들의 방식에 따라 행한다. 그러므로 호텔측 방식대로의 서비스 판매는 마치 고객에게 선물을 증여하는 기분을 느끼도록 하는 것이 바람직하다.

(5) 가능한 싸게 구입하고자 원하는 고객들은 할인된 금액이 얼마인가? 그리고 몇 퍼센트의 할인을 받게 되는 것인가? 위 두 가지 사항을 항상 염두에 두고 있다. 따라서 위 두 가지 사항이 할인받기 위해 소요되는 비용(예 교통비 등)을 상회하지 않으면 구매의욕을 포기해 버린다.

위의 내용과 같이 심리학자들의 이론과 실제 현장에서 벌어지는 상황은 차이가 있을 수 있으며 현장에서는 이러한 내용을 바탕으로 적절한 대처가 필요할 것이다.

CHAPTER 02

고객 및 전략분석 이론

국민여행조사분석

제1절 국내여행 총량

문화체육관광부에서 발간한 2020년도 국민여행조사 보고서를 바탕으로 국내여행 총량에 관한 주요 분석자료를 살펴볼 수 있다.

1 연간 여행 경험률

- 2020년 국내여행 경험률은 86.4%로 나타났으며, 관광여행 경험률은 75.5%, 기타여행 경험률은 53.7%로 나타남
- 국내여행 경험률은 20대(92.1%), 30대(92.8%)와 월 평균 가구소득 600만 원 이상(95.0%) 계층에서 높았음
- 관광여행 경험률은 20대(83.8%), 30대(84.0%)와 월 평균 가구소득 600만 원 이상(87.2%) 계층에서 높았고, 기타여행 경험률은 30대(59.3%) 계층에서 높은 것으로 나타남

(단위 : %)

구분		국내여행		관광여행		기타여행	
		비경험	경험	비경험	경험	비경험	경험
전체		13.6	86.4	24.5	75.5	46.3	53.7
성별	남자	12.6	87.4	23.3	76.7	46.3	53.7
	여자	14.6	85.4	25.7	74.3	46.3	53.7
연령	15~19세	14.6	85.4	25.3	74.7	48.6	51.4
	20대	7.9	92.1	16.2	83.8	47.5	52.5
	30대	7.2	92.8	16.0	84.0	40.7	59.3
	40대	10.7	89.3	19.4	80.6	44.2	55.8
	50대	10.3	89.7	23.8	76.2	41.2	58.8
	60대	17.6	82.4	29.7	70.3	50.4	49.6
	70세 이상	33.3	66.7	48.7	51.3	57.2	42.8
가구원수	1인	23.6	76.4	33.5	66.5	48.0	52.0
	2인	15.2	84.8	28.4	71.6	47.5	52.5
	3인 이상	10.5	89.5	20.7	79.3	45.3	54.7
가구소득	100만 원 미만	39.9	60.1	49.8	50.2	57.7	42.3
	100~200만 원 미만	25.8	74.2	37.9	62.1	57.7	42.3
	200~300만 원 미만	15.0	85.0	31.3	68.7	44.3	55.7
	300~400만 원	11.1	88.9	22.9	77.1	42.3	57.7
	400~500만 원	10.2	89.8	19.3	80.7	47.9	52.1
	500~600만 원	13.9	86.1	24.3	75.7	46.9	53.1
	600만 원 이상	5.0	95.0	12.8	87.2	41.5	58.5

2 여행 횟수

1) 여행지별 여행 횟수

- 여행지별 국내여행 횟수는 경기(45,496천 회)가 가장 많았고, 국내 숙박여행 횟수는 강원(14,643천 회)이 가장 많은 것으로 나타남. 한편, 국내 당일여행 횟수는 경기(36,410천 회)가 가장 많았음
- 관광여행 횟수는 경기(33,744천 회)가 가장 많았고, 관광 숙박여행 횟수는 강원(13,684천 회), 관광 당일여행 횟수는 경기(27,477천 회)가 가장 많은 것으로 나타남
- 기타여행 횟수는 경기(11,751천 회)가 가장 많았고, 기타 숙박여행과 당일여행도 경기(각각 2,818천 회, 8,933천 회)가 가장 많은 것으로 분석됨

(단위 : 천 회)

구분	국내여행			관광여행			기타여행		
	전체	숙박	당일	전체	숙박	당일	전체	숙박	당일
전체	225,119	88,450	136,749	170,642	68,834	101,808	54,556	19,616	34,940
서울	12,769	2,597	10,172	7,237	1,602	5,635	5,532	995	4,537
부산	10,390	4,621	5,769	7,741	3,701	4,040	2,649	920	1,729
대구	3,509	1,268	2,241	2,335	827	1,509	1,174	442	732
인천	9,471	2,044	7,427	7,012	1,501	5,511	2,459	543	1,916
광주	2,676	1,306	1,370	1,465	798	668	1,210	508	702
대전	5,307	2,304	3,002	2,495	1,106	1,389	2,811	1,198	1,613
울산	3,949	4,107	2,542	2,492	905	1,587	1,457	502	955
세종	2,326	638	1,688	1,008	285	724	1,317	353	964
경기	45,496	9,085	36,410	33,744	6,267	27,477	11,751	2,818	8,933
강원	22,362	14,643	7,719	20,635	13,684	6,951	1,727	959	768
충북	10,117	4,405	5,711	6,915	2,825	4,090	3,202	1,581	1,621

구분	국내여행			관광여행			기타여행		
	전체	숙박	당일	전체	숙박	당일	전체	숙박	당일
충남	19,645	8,085	11,561	14,952	5,885	9,067	4,694	2,200	2,494
전북	13,794	6,450	7,344	11,132	4,848	6,285	2,661	1,602	1,059
전남	19,603	8,608	10,995	15,662	6,781	8,881	3,941	1,827	2,115
경북	16,564	6,589	9,975	13,595	5,257	8,338	2,969	1,331	1,638
경남	21,398	9,070	12,328	16,421	7,023	9,398	4,977	2,047	2,930
제주	8,469	7,874	594	8,136	7,788	348	332	86	246

주 : 1회 여행 시 여러 시도를 방문할 수 있으므로 각 시도별 합과 전체 결과는 상이함

2) 여행유형별 여행 횟수

- 여행유형별 국내여행 횟수는 관광 · 휴양 여행이 125,548천 회로 가장 많았고, 단순 가족/친지/친구 방문(42,039천 회), 가족/친지/친구 방문 여행(39,117천 회) 등의 순으로 나타남
- 관광여행은 '관광 · 휴양여행', '가족/친지/친구방문 여행', '출장/업무 여행'을 포함한 여행으로 관광여행 횟수는 관광 · 휴양 여행이 125,548천 회로 가장 많았고, 가족/친지/친구 방문 여행(39,117천 회), 출장/업무 여행(5,977천 회) 순으로 나타남
- 기타여행은 '단순 가족/친지/친구 방문', '단순 출장/업무'를 포함한 여행으로 기타여행 횟수는 단순 가족/친지/친구 방문(42,039천 회), 단순 출장/업무(12,518천 회) 순으로 나타남

(단위 : 천회)

구분	국내여행		
	전체	숙박	당일
전체	225,199	88,450	136,749
관광 전체	170,642	68,834	101,808
관광 · 휴양여행	125,548	47,341	78,207
가족/친지/친구 방문 여행	39,117	19,738	19,379
출장/업무 여행	5,977	1,755	4,222
기타 전체	54,556	19,616	34,940
단순 가족/친지/친구 방문	42,039	18,143	23,896
단순 출장/업무	12,518	1,473	11,044

제2절 국내여행 형태

1 여행시기

1) 여행형태별 여행시기

- 국내여행 시기는 '주말'(59.6%), '평일'(24.3%), '명절연휴'(11.2%), '공휴일'(4.9%) 순으로 높았고, 국내 숙박여행 및 당일여행 모두 '주말'(각각 49.7%, 68.4%)이 가장 높은 것으로 나타남
- 관광여행의 경우 '주말'(66.2%)이 가장 높은 것으로 나타났으며, 특히 관광 당일여행에서 '주말'(76.1%) 비중이 높게 나타남
- 기타여행 시기는 '주말'(37.6%)이 가장 높았으며, 기타 숙박여행은 '명절연휴'(45.6%)가 높은 것으로 나타남

(단위 : %)

구분		평일	주말	명절연휴	공휴일
국내여행	전체	24.3	59.6	11.2	4.9
	숙박	29.2	49.7	16.1	4.9
	당일	20.1	68.4	6.8	4.7
관광여행	전체	22.1	66.2	6.3	5.5
	숙박	30.3	55.7	8.5	5.5
	당일	14.4	76.1	4.1	5.3
기타여행	전체	32.1	37.6	27.8	2.6
	숙박	25.6	26.3	45.6	2.4
	당일	36.8	45.8	14.8	2.6

2) 연령별 여행시기

- 국내여행 시기는 '주말'(59.6%)이 가장 높았고, 다음은 '평일'(24.3%), '명절연휴'(11.2%), '공휴일'(4.9%) 순으로 나타남
- 응답자 특성별로 살펴보면, 모든 계층에서 '주말'이 가장 높았고, '평일'의 경우 70세 이상과 월 평균 가구소득 100만 원 미만(각각 30.3%, 31.3%) 계층에서 상대적으로 높았음

(단위 : %)

구분		평일	주말	명절연휴	공휴일
전체		24.3	59.6	11.2	4.9
성별	남자	26.1	58.5	10.8	4.6
	여자	22.4	60.8	11.6	5.2
연령	15~19세	19.0	58.2	15.6	7.2
	20대	21.9	64.8	7.8	5.5
	30대	24.8	59.2	10.5	5.5
	40대	25.3	56.6	13.3	4.8

구분		평일	주말	명절연휴	공휴일
	50대	24.3	59.0	12.9	3.8
	60대	24.7	61.3	9.9	4.1
	70세 이상	30.3	54.0	11.5	4.2
가구원수	1인	25.7	59.1	10.5	4.8
	2인	24.6	60.1	11.1	4.3
	3인 이상	23.9	59.6	11.4	5.1
가구소득	100만 원 미만	31.3	52.0	12.0	5.0
	100~200만 원 미만	28.7	54.6	13.3	3.4
	200~300만 원 미만	21.8	61.1	12.2	4.8
	300~400만 원	23.1	59.8	11.9	5.3
	400~500만 원	22.2	61.6	11.9	4.3
	500~600만 원	24.6	59.7	10.6	5.0
	600만 원 이상	27.9	58.0	9.0	5.2

2 여행일정

1) 국내여행 일정

- 국내여행 일정은 '당일'(60.7%)이 가장 높았고, 다음은 '1박 2일'(28.4%), '2박 3일'(8.5%), '3박 이상'(2.5%) 순으로 나타남
- 응답자 특성별로 살펴보면, 모든 계층에서 '당일'이 가장 높았고, '1박 2일'은 월 평균 가구소득 600만 원 이상(33.3%) 계층에서 상대적으로 높았음

(단위 : %)

구분		당일	1박 2일	2박 3일	3박 이상
전체		60.7	28.4	8.5	2.5
성별	남자	61.3	28.4	7.9	2.4
	여자	60.1	28.3	9.0	2.6
연령	15~19세	64.4	25.3	6.9	3.4
	20대	60.3	29.9	7.5	2.2
	30대	57.5	30.0	9.8	2.6
	40대	56.7	29.8	10.6	2.9
	50대	62.2	27.5	7.8	2.5
	60대	67.4	25.4	5.7	1.5
	70세 이상	71.7	19.7	6.7	1.9
가구원수	1인	57.9	28.5	10.6	3.0
	2인	65.5	26.0	6.5	2.0
	3인 이상	59.8	29.1	8.7	2.5
가구소득	100만 원 미만	61.3	25.4	10.4	2.9
	100~200만 원 미만	68.9	22.4	6.0	2.7
	200~300만 원 미만	66.2	24.3	7.1	2.4
	300~400만 원	61.9	27.5	8.6	1.9
	400~500만 원	60.6	29.1	8.1	2.1
	500~600만 원	60.8	28.0	8.4	2.8
	600만 원 이상	53.6	33.3	10.0	3.2

3 여행 방문지

- 국내여행 방문지는 '경기'(21.9%)가 가장 높았고, 다음은 '강원'(10.8%), '경남'(10.3%), '충남'(9.5%), '전남'(9.5%) 등의 순으로 나타남

• 응답자 특성별로 살펴보면, '경기'는 15~19세와 30대(각각 24.6%), 월 평균 가구소득 500~600만 원 미만(24.8%)과 월 평균 가구소득 600만 원 이상(25.2%) 계층에서 높았고, '강원'은 월 평균 가구소득 600만 원 이상(16.9%) 계층에서 상대적으로 높았음

(중복응답, 단위 : %)

구분		서울	부산	대구	인천	광주	대전	울산	세종
전체		6.2	5.0	1.7	4.6	1.3	2.6	1.9	1.1
성별	남자	6.6	5.1	1.7	4.6	1.4	2.8	2.2	1.4
	여자	5.7	4.9	1.7	4.6	1.2	2.3	1.6	0.9
연령	15~19세	12.8	6.3	2.0	3.7	1.1	1.9	2.0	1.2
	20대	9.2	7.0	1.7	5.3	1.4	2.6	1.5	1.0
	30대	6.0	5.9	1.7	4.2	1.0	3.4	1.9	1.6
	40대	5.0	4.3	1.8	5.0	1.1	2.3	1.7	1.2
	50대	4.6	4.0	1.5	4.1	1.4	1.9	2.1	1.0
	60대	4.4	3.5	1.6	4.6	1.7	2.7	2.3	0.6
	70세 이상	6.2	3.1	1.8	3.6	2.2	2.5	2.5	0.9
가구원수	1인	4.6	5.3	1.9	5.0	1.6	3.2	2.0	1.2
	2인	5.1	4.5	1.7	3.8	1.5	2.9	2.3	1.2
	3인 이상	6.8	5.1	1.6	4.7	1.2	2.3	1.8	1.1
가구소득	100만 원 미만	5.5	2.7	1.4	2.6	2.8	3.9	3.1	0.6
	100~200만 원 미만	4.8	3.8	3.1	2.8	1.9	3.0	2.0	1.2
	200~300만 원 미만	5.3	5.2	5.2	4.6	1.9	2.8	2.2	1.2
	300~400만 원	5.8	5.3	5.3	3.7	1.4	2.7	2.1	1.3
	400~500만 원	6.3	5.6	5.6	4.6	1.3	1.9	2.0	1.2
	500~600만 원	6.8	4.6	4.6	6.2	1.0	2.7	1.7	0.8
	600만 원 이상	6.9	4.8	4.8	4.5	0.7	2.5	1.4	1.2

(중복응답, 단위 : %)

구분		경기	강원	충북	충남	전북	전남	경북	경남	제주
전체		21.9	10.8	4.9	9.5	6.7	9.5	8.0	10.3	4.1
성별	남자	21.5	10.6	4.9	10.0	6.8	9.5	8.4	10.4	3.6
	여자	22.4	10.9	4.8	8.9	6.5	9.4	7.6	10.3	4.6
연령	15~19세	24.6	7.5	3.1	7.3	6.0	8.2	7.8	7.6	2.6
	20대	21.7	12.3	3.3	8.5	6.3	9.4	6.3	7.9	3.4
	30대	24.6	10.4	4.9	9.5	6.5	7.9	7.0	10.4	5.1
	40대	20.8	11.8	5.4	10.2	6.9	9.0	8.5	10.8	4.3
	50대	20.1	10.5	6.1	10.2	7.0	10.3	9.4	11.8	4.9
	60대	21.4	10.9	4.5	9.6	6.4	10.8	9.3	11.6	2.4
	70세 이상	23.3	5.0	5.6	8.3	7.2	12.9	7.8	10.4	3.0
가구원수	1인	22.8	10.5	4.7	9.3	7.0	8.7	7.6	10.3	4.2
	2인	19.2	9.5	4.8	9.3	7.5	12.0	8.7	11.9	2.8
	3인 이상	22.7	11.3	5.0	9.6	6.3	8.8	7.8	9.8	4.5
가구소득	100만 원 미만	16.0	4.4	6.5	9.2	8.0	14.5	1.08	10.8	1.4
	100~200만 원 미만	23.1	6.7	3.4	9.0	5.8	11.7	11.2	12.2	1.1
	200~300만 원 미만	22.5	7.9	4.8	9.7	7.2	10.9	8.4	11.3	2.5
	300~400만 원	18.7	7.8	4.5	9.4	7.2	10.7	8.9	13.2	3.9
	400~500만 원	20.1	10.4	5.5	10.4	7.3	9.5	7.2	10.5	4.4
	500~600만 원	24.8	12.4	4.7	9.0	6.1	7.8	7.4	8.4	4.4
	600만 원 이상	25.2	16.9	5.0	8.9	5.5	7.4	7.1	7.4	5.6

4 여행 방문지 선택 이유

• 관광여행 시 방문지 선택 이유 1순위를 살펴보면, '볼거리 제공'(18.6%)이 가장 높았고, 다음은 '여행지 지명도'(16.4%), '이동 거리'(12.6%), '여행할 수 있는 시간'(12.4%) 등의 순으로 높았음

- 응답자특성별로 살펴보면, '볼거리 제공'은 20대(20.6%), 월 평균 가구소득 500~600만 원 미만(20.4%), '여행지 지명도'는 월 평균 가구소득 400~500만 원 미만(18.0%), 월 평균 가구소득 600만 원 이상(18.6%) 계층에서 높게 나타남

(1순위, 상위 10위, 단위 : %)

구분		볼거리 제공	여행지 지명도	이동 거리	여행할 수 있는 시간	여행 동반자 유형
전체		18.6	16.4	12.6	12.4	8.4
성별	남자	17.7	16.7	13.3	12.6	8.3
	여자	19.5	16.2	11.9	12.1	8.4
연령	15~19세	18.4	12.8	12.1	16.4	7.9
	20대	20.6	17.0	13.9	10.8	8.1
	30대	19.4	17.3	12.2	12.8	7.5
	40대	17.7	16.1	12.8	12.3	8.6
	50대	17.4	17.2	11.7	12.8	8.6
	60대	17.7	14.8	13.6	12.4	9.0
	70세 이상	17.0	13.8	10.1	12.5	10.5
가구원수	1인	18.0	16.9	12.1	13.9	7.0
	2인	17.4	15.6	13.2	12.9	9.5
	3인 이상	19.1	16.6	12.6	12.5	8.3
가구소득	100만 원 미만	15.6	13.7	11.4	13.1	7.9
	100~200만 원 미만	14.8	15.1	12.5	15.1	12.4
	200~300만 원 미만	19.4	14.6	13.4	12.4	8.0
	300~400만 원	17.7	15.3	12.1	13.6	8.9
	400~500만 원	19.6	18.0	13.4	11.7	8.5
	500~600만 원	20.4	15.5	12.8	12.9	7.4
	600만 원 이상	17.3	18.6	11.8	10.6	8.2

(1순위, 상위 10위, 단위 : %)

구분		음식	저렴한 여행경비	경험자의 추천	숙박시설	교통편
전체		7.9	6.0	5.6	3.5	2.6
성별	남자	7.7	5.9	5.4	3.1	2.8
	여자	8.2	6.0	5.8	3.9	2.3
연령	15~19세	4.9	5.3	7.0	4.4	2.9
	20대	7.2	6.3	5.1	2.8	3.1
	30대	7.0	5.0	5.4	3.5	3.2
	40대	7.6	6.7	5.6	3.9	1.7
	50대	8.5	5.9	5.9	3.6	1.9
	60대	9.0	5.7	6.6	3.7	2.9
	70세 이상	15.2	7.4	2.8	3.0	2.4
가구원수	1인	8.5	4.9	5.8	3.8	2.6
	2인	9.2	6.1	4.9	3.1	2.9
	3인 이상	7.4	6.2	5.8	3.6	2.4
가구소득	100만 원 미만	11.6	3.9	4.5	7.3	1.9
	100~200만 원 미만	11.3	5.4	4.1	2.9	3.0
	200~300만 원 미만	8.9	7.0	5.6	3.1	2.7
	300~400만 원	8.0	7.1	5.3	2.9	2.6
	400~500만 원	6.9	5.8	6.2	2.8	2.0
	500~600만 원	8.3	5.0	5.3	3.5	2.6
	600만 원 이상	6.9	5.6	5.8	5.1	3.0

5 여행 정보 획득 경로

• 관광여행 정보를 획득한 경로 1순위를 살펴보면, '과거 방문 경험'이 32.9%로 가장 높았고, 다음은 '주변인(친지/친구/동료 등)'(29.1%), '인터넷 사이트/모바일

앱(PC/스마트폰)'(12.5%) 등의 순으로 높았음

- 응답자 특성별로 살펴보면, '과거 방문 경험'은 40대(36.4%), 50대(36.2%) 계층에서 높았고, '주변인(친지/친구/동료 등)'은 60대(34.9%), 70세 이상(34.1%) 계층에서 상대적으로 높았음

(1순위, 단위 : %)

구분		과거 방문 경험	주변인	인터넷 사이트/모바일 앱	기사 및 방송 프로그램
전체		32.9	29.1	12.5	2.1
성별	남자	34.2	27.0	12.3	1.9
	여자	31.6	31.1	12.8	2.2
연령	15~19세	28.1	31.6	12.2	3.2
	20대	28.7	29.1	21.2	2.5
	30대	31.1	27.5	16.5	2.4
	40대	36.4	26.2	11.5	2.1
	50대	36.2	29.2	7.5	1.6
	60대	33.8	34.9	3.3	1.4
	70세 이상	33.0	34.1	1.4	0.8
가구원수	1인	33.0	28.2	14.6	1.9
	2인	33.4	30.7	7.5	1.6
	3인 이상	32.8	28.7	13.7	2.2
가구소득	100만 원 미만	35.2	29.9	4.4	0.6
	100~200만 원 미만	35.8	33.7	3.9	0.3
	200~300만 원 미만	33.2	30.3	11.1	1.9
	300~400만 원	34.9	27.6	10.8	2.0
	400~500만 원	31.6	28.2	14.8	2.0
	500~600만 원	31.9	28.9	14.4	2.5
	600만 원 이상	32.4	30.2	13.6	2.3

(1순위, 단위 : %)

구분		광고	관광 안내 서적	여행사	기타	정보없이 방문
전체		1.7	0.4	0.3	0.1	20.9
성별	남자	1.8	0.4	0.3	0.1	21.9
	여자	1.5	0.4	0.3	0.1	19.9
연령	15~19세	2.1	0.2	0.7	–	22.0
	20대	1.8	0.4	0.2	0.1	16.1
	30대	2.0	0.4	0.2	0.0	19.8
	40대	1.9	0.4	0.3	0.1	21.2
	50대	1.1	0.5	0.3	0.1	23.4
	60대	1.4	0.5	0.5	0.3	23.8
	70세 이상	0.6	–	0.4	1.2	28.5
가구원수	1인	2.4	0.4	0.1	0.2	19.2
	2인	0.9	0.3	0.3	0.3	25.0
	3인 이상	1.8	0.4	0.4	0.1	20.0
가구소득	100만 원 미만	0.9	–	–	–	29.1
	100~200만 원 미만	0.8	0.0	0.4	–	25.2
	200~300만 원 미만	1.9	0.5	0.3	0.3	20.6
	300~400만 원	1.7	0.4	0.1	0.3	22.3
	400~500만 원	2.0	0.4	0.3	0.1	20.6
	500~600만 원	1.8	0.6	0.4	0.0	19.5
	600만 원 이상	1.2	0.3	0.5	0.0	19.5

6 참고한 인터넷 사이트

• 관광여행 시 참고한 인터넷 사이트 1순위를 살펴보면, '포털사이트(네이버, 다음, 구글 등)'가 68.6%로 가장 높았고, 다음은 '여행 관련 블로그(네이버, 다음 블로그 제외)'(11.1%), 'SNS(페이스북, 인스타그램 등)'(10.7%) 등의 순으로 높았음

- 응답자 특성별로 살펴보면, '포털사이트(네이버, 다음, 구글 등)'는 60대(78.0%) 계층에서 가장 높았고, '여행 관련 블로그(네이버, 다음 블로그 제외)'는 70세 이상(16.9%), 'SNS(페이스북, 인스타그램 등)'는 월 평균 가구소득 100만 원 미만(19.8%) 계층에서 상대적으로 높았음

(인터넷 사이트/모바일, 1순위, 단위 : %)

구분		포털 사이트	여행 관련 사이트	SNS	동영상 사이트	여행 및 숙박 전문 사이트 또는 앱
전체		68.6	11.1	10.7	4.5	2.8
성별	남자	68.0	12.1	10.9	3.9	2.6
	여자	69.1	10.1	10.5	5.0	3.0
연령	15~19세	69.9	12.5	13.7	2.2	–
	20대	64.4	10.0	15.0	5.3	3.0
	30대	69.5	11.3	11.7	3.3	2.6
	40대	70.6	10.9	7.2	4.7	3.6
	50대	71.9	12.5	4.8	4.8	2.9
	60대	78.0	14.0	1.0	3.6	–
	70세 이상	44.4	16.9	4.2	21.3	8.6
가구원수	1인	70.4	7.4	13.9	2.6	2.6
	2인	68.2	14.0	9.4	3.8	3.4
	3인 이상	68.2	11.4	10.2	5.0	2.8
가구소득	100만 원 미만	55.5	13.2	19.8	3.0	6.0
	100~200만 원 미만	76.5	8.1	4.8	6.3	–
	200~300만 원 미만	72.0	7.8	14.3	2.1	1.2
	300~400만 원	69.5	11.0	9.9	4.6	2.3
	400~500만 원	73.1	10.1	7.9	4.2	2.2
	500~600만 원	70.0	10.9	10.2	4.1	2.7
	600만 원 이상	59.3	14.4	13.4	6.1	5.0

(인터넷 사이트/모바일, 1순위, 단위 : %)

구분		공공기관 홈페이지	개별 관광지 또는 관광시설 홈페이지	여행사 홈페이지	기타
전체		1.0	1.0	0.3	–
성별	남자	1.1	1.2	0.1	–
	여자	1.0	0.8	0.5	–
연령	15~19세	1.1	0.6	–	–
	20대	0.8	1.4	0.1	–
	30대	0.8	0.8	0.0	–
	40대	0.9	1.0	1.1	–
	50대	2.2	0.5	0.5	–
	60대	2.2	0.5	0.7	–
	70세 이상	–	4.6	–	–
가구원수	1인	0.7	2.1	0.4	–
	2인	0.4	0.7	–	–
	3인 이상	1.2	0.8	0.4	–
가구소득	100만 원 미만	–	2.5	–	–
	100~200만 원 미만	1.4	–	3.0	–
	200~300만 원 미만	1.1	1.5	–	–
	300~400만 원	0.7	1.6	0.4	–
	400~500만 원	1.1	0.8	0.6	–
	500~600만 원	1.2	0.8	0.1	–
	600만 원 이상	1.1	0.5	0.3	–

제3절 해외여행 총량

코로나19로 인하여 2020년도에는 해외여행조사가 이루어지지 않았으므로 그 이전 연도의 우리나라 국민 해외여행 총량의 주요 내용을 살펴본다.

1 연도별 주요 목적지별 출국자 수

- 2019년 우리나라 국민의 주요 목적지 중에서 증가폭이 큰 국가는 '베트남'(2018년 대비 24.9% 증가), '터키'(2018년 대비 24.2% 증가), '필리핀'(2018년 대비 10.9% 증가) 등으로 순으로 나타남

(단위 : 명, %)

구분		2019년		2018년		2017년	
		출국자 수	증감률	출국자 수	증감률	출국자 수	증감률
아시아	일본	5,584,638	−25.9	7,538,952	5.6	7,140,438	40.3
	중국	–	–	4,193,500	8.5	3,863,800	−19.1
	대만	1,081,931	6.2	1,019,122	−3.3	1,054,380	19.2
	홍콩	1,009,153	−29.0	1,421,411	−4.5	1,487,670	6.8
	태국	1,887,853	5.1	1,796,615	4.6	1,717,867	17.3
	말레이시아	508,080	−17.6	616,783	27.3	484,528	9.0
	싱가포르	645,728	2.6	629,454	−0.3	631,363	11.4
	마카오	743,026	−8.6	812,842	−7.0	874,253	32.0
	필리핀	1,783,357	10.9	1,608,529	0.0	1,607,821	9.0
	인도네시아	322,486	−10.1	358,885	−15.2	423,191	23.1
	베트남	4,290,802	24.9	3,435,406	42.2	2,415,245	56.4
	터키	197,937	24.2	159,354	32.1	120,622	12.8

구분		2019년		2018년		2017년	
		출국자 수	증감률	출국자 수	증감률	출국자 수	증감률
미주	미국	1,898,158	-14.1	2,210,597	-5.3	2,334,839	17.8
	캐나다	209,365	-17.3	253,236	-16.0	301,476	18.3
유럽	오스트리아	306,738	-4.1	319,932	3.5	309,211	13.1
	영국	147,756	-21.2	187,466	-9.7	207,550	-0.4
대양주	호주	249,200	-13.5	288,000	-4.6	301,800	7.7
	뉴질랜드	76,499	-12.9	87,853	-3.6	91,168	10.7

출처 : 한국관광공사, 한국 관광 통계, 국민해외관광객 주요 행선지통계(2019년 12월 작성)

2 여행시기

- 해외여행 시기는 '평일'(95.8%)이 가장 높았고, 다음은 '주말'(84.2%), '공휴일'(17.8%), '명절연휴'(8.9%) 순으로 나타남
- 모든 계층에서 '평일' 비율이 높았으며, '주말'은 1인 가구(87.1%), '공휴일'은 월 평균 가구소득 200~300만 원 미만(24.6%), '명절연휴'는 월 평균 가구소득 100만 원 미만(16.3%) 계층에서 상대적으로 높게 나타남

(중복응답, 단위 : %)

구분		평일	주말	공휴일	명절연휴
전체		95.8	84.2	17.8	8.9
성별	남자	94.9	84.7	18.6	8.4
	여자	96.7	83.6	17.0	9.5
연령	15~19세	94.7	70.8	16.4	12.8
	20대	93.2	82.4	19.2	10.9
	30대	95.0	86.5	21.8	10.2
	40대	96.5	83.5	16.3	9.4
	50대	97.8	86.8	15.8	5.5

구분		평일	주말	공휴일	명절연휴
	60대	96.8	82.6	18.0	8.4
	70세 이상	98.6	85.6	5.6	4.1
가구원수	1인	93.1	87.1	17.5	8.9
	2인	96.8	82.3	16.2	10.2
	3인 이상	96.0	84.2	18.4	8.6
가구소득	100만 원 미만	94.2	76.9	0.8	16.3
	100~200만 원 미만	96.5	80.9	11.2	7.9
	200~300만 원 미만	97.2	83.7	24.6	5.7
	300~400만 원	95.0	86.4	17.2	8.0
	400~500만 원	96.7	82.0	12.3	9.0
	500~600만 원	95.5	85.5	18.4	7.8
	600만 원 이상	95.2	83.4	21.2	11.3

3 여행 정보 획득 경로

- 해외여행 시 정보 획득 경로로 '주변인(친지/친구/동료 등)'이 35.0%로 가장 높았고, 다음은 '인터넷사이트/모바일 앱(PC/스마트폰)'(24.3%), '여행사(방문, 전화)'(20.8%) 등의 순으로 나타남
- '주변인(친지/친구/동료 등)'은 70세 이상(58.5%), 월 평균 가구소득 100~200만 원 미만(51.4%) 계층에서 높았고, '인터넷 사이트/모바일 앱(PC/스마트폰)'은 15~19세(35.3%), 20대(36.5%), 30대(37.3%) 계층에서 상대적으로 높게 나타남

(1순위, 단위 : %)

구분		주변인	인터넷 사이트/모바일 앱	여행사	과거 방문 경험	기사 및 방송 프로그램	광고	관광 안내 서적	기타	정보 없이 방문
전체		35.0	24.3	20.8	5.5	5.4	4.4	1.3	0.1	3.2
성별	남자	33.5	25.4	20.1	6.5	6.0	4.4	1.0	0.1	3.1
	여자	36.5	23.1	21.6	4.5	4.8	4.5	1.6	0.1	3.2
연령	15~19세	29.1	35.3	28.3	0.8	2.7	1.9	-	1.8	-
	20대	34.2	36.5	9.2	7.7	6.2	3.2	1.1	0.1	1.8
	30대	28.0	37.3	16.3	5.4	3.7	5.2	2.5	-	1.6
	40대	37.2	18.1	22.9	6.7	5.8	3.7	1.4	-	4.2
	50대	34.4	13.3	31.5	3.9	5.9	6.3	0.9	0.1	3.7
	60대	42.0	8.5	27.0	5.7	6.0	3.9	0.3	-	6.6
	70세 이상	58.5	3.8	20.0	1.7	8.1	3.7	-	-	4.2
가구원수	1인	31.7	29.1	18.8	5.7	5.1	5.2	1.8	-	2.5
	2인	37.5	17.6	25.9	5.2	5.1	3.2	1.4	-	4.2
	3인 이상	34.8	25.4	19.7	5.6	5.6	4.6	1.1	0.1	3.0
가구소득	100만 원 미만	29.7	21.6	25.3	-	-	8.5	4.6	-	3.9
	100~200만 원 미만	51.4	5.3	24.5	6.8	6.4	5.3	0.6	-	2.9
	200~300만 원 미만	37.8	20.5	21.4	6.3	6.3	6.3	0.7	-	3.5
	300~400만 원	30.0	23.5	23.5	6.3	6.3	4.2	1.4	-	3.6
	400~500만 원	31.5	27.3	22.8	5.5	5.5	2.6	1.8	0.1	4.0
	500~600만 원	37.5	25.0	21.3	2.7	2.7	5.9	1.3	0.2	1.2
	600만 원 이상	36.1	25.2	16.5	7.2	7.2	3.9	0.8	0.1	3.6

4 참고한 인터넷 사이트

- 해외여행 시 참고한 인터넷 사이트로 '포털사이트(네이버, 다음, 구글 등)'(48.7%)가 가장 높았고, 다음은 '여행 관련 블로그(네이버, 다음 블로그 제외)'(17.0%), 'SNS(페이스북, 인스타그램 등)'(10.6%), '여행사 홈페이지'(9.7%) 등의 순으로 나타남

- '포털사이트(네이버, 다음, 구글 등)'는 70세 이상(100.0%), 60대(68.7%), 월 평균 가구소득 100만 원 미만(62.3%) 계층에서 높았고, '여행 관련 블로그(네이버, 다음 블로그 제외)'는 50대(23.5%), 60세 이상(23.7%) 계층에서 상대적으로 높게 나타남

(인터넷 사이트/모바일 앱 이용자, 1순위, 단위 : %)

구분		포털 사이트	여행 관련 사이트	SNS	여행사 홈페이지	동영상 사이트	여행 및 숙박 전문 사이트 또는 앱	개별 관광지 또는 관광시설 홈페이지	공공 기관 홈페이지
전체		48.7	17.0	10.6	9.7	6.3	6.3	0.8	0.6
성별	남자	49.5	16.4	8.4	12.8	4.5	6.6	0.7	1.1
	여자	47.8	17.8	12.9	6.4	8.3	6.0	0.9	0.1
연령	15~19세	45.4	18.3	16.7	1.0	5.1	13.6	–	–
	20대	42.0	17.1	17.4	6.6	8.3	6.5	1.4	0.7
	30대	54.4	12.6	10.6	7.0	7.5	6.2	0.6	1.2
	40대	43.6	18.9	5.6	21.3	5.1	5.5	–	–
	50대	48.8	23.5	5.5	11.5	2.8	7.2	0.5	0.2
	60대	68.7	23.7	–	–	3.4	–	3.5	0.7
	70세 이상	100.0	–	–	–	–	–	–	–
가구원수	1인	51.9	12.9	10.3	8.5	3.3	11.5	–	1.4
	2인	53.4	21.3	7.9	7.5	2.6	6.2	1.0	0.3
	3인 이상	47.1	17.0	11.2	10.4	7.6	5.3	0.9	0.5
가구소득	100만 원 미만	62.3	15.7	8.5	5.4	–	4.1	–	3.9
	100~200만 원 미만	58.2	12.0	9.1	6.6	–	6.3	7.8	–
	200~300만 원 미만	49.5	16.7	18.3	5.6	2.8	1.8	3.0	2.4
	300~400만 원	46.9	12.2	8.4	9.0	7.7	14.2	–	1.6
	400~500만 원	43.9	13.4	8.2	21.7	4.9	6.7	1.1	0.1
	500~600만 원	55.2	18.7	7.2	5.6	7.8	5.1	0.2	0.2
	600만 원 이상	47.3	21.3	14.4	5.1	6.8	4.1	0.6	0.5

5

실버여행상품 관련 규정

CHAPTER 01 실버여행상품 관련 규정

여행표준약관

제1절 국외여행표준약관

제1조(목적) 이 약관은 ○○여행사와 여행자가 체결한 국외여행계약의 세부 이행 및 준수사항을 정함을 목적으로 합니다.

제2조(용어의 정의) 여행의 종류 및 정의, 해외여행수속대행업의 정의는 다음과 같습니다.

1. 기획여행 : 여행사가 미리 여행목적지 및 관광일정, 여행자에게 제공될 운송 및 숙식서비스 내용(이하 '여행서비스'라 함), 여행요금을 정하여 광고 또는 기타 방법으로 여행자를 모집하여 실시하는 여행.
2. 희망여행 : 여행자(개인 또는 단체)가 희망하는 여행조건에 따라 여행사가 운송·숙식·관광 등 여행에 관한 전반적인 계획을 수립하여 실시하는 여행.
3. 해외여행 수속대행(이하 '수속대행계약'이라 함) : 여행사가 여행자로부터 소정의 수속대행요금을 받기로 약정하고, 여행자의 위탁에 따라 다음에 열거하는 업무(이하 '수속대행업무'라 함)를 대행하는 것.
   1) 사증, 재입국 허가 및 각종 증명서 취득에 관한 수속
   2) 출입국 수속서류 작성 및 기타 관련업무

제3조(여행사와 여행자 의무)

① 여행사는 여행자에게 안전하고 만족스러운 여행서비스를 제공하기 위하여 여행알선 및 안내·운송·숙박 등 여행계획의 수립 및 실행과정에서 맡은 바 임무를 충실히 수행하여야 합니다.

② 여행자는 안전하고 즐거운 여행을 위하여 여행자 간 화합도모 및 여행사의 여행질서 유지에 적극 협조하여야 합니다.

제4조(계약의 구성)

① 여행계약은 여행계약서(붙임)와 여행약관 · 여행일정표(또는 여행 설명서)를 계약내용으로 합니다.

② 여행계약서에는 여행사의 상호, 소재지 및 관광진흥법 제9조에 따른 보증보험 등의 가입(또는 영업보증금의 예치 현황) 내용이 포함되어야 합니다.

③ 여행일정표(또는 여행설명서)에는 여행일자별 여행지와 관광내용 · 교통수단 · 쇼핑횟수 · 숙박장소 · 식사 등 여행실시 일정 및 여행사 제공 서비스 내용과 여행자 유의사항이 포함되어야 합니다.

제5조(계약체결의 거절) 여행사는 여행자에게 다음 각 호의 1에 해당하는 사유가 있을 경우에는 여행자와의 계약체결을 거절할 수 있습니다.

1. 질병, 신체이상 등의 사유로 개별관리가 필요하거나, 단체여행(다른 여행자의 여행에 지장을 초래하는 등)의 원활한 실시에 지장이 있다고 인정되는 경우
2. 계약서에 명시한 최대행사인원이 초과된 경우

제6조(특약) 여행사와 여행자는 관련법규에 위반되지 않는 범위 내에서 서면(전자문서를 포함한다. 이하 같다)으로 특약을 맺을 수 있습니다. 이 경우 여행사는 특약의 내용이 표준약관과 다르고 표준약관보다 우선 적용됨을 여행자에게 설명하고 별도의 확인을 받아야 합니다.

제7조(계약서 등 교부 및 안전정보 제공) 여행사는 여행자와 여행계약을 체결한 경우 계약서와 약관 및 여행일정표(또는 여행설명서)를 각 1부씩 여행자에게 교부하고, 여행목적지에 관한 안전정보를 제공하여야 합니다. 또한 여행 출발 전 해당 여행지에 대한 안전정보가 변경된 경우에도 변경된 안전정보를 제공하여야 합니다.

제8조(계약서 및 약관 등 교부 간주) 다음 각 호의 경우 여행계약서와 여행약관 및 여행일정표(또는 여행설명서)가 교부된 것으로 간주합니다.

1. 여행자가 인터넷 등 전자정보망으로 제공된 여행계약서, 약관 및 여행일정표(또는 여행설명서)의 내용에 동의하고 여행계약의 체결을 신청한 데 대해 여행사가 전자정보망 내지 기계적 장치 등을 이용하여 여행자에게 승낙의 의사를 통지한 경우

2. 여행사가 팩시밀리 등 기계적 장치를 이용하여 제공한 여행계약서, 약관 및 여행일정표(또는 여행설명서)의 내용에 대하여 여행자가 동의하고 여행계약의 체결을 신청하는 서면을 송부한 데 대해 여행사가 전자정보망 내지 기계적 장치 등을 이용하여 여행자에게 승낙의 의사를 통지한 경우

제9조(여행사의 책임) 여행사는 여행 출발 시부터 도착 시까지 여행사 본인 또는 그 고용인, 현지여행사 또는 그 고용인 등(이하 '사용인'이라 함)이 제3조제1항에서 규정한 여행사 임무와 관련하여 여행자에게 고의 또는 과실로 손해를 가한 경우 책임을 집니다.

제10조(여행요금)

① 여행계약서의 여행요금에는 다음 각 호가 포함됩니다. 다만, 희망여행은 당사자 간 합의에 따릅니다.

1. 항공기, 선박, 철도 등 이용운송기관의 운임(보통운임기준)
2. 공항, 역, 부두와 호텔사이 등 송영버스요금
3. 숙박요금 및 식사요금
4. 안내자 경비
5. 여행 중 필요한 각종 세금
6. 국내외 공항 · 항만세
7. 관광진흥개발기금
8. 일정표 내 관광지 입장료
9. 기타 개별계약에 따른 비용

② 제1항에도 불구하고 반드시 현지에서 지불해야 하는 경비가 있는 경우 그 내역과 금액을 여행계약서에 별도로 구분하여 표시하고, 여행사는 그 사유를 안내하여야 합니다.

③ 여행자는 계약체결 시 계약금(여행요금 중 10% 이하 금액)을 여행사에게 지급하여야 하며, 계약금은 여행요금 또는 손해배상액의 전부 또는 일부로 취급합니다.

④ 여행자는 제1항의 여행요금 중 계약금을 제외한 잔금을 여행출발 7일 전까지 여행사에게 지급하여야 합니다.

⑤ 여행자는 제1항의 여행요금을 당사자가 약정한 바에 따라 카드, 계좌이체 또는 무통장입금 등의 방법으로 지급하여야 합니다.

⑥ 희망여행요금에 여행자 보험료가 포함되는 경우 여행사는 보험회사명, 보상내용 등을 여행자에게 설명하여야 합니다.

제11조(여행요금의 변경)

① 국외여행을 실시함에 있어서 이용운송 · 숙박기관에 지급하여야 할 요금이 계약체결 시보다 5% 이상 증감하거나 여행요금에 적용된 외화환율이 계약체결 시보다 2% 이상 증감한 경우 여행사 또는 여행자는 그 증감된 금액 범위 내에서 여행요금의 증감을 상대방에게 청구할 수 있습니다.

② 여행사는 제1항의 규정에 따라 여행요금을 증액하였을 때에는 여행출발일 15일 전에 여행자에게 통지하여야 합니다.

제12조(여행조건의 변경요건 및 요금 등의 정산)

① 계약서 등에 명시된 여행조건은 다음 각 호의 1의 경우에 한하여 변경될 수 있습니다.

1. 여행자의 안전과 보호를 위하여 여행자의 요청 또는 현지사정에 의하여 부득이하다고 쌍방이 합의한 경우
2. 천재지변, 전란, 정부의 명령, 운송·숙박기관 등의 파업·휴업 등으로 여행의 목적을 달성할 수 없는 경우

② 여행사가 계약서 등에 명시된 여행일정을 변경하는 경우에는 해당 날짜의 일정이 시작되기 전에 여행자의 서면 동의를 받아야 합니다. 이때 서면동의서에는 변경일시, 변경내용, 변경으로 발생하는 비용이 포함되어야 합니다.

③ 천재지변, 사고, 납치 등 긴급한 사유가 발생하여 여행자로부터 여행일정 변경 동의를 받기 어렵다고 인정되는 경우에는 제2항에 따른 일정변경 동의서를 받지 아니할 수 있습니다. 다만, 여행사는 사후에 서면으로 그 변경 사유 및 비용 등을 설명하여야 합니다.

④ 제1항의 여행조건 변경 및 제11조의 여행요금 변경으로 인하여 제10조 제1항의 여행요금에 증감이 생기는 경우에는 여행출발 전 변경 분은 여행출발 이

전에, 여행 중 변경 분은 여행종료 후 10일 이내에 각각 정산(환급)하여야 합니다.

⑤ 제1항의 규정에 의하지 아니하고 여행조건이 변경되거나 제16조 내지 제18조의 규정에 의한 계약의 해제 · 해지로 인하여 손해배상액이 발생한 경우에는 여행출발 전 발생 분은 여행출발 이전에, 여행 중 발생 분은 여행종료 후 10일 이내에 각각 정산(환급)하여야 합니다.

⑥ 여행자는 여행출발 후 자기의 사정으로 숙박, 식사, 관광 등 여행요금에 포함된 서비스를 제공받지 못한 경우 여행사에게 그에 상응하는 요금의 환급을 청구할 수 없습니다. 다만, 여행이 중도에 종료된 경우에는 제18조에 준하여 처리합니다.

제13조(여행자 지위의 양도)

① 여행자가 개인사정 등으로 여행자의 지위를 양도하기 위해서는 여행사의 승낙을 받아야 합니다. 이때 여행사는 여행자 또는 여행자의 지위를 양도받으려는 자가 양도로 발생하는 비용을 지급할 것을 조건으로 양도를 승낙할 수 있습니다.

② 전항의 양도로 발생하는 비용이 있을 경우 여행사는 기한을 정하여 그 비용의 지급을 청구하여야 합니다.

③ 여행사는 계약조건 또는 양도하기 어려운 불가피한 사정 등을 이유로 제1항의 양도를 승낙하지 않을 수 있습니다.

④ 제1항의 양도는 여행사가 승낙한 때 효력이 발생합니다. 다만, 여행사가 양도로 인해 발생한 비용의 지급을 조건으로 승낙한 경우에는 정해진 기한 내에 비용이 지급되는 즉시 효력이 발생합니다.

⑤ 여행자의 지위가 양도되면, 여행계약과 관련한 여행자의 모든 권리 및 의무도 그 지위를 양도 받는 자에게 승계됩니다.

제14조(여행사의 하자담보 책임)

① 여행자는 여행에 하자가 있는 경우에 여행사에게 하자의 시정 또는 대금의 감액을 청구할 수 있습니다. 다만, 그 시정에 지나치게 많은 비용이 들거나

그 밖에 시정을 합리적으로 기대할 수 없는 경우에는 시정을 청구할 수 없습니다.

② 여행자는 시정 청구, 감액 청구를 갈음하여 손해배상을 청구하거나 시정 청구, 감액 청구와 함께 손해배상을 청구할 수 있습니다.

③ 제1항 및 제2항의 권리는 여행기간 중에도 행사할 수 있으며, 여행종료일부터 6개월 내에 행사하여야 합니다.

제15조(손해배상)

① 여행사는 현지여행사 등의 고의 또는 과실로 여행자에게 손해를 가한 경우 여행사는 여행자에게 손해를 배상하여야 합니다.

② 여행사의 귀책사유로 여행자의 국외여행에 필요한 사증, 재입국 허가 또는 각종 증명서 등을 취득하지 못하여 여행자의 여행일정에 차질이 생긴 경우 여행사는 여행자로부터 절차대행을 위하여 받은 금액 전부 및 그 금액의 100% 상당액을 여행자에게 배상하여야 합니다.

③ 여행사는 항공기, 기차, 선박 등 교통기관의 연발착 또는 교통체증 등으로 인하여 여행자가 입은 손해를 배상하여야 합니다. 다만, 여행사가 고의 또는 과실이 없음을 입증한 때에는 그러하지 아니합니다.

④ 여행사는 자기나 그 사용인이 여행자의 수하물 수령, 인도, 보관 등에 관하여 주의를 해태(懈怠)하지 아니하였음을 증명하지 아니하면 여행자의 수하물 멸실, 훼손 또는 연착으로 인한 손해를 배상할 책임을 면하지 못합니다.

제16조(여행출발 전 계약해제)

① 여행사 또는 여행자는 여행출발 전 이 여행계약을 해제할 수 있습니다. 이 경우 발생하는 손해액은 '소비자분쟁해결기준'(공정거래위원회 고시)에 따라 배상합니다.

② 여행사 또는 여행자는 여행출발 전에 다음 각 호의 1에 해당하는 사유가 있는 경우 상대방에게 제1항의 손해배상액을 지급하지 아니하고 이 여행계약을 해제할 수 있습니다.

1. 여행사가 해제할 수 있는 경우

가. 제12조 제1항 제1호 및 제2호 사유의 경우
나. 여행자가 다른 여행자에게 폐를 끼치거나 여행의 원활한 실시에 현저한 지장이 있다고 인정될 때
다. 질병 등 여행자의 신체에 이상이 발생하여 여행에의 참가가 불가능한 경우
라. 여행자가 계약서에 기재된 기일까지 여행요금을 납입하지 아니한 경우

2. 여행자가 해제할 수 있는 경우
가. 제12조 제1항 제1호 및 제2호의 사유가 있는 경우
나. 여행사가 제21조에 따른 공제 또는 보증보험에 가입하지 아니하였거나 영업보증금을 예치하지 않은 경우
다. 여행자의 3촌 이내 친족이 사망한 경우
라. 질병 등 여행자의 신체에 이상이 발생하여 여행에의 참가가 불가능한 경우
마. 배우자 또는 직계존비속이 신체이상으로 3일 이상 병원(의원)에 입원하여 여행 출발 전까지 퇴원이 곤란한 경우 그 배우자 또는 보호자 1인
바. 여행사의 귀책사유로 계약서 또는 여행일정표(여행설명서)에 기재된 여행일정 대로의 여행실시가 불가능해진 경우
사. 제10조제1항의 규정에 의한 여행요금의 증액으로 인하여 여행 계속이 어렵다고 인정될 경우

제17조(최저행사인원 미충족 시 계약해제)

① 여행사는 최저행사인원이 충족되지 아니하여 여행계약을 해제하는 경우 여행출발 7일 전까지 여행자에게 통지하여야 합니다.

② 여행사가 여행참가자 수 미달로 전항의 기일 내 통지를 하지 아니하고 계약을 해제하는 경우 이미 지급받은 계약금 환급 외에 다음 각 목의 1의 금액을 여행자에게 배상하여야 합니다.
가. 여행출발 1일 전까지 통지 시 : 여행요금의 30%
나. 여행출발 당일 통지 시 : 여행요금의 50%

제18조(여행출발 후 계약해지)

① 여행사 또는 여행자는 여행출발 후 부득이한 사유가 있는 경우 각 당사자는 여행계약을 해지할 수 있습니다. 다만, 그 사유가 당사자 한쪽의 과실로 인하여 생긴 경우에는 상대방에게 손해를 배상하여야 합니다.

② 제1항에 따라 여행계약이 해지된 경우 귀환운송 의무가 있는 여행사는 여행자를 귀환운송 할 의무가 있습니다.

③ 제1항의 계약해지로 인하여 발생하는 추가 비용은 그 해지사유가 어느 당사자의 사정에 속하는 경우에는 그 당사자가 부담하고, 양 당사자 누구의 사정에도 속하지 아니하는 경우에는 각 당사자가 추가 비용의 50%씩을 부담합니다.

④ 여행자는 여행에 중대한 하자가 있는 경우에 그 시정이 이루어지지 아니하거나 계약의 내용에 따른 이행을 기대할 수 없는 경우에는 계약을 해지할 수 있습니다.

⑤ 제4항에 따라 계약이 해지된 경우 여행사는 대금청구권을 상실합니다. 다만, 여행자가 실행된 여행으로 이익을 얻은 경우에는 그 이익을 여행사에게 상환하여야 합니다.

⑥ 제4항에 따라 계약이 해지된 경우 여행사는 계약의 해지로 인하여 필요하게 된 조치를 할 의무를 지며, 계약상 귀환운송 의무가 있으면 여행자를 귀환운송 하여야 합니다. 이 경우 귀환운송 비용은 원칙적으로 여행사가 부담하여야 하나, 상당한 이유가 있는 때에는 여행사는 여행자에게 그 비용의 일부를 청구할 수 있습니다.

제19조(여행의 시작과 종료) 여행의 시작은 탑승수속(선박인 경우 승선수속)을 마친 시점으로 하며, 여행의 종료는 여행자가 입국장 보세구역을 벗어나는 시점으로 합니다. 다만, 계약내용상 국내이동이 있을 경우에는 최초 출발지에서 이용하는 운송수단의 출발시각과 도착시각으로 합니다.

제20조(설명의무) 여행사는 계약서에 정하여져 있는 중요한 내용 및 그 변경사항을 여행자가 이해할 수 있도록 설명하여야 합니다.

제21조(보험가입 등) 여행사는 이 여행과 관련하여 여행자에게 손해가 발생한 경우

여행자에게 보험금을 지급하기 위한 보험 또는 공제에 가입하거나 영업보증금을 예치하여야 합니다.

제22조(기타사항)

① 이 계약에 명시되지 아니한 사항 또는 이 계약의 해석에 관하여 다툼이 있는 경우에는 여행사 또는 여행자가 합의하여 결정하되, 합의가 이루어지지 아니한 경우에는 관계법령 및 일반관례에 따릅니다.

② 특수지역에의 여행으로서 정당한 사유가 있는 경우에는 이 표준약관의 내용과 달리 정할 수 있습니다.

자료 : 공정거래위원회

제2절 국내여행표준약관

제1조(목적) 이 약관은 ○○여행사와 여행자가 체결한 국내여행계약의 세부이행 및 준수사항을 정함을 목적으로 합니다.

제2조(여행의 종류 및 정의) 여행의 종류와 정의는 다음과 같습니다.

1. 일반모집여행 : 여행사가 수립한 여행조건에 따라 여행자를 모집하여 실시하는 여행.
2. 희망여행 : 여행자가 희망하는 여행조건에 따라 여행사가 실시하는 여행.
3. 위탁모집여행 : 여행사가 만든 모집여행상품의 여행자 모집을 타 여행업체에 위탁하여 실시하는 여행.

제3조(여행사와 여행자 의무)

① 여행사는 여행자에게 안전하고 만족스러운 여행서비스를 제공하기 위하여 여행알선 및 안내 · 운송 · 숙박 등 여행계획의 수립 및 실행과정에서 맡은 바 임무를 충실히 수행하여야 합니다.

② 여행자는 안전하고 즐거운 여행을 위하여 여행자 간 화합도모 및 여행사의 여행질서 유지에 적극 협조하여야 합니다.

제4조(계약의 구성)

① 여행계약은 여행계약서(붙임)와 여행약관 · 여행일정표(또는 여행설명서)를 계약내용으로 합니다.

② 여행계약서에는 여행사의 상호, 소재지 및 관광진흥법 제9조에 따른 보증보험 등의 가입(또는 영업보증금의 예치 현황) 내용이 포함되어야 합니다.

③ 여행일정표(또는 여행설명서)에는 여행일자별 여행지와 관광내용 · 교통수단 · 쇼핑횟수 · 숙박장소 · 식사 등 여행실시일정 및 여행사 제공 서비스 내용과 여행자 유의사항이 포함되어야 합니다.

제5조(계약체결 거절) 여행사는 여행자에게 다음 각 호의 1에 해당하는 사유가 있을 경우에는 여행자와의 계약체결을 거절할 수 있습니다.

1. 질병, 신체이상 등의 사유로 개별관리가 필요하거나, 단체여행(다른 여행자의 여행에 지장을 초래하는 등)의 원활한 실시에 지장이 있다고 인정되는 경우
2. 계약서에 명시한 최대행사인원이 초과된 경우

제6조(특약) 여행사와 여행자는 관련법규에 위반되지 않는 범위 내에서 서면(전자문서를 포함한다. 이하 같다)으로 특약을 맺을 수 있습니다. 이 경우 여행사는 특약의 내용이 표준약관과 다르고 표준약관보다 우선 적용됨을 여행자에게 설명하고 별도의 확인을 받아야 합니다.

제7조(계약서 등 교부 및 안전정보 제공) 여행사는 여행자와 여행계약을 체결한 경우 계약서와 여행약관, 여행일정표(또는 여행설명서)를 각 1부씩 여행자에게 교부하고, 여행목적지에 관한 안전정보를 제공하여야 합니다. 또한 여행 출발 전 해당 여행지에 대한 안전정보가 변경된 경우에도 변경된 안전정보를 제공하여야 합니다.

제8조(계약서 및 약관 등 교부 간주) 다음 각 호의 경우에는 여행사가 여행자에게 여행계약서와 여행약관 및 여행일정표(또는 여행설명서)가 교부된 것으로 간주합니다.

1. 여행자가 인터넷 등 전자정보망으로 제공된 여행계약서, 약관 및 여행일정표(또는 여행설명서)의 내용에 동의하고 여행계약의 체결을 신청한 데 대해 여

행사가 전자정보망 내지 기계적 장치 등을 이용하여 여행자에게 승낙의 의사를 통지한 경우

2. 여행사가 팩시밀리 등 기계적 장치를 이용하여 제공한 여행계약서, 약관 및 여행일정표(또는 여행설명서)의 내용에 대하여 여행자가 동의하고 여행계약의 체결을 신청하는 서면을 송부한 데 대해 여행사가 전자정보망 내지 기계적 장치 등을 이용하여 여행자에게 승낙의 의사를 통지한 경우

제9조(여행요금)

① 여행계약서의 여행요금에는 다음 각 호가 포함됩니다. 다만, 희망여행은 당사자 간 합의에 따릅니다.

1. 항공기, 선박, 철도 등 이용운송기관의 운임(보통운임기준)
2. 공항, 역, 부두와 호텔사이 등 송영버스요금
3. 숙박요금 및 식사요금
4. 안내자 경비
5. 여행 중 필요한 각종 세금
6. 국내 공항 · 항만 이용료
7. 일정표 내 관광지 입장료
8. 기타 개별계약에 따른 비용

② 여행자는 계약 체결 시 계약금(여행요금 중 10% 이하의 금액)을 여행사에게 지급하여야 하며, 계약금은 여행요금 또는 손해배상액의 전부 또는 일부로 취급합니다.

③ 여행자는 제1항의 여행요금 중 계약금을 제외한 잔금을 여행출발 전일까지 여행사에게 지급하여야 합니다.

④ 여행자는 제1항의 여행요금을 당사자가 약정한 바에 따라 카드, 계좌이체 또는 무통장입금 등의 방법으로 지급하여야 합니다.

⑤ 희망여행요금에 여행자 보험료가 포함되는 경우 여행사는 보험회사명, 보상내용 등을 여행자에게 설명하여야 합니다.

제10조(여행조건의 변경요건 및 요금 등의 정산)

① 계약서 등에 명시된 여행조건은 다음 각 호의 1의 경우에 한하여 변경될 수 있습니다.

1. 여행자의 안전과 보호를 위하여 여행자의 요청 또는 현지사정에 의하여 부득이하다고 쌍방이 합의한 경우
2. 천재지변, 전란, 정부의 명령, 운송·숙박기관 등의 파업·휴업 등으로 여행의 목적을 달성할 수 없는 경우

② 여행사가 계약서 등에 명시된 여행일정을 변경하는 경우에는 해당 날짜의 일정이 시작되기 전에 여행자의 서면 동의를 받아야 합니다. 이때 서면동의서에는 변경일시, 변경내용, 변경으로 발생하는 비용이 포함되어야 합니다.

③ 천재지변, 사고, 납치 등 긴급한 사유가 발생하여 여행자로부터 여행일정 변경 동의를 받기 어렵다고 인정되는 경우에는 제2항에 따른 일정변경 동의서를 받지 아니할 수 있습니다. 다만, 여행사는 사후에 서면으로 그 변경 사유 및 비용 등을 설명하여야 합니다.

④ 제1항의 여행조건 변경으로 인하여 제9조제1항의 여행요금에 증감이 생기는 경우에는 여행출발 전 변경 분은 여행출발 이전에, 여행 중 변경 분은 여행종료 후 10일 이내에 각각 정산(환급)하여야 합니다.

⑤ 제1항의 규정에 의하지 아니하고 여행조건이 변경되거나 제13조 내지 제15조의 규정에 의한 계약의 해제 · 해지로 인하여 손해배상액이 발생한 경우에는 여행출발 전 발생 분은 여행출발 이전에, 여행 중 발생 분은 여행종료 후 10일 이내에 각각 정산(환급)하여야 합니다.

⑥ 여행자는 여행출발 후 자기의 사정으로 숙박, 식사, 관광 등 여행요금에 포함된 서비스를 제공받지 못한 경우 여행사에게 그에 상응하는 요금의 환급을 청구할 수 없습니다. 다만, 여행이 중도에 종료된 경우에는 제15조에 준하여 처리합니다.

제11조(여행자 지위의 양도)

① 여행자가 개인사정 등으로 여행자의 지위를 양도하기 위해서는 여행사의 승낙을 받아야 합니다. 이때 여행사는 여행자 또는 여행자의 지위를 양도받으

려는 자가 양도로 발생하는 비용을 지급할 것을 조건으로 양도를 승낙할 수 있습니다.

② 전항의 양도로 발생하는 비용이 있을 경우 여행사는 기한을 정하여 그 비용의 지급을 청구하여야 합니다.

③ 여행사는 계약조건 또는 양도하기 어려운 불가피한 사정 등을 이유로 제1항의 양도를 승낙하지 않을 수 있습니다.

④ 제1항의 양도는 여행사가 승낙한 때 효력이 발생합니다. 다만, 여행사가 양도로 인해 발생한 비용의 지급을 조건으로 승낙한 경우에는 정해진 기한 내에 비용이 지급되는 즉시 효력이 발생합니다.

⑤ 여행자의 지위가 양도되면, 여행계약과 관련한 여행자의 모든 권리 및 의무도 그 지위를 양도 받는 자에게 승계됩니다.

제12조(여행사의 책임)

① 여행자는 여행에 하자가 있는 경우에 여행사에게 하자의 시정 또는 대금의 감액을 청구할 수 있습니다. 다만, 그 시정에 지나치게 많은 비용이 들거나 그 밖에 시정을 합리적으로 기대할 수 없는 경우에는 시정을 청구할 수 없습니다.

② 여행자는 시정 청구, 감액 청구를 갈음하여 손해배상을 청구하거나 시정 청구, 감액 청구와 함께 손해배상을 청구할 수 있습니다.

③ 제1항 및 제2항의 권리는 여행기간 중에도 행사할 수 있으며, 여행종료일부터 6개월 내에 행사하여야 합니다.

④ 여행사는 여행 출발 시부터 도착 시까지 여행사 본인 또는 그 고용인, 현지여행사 또는 그 고용인 등(이하 '사용인'이라 함)이 제3조제1항에서 규정한 여행사 임무와 관련하여 여행자에게 고의 또는 과실로 손해를 가한 경우 책임을 집니다.

⑤ 여행사는 항공기, 기차, 선박 등 교통기관의 연발착 또는 교통체증 등으로 인하여 여행자가 입은 손해를 배상하여야 합니다. 다만, 여행사가 고의 또는 과실이 없음을 입증한 때에는 그러하지 아니합니다.

⑥ 여행사는 자기나 그 사용인이 여행자의 수하물 수령 · 인도 · 보관 등에 관하여 주의를 해태하지 아니하였음을 증명하지 아니하는 한 여행자의 수하물 멸실, 훼손 또는 연착으로 인하여 발생한 손해를 배상하여야 합니다.

제13조(여행출발 전 계약해제)

① 여행사 또는 여행자는 여행출발 전 이 여행계약을 해제할 수 있습니다. 이 경우 발생하는 손해액은 '소비자분쟁해결기준'(공정거래위원회 고시)에 따라 배상합니다.

② 여행사 또는 여행자는 여행출발 전에 다음 각 호의 1에 해당하는 사유가 있는 경우 상대방에게 제1항의 손해배상액을 지급하지 아니하고 이 여행계약을 해제할 수 있습니다.

1. 여행사가 해제할 수 있는 경우
   가. 제10조 제1항 제1호 및 제2호 사유의 경우
   나. 여행자가 다른 여행자에게 폐를 끼치거나 여행의 원활한 실시에 현저한 지장이 있다고 인정될 때
   다. 질병 등 여행자의 신체에 이상이 발생하여 여행에의 참가가 불가능한 경우
   라. 여행자가 계약서에 기재된 기일까지 여행요금을 지급하지 아니하는 경우
2. 여행자가 해제할 수 있는 경우
   가. 제10조 제1항 제1호 및 제2호 사유의 경우
   나. 여행사가 제18조에 따른 공제 또는 보증보험에 가입하지 아니하였거나 영업보증금을 예치하지 않은 경우
   다. 여행자의 3촌 이내 친족이 사망한 경우
   라. 질병 등 여행자의 신체에 이상이 발생하여 여행에의 참가가 불가능한 경우
   마. 배우자 또는 직계존비속이 신체이상으로 3일 이상 병원(의원)에 입원하여 여행 출발 시까지 퇴원이 곤란한 경우 그 배우자 또는 보호자 1인
   바. 여행사의 귀책사유로 계약서에 기재된 여행일정 대로의 여행실시가 불가능해진 경우

제14조(최저행사인원 미충족 시 계약해제)

① 여행사는 최저행사인원이 충족되지 아니하여 여행계약을 해제하는 경우 당일 여행의 경우 여행출발 24시간 이전까지, 1박 2일 이상인 경우에는 여행출발 48시간 이전까지 여행자에게 통지하여야 합니다.

② 여행사가 여행참가자 수의 미달로 전항의 기일내 통지를 하지 아니하고 계약을 해제하는 경우 이미 지급받은 계약금 환급 외에 계약금 100% 상당액을 여행자에게 배상하여야 합니다.

제15조(여행출발 후 계약해지)

① 여행사 또는 여행자는 여행출발 후 부득이한 사유가 있는 경우 각 당사자는 여행계약을 해지할 수 있습니다. 다만, 그 사유가 당사자 한쪽의 과실로 인하여 생긴 경우에는 상대방에게 손해를 배상하여야 합니다.

② 제1항에 따라 여행계약이 해지된 경우 귀환운송 의무가 있는 여행사는 여행자를 귀환운송 할 의무가 있습니다.

③ 제1항의 계약해지로 인하여 발생하는 추가 비용은 그 해지사유가 어느 당사자의 사정에 속하는 경우에는 그 당사자가 부담하고, 양 당사자 누구의 사정에도 속하지 아니하는 경우에는 각 당사자가 추가 비용의 50%씩을 부담합니다.

④ 여행자는 여행에 중대한 하자가 있는 경우에 그 시정이 이루어지지 아니하거나 계약의 내용에 따른 이행을 기대할 수 없는 경우에는 계약을 해지할 수 있습니다.

⑤ 제4항에 따라 계약이 해지된 경우 여행사는 대금청구권을 상실합니다. 다만, 여행자가 실행된 여행으로 이익을 얻은 경우에는 그 이익을 여행사에게 상환하여야 합니다.

⑥ 제4항에 따라 계약이 해지된 경우 여행사는 계약의 해지로 인하여 필요하게 된 조치를 할 의무를 지며, 계약상 귀환운송 의무가 있으면 여행자를 귀환운송 하여야 합니다. 이 경우 귀환운송 비용은 원칙적으로 여행사가 부담하여야 하나, 상당한 이유가 있는 때에는 여행사는 여행자에게 그 비용의 일부를 청구할 수 있습니다.

제16조(여행의 시작과 종료) 여행의 시작은 출발하는 시점부터 시작하며 여행일정이 종료하여 최종목적지에 도착함과 동시에 종료합니다. 다만, 계약 및 일정을 변경할 때에는 예외로 합니다.

제17조(설명의무) 여행사는 이 계약서에 정하여져 있는 중요한 내용 및 그 변경사항을 여행자가 이해할 수 있도록 설명하여야 합니다.

제18조(보험가입 등) 여행사는 여행과 관련하여 여행자에게 손해가 발생한 경우 여행자에게 보험금을 지급하기 위한 보험 또는 공제에 가입하거나 영업보증금을 예치하여야 합니다.

제19조(기타사항)

① 이 계약에 명시되지 아니한 사항 또는 이 계약의 해석에 관하여 다툼이 있는 경우에는 여행사와 여행자가 합의하여 결정하되, 합의가 이루어지지 아니한 경우에는 관계법령 및 일반관례에 따릅니다.

② 특수지역에의 여행으로서 정당한 사유가 있는 경우에는 이 표준약관의 내용과 다르게 정할 수 있습니다.

자료 : 공정거래위원회

CHAPTER 02 실버여행상품 관련 규정

관광법규

제1절 관광진흥법

제1장 총칙

제1조(목적) 이 법은 관광 여건을 조성하고 관광자원을 개발하며 관광사업을 육성하여 관광 진흥에 이바지하는 것을 목적으로 한다.

제2조(정의) 이 법에서 사용하는 용어의 뜻은 다음과 같다. 〈개정 2007. 7. 19., 2011. 4. 5., 2014. 5. 28.〉

1. "관광사업"이란 관광객을 위하여 운송·숙박·음식·운동·오락·휴양 또는 용역을 제공하거나 그 밖에 관광에 딸린 시설을 갖추어 이를 이용하게 하는 업(業)을 말한다.
2. "관광사업자"란 관광사업을 경영하기 위하여 등록·허가 또는 지정(이하 "등록등"이라 한다)을 받거나 신고를 한 자를 말한다.
3. "기획여행"이란 여행업을 경영하는 자가 국외여행을 하려는 여행자를 위하여 여행의 목적지·일정, 여행자가 제공받을 운송 또는 숙박 등의 서비스 내용과 그 요금 등에 관한 사항을 미리 정하고 이에 참가하는 여행자를 모집하여 실시하는 여행을 말한다.
4. "회원"이란 관광사업의 시설을 일반 이용자보다 우선적으로 이용하거나 유리한 조건으로 이용하기로 해당 관광사업자(제15조 제1항 및 제2항에 따른 사업계획의 승인을 받은 자를 포함한다)와 약정한 자를 말한다.
5. "공유자"란 단독 소유나 공유(共有)의 형식으로 관광사업의 일부 시설을 관광사업자(제15조제1항 및 제2항에 따른 사업계획의 승인을 받은 자를 포함한다)

로부터 분양받은 자를 말한다.

6. "관광지"란 자연적 또는 문화적 관광자원을 갖추고 관광객을 위한 기본적인 편의시설을 설치하는 지역으로서 이 법에 따라 지정된 곳을 말한다.
7. "관광단지"란 관광객의 다양한 관광 및 휴양을 위하여 각종 관광시설을 종합적으로 개발하는 관광 거점 지역으로서 이 법에 따라 지정된 곳을 말한다.
8. "민간개발자"란 관광단지를 개발하려는 개인이나 「상법」 또는 「민법」에 따라 설립된 법인을 말한다.
9. "조성계획"이란 관광지나 관광단지의 보호 및 이용을 증진하기 위하여 필요한 관광시설의 조성과 관리에 관한 계획을 말한다.
10. "지원시설"이란 관광지나 관광단지의 관리·운영 및 기능 활성화에 필요한 관광지 및 관광단지 안팎의 시설을 말한다.
11. "관광특구"란 외국인 관광객의 유치 촉진 등을 위하여 관광 활동과 관련된 관계 법령의 적용이 배제되거나 완화되고, 관광 활동과 관련된 서비스·안내 체계 및 홍보 등 관광 여건을 집중적으로 조성할 필요가 있는 지역으로 이 법에 따라 지정된 곳을 말한다.

11의2. "여행이용권"이란 관광취약계층이 관광 활동을 영위할 수 있도록 금액이나 수량이 기재(전자적 또는 자기적 방법에 의한 기록을 포함한다. 이하 같다)된 증표를 말한다.

12. "문화관광해설사"란 관광객의 이해와 감상, 체험 기회를 제고하기 위하여 역사·문화·예술·자연 등 관광자원 전반에 대한 전문적인 해설을 제공하는 자를 말한다.

제2장 관광사업

제1절 통칙

제3조(관광사업의 종류)

① 관광사업의 종류는 다음 각 호와 같다. 〈개정 2007. 7. 19., 2015. 2. 3.〉

1. 여행업 : 여행자 또는 운송시설 · 숙박시설, 그 밖에 여행에 딸리는 시설의 경영자 등을 위하여 그 시설 이용 알선이나 계약 체결의 대리, 여행에 관한 안내, 그 밖의 여행 편의를 제공하는 업
2. 관광숙박업 : 다음 각 목에서 규정하는 업
   가. 호텔업 : 관광객의 숙박에 적합한 시설을 갖추어 이를 관광객에게 제공하거나 숙박에 딸리는 음식 · 운동 · 오락 · 휴양 · 공연 또는 연수에 적합한 시설 등을 함께 갖추어 이를 이용하게 하는 업
   나. 휴양 콘도미니엄업 : 관광객의 숙박과 취사에 적합한 시설을 갖추어 이를 그 시설의 회원이나 공유자, 그 밖의 관광객에게 제공하거나 숙박에 딸리는 음식 · 운동 · 오락 · 휴양 · 공연 또는 연수에 적합한 시설 등을 함께 갖추어 이를 이용하게 하는 업
3. 관광객 이용시설업 : 다음 각 목에서 규정하는 업
   가. 관광객을 위하여 음식 · 운동 · 오락 · 휴양 · 문화 · 예술 또는 레저 등에 적합한 시설을 갖추어 이를 관광객에게 이용하게 하는 업
   나. 대통령령으로 정하는 2종 이상의 시설과 관광숙박업의 시설(이하 "관광숙박시설"이라 한다) 등을 함께 갖추어 이를 회원이나 그 밖의 관광객에게 이용하게 하는 업
   다. 야영장업 : 야영에 적합한 시설 및 설비 등을 갖추고 야영편의를 제공하는 시설(「청소년활동 진흥법」 제10조제1호마목에 따른 청소년야영장은 제외한다)을 관광객에게 이용하게 하는 업
4. 국제회의업 : 대규모 관광 수요를 유발하는 국제회의(세미나 · 토론회 · 전시회 등을 포함한다. 이하 같다)를 개최할 수 있는 시설을 설치 · 운영하거나 국제회의의 계획 · 준비 · 진행 등의 업무를 위탁받아 대행하는 업
5. 카지노업 : 전문 영업장을 갖추고 주사위 · 트럼프 · 슬롯머신 등 특정한 기구 등을 이용하여 우연의 결과에 따라 특정인에게 재산상의 이익을 주고 다른 참가자에게 손실을 주는 행위 등을 하는 업
6. 유원시설업(遊園施設業) : 유기시설(遊技施設)이나 유기기구(遊技機具)를 갖추어 이를 관광객에게 이용하게 하는 업(다른 영업을 경영하면서 관광객

의 유치 또는 광고 등을 목적으로 유기시설이나 유기기구를 설치하여 이를 이용하게 하는 경우를 포함한다)

7. 관광 편의시설업 : 제1호부터 제6호까지의 규정에 따른 관광사업 외에 관광 진흥에 이바지할 수 있다고 인정되는 사업이나 시설 등을 운영하는 업

② 제1항제1호부터 제4호까지, 제6호 및 제7호에 따른 관광사업은 대통령령으로 정하는 바에 따라 세분할 수 있다.

제4조(등록)

① 제3조제1항제1호부터 제4호까지의 규정에 따른 여행업, 관광숙박업, 관광객 이용시설업 및 국제회의업을 경영하려는 자는 특별자치시장·특별자치도지사·시장·군수·구청장(자치구의 구청장을 말한다. 이하 같다)에게 등록하여야 한다. 〈개정 2009. 3. 25., 2018. 6. 12.〉

② 삭제 〈2009. 3. 25.〉

③ 제1항에 따른 등록을 하려는 자는 대통령령으로 정하는 자본금·시설 및 설비 등을 갖추어야 한다. 〈신설 2007. 7. 19., 2009. 3. 25.〉

④ 제1항에 따라 등록한 사항 중 대통령령으로 정하는 중요 사항을 변경하려면 변경등록을 하여야 한다. 〈개정 2007. 7. 19., 2009. 3. 25.〉

⑤ 제1항 및 제4항에 따른 등록 또는 변경등록의 절차 등에 필요한 사항은 문화체육관광부령으로 정한다. 〈개정 2007. 7. 19., 2008. 2. 29., 2009. 3. 25.〉

제5조(허가와 신고)

① 제3조제1항제5호에 따른 카지노업을 경영하려는 자는 전용영업장 등 문화체육관광부령으로 정하는 시설과 기구를 갖추어 문화체육관광부장관의 허가를 받아야 한다. 〈개정 2008. 2. 29.〉

② 제3조제1항제6호에 따른 유원시설업 중 대통령령으로 정하는 유원시설업을 경영하려는 자는 문화체육관광부령으로 정하는 시설과 설비를 갖추어 특별자치시장·특별자치도지사·시장·군수·구청장의 허가를 받아야 한다. 〈개정 2008. 2. 29., 2008. 6. 5., 2018. 6. 12.〉

③ 제1항과 제2항에 따라 허가받은 사항 중 문화체육관광부령으로 정하는 중요 사항을 변경하려면 변경허가를 받아야 한다. 다만, 경미한 사항을 변경하려

면 변경신고를 하여야 한다. 〈개정 2008. 2. 29.〉

④ 제2항에 따라 대통령령으로 정하는 유원시설업 외의 유원시설업을 경영하려는 자는 문화체육관광부령으로 정하는 시설과 설비를 갖추어 특별자치시장·특별자치도지사·시장·군수·구청장에게 신고하여야 한다. 신고한 사항 중 문화체육관광부령으로 정하는 중요 사항을 변경하려는 경우에도 또한 같다. 〈개정 2008. 2. 29., 2008. 6. 5., 2018. 6. 12.〉

⑤ 문화체육관광부장관 또는 특별자치시장·특별자치도지사·시장·군수·구청장은 제3항 단서에 따른 변경신고나 제4항에 따른 신고 또는 변경신고를 받은 경우 그 내용을 검토하여 이 법에 적합하면 신고를 수리하여야 한다. 〈신설 2018. 6. 12.〉

⑥ 제1항부터 제5항까지의 규정에 따른 허가 및 신고의 절차 등에 필요한 사항은 문화체육관광부령으로 정한다. 〈개정 2008. 2. 29., 2018. 6. 12.〉

제6조(지정)

① 제3조제1항제7호에 따른 관광 편의시설업을 경영하려는 자는 문화체육관광부령으로 정하는 바에 따라 특별시장·광역시장·특별자치시장·도지사·특별자치도지사(이하 "시·도지사"라 한다) 또는 시장·군수·구청장의 지정을 받아야 한다. 〈개정 2007. 7. 19., 2008. 2. 29., 2009. 3. 25., 2017. 11. 28., 2018. 6. 12.〉

② 제1항에 따른 관광 편의시설업으로 지정을 받으려는 자는 관광객이 이용하기 적합한 시설이나 외국어 안내서비스 등 문화체육관광부령으로 정하는 기준을 갖추어야 한다. 〈신설 2017. 11. 28.〉

제7조(결격사유)

① 다음 각 호의 어느 하나에 해당하는 자는 관광사업의 등록등을 받거나 신고를 할 수 없고, 제15조제1항 및 제2항에 따른 사업계획의 승인을 받을 수 없다. 법인의 경우 그 임원 중에 다음 각 호의 어느 하나에 해당하는 자가 있는 경우에도 또한 같다. 〈개정 2017. 3. 21.〉

1. 피성년후견인·피한정후견인
2. 파산선고를 받고 복권되지 아니한 자

3. 이 법에 따라 등록등 또는 사업계획의 승인이 취소되거나 제36조제1항에 따라 영업소가 폐쇄된 후 2년이 지나지 아니한 자
4. 이 법을 위반하여 징역 이상의 실형을 선고받고 그 집행이 끝나거나 집행을 받지 아니하기로 확정된 후 2년이 지나지 아니한 자 또는 형의 집행유예 기간 중에 있는 자

② 관광사업의 등록등을 받거나 신고를 한 자 또는 사업계획의 승인을 받은 자가 제1항 각 호의 어느 하나에 해당하면 문화체육관광부장관, 시 · 도지사 또는 시장 · 군수 · 구청장(이하 "등록기관등의 장"이라 한다)은 3개월 이내에 그 등록등 또는 사업계획의 승인을 취소하거나 영업소를 폐쇄하여야 한다. 다만, 법인의 임원 중 그 사유에 해당하는 자가 있는 경우 3개월 이내에 그 임원을 바꾸어 임명한 때에는 그러하지 아니하다. 〈개정 2008. 2. 29.〉

第8조(관광사업의 양수 등)

① 관광사업을 양수(讓受)한 자 또는 관광사업을 경영하는 법인이 합병한 때에는 합병 후 존속하거나 설립되는 법인은 그 관광사업의 등록등 또는 신고에 따른 관광사업자의 권리 · 의무(제20조제1항에 따라 분양이나 회원 모집을 한 경우에는 그 관광사업자와 공유자 또는 회원 간에 약정한 사항을 포함한다)를 승계한다.

② 다음 각 호의 어느 하나에 해당하는 절차에 따라 문화체육관광부령으로 정하는 주요한 관광사업 시설의 전부(제20조제1항에 따라 분양한 경우에는 분양한 부분을 제외한 나머지 시설을 말한다)를 인수한 자는 그 관광사업자의 지위(제20조제1항에 따라 분양이나 회원 모집을 한 경우에는 그 관광사업자와 공유자 또는 회원 간에 약정한 권리 및 의무 사항을 포함한다)를 승계한다. 〈개정 2008. 2. 29., 2010. 3. 31., 2016. 12. 27., 2019. 12. 3.〉

1. 「민사집행법」에 따른 경매
2. 「채무자 회생 및 파산에 관한 법률」에 따른 환가(換價)
3. 「국세징수법」, 「관세법」 또는 「지방세징수법」에 따른 압류 재산의 매각
4. 그 밖에 제1호부터 제3호까지의 규정에 준하는 절차

③ 관광사업자가 제35조제1항 및 제2항에 따른 취소·정지처분 또는 개선명령을 받은 경우 그 처분 또는 명령의 효과는 제1항에 따라 관광사업자의 지위를 승계한 자에게 승계되며, 그 절차가 진행 중인 때에는 새로운 관광사업자에게 그 절차를 계속 진행할 수 있다. 다만, 그 승계한 관광사업자가 양수나 합병 당시 그 처분·명령이나 위반 사실을 알지 못하였음을 증명하면 그러하지 아니하다.

④ 제1항과 제2항에 따라 관광사업자의 지위를 승계한 자는 승계한 날부터 1개월 이내에 관할 등록기관등의 장에게 신고하여야 한다.

⑤ 관할 등록기관등의 장은 제4항에 따른 신고를 받은 경우 그 내용을 검토하여 이 법에 적합하면 신고를 수리하여야 한다. 〈신설 2018. 6. 12.〉

⑥ 제15조제1항 및 제2항에 따른 사업계획의 승인을 받은 자의 지위승계에 관하여는 제1항부터 제5항까지의 규정을 준용한다. 〈개정 2018. 6. 12.〉

⑦ 제1항과 제2항에 따른 관광사업자의 지위를 승계하는 자에 관하여는 제7조를 준용하되, 카지노사업자의 경우에는 제7조 및 제22조를 준용한다. 〈개정 2008. 3. 28., 2018. 6. 12.〉

⑧ 관광사업자가 그 사업의 전부 또는 일부를 휴업하거나 폐업한 때에는 관할 등록기관등의 장에게 알려야 한다. 다만, 카지노사업자가 카지노업을 휴업 또는 폐업하고자 하는 때에는 문화체육관광부령으로 정하는 바에 따라 미리 신고하여야 한다. 〈개정 2018. 6. 12., 2018. 12. 11.〉

⑨ 관할 등록기관등의 장은 관광사업자가 「부가가치세법」 제8조에 따라 관할 세무서장에게 폐업신고를 하거나 관할 세무서장이 사업자등록을 말소한 경우에는 등록등 또는 신고 사항을 직권으로 말소하거나 취소할 수 있다. 다만, 카지노업에 대해서는 그러하지 아니하다. 〈신설 2020. 12. 22.〉

⑩ 관할 등록기관등의 장은 제9항에 따른 직권말소 또는 직권취소를 위하여 필요한 경우 관할 세무서장에게 관광사업자의 폐업 여부에 대한 정보를 제공하도록 요청할 수 있다. 이 경우 요청을 받은 관할 세무서장은 「전자정부법」 제36조제1항에 따라 관광사업자의 폐업 여부에 대한 정보를 제공하여야 한다. 〈신설 2020. 12. 22.〉

제9조(보험 가입 등) 관광사업자는 해당 사업과 관련하여 사고가 발생하거나 관광객에게 손해가 발생하면 문화체육관광부령으로 정하는 바에 따라 피해자에게 보험금을 지급할 것을 내용으로 하는 보험 또는 공제에 가입하거나 영업보증금을 예치(이하 "보험 가입 등"이라 한다)하여야 한다. 〈개정 2008. 2. 29., 2015. 5. 18.〉

제10조(관광표지의 부착 등)

① 관광사업자는 사업장에 문화체육관광부령으로 정하는 관광표지를 붙일 수 있다. 〈개정 2008. 2. 29.〉

② 관광사업자는 사실과 다르게 제1항에 따른 관광표지(이하 "관광표지"라 한다)를 붙이거나 관광표지에 기재되는 내용을 사실과 다르게 표시 또는 광고하는 행위를 하여서는 아니 된다. 〈신설 2014. 3. 11.〉

③ 관광사업자가 아닌 자는 제1항에 따른 관광표지를 사업장에 붙이지 못하며, 관광사업자로 잘못 알아볼 우려가 있는 경우에는 제3조에 따른 관광사업의 명칭 중 전부 또는 일부가 포함되는 상호를 사용할 수 없다. 〈개정 2014. 3. 11.〉

④ 제3항에 따라 관광사업자가 아닌 자가 사용할 수 없는 상호에 포함되는 관광사업의 명칭 중 전부 또는 일부의 구체적인 범위에 관하여는 대통령령으로 정한다. 〈개정 2014. 3. 11.〉

[제목개정 2014. 3. 11.]

제11조(관광시설의 타인 경영 및 처분과 위탁 경영)

① 관광사업자는 관광사업의 시설 중 다음 각 호의 시설 및 기구 외의 부대시설을 타인에게 경영하도록 하거나, 그 용도로 계속하여 사용하는 것을 조건으로 타인에게 처분할 수 있다. 〈개정 2007. 7. 19., 2008. 2. 29., 2011. 4. 5.〉

1. 제4조제3항에 따른 관광숙박업의 등록에 필요한 객실
2. 제4조제3항에 따른 관광객 이용시설업의 등록에 필요한 시설 중 문화체육관광부령으로 정하는 시설
3. 제23조에 따른 카지노업의 허가를 받는 데 필요한 시설과 기구
4. 제33조제1항에 따라 안전성검사를 받아야 하는 유기시설 및 유기기구

② 관광사업자는 관광사업의 효율적 경영을 위하여 제1항에도 불구하고 제1항제1호에 따른 관광숙박업의 객실을 타인에게 위탁하여 경영하게 할 수 있다. 이 경우 해당 시설의 경영은 관광사업자의 명의로 하여야 하고, 이용자 또는 제3자와의 거래행위에 따른 대외적 책임은 관광사업자가 부담하여야 한다. 〈신설 2011. 4. 5.〉

[제목개정 2007. 7. 19., 2011. 4. 5.]

제2절 여행업

제11조의2(결격사유)

① 관광사업의 영위와 관련하여 「형법」 제347조, 제347조의2, 제348조, 제355조 또는 제356조에 따라 금고 이상의 실형을 선고받고 그 집행이 끝나거나 집행을 받지 아니하기로 확정된 후 2년이 지나지 아니한 자 또는 형의 집행유예 기간 중에 있는 자는 여행업의 등록을 할 수 없다.

② 특별자치시장 · 특별자치도지사 · 시장 · 군수 · 구청장은 여행업자가 제1항에 해당하면 3개월 이내에 그 등록을 취소하여야 한다. 다만, 법인의 임원 중 그 사유에 해당하는 자가 있는 경우 3개월 이내에 그 임원을 바꾸어 임명한 때에는 그러하지 아니하다.

[본조신설 2020. 12. 22.]

제12조(기획여행의 실시) 제4조제1항에 따라 여행업의 등록을 한 자(이하 "여행업자"라 한다)는 문화체육관광부령으로 정하는 요건을 갖추어 문화체육관광부령으로 정하는 바에 따라 기획여행을 실시할 수 있다. 〈개정 2008. 2. 29.〉

제12조의2(의료관광 활성화)

① 문화체육관광부장관은 외국인 의료관광(의료관광이란 국내 의료기관의 진료, 치료, 수술 등 의료서비스를 받는 환자와 그 동반자가 의료서비스와 병행하여 관광하는 것을 말한다. 이하 같다)의 활성화를 위하여 대통령령으로 정하는 기준을 충족하는 외국인 의료관광 유치 · 지원 관련 기관에 「관광진흥개발기금법」에 따른 관광진흥개발기금을 대여하거나 보조할 수 있다.

② 제1항에 규정된 사항 외에 외국인 의료관광 지원에 필요한 사항에 대하여 대통령령으로 정할 수 있다.

[본조신설 2009. 3. 25.]

제13조(국외여행 인솔자)

① 여행업자가 내국인의 국외여행을 실시할 경우 여행자의 안전 및 편의 제공을 위하여 그 여행을 인솔하는 자를 둘 때에는 문화체육관광부령으로 정하는 자격요건에 맞는 자를 두어야 한다. 〈개정 2008. 2. 29., 2011. 4. 5.〉

② 제1항에 따른 국외여행 인솔자의 자격요건을 갖춘 자가 내국인의 국외여행을 인솔하려면 문화체육관광부장관에게 등록하여야 한다. 〈신설 2011. 4. 5.〉

③ 문화체육관광부장관은 제2항에 따라 등록한 자에게 국외여행 인솔자 자격증을 발급하여야 한다. 〈신설 2011. 4. 5.〉

④ 제3항에 따라 발급받은 자격증은 다른 사람에게 빌려주거나 빌려서는 아니 되며, 이를 알선해서도 아니 된다. 〈신설 2019. 12. 3.〉

⑤ 제2항 및 제3항에 따른 등록의 절차 및 방법, 자격증의 발급 등에 필요한 사항은 문화체육관광부령으로 정한다. 〈신설 2011. 4. 5., 2019. 12. 3.〉

제13조의2(자격취소) 문화체육관광부장관은 제13조제4항을 위반하여 다른 사람에게 국외여행 인솔자 자격증을 빌려준 사람에 대하여 그 자격을 취소하여야 한다.

[본조신설 2019. 12. 3.]

제14조(여행계약 등)

① 여행업자는 여행자와 계약을 체결할 때에는 여행자를 보호하기 위하여 문화체육관광부령으로 정하는 바에 따라 해당 여행지에 대한 안전정보를 서면으로 제공하여야 한다. 해당 여행지에 대한 안전정보가 변경된 경우에도 또한 같다. 〈개정 2011. 4. 5., 2015. 2. 3.〉

② 여행업자는 여행자와 여행계약을 체결하였을 때에는 그 서비스에 관한 내용을 적은 여행계약서(여행일정표 및 약관을 포함한다. 이하 같다) 및 보험 가입 등을 증명할 수 있는 서류를 여행자에게 내주어야 한다. 〈개정 2015. 5. 18.〉

③ 여행업자는 여행일정(선택관광 일정을 포함한다)을 변경하려면 문화체육관광

부령으로 정하는 바에 따라 여행자의 사전 동의를 받아야 한다.
[전문개정 2009. 3. 25.]

제3절 관광숙박업 및 관광객 이용시설업 등

제15조(사업계획의 승인)

① 관광숙박업을 경영하려는 자는 제4조제1항에 따른 등록을 하기 전에 그 사업에 대한 사업계획을 작성하여 특별자치시장 · 특별자치도지사 · 시장 · 군수 · 구청장의 승인을 받아야 한다. 승인을 받은 사업계획 중 부지, 대지 면적, 건축 연면적의 일정 규모 이상의 변경 등 대통령령으로 정하는 사항을 변경하려는 경우에도 또한 같다. 〈개정 2008. 6. 5., 2009. 3. 25., 2018. 6. 12.〉

② 대통령령으로 정하는 관광객 이용시설업이나 국제회의업을 경영하려는 자는 제4조제1항에 따른 등록을 하기 전에 그 사업에 대한 사업계획을 작성하여 특별자치시장 · 특별자치도지사 · 시장 · 군수 · 구청장의 승인을 받을 수 있다. 승인을 받은 사업계획 중 부지, 대지 면적, 건축 연면적의 일정 규모 이상의 변경 등 대통령령으로 정하는 사항을 변경하려는 경우에도 또한 같다. 〈개정 2008. 6. 5., 2009. 3. 25., 2018. 6. 12.〉

③ 제1항과 제2항에 따른 사업계획의 승인 또는 변경승인의 기준 · 절차 등에 필요한 사항은 대통령령으로 정한다.

제16조(사업계획 승인 시의 인 · 허가 의제 등)

① 제15조제1항 및 제2항에 따라 사업계획의 승인을 받은 때에는 다음 각 호의 허가 또는 해제를 받거나 신고를 한 것으로 본다. 〈개정 2007. 12. 27., 2009. 3. 25., 2010. 4. 15., 2010. 5. 31.〉

1. 「농지법」 제34조제1항에 따른 농지전용의 허가
2. 「산지관리법」 제14조 · 제15조에 따른 산지전용허가 및 산지전용신고, 같은 법 제15조의2에 따른 산지일시사용허가 · 신고, 「산림자원의 조성 및 관리에 관한 법률」 제36조제1항 · 제4항 및 제45조제1항 · 제2항에 따른 입목벌채 등의 허가 · 신고

3. 「사방사업법」 제20조에 따른 사방지(砂防地) 지정의 해제
4. 「초지법」 제23조에 따른 초지전용(草地轉用)의 허가
5. 「하천법」 제30조에 따른 하천공사 등의 허가 및 실시계획의 인가, 같은 법 제33조에 따른 점용허가(占用許可) 및 실시계획의 인가
6. 「공유수면 관리 및 매립에 관한 법률」 제8조에 따른 공유수면의 점용·사용허가 및 같은 법 제17조에 따른 점용·사용 실시계획의 승인 또는 신고
7. 「사도법」 제4조에 따른 사도개설(私道開設)의 허가
8. 「국토의 계획 및 이용에 관한 법률」 제56조에 따른 개발행위의 허가
9. 「장사 등에 관한 법률」 제8조제3항에 따른 분묘의 개장신고(改葬申告) 및 같은 법 제27조에 따른 분묘의 개장허가(改葬許可)

② 특별자치시장·특별자치도지사·시장·군수·구청장은 제1항 각 호의 어느 하나에 해당하는 사항이 포함되어 있는 사업계획을 승인하려면 미리 소관 행정기관의 장과 협의하여야 하고, 그 사업계획을 승인한 때에는 지체 없이 소관 행정기관의 장에게 그 내용을 통보하여야 한다. 〈개정 2008. 6. 5., 2018. 6. 12.〉

③ 특별자치시장·특별자치도지사·시장·군수·구청장은 제15조제1항 및 제2항에 따른 사업계획의 변경승인을 하려는 경우 건축물의 용도변경이 포함되어 있으면 미리 소관 행정기관의 장과 협의하여야 한다. 〈개정 2008. 6. 5., 2018. 6. 12.〉

④ 관광사업자(관광숙박업만 해당한다)가 제15조제1항 후단에 따라 사업계획의 변경승인을 받은 경우에는 「건축법」에 따른 용도변경의 허가를 받거나 신고를 한 것으로 본다.

⑤ 제15조제1항에 따른 사업계획의 승인 또는 변경승인을 받은 경우 그 사업계획에 따른 관광숙박시설 및 그 시설 안의 위락시설로서 「국토의 계획 및 이용에 관한 법률」에 따라 지정된 다음 각 호의 용도지역의 시설에 대하여는 같은 법 제76조제1항을 적용하지 아니한다. 다만, 주거지역에서는 주거환경의 보호를 위하여 대통령령으로 정하는 사업계획승인기준에 맞는 경우에 한한다.

1. 상업지역
2. 주거지역 · 공업지역 및 녹지지역 중 대통령령으로 정하는 지역

⑥ 제15조제1항에 따른 사업계획의 승인을 받은 경우 그 사업계획에 따른 관광숙박시설로서 대통령령으로 정하는 지역 내 위치하면서 「학교보건법」 제2조에 따른 학교 출입문 또는 학교설립예정지 출입문으로부터 직선거리로 75미터 이내에 위치한 관광숙박시설의 설치와 관련하여서는 「학교보건법」 제6조제1항 각 호 외의 부분 단서를 적용하지 아니한다. 〈신설 2015. 12. 22.〉

⑦ 제15조제1항에 따른 사업계획의 승인 또는 변경승인을 받은 경우 그 사업계획에 따른 관광숙박시설로서 다음 각 호에 적합한 시설에 대해서는 「학교보건법」 제6조제1항제13호를 적용하지 아니한다. 〈신설 2015. 12. 22.〉

1. 관광숙박시설에서 「학교보건법」 제6조제1항제12호, 제14호부터 제16호까지 또는 제18호부터 제20호까지의 규정에 따른 행위 및 시설 중 어느 하나에 해당하는 행위 및 시설이 없을 것
2. 관광숙박시설의 객실이 100실 이상일 것
3. 대통령령으로 정하는 지역 내 위치할 것
4. 대통령령으로 정하는 바에 따라 관광숙박시설 내 공용공간을 개방형 구조로 할 것
5. 「학교보건법」 제2조에 따른 학교 출입문 또는 학교설립예정지 출입문으로부터 직선거리로 75미터 이상에 위치할 것

⑧ 제7항 각 호의 요건을 충족하여 「학교보건법」 제6조제1항제13호를 적용받지 아니하고 관광숙박시설을 설치하려는 자는 「건축법」 제4조에 따른 건축위원회의 교육환경 저해여부에 관한 심의를 받아야 한다. 〈신설 2015. 12. 22.〉

⑨ 특별자치시장 · 특별자치도지사 · 시장 · 군수 · 구청장은 제15조제1항에 따른 사업계획(제7항 각 호의 요건을 충족하여 「학교보건법」 제6조제1항제13호를 적용받지 아니하고 관광숙박시설을 설치하려는 자의 사업계획에 한정한다)의 승인 또는 변경승인을 하려는 경우에는 교육환경 보호 및 교통안전 보호조치를 취하도록 하는 조건을 붙일 수 있다. 〈신설 2015. 12. 22., 2018. 6. 12.〉

[법률 제13594호(2015. 12. 22.) 부칙 제2조의 규정에 의하여 이 조제6항부터 제9항까지는 2021년 3월 24일까지 유효함]

제17조(관광숙박업 등의 등록심의위원회)

① 제4조제1항에 따른 관광숙박업 및 대통령령으로 정하는 관광객 이용시설업이나 국제회의업의 등록(등록 사항의 변경을 포함한다. 이하 이 조에서 같다)에 관한 사항을 심의하기 위하여 특별자치시장 · 특별자치도지사 · 시장 · 군수 · 구청장(권한이 위임된 경우에는 그 위임을 받은 기관을 말한다. 이하 이 조 및 제18조에서 같다) 소속으로 관광숙박업 및 관광객 이용시설업 등록심의위원회(이하 "위원회"라 한다)를 둔다. 〈개정 2008. 6. 5., 2009. 3. 25., 2018. 6. 12.〉

② 위원회는 위원장과 부위원장 각 1명을 포함한 위원 10명 이내로 구성하되, 위원장은 특별자치시 · 특별자치도 · 시 · 군 · 구(자치구만 해당한다. 이하 같다)의 부지사 · 부시장 · 부군수 · 부구청장이 되고, 부위원장은 위원 중에서 위원장이 지정하는 자가 되며, 위원은 제18조제1항 각 호에 따른 신고 또는 인 · 허가 등의 소관 기관의 직원이 된다. 〈개정 2008. 6. 5., 2018. 6. 12.〉

③ 위원회는 다음 각 호의 사항을 심의한다. 〈개정 2007. 7. 19., 2015. 12. 22.〉

1. 관광숙박업 및 대통령령으로 정하는 관광객 이용시설업이나 국제회의업의 등록기준 등에 관한 사항
2. 제18조제1항 각 호에서 정한 사업이 관계 법령상 신고 또는 인 · 허가 등의 요건에 해당하는지에 관한 사항
3. 제15조제1항에 따라 사업계획 승인 또는 변경승인을 받고 관광사업 등록(제16조제7항에 따라 「학교보건법」 제6조제1항제13호를 적용받지 아니하고 관광숙박시설을 설치하려는 경우에 한정한다)을 신청한 경우 제16조제7항 각 호의 요건을 충족하는지에 관한 사항

④ 특별자치시장 · 특별자치도지사 · 시장 · 군수 · 구청장은 제1항에 따른 관광숙박업, 관광객 이용시설업, 국제회의업의 등록을 하려면 미리 위원회의 심의를 거쳐야 한다. 다만, 대통령령으로 정하는 경미한 사항의 변경에 관하여는 위원회의 심의를 거치지 아니할 수 있다. 〈개정 2008. 6. 5., 2018. 6. 12.〉

⑤ 위원회의 회의는 재적위원 3분의 2 이상의 출석과 출석위원 3분의 2 이상의 찬성으로 의결한다. 〈신설 2018. 12. 11.〉

⑥ 위원회의 구성 · 운영이나 그 밖에 위원회에 필요한 사항은 대통령령으로 정한다. 〈개정 2018. 12. 11.〉

[법률 제13594호(2015. 12. 22.) 부칙 제2조의 규정에 의하여 이 조제3항제3호는 2021년 3월 24일까지 유효함]

제18조(등록 시의 신고 · 허가 의제 등)

① 특별자치시장 · 특별자치도지사 · 시장 · 군수 · 구청장이 위원회의 심의를 거쳐 등록을 하면 그 관광사업자는 다음 각 호의 신고를 하였거나 인 · 허가 등을 받은 것으로 본다. 〈개정 2008. 6. 5., 2009. 2. 6., 2011. 6. 15., 2017. 1. 17., 2018. 6. 12., 2020. 12. 29.〉

1. 「공중위생관리법」 제3조에 따른 숙박업 · 목욕장업 · 이용업 · 미용업 또는 세탁업의 신고
2. 「식품위생법」 제36조에 따른 식품접객업으로서 대통령령으로 정하는 영업의 허가 또는 신고
3. 「주류 면허 등에 관한 법률」 제5조에 따른 주류판매업의 면허 또는 신고
4. 「외국환거래법」 제8조제3항제1호에 따른 외국환업무의 등록
5. 「담배사업법」 제16조에 따른 담배소매인의 지정
6. 삭제 〈2015. 12. 22.〉
7. 「체육시설의 설치 · 이용에 관한 법률」 제10조에 따른 신고 체육시설업으로서 같은 법 제20조에 따른 체육시설업의 신고
8. 「해사안전법」 제34조제3항에 따른 해상 레저 활동의 허가
9. 「의료법」 제35조에 따른 부속의료기관의 개설신고 또는 개설허가

② 특별자치시장 · 특별자치도지사 · 시장 · 군수 · 구청장은 제1항에 따라 관광숙박업, 관광객 이용시설업 및 국제회의업의 등록을 한 때에는 지체 없이 제1항 각 호의 신고 또는 인 · 허가 등의 소관 행정기관의 장에게 그 내용을 통보하여야 한다. 〈개정 2008. 6. 5., 2018. 6. 12.〉

제18조의2(관광숙박업자의 준수사항) 제4조제1항에 따라 등록한 관광숙박업자 중 제16조제7항에 따라 「학교보건법」 제6조제1항제13호를 적용받지 아니하고 관광숙박시설을 설치한 자는 다음 각 호의 사항을 준수하여야 한다.

1. 관광숙박시설에서 「학교보건법」 제6조제1항제12호, 제14호부터 제16호까지 또는 제18호부터 제20호까지의 규정에 따른 행위 및 시설 중 어느 하나에 해당하는 행위 및 시설이 없을 것
2. 관광숙박시설의 객실이 100실 이상일 것
3. 대통령령으로 정하는 지역 내 위치할 것
4. 대통령령으로 정하는 바에 따라 관광숙박시설 내 공용공간을 개방형 구조로 할 것
5. 「학교보건법」 제2조에 따른 학교 출입문 또는 학교설립예정지 출입문으로부터 직선거리로 75미터 이상에 위치할 것

[본조신설 2015. 12. 22.]

제19조(관광숙박업 등의 등급)

① 문화체육관광부장관은 관광숙박시설 및 야영장 이용자의 편의를 돕고, 관광숙박시설·야영장 및 서비스의 수준을 효율적으로 유지·관리하기 위하여 관광숙박업자 및 야영장업자의 신청을 받아 관광숙박업 및 야영장업에 대한 등급을 정할 수 있다. 다만, 제4조제1항에 따라 호텔업 등록을 한 자 중 대통령령으로 정하는 자는 등급결정을 신청하여야 한다. 〈개정 2008. 2. 29., 2014. 3. 11., 2015. 2. 3.〉

② 문화체육관광부장관은 제1항에 따라 관광숙박업 및 야영장업에 대한 등급결정을 하는 경우 유효기간을 정하여 등급을 정할 수 있다. 〈개정 2014. 3. 11., 2015. 2. 3.〉

③ 문화체육관광부장관은 제1항에 따른 등급결정을 위하여 필요한 경우에는 관계 전문가에게 관광숙박업 및 야영장업의 시설 및 운영 실태에 관한 조사를 의뢰할 수 있다. 〈신설 2014. 3. 11., 2015. 2. 3.〉

④ 문화체육관광부장관은 제1항에 따른 등급결정 결과에 관한 사항을 공표할 수 있다. 〈신설 2014. 3. 11.〉

⑤ 관광숙박업 및 야영장업 등급의 구분에 관한 사항은 대통령령으로 정하고, 등급결정의 유효기간 · 신청 시기 · 절차 및 등급결정 결과 공표 등에 관한 사항은 문화체육관광부령으로 정한다. 〈신설 2014. 3. 11., 2015. 2. 3.〉

[제목개정 2015. 2. 3.]

제19조(관광숙박업 등의 등급)

① 문화체육관광부장관은 관광숙박시설 및 야영장 이용자의 편의를 돕고, 관광숙박시설 · 야영장 및 서비스의 수준을 효율적으로 유지 · 관리하기 위하여 관광숙박업자 및 야영장업자의 신청을 받아 관광숙박업 및 야영장업에 대한 등급을 정할 수 있다. 다만, 제4조제1항에 따라 호텔업 등록을 한 자 중 대통령령으로 정하는 자는 등급결정을 신청하여야 한다. 〈개정 2008. 2. 29., 2014. 3. 11., 2015. 2. 3.〉

② 문화체육관광부장관은 제1항에 따라 관광숙박업 및 야영장업에 대한 등급결정을 하는 경우 유효기간을 정하여 등급을 정할 수 있다. 〈개정 2014. 3. 11., 2015. 2. 3.〉

③ 문화체육관광부장관은 제1항에 따른 등급결정을 위하여 필요한 경우에는 관계 전문가에게 관광숙박업 및 야영장업의 시설 및 운영 실태에 관한 조사를 의뢰할 수 있다. 〈신설 2014. 3. 11., 2015. 2. 3.〉

④ 문화체육관광부장관은 제1항에 따른 등급결정 결과에 관한 사항을 공표할 수 있다. 〈신설 2014. 3. 11.〉

⑤ 문화체육관광부장관은 감염병 확산으로 「재난 및 안전관리 기본법」 제38조제2항에 따른 경계 이상의 위기경보가 발령된 경우 제1항에 따른 등급결정을 연기하거나 제2항에 따른 기존의 등급결정의 유효기간을 연장할 수 있다. 〈신설 2021. 4. 13.〉

⑥ 관광숙박업 및 야영장업 등급의 구분에 관한 사항은 대통령령으로 정하고, 등급결정의 유효기간 · 신청 시기 · 절차, 등급결정 결과 공표, 등급결정의 연기 및 유효기간 연장 등에 관한 사항은 문화체육관광부령으로 정한다. 〈신설 2014. 3. 11., 2015. 2. 3., 2021. 4. 13.〉

[제목개정 2015. 2. 3.]

[시행일 : 2021. 10. 14.] 제19조

제19조의2 삭제 〈2018. 3. 13.〉

제20조(분양 및 회원 모집)

① 관광숙박업이나 관광객 이용시설업으로서 대통령령으로 정하는 종류의 관광사업을 등록한 자 또는 그 사업계획의 승인을 받은 자가 아니면 그 관광사업의 시설에 대하여 분양(휴양 콘도미니엄만 해당한다. 이하 같다) 또는 회원모집을 하여서는 아니 된다.

② 누구든지 다음 각 호의 어느 하나에 해당하는 행위를 하여서는 아니 된다. 〈개정 2007. 7. 19.〉

1. 제1항에 따른 분양 또는 회원모집을 할 수 없는 자가 관광숙박업이나 관광객 이용시설업으로서 대통령령으로 정하는 종류의 관광사업 또는 이와 유사한 명칭을 사용하여 분양 또는 회원모집을 하는 행위
2. 관광숙박시설과 관광숙박시설이 아닌 시설을 혼합 또는 연계하여 이를 분양하거나 회원을 모집하는 행위. 다만, 대통령령으로 정하는 종류의 관광숙박업의 등록을 받은 자 또는 그 사업계획의 승인을 얻은 자가 「체육시설의 설치·이용에 관한 법률」 제12조에 따라 골프장의 사업계획을 승인받은 경우에는 관광숙박시설과 해당 골프장을 연계하여 분양하거나 회원을 모집할 수 있다.
3. 공유자 또는 회원으로부터 제1항에 따른 관광사업의 시설에 관한 이용권리를 양도받아 이를 이용할 수 있는 회원을 모집하는 행위

③ 제1항에 따라 분양 또는 회원모집을 하려는 자가 사용하는 약관에는 제5항 각 호의 사항이 포함되어야 한다.

④ 제1항에 따라 분양 또는 회원 모집을 하려는 자는 대통령령으로 정하는 분양 또는 회원 모집의 기준 및 절차에 따라 분양 또는 회원 모집을 하여야 한다.

⑤ 분양 또는 회원 모집을 한 자는 공유자·회원의 권익을 보호하기 위하여 다음 각 호의 사항에 관하여 대통령령으로 정하는 사항을 지켜야 한다.

1. 공유지분(共有持分) 또는 회원자격의 양도 · 양수
2. 시설의 이용
3. 시설의 유지 · 관리에 필요한 비용의 징수
4. 회원 입회금의 반환
5. 회원증의 발급과 확인
6. 공유자 · 회원의 대표기구 구성
7. 그 밖에 공유자 · 회원의 권익 보호를 위하여 대통령령으로 정하는 사항

제20조의2(야영장업자의 준수사항) 제4조제1항에 따라 야영장업의 등록을 한 자는 문화체육관광부령으로 정하는 안전 · 위생기준을 지켜야 한다.

[본조신설 2015. 2. 3.]

제4절 카지노업

제21조(허가 요건 등)

① 문화체육관광부장관은 제5조제1항에 따른 카지노업(이하 "카지노업"이라 한다)의 허가신청을 받으면 다음 각 호의 어느 하나에 해당하는 경우에만 허가할 수 있다. 〈개정 2008. 2. 29., 2008. 6. 5., 2018. 6. 12.〉

1. 국제공항이나 국제여객선터미널이 있는 특별시 · 광역시 · 특별자치시 · 도 · 특별자치도(이하 "시 · 도"라 한다)에 있거나 관광특구에 있는 관광숙박업 중 호텔업 시설(관광숙박업의 등급 중 최상 등급을 받은 시설만 해당하며, 시 · 도에 최상 등급의 시설이 없는 경우에는 그 다음 등급의 시설만 해당한다) 또는 대통령령으로 정하는 국제회의업 시설의 부대시설에서 카지노업을 하려는 경우로서 대통령령으로 정하는 요건에 맞는 경우
2. 우리나라와 외국을 왕래하는 여객선에서 카지노업을 하려는 경우로서 대통령령으로 정하는 요건에 맞는 경우

② 문화체육관광부장관이 공공의 안녕, 질서유지 또는 카지노업의 건전한 발전을 위하여 필요하다고 인정하면 대통령령으로 정하는 바에 따라 제1항에 따른 허가를 제한할 수 있다. 〈개정 2008. 2. 29.〉

제21조의2(허가의 공고 등)

① 문화체육관광부장관은 카지노업의 신규허가를 하려면 미리 다음 각 호의 사항을 정하여 공고하여야 한다.

1. 허가 대상지역
2. 허가 가능업체 수
3. 허가절차 및 허가방법
4. 세부 허가기준
5. 카지노업의 건전한 운영과 관광산업의 진흥을 위하여 문화체육관광부장관이 정하는 사항

② 문화체육관광부장관은 제1항에 따른 공고를 실시한 결과 적합한 자가 없을 경우에는 카지노업의 신규허가를 하지 아니할 수 있다.

[본조신설 2016. 2. 3.]

제22조(결격사유)

① 다음 각 호의 어느 하나에 해당하는 자는 카지노업의 허가를 받을 수 없다.

1. 19세 미만인 자
2. 「폭력행위 등 처벌에 관한 법률」 제4조에 따른 단체 또는 집단을 구성하거나 그 단체 또는 집단에 자금을 제공하여 금고 이상의 형을 선고받고 형이 확정된 자
3. 조세를 포탈(逋脫)하거나 「외국환거래법」을 위반하여 금고 이상의 형을 선고받고 형이 확정된 자
4. 금고 이상의 실형을 선고받고 그 집행이 끝나거나 집행을 받지 아니하기로 확정된 후 2년이 지나지 아니한 자
5. 금고 이상의 형의 집행유예를 선고받고 그 유예기간 중에 있는 자
6. 금고 이상의 형의 선고유예를 받고 그 유예기간 중에 있는 자
7. 임원 중에 제1호부터 제6호까지의 규정 중 어느 하나에 해당하는 자가 있는 법인

② 문화체육관광부장관은 카지노업의 허가를 받은 자(이하 "카지노사업자"라 한다)가 제1항 각 호의 어느 하나에 해당하면 그 허가를 취소하여야 한다. 다

만, 법인의 임원 중 그 사유에 해당하는 자가 있는 경우 3개월 이내에 그 임원을 바꾸어 임명한 때에는 그러하지 아니하다. 〈개정 2008. 2. 29.〉

제23조(카지노업의 시설기준 등)

① 카지노업의 허가를 받으려는 자는 문화체육관광부령으로 정하는 시설 및 기구를 갖추어야 한다. 〈개정 2008. 2. 29.〉

② 카지노사업자에 대하여는 문화체육관광부령으로 정하는 바에 따라 제1항에 따른 시설 중 일정 시설에 대하여 문화체육관광부장관이 지정·고시하는 검사기관의 검사를 받게 할 수 있다. 〈개정 2008. 2. 29.〉

③ 카지노사업자는 제1항에 따른 시설 및 기구를 유지·관리하여야 한다.

제24조(조건부 영업허가)

① 문화체육관광부장관은 카지노업을 허가할 때 1년의 범위에서 대통령령으로 정하는 기간에 제23조제1항에 따른 시설 및 기구를 갖출 것을 조건으로 허가할 수 있다. 다만, 천재지변이나 그 밖의 부득이한 사유가 있다고 인정하는 경우에는 해당 사업자의 신청에 따라 한 차례에 한하여 6개월을 넘지 아니하는 범위에서 그 기간을 연장할 수 있다. 〈개정 2008. 2. 29., 2011. 4. 5.〉

② 문화체육관광부장관은 제1항에 따른 허가를 받은 자가 정당한 사유 없이 제1항에 따른 기간에 허가 조건을 이행하지 아니하면 그 허가를 즉시 취소하여야 한다. 〈개정 2008. 2. 29., 2011. 4. 5.〉

③ 제1항에 따른 허가를 받은 자는 제1항에 따른 기간 내에 허가 조건에 해당하는 필요한 시설 및 기구를 갖춘 경우 그 내용을 문화체육관광부장관에게 신고하여야 한다. 〈신설 2011. 4. 5.〉

④ 문화체육관광부장관은 제3항에 따른 신고를 받은 경우 그 내용을 검토하여 이 법에 적합하면 신고를 수리하여야 한다. 〈신설 2018. 6. 12.〉

제25조(카지노기구의 규격 및 기준 등)

① 문화체육관광부장관은 카지노업에 이용되는 기구(이하 "카지노기구"라 한다)의 형상·구조·재질 및 성능 등에 관한 규격 및 기준(이하 "공인기준등"이라 한다)을 정하여야 한다. 〈개정 2008. 2. 29.〉

② 문화체육관광부장관은 문화체육관광부령으로 정하는 바에 따라 문화체육관광부장관이 지정하는 검사기관의 검정을 받은 카지노기구의 규격 및 기준을 공인기준등으로 인정할 수 있다. 〈개정 2008. 2. 29.〉

③ 카지노사업자가 카지노기구를 영업장소(그 부대시설 등을 포함한다)에 반입·사용하는 경우에는 문화체육관광부령으로 정하는 바에 따라 그 카지노기구가 공인기준등에 맞는지에 관하여 문화체육관광부장관의 검사를 받아야 한다. 〈개정 2008. 2. 29.〉

④ 제3항에 따른 검사에 합격된 카지노기구에는 문화체육관광부령으로 정하는 바에 따라 검사에 합격하였음을 증명하는 증명서(이하 "검사합격증명서"이라 한다)를 붙이거나 표시하여야 한다. 〈개정 2008. 2. 29.〉

제26조(카지노업의 영업 종류와 영업 방법 등)

① 카지노업의 영업 종류는 문화체육관광부령으로 정한다. 〈개정 2008. 2. 29.〉

② 카지노사업자는 문화체육관광부령으로 정하는 바에 따라 제1항에 따른 카지노업의 영업 종류별 영업 방법 및 배당금 등에 관하여 문화체육관광부장관에게 미리 신고하여야 한다. 신고한 사항을 변경하려는 경우에도 또한 같다. 〈개정 2008. 2. 29.〉

③ 문화체육관광부장관은 제2항에 따른 신고 또는 변경신고를 받은 경우 그 내용을 검토하여 이 법에 적합하면 신고를 수리하여야 한다. 〈신설 2018. 6. 12.〉

제27조(지도와 명령) 문화체육관광부장관은 지나친 사행심 유발을 방지하는 등 그 밖에 공익을 위하여 필요하다고 인정하면 카지노사업자에게 필요한 지도와 명령을 할 수 있다. 〈개정 2008. 2. 29.〉

제28조(카지노사업자 등의 준수 사항)

① 카지노사업자(대통령령으로 정하는 종사원을 포함한다. 이하 이 조에서 같다)는 다음 각 호의 어느 하나에 해당하는 행위를 하여서는 아니 된다.

1. 법령에 위반되는 카지노기구를 설치하거나 사용하는 행위
2. 법령을 위반하여 카지노기구 또는 시설을 변조하거나 변조된 카지노기구 또는 시설을 사용하는 행위

3. 허가받은 전용영업장 외에서 영업을 하는 행위
4. 내국인(「해외이주법」 제2조에 따른 해외이주자는 제외한다)을 입장하게 하는 행위
5. 지나친 사행심을 유발하는 등 선량한 풍속을 해칠 우려가 있는 광고나 선전을 하는 행위
6. 제26조제1항에 따른 영업 종류에 해당하지 아니하는 영업을 하거나 영업 방법 및 배당금 등에 관한 신고를 하지 아니하고 영업하는 행위
7. 총매출액을 누락시켜 제30조제1항에 따른 관광진흥개발기금 납부금액을 감소시키는 행위
8. 19세 미만인 자를 입장시키는 행위
9. 정당한 사유 없이 그 연도 안에 60일 이상 휴업하는 행위

② 카지노사업자는 카지노업의 건전한 육성·발전을 위하여 필요하다고 인정하여 문화체육관광부령으로 정하는 영업준칙을 지켜야 한다. 이 경우 그 영업준칙에는 다음 각 호의 사항이 포함되어야 한다. 〈개정 2007. 7. 19., 2008. 2. 29.〉

1. 1일 최소 영업시간
2. 게임 테이블의 집전함(集錢函) 부착 및 내기금액 한도액의 표시 의무
3. 슬롯머신 및 비디오게임의 최소배당률
4. 전산시설·환전소·계산실·폐쇄회로의 관리기록 및 회계와 관련된 기록의 유지 의무
5. 카지노 종사원의 게임참여 불가 등 행위금지사항

제29조(카지노영업소 이용자의 준수 사항) 카지노영업소에 입장하는 자는 카지노사업자가 외국인(「해외이주법」 제2조에 따른 해외이주자를 포함한다)임을 확인하기 위하여 신분 확인에 필요한 사항을 묻는 때에는 이에 응하여야 한다.

제30조(기금 납부)

① 카지노사업자는 총매출액의 100분의 10의 범위에서 일정 비율에 해당하는 금액을 「관광진흥개발기금법」에 따른 관광진흥개발기금에 내야 한다.

② 카지노사업자가 제1항에 따른 납부금을 납부기한까지 내지 아니하면 문화체육관광부장관은 10일 이상의 기간을 정하여 이를 독촉하여야 한다. 이 경우 체납된 납부금에 대하여는 100분의 3에 해당하는 가산금을 부과하여야 한다. 〈개정 2008. 2. 29.〉

③ 제2항에 따른 독촉을 받은 자가 그 기간에 납부금을 내지 아니하면 국세 체납처분의 예에 따라 징수한다.

④ 제1항에 따른 총매출액, 징수비율 및 부과·징수절차 등에 필요한 사항은 대통령령으로 정한다.

⑤ 제1항에 따른 납부금 또는 제2항 후단에 따른 가산금을 부과받은 자가 부과된 납부금 또는 가산금에 대하여 이의가 있는 경우에는 부과받은 날부터 30일 이내에 문화체육관광부장관에게 이의를 신청할 수 있다. 〈신설 2011. 4. 5.〉

⑥ 문화체육관광부장관은 제5항에 따라 이의신청을 받았을 때에는 그 신청을 받은 날부터 15일 이내에 이를 심의하여 그 결과를 신청인에게 서면으로 알려야 한다. 〈신설 2011. 4. 5.〉

제5절 유원시설업

제31조(조건부 영업허가)

① 특별자치시장·특별자치도지사·시장·군수·구청장은 유원시설업 허가를 할 때 5년의 범위에서 대통령령으로 정하는 기간에 제5조제2항에 따른 시설 및 설비를 갖출 것을 조건으로 허가할 수 있다. 다만, 천재지변이나 그 밖의 부득이한 사유가 있다고 인정하는 경우에는 해당 사업자의 신청에 따라 한 차례에 한하여 1년을 넘지 아니하는 범위에서 그 기간을 연장할 수 있다. 〈개정 2008. 6. 5., 2011. 4. 5., 2018. 6. 12.〉

② 특별자치시장·특별자치도지사·시장·군수·구청장은 제1항에 따른 허가를 받은 자가 정당한 사유 없이 제1항에 따른 기간에 허가 조건을 이행하지 아니하면 그 허가를 즉시 취소하여야 한다. 〈개정 2008. 6. 5., 2011. 4. 5., 2018. 6. 12.〉

③ 제1항에 따른 허가를 받은 자는 제1항에 따른 기간 내에 허가 조건에 해당하는 필요한 시설 및 기구를 갖춘 경우 그 내용을 특별자치시장 · 특별자치도지사 · 시장 · 군수 · 구청장에게 신고하여야 한다. 〈신설 2011. 4. 5., 2018. 6. 12.〉

④ 특별자치시장 · 특별자치도지사 · 시장 · 군수 · 구청장은 제3항에 따른 신고를 받은 날부터 문화체육관광부령으로 정하는 기간 내에 신고수리 여부를 신고인에게 통지하여야 한다. 〈신설 2018. 6. 12.〉

⑤ 특별자치시장 · 특별자치도지사 · 시장 · 군수 · 구청장이 제4항에서 정한 기간 내에 신고수리 여부 또는 민원 처리 관련 법령에 따른 처리기간의 연장을 신고인에게 통지하지 아니하면 그 기간(민원 처리 관련 법령에 따라 처리기간이 연장 또는 재연장된 경우에는 해당 처리기간을 말한다)이 끝난 날의 다음 날에 신고를 수리한 것으로 본다. 〈신설 2018. 6. 12.〉

제32조(물놀이형 유원시설업자의 준수사항) 제5조제2항 또는 제4항에 따라 유원시설업의 허가를 받거나 신고를 한 자(이하 "유원시설업자"라 한다)중 물놀이형 유기시설 또는 유기기구를 설치한 자는 문화체육관광부령으로 정하는 안전 · 위생기준을 지켜야 한다.

[전문개정 2009. 3. 25.]

제33조(안전성검사 등)

① 유원시설업자 및 유원시설업의 허가 또는 변경허가를 받으려는 자(조건부 영업허가를 받은 자로서 그 조건을 이행한 후 영업을 시작하려는 경우를 포함한다)는 문화체육관광부령으로 정하는 안전성검사 대상 유기시설 또는 유기기구에 대하여 문화체육관광부령에서 정하는 바에 따라 특별자치시장 · 특별자치도지사 · 시장 · 군수 · 구청장이 실시하는 안전성검사를 받아야 하고, 안전성검사 대상이 아닌 유기시설 또는 유기기구에 대하여는 안전성검사 대상에 해당되지 아니함을 확인하는 검사를 받아야 한다. 이 경우 특별자치시장 · 특별자치도지사 · 시장 · 군수 · 구청장은 성수기 등을 고려하여 검사시기를 지정할 수 있다. 〈개정 2008. 2. 29., 2009. 3. 25., 2011. 4. 5., 2018. 6. 12.〉

② 제1항에 따라 안전성검사를 받아야 하는 유원시설업자는 유기시설 및 유기기구에 대한 안전관리를 위하여 사업장에 안전관리자를 항상 배치하여야 한다.

③ 제2항에 따른 안전관리자는 문화체육관광부장관이 실시하는 유기시설 및 유기기구의 안전관리에 관한 교육(이하 "안전교육"이라 한다)을 정기적으로 받아야 한다. 〈신설 2015. 2. 3.〉

④ 제2항에 따른 유원시설업자는 제2항에 따른 안전관리자가 안전교육을 받도록 하여야 한다. 〈신설 2015. 2. 3.〉

⑤ 제2항에 따른 안전관리자의 자격 · 배치 기준 및 임무, 안전교육의 내용 · 기간 및 방법 등에 필요한 사항은 문화체육관광부령으로 정한다. 〈개정 2008. 2. 29., 2015. 2. 3.〉

제33조의2(사고보고의무 및 사고조사)

① 유원시설업자는 그가 관리하는 유기시설 또는 유기기구로 인하여 대통령령으로 정하는 중대한 사고가 발생한 때에는 즉시 사용중지 등 필요한 조치를 취하고 문화체육관광부령으로 정하는 바에 따라 특별자치시장 · 특별자치도지사 · 시장 · 군수 · 구청장에게 통보하여야 한다. 〈개정 2018. 6. 12.〉

② 제1항에 따라 통보를 받은 특별자치시장 · 특별자치도지사 · 시장 · 군수 · 구청장은 필요하다고 판단하는 경우에는 대통령령으로 정하는 바에 따라 유원시설업자에게 자료의 제출을 명하거나 현장조사를 실시할 수 있다. 〈개정 2018. 6. 12.〉

③ 특별자치시장 · 특별자치도지사 · 시장 · 군수 · 구청장은 제2항에 따른 자료 및 현장조사 결과에 따라 해당 유기시설 또는 유기기구가 안전에 중대한 침해를 줄 수 있다고 판단하는 경우에는 그 유원시설업자에게 대통령령으로 정하는 바에 따라 사용중지 · 개선 또는 철거를 명할 수 있다. 〈개정 2018. 6. 12.〉

[본조신설 2015. 5. 18.]

제34조(영업질서 유지 등)

① 유원시설업자는 영업질서 유지를 위하여 문화체육관광부령으로 정하는 사항을 지켜야 한다. 〈개정 2008. 2. 29.〉

② 유원시설업자는 법령을 위반하여 제조한 유기시설 · 유기기구 또는 유기기구의 부분품(部分品)을 설치하거나 사용하여서는 아니 된다.

제34조의2(유원시설안전정보시스템의 구축 · 운영 등)

① 문화체육관광부장관은 유원시설의 안전과 관련된 정보를 종합적으로 관리하고 해당 정보를 유원시설업자 및 관광객에게 제공하기 위하여 유원시설안전정보시스템을 구축 · 운영할 수 있다.

② 제1항에 따른 유원시설안전정보시스템에는 다음 각 호의 정보가 포함되어야 한다.

1. 제5조제2항에 따른 유원시설업의 허가(변경허가를 포함한다) 또는 같은 조 제4항에 따른 유원시설업의 신고(변경신고를 포함한다)에 관한 정보
2. 제9조에 따른 유원시설업자의 보험 가입 등에 관한 정보
3. 제32조에 따른 물놀이형 유원시설업자의 안전 · 위생에 관한 정보
4. 제33조제1항에 따른 안전성검사 또는 안전성검사 대상에 해당하지 아니함을 확인하는 검사에 관한 정보
5. 제33조제3항에 따른 안전관리자의 안전교육에 관한 정보
6. 제33조의2제1항에 따라 통보한 사고 및 그 조치에 관한 정보
7. 유원시설업자가 이 법을 위반하여 받은 행정처분에 관한 정보
8. 그 밖에 유원시설의 안전관리를 위하여 대통령령으로 정하는 정보

③ 문화체육관광부장관은 특별자치시장 · 특별자치도지사 · 시장 · 군수 · 구청장, 제80조제3항에 따라 업무를 위탁받은 기관의 장 및 유원시설업자에게 유원시설안전정보시스템의 구축 · 운영에 필요한 자료를 제출 또는 등록하도록 요청할 수 있다. 이 경우 요청을 받은 자는 정당한 사유가 없으면 이에 따라야 한다.

④ 문화체육관광부장관은 제2항제3호 및 제4호에 따른 정보 등을 유원시설안전정보시스템을 통하여 공개할 수 있다.

⑤ 제4항에 따른 공개의 대상, 범위, 방법 및 그 밖에 유원시설안전정보시스템의 구축 · 운영에 필요한 사항은 문화체육관광부령으로 정한다.

[본조신설 2020. 12. 22.]

제6절 영업에 대한 지도와 감독

제35조(등록취소 등)

① 관할 등록기관등의 장은 관광사업의 등록등을 받거나 신고를 한 자 또는 사업계획의 승인을 받은 자가 다음 각 호의 어느 하나에 해당하면 그 등록등 또는 사업계획의 승인을 취소하거나 6개월 이내의 기간을 정하여 그 사업의 전부 또는 일부의 정지를 명하거나 시설·운영의 개선을 명할 수 있다. 〈개정 2007. 7. 19., 2009. 3. 25., 2011. 4. 5., 2014. 3. 11., 2015. 2. 3., 2015. 5. 18., 2015. 12. 22., 2017. 11. 28., 2018. 6. 12., 2018. 12. 11.〉

1. 제4조에 따른 등록기준에 적합하지 아니하게 된 경우 또는 변경등록기간 내에 변경등록을 하지 아니하거나 등록한 영업범위를 벗어난 경우

1의2. 제5조제2항 및 제4항에 따라 문화체육관광부령으로 정하는 시설과 설비를 갖추지 아니하게 되는 경우

2. 제5조제3항 및 제4항 후단에 따른 변경허가를 받지 아니하거나 변경신고를 하지 아니한 경우

2의2. 제6조제2항에 따른 지정 기준에 적합하지 아니하게 된 경우

3. 제8조제4항(같은 조 제6항에 따라 준용하는 경우를 포함한다)에 따른 기한 내에 신고를 하지 아니한 경우

3의2. 제8조제8항을 위반하여 휴업 또는 폐업을 하고 알리지 아니하거나 미리 신고하지 아니한 경우

4. 제9조에 따른 보험 또는 공제에 가입하지 아니하거나 영업보증금을 예치하지 아니한 경우

4의2. 제10조제2항을 위반하여 사실과 다르게 관광표지를 붙이거나 관광표지에 기재되는 내용을 사실과 다르게 표시 또는 광고하는 행위를 한 경우

5. 제11조를 위반하여 관광사업의 시설을 타인에게 처분하거나 타인에게 경영하도록 한 경우

6. 제12조에 따른 기획여행의 실시요건 또는 실시방법을 위반하여 기획여행을 실시한 경우

7. 제14조를 위반하여 안전정보 또는 변경된 안전정보를 제공하지 아니하거나, 여행계약서 및 보험 가입 등을 증명할 수 있는 서류를 여행자에게 내주지 아니한 경우 또는 여행자의 사전 동의 없이 여행일정(선택관광 일정을 포함한다)을 변경하는 경우
8. 제15조에 따라 사업계획의 승인을 얻은 자가 정당한 사유 없이 대통령령으로 정하는 기간 내에 착공 또는 준공을 하지 아니하거나 같은 조를 위반하여 변경승인을 얻지 아니하고 사업계획을 임의로 변경한 경우

8의2. 제18조의2에 따른 준수사항을 위반한 경우

8의3. 제19조제1항 단서를 위반하여 등급결정을 신청하지 아니한 경우

9. 제20조제1항 및 제4항을 위반하여 분양 또는 회원모집을 하거나 같은 조 제5항에 따른 공유자 · 회원의 권익을 보호하기 위한 사항을 준수하지 아니한 경우

9의2. 제20조의2에 따른 준수사항을 위반한 경우

10. 제21조에 따른 카지노업의 허가 요건에 적합하지 아니하게 된 경우
11. 제23조제3항을 위반하여 카지노 시설 및 기구에 관한 유지 · 관리를 소홀히 한 경우
12. 제28조제1항 및 제2항에 따른 준수사항을 위반한 경우
13. 제30조를 위반하여 관광진흥개발기금을 납부하지 아니한 경우
14. 제32조에 따른 물놀이형 유원시설 등의 안전 · 위생기준을 지키지 아니한 경우
15. 제33조제1항에 따른 유기시설 또는 유기기구에 대한 안전성검사 및 안전성검사 대상에 해당되지 아니함을 확인하는 검사를 받지 아니하거나 같은 조 제2항에 따른 안전관리자를 배치하지 아니한 경우
16. 제34조제1항에 따른 영업질서 유지를 위한 준수사항을 지키지 아니하거나 같은 조 제2항을 위반하여 불법으로 제조한 부분품을 설치하거나 사용한 경우

16의2. 제38조제1항 단서를 위반하여 해당 자격이 없는 자를 종사하게 한 경우

17. 삭제 〈2011. 4. 5.〉
18. 제78조에 따른 보고 또는 서류제출명령을 이행하지 아니하거나 관계 공무원의 검사를 방해한 경우
19. 관광사업의 경영 또는 사업계획을 추진함에 있어서 뇌물을 주고받은 경우
20. 고의로 여행계약을 위반한 경우(여행업자만 해당한다)

② 관할 등록기관등의 장은 관광사업의 등록등을 받은 자가 다음 각 호의 어느 하나에 해당하면 6개월 이내의 기간을 정하여 그 사업의 전부 또는 일부의 정지를 명할 수 있다. 〈신설 2007. 7. 19., 2008. 2. 29., 2011. 4. 5.〉

1. 제13조제2항에 따른 등록을 하지 아니한 자에게 국외여행을 인솔하게 한 경우
2. 제27조에 따른 문화체육관광부장관의 지도와 명령을 이행하지 아니한 경우

③ 제1항 및 제2항에 따른 취소·정지처분 및 시설·운영개선명령의 세부적인 기준은 그 사유와 위반 정도를 고려하여 대통령령으로 정한다. 〈개정 2007. 7. 19.〉

④ 관할 등록기관등의 장은 관광사업에 사용할 것을 조건으로 「관세법」 등에 따라 관세의 감면을 받은 물품을 보유하고 있는 관광사업자로부터 그 물품의 수입면허를 받은 날부터 5년 이내에 그 사업의 양도·폐업의 신고 또는 통보를 받거나 그 관광사업자의 등록등의 취소를 한 경우에는 관할 세관장에게 그 사실을 즉시 통보하여야 한다. 〈개정 2007. 7. 19.〉

⑤ 관할 등록기관등의 장은 관광사업자에 대하여 제1항 및 제2항에 따라 등록등을 취소하거나 사업의 전부 또는 일부의 정지를 명한 경우에는 제18조제2항에 따라 소관 행정기관의 장(외국인투자기업인 경우에는 기획재정부장관을 포함한다)에게 그 사실을 통보할 수 있다. 〈개정 2007. 7. 19., 2008. 2. 29.〉

⑥ 관할 등록기관등의 장 외의 소관 행정기관의 장이 관광사업자에 대하여 그 사업의 정지나 취소 또는 시설의 이용을 금지하거나 제한하려면 미리 관할 등록기관등의 장과 협의하여야 한다. 〈개정 2007. 7. 19.〉

⑦ 제1항 각 호의 어느 하나에 해당하는 관광숙박업자의 위반행위가 「공중위생

관리법」 제11조제1항에 따른 위반행위에 해당하면 「공중위생관리법」의 규정에도 불구하고 이 법을 적용한다. 〈개정 2007. 7. 19.〉

제36조(폐쇄조치 등)

① 관할 등록기관등의 장은 제5조제1항 · 제2항 또는 제4항에 따른 허가 또는 신고 없이 영업을 하거나 제24조제2항 · 제31조제2항 또는 제35조에 따른 허가의 취소 또는 사업의 정지명령을 받고 계속하여 영업을 하는 자에 대하여는 그 영업소를 폐쇄하기 위하여 관계 공무원에게 다음 각 호의 조치를 하게 할 수 있다.

1. 해당 영업소의 간판이나 그 밖의 영업표지물의 제거 또는 삭제
2. 해당 영업소가 적법한 영업소가 아니라는 것을 알리는 게시물 등의 부착
3. 영업을 위하여 꼭 필요한 시설물 또는 기구 등을 사용할 수 없게 하는 봉인(封印)

② 관할 등록기관등의 장은 제35조제1항제4호의2에 따라 행정처분을 한 경우에는 관계 공무원으로 하여금 이를 인터넷 홈페이지 등에 공개하게 하거나 사실과 다른 관광표지를 제거 또는 삭제하는 조치를 하게 할 수 있다. 〈신설 2014. 3. 11.〉

③ 관할 등록기관등의 장은 제1항제3호에 따른 봉인을 한 후 다음 각 호의 어느 하나에 해당하는 사유가 생기면 봉인을 해제할 수 있다. 제1항제2호에 따라 게시를 한 경우에도 또한 같다. 〈개정 2014. 3. 11.〉

1. 봉인을 계속할 필요가 없다고 인정되는 경우
2. 해당 영업을 하는 자 또는 그 대리인이 정당한 사유를 들어 봉인의 해제를 요청하는 경우

④ 관할 등록기관등의 장은 제1항 및 제2항에 따른 조치를 하려는 경우에는 미리 그 사실을 그 사업자 또는 그 대리인에게 서면으로 알려주어야 한다. 다만, 급박한 사유가 있으면 그러하지 아니하다. 〈개정 2014. 3. 11.〉

⑤ 제1항에 따른 조치는 영업을 할 수 없게 하는 데에 필요한 최소한의 범위에 그쳐야 한다. 〈개정 2014. 3. 11.〉

⑥ 제1항 및 제2항에 따라 영업소를 폐쇄하거나 관광표지를 제거·삭제하는 관계 공무원은 그 권한을 표시하는 증표를 지니고 이를 관계인에게 내보여야 한다. 〈개정 2014. 3. 11.〉

제37조(과징금의 부과)

① 관할 등록기관등의 장은 관광사업자가 제35조제1항 각 호 또는 제2항 각 호의 어느 하나에 해당되어 사업 정지를 명하여야 하는 경우로서 그 사업의 정지가 그 이용자 등에게 심한 불편을 주거나 그 밖에 공익을 해칠 우려가 있으면 사업 정지 처분을 갈음하여 2천만 원 이하의 과징금(過徵金)을 부과할 수 있다. 〈개정 2009. 3. 25.〉

② 제1항에 따라 과징금을 부과하는 위반 행위의 종류·정도 등에 따른 과징금의 금액과 그 밖에 필요한 사항은 대통령령으로 정한다.

③ 관할 등록기관등의 장은 제1항에 따른 과징금을 내야 하는 자가 납부기한까지 내지 아니하면 국세 체납처분의 예 또는 「지방행정제재·부과금의 징수 등에 관한 법률」에 따라 징수한다. 〈개정 2013. 8. 6., 2020. 3. 24.〉

제7절 관광종사원

제38조(관광종사원의 자격 등)

① 관할 등록기관등의 장은 대통령령으로 정하는 관광 업무에는 관광종사원의 자격을 가진 자가 종사하도록 해당 관광사업자에게 권고할 수 있다. 다만, 외국인 관광객을 대상으로 하는 여행업자는 관광통역안내의 자격을 가진 사람을 관광안내에 종사하게 하여야 한다. 〈개정 2009. 3. 25.〉

② 제1항에 따른 관광종사원의 자격을 취득하려는 자는 문화체육관광부령으로 정하는 바에 따라 문화체육관광부장관이 실시하는 시험에 합격한 후 문화체육관광부장관에게 등록하여야 한다. 다만, 문화체육관광부령으로 따로 정하는 자는 시험의 전부 또는 일부를 면제할 수 있다. 〈개정 2008. 2. 29.〉

③ 문화체육관광부장관은 제2항에 따라 등록을 한 자에게 관광종사원 자격증을 내주어야 한다. 〈개정 2008. 2. 29.〉

④ 관광종사원 자격증을 가진 자는 그 자격증을 잃어버리거나 못 쓰게 되면 문화체육관광부장관에게 그 자격증의 재교부를 신청할 수 있다. 〈개정 2008. 2. 29.〉

⑤ 제2항에 따른 시험의 최종합격자 발표일을 기준으로 제7조제1항 각 호(제3호는 제외한다)의 어느 하나에 해당하는 자는 제1항에 따른 관광종사원의 자격을 취득하지 못한다. 〈개정 2011. 4. 5., 2019. 12. 3.〉

⑥ 관광통역안내의 자격이 없는 사람은 외국인 관광객을 대상으로 하는 관광안내(제1항 단서에 따라 외국인 관광객을 대상으로 하는 여행업에 종사하여 관광안내를 하는 경우에 한정한다. 이하 이 조에서 같다)를 하여서는 아니 된다. 〈신설 2016. 2. 3.〉

⑦ 관광통역안내의 자격을 가진 사람이 관광안내를 하는 경우에는 제3항에 따른 자격증을 패용하여야 한다. 〈신설 2016. 2. 3.〉

⑧ 제3항에 따른 자격증은 다른 사람에게 빌려주거나 빌려서는 아니 되며, 이를 알선해서도 아니 된다. 〈개정 2019. 12. 3.〉

⑨ 문화체육관광부장관은 제2항에 따른 시험에서 다음 각 호의 어느 하나에 해당하는 사람에 대하여는 그 시험을 정지 또는 무효로 하거나 합격결정을 취소하고, 그 시험을 정지하거나 무효로 한 날 또는 합격결정을 취소한 날부터 3년간 시험응시자격을 정지한다. 〈신설 2017. 11. 28.〉

1. 부정한 방법으로 시험에 응시한 사람
2. 시험에서 부정한 행위를 한 사람

제39조(교육) 문화체육관광부장관 또는 시 · 도지사는 관광종사원과 그 밖에 관광업무에 종사하는 자의 업무능력 향상을 위한 교육에 필요한 지원을 할 수 있다. [전문개정 2011. 4. 5.]

제40조(자격취소 등) 문화체육관광부장관(관광종사원 중 대통령령으로 정하는 관광종사원에 대하여는 시 · 도지사)은 제38조제1항에 따라 자격을 가진 관광종사원이 다음 각 호의 어느 하나에 해당하면 문화체육관광부령으로 정하는 바에 따라 그 자격을 취소하거나 6개월 이내의 기간을 정하여 자격의 정지를 명할 수 있다. 다만, 제1호 및 제5호에 해당하면 그 자격을 취소하여야 한다. 〈개정 2008. 2. 29.,

2011. 4. 5., 2016. 2. 3.〉

1. 거짓이나 그 밖의 부정한 방법으로 자격을 취득한 경우
2. 제7조제1항 각 호(제3호는 제외한다)의 어느 하나에 해당하게 된 경우
3. 관광종사원으로서 직무를 수행하는 데에 부정 또는 비위(非違) 사실이 있는 경우
4. 삭제 〈2007. 7. 19.〉
5. 제38조제8항을 위반하여 다른 사람에게 관광종사원 자격증을 대여한 경우

제3장 관광사업자 단체

제41조(한국관광협회중앙회 설립)

① 제45조에 따른 지역별 관광협회 및 업종별 관광협회는 관광사업의 건전한 발전을 위하여 관광업계를 대표하는 한국관광협회중앙회(이하 "협회"라 한다)를 설립할 수 있다.

② 협회를 설립하려는 자는 대통령령으로 정하는 바에 따라 문화체육관광부장관의 허가를 받아야 한다. 〈개정 2008. 2. 29.〉

③ 협회는 법인으로 한다.

④ 협회는 설립등기를 함으로써 성립한다.

제42조(정관) 협회의 정관에는 다음 각 호의 사항을 적어야 한다.

1. 목적
2. 명칭
3. 사무소의 소재지
4. 회원 및 총회에 관한 사항
5. 임원에 관한 사항
6. 업무에 관한 사항
7. 회계에 관한 사항
8. 해산(解散)에 관한 사항
9. 그 밖에 운영에 관한 중요 사항

제43조(업무)

① 협회는 다음 각 호의 업무를 수행한다.

1. 관광사업의 발전을 위한 업무
2. 관광사업 진흥에 필요한 조사 · 연구 및 홍보
3. 관광 통계
4. 관광종사원의 교육과 사후관리
5. 회원의 공제사업
6. 국가나 지방자치단체로부터 위탁받은 업무
7. 관광안내소의 운영
8. 제1호부터 제7호까지의 규정에 의한 업무에 따르는 수익사업

② 제1항제5호에 따른 공제사업은 문화체육관광부장관의 허가를 받아야 한다. 〈개정 2008. 2. 29.〉

③ 제2항에 따른 공제사업의 내용 및 운영에 필요한 사항은 대통령령으로 정한다.

제44조(「민법」의 준용) 협회에 관하여 이 법에 규정된 것 외에는 「민법」 중 사단법인(社團法人)에 관한 규정을 준용한다.

제45조(지역별 · 업종별 관광협회)

① 관광사업자는 지역별 또는 업종별로 그 분야의 관광사업의 건전한 발전을 위하여 대통령령으로 정하는 바에 따라 지역별 또는 업종별 관광협회를 설립할 수 있다.

② 제1항에 따른 업종별 관광협회는 문화체육관광부장관의 설립허가를, 지역별 관광협회는 시 · 도지사의 설립허가를 받아야 한다. 〈개정 2008. 2. 29.〉

제46조(협회에 관한 규정의 준용) 지역별 관광협회 및 업종별 관광협회의 설립 · 운영 등에 관하여는 제41조부터 제44조까지의 규정을 준용한다.

제4장 관광의 진흥과 홍보

제47조(관광정보 활용 등)

① 문화체육관광부장관은 관광에 관한 정보의 활용과 관광을 통한 국제 친선을

도모하기 위하여 관광과 관련된 국제기구와의 협력 관계를 증진하여야 한다. 〈개정 2008. 2. 29.〉

② 문화체육관광부장관은 제1항에 따른 업무를 원활히 수행하기 위하여 관광사업자·관광사업자 단체 또는 한국관광공사(이하 "관광사업자등"이라 한다)에게 필요한 사항을 권고·조정할 수 있다. 〈개정 2008. 2. 29.〉

③ 관광사업자등은 특별한 사유가 없으면 제2항에 따른 문화체육관광부장관의 권고나 조정에 협조하여야 한다. 〈개정 2008. 2. 29.〉

제47조의2(관광통계)

① 문화체육관광부장관과 지방자치단체의 장은 제49조제1항 및 제2항에 따른 관광개발기본계획 및 권역별 관광개발계획을 효과적으로 수립·시행하고 관광산업에 활용하도록 하기 위하여 국내외의 관광통계를 작성할 수 있다.

② 문화체육관광부장관과 지방자치단체의 장은 관광통계를 작성하기 위하여 필요하면 실태조사를 하거나, 공공기관·연구소·법인·단체·민간기업·개인 등에게 협조를 요청할 수 있다.

③ 제1항 및 제2항에서 규정한 사항 외에 관광통계의 작성·관리 및 활용에 필요한 사항은 대통령령으로 정한다.

[본조신설 2009. 3. 25.]

제47조의3(장애인 관광 활동의 지원)

① 국가 및 지방자치단체는 장애인의 여행 기회를 확대하고 장애인의 관광 활동을 장려·지원하기 위하여 관련 시설을 설치하는 등 필요한 시책을 강구하여야 한다.

② 국가 및 지방자치단체는 장애인의 여행 및 관광 활동 권리를 증진하기 위하여 장애인의 관광 지원 사업과 장애인 관광 지원 단체에 대하여 경비를 보조하는 등 필요한 지원을 할 수 있다.

[본조신설 2014. 5. 28.]

제47조의4(관광취약계층의 관광복지 증진 시책 강구) 국가 및 지방자치단체는 경제적·사회적 여건 등으로 관광 활동에 제약을 받고 있는 관광취약계층의 여행 기

회를 확대하고 관광 활동을 장려하기 위하여 필요한 시책을 강구하여야 한다.
[본조신설 2014. 5. 28.]

제47조의5(여행이용권의 지급 및 관리)

① 국가 및 지방자치단체는 「국민기초생활 보장법」에 따른 수급권자, 그 밖에 소득수준이 낮은 저소득층 등 대통령령으로 정하는 관광취약계층에게 여행이용권을 지급할 수 있다.

② 국가 및 지방자치단체는 여행이용권의 수급자격 및 자격유지의 적정성을 확인하기 위하여 필요한 가족관계증명 · 국세 · 지방세 · 토지 · 건물 · 건강보험 및 국민연금에 관한 자료 등 대통령령으로 정하는 자료를 관계 기관의 장에게 요청할 수 있고, 해당 기관의 장은 특별한 사유가 없으면 요청에 따라야 한다. 다만, 「전자정부법」 제36조제1항에 따른 행정정보 공동이용을 통하여 확인할 수 있는 사항은 예외로 한다.

③ 국가 및 지방자치단체는 제2항에 따른 자료의 확인을 위하여 「사회복지사업법」 제6조의2제2항에 따른 정보시스템을 연계하여 사용할 수 있다.

④ 국가 및 지방자치단체는 여행이용권의 발급, 정보시스템의 구축 · 운영 등 여행이용권 업무의 효율적 수행을 위하여 대통령령으로 정하는 바에 따라 전담기관을 지정할 수 있다.

⑤ 제1항부터 제4항까지에서 규정한 사항 외에 여행이용권의 지급 · 이용 등에 필요한 사항은 대통령령으로 정한다.

⑥ 문화체육관광부장관은 여행이용권의 이용 기회 확대 및 지원 업무의 효율성을 제고하기 위하여 여행이용권을 「문화예술진흥법」 제15조의4에 따른 문화이용권 등 문화체육관광부령으로 정하는 이용권과 통합하여 운영할 수 있다.
[본조신설 2014. 5. 28.]

제47조의6(국제협력 및 해외진출 지원)

① 문화체육관광부장관은 관광산업의 국제협력 및 해외시장 진출을 촉진하기 위하여 다음 각 호의 사업을 지원할 수 있다.

1. 국제전시회의 개최 및 참가 지원

2. 외국자본의 투자유치
3. 해외마케팅 및 홍보활동
4. 해외진출에 관한 정보제공
5. 수출 관련 협력체계의 구축
6. 그 밖에 국제협력 및 해외진출을 위하여 필요한 사업

② 문화체육관광부장관은 제1항에 따른 사업을 효율적으로 지원하기 위하여 대통령령으로 정하는 관계 기관 또는 단체에 이를 위탁하거나 대행하게 할 수 있으며, 이에 필요한 비용을 보조할 수 있다.

[본조신설 2018. 12. 11.]

제47조의7(관광산업 진흥 사업) 문화체육관광부장관은 관광산업의 활성화를 위하여 대통령령으로 정하는 바에 따라 다음 각 호의 사업을 추진할 수 있다.

1. 관광산업 발전을 위한 정책·제도의 조사·연구 및 기획
2. 관광 관련 창업 촉진 및 창업자의 성장·발전 지원
3. 관광산업 전문인력 수급분석 및 육성
4. 관광산업 관련 기술의 연구개발 및 실용화
5. 지역에 특화된 관광 상품 및 서비스 등의 발굴·육성
6. 그 밖에 관광산업 진흥을 위하여 필요한 사항

[본조신설 2018. 12. 24.]

제47조의8(스마트관광산업의 육성)

① 국가와 지방자치단체는 기술기반의 관광산업 경쟁력을 강화하고 지역관광을 활성화하기 위하여 스마트관광산업(관광에 정보통신기술을 융합하여 관광객에게 맞춤형 서비스를 제공하고 관광콘텐츠·인프라를 지속적으로 발전시킴으로써 경제적 또는 사회적 부가가치를 창출하는 산업을 말한다. 이하 같다)을 육성하여야 한다.

② 문화체육관광부장관은 스마트관광산업의 육성을 위하여 다음 각 호의 사업을 추진·지원할 수 있다.

1. 스마트관광산업 발전을 위한 정책·제도의 조사·연구 및 기획

2. 스마트관광산업 관련 창업 촉진 및 창업자의 성장·발전 지원
3. 스마트관광산업 관련 기술의 연구개발 및 실용화
4. 스마트관광산업 기반 지역관광 개발
5. 스마트관광산업 진흥에 필요한 전문인력 양성
6. 그 밖에 스마트관광산업 육성을 위하여 필요한 사항

[본조신설 2021. 6. 15.]

[시행일 : 2021. 9. 16.] 제47조의8

제48조(관광 홍보 및 관광자원 개발)

① 문화체육관광부장관 또는 시·도지사는 국제 관광의 촉진과 국민 관광의 건전한 발전을 위하여 국내외 관광 홍보 활동을 조정하거나 관광 선전물을 심사하거나 그 밖에 필요한 사항을 지원할 수 있다. 〈개정 2008. 2. 29.〉

② 문화체육관광부장관 또는 시·도지사는 제1항에 따라 관광홍보를 원활히 추진하기 위하여 필요하면 문화체육관광부령으로 정하는 바에 따라 관광사업자등에게 해외관광시장에 대한 정기적인 조사, 관광 홍보물의 제작, 관광안내소의 운영 등에 필요한 사항을 권고하거나 지도할 수 있다. 〈개정 2008. 2. 29.〉

③ 지방자치단체의 장, 관광사업자 또는 제54조제1항에 따라 관광지·관광단지의 조성계획승인을 받은 자는 관광지·관광단지·관광특구·관광시설 등 관광자원을 안내하거나 홍보하는 내용의 옥외광고물(屋外廣告物)을 「옥외광고물 등의 관리와 옥외광고산업 진흥에 관한 법률」의 규정에도 불구하고 대통령령으로 정하는 바에 따라 설치할 수 있다. 〈개정 2016. 1. 6.〉

④ 문화체육관광부장관과 지방자치단체의 장은 관광객의 유치, 관광복지의 증진 및 관광 진흥을 위하여 대통령령으로 정하는 바에 따라 다음 각 호의 사업을 추진할 수 있다. 〈개정 2008. 2. 29., 2016. 2. 3.〉

1. 문화, 체육, 레저 및 산업시설 등의 관광자원화사업
2. 해양관광의 개발사업 및 자연생태의 관광자원화사업
3. 관광상품의 개발에 관한 사업
4. 국민의 관광복지 증진에 관한 사업
5. 유휴자원을 활용한 관광자원화사업

제48조의2(지역축제 등)

① 문화체육관광부장관은 지역축제의 체계적 육성 및 활성화를 위하여 지역축제에 대한 실태조사와 평가를 할 수 있다.

② 문화체육관광부장관은 지역축제의 통폐합 등을 포함한 그 발전방향에 대하여 지방자치단체의 장에게 의견을 제시하거나 권고할 수 있다.

③ 문화체육관광부장관은 다양한 지역관광자원을 개발·육성하기 위하여 우수한 지역축제를 문화관광축제로 지정하고 지원할 수 있다.

④ 제3항에 따른 문화관광축제의 지정 기준 및 지원 방법 등에 필요한 사항은 대통령령으로 정한다.

[본조신설 2009. 3. 25.]

제48조의3(지속가능한 관광활성화)

① 문화체육관광부장관은 에너지·자원의 사용을 최소화하고 기후변화에 대응하며 환경 훼손을 줄이고, 지역주민의 삶과 균형을 이루며 지역경제와 상생발전 할 수 있는 지속가능한 관광자원의 개발을 장려하기 위하여 정보제공 및 재정지원 등 필요한 조치를 강구할 수 있다. 〈개정 2019. 12. 3.〉

② 시·도지사나 시장·군수·구청장은 수용 범위를 초과한 관광객의 방문으로 자연환경이 훼손되거나 주민의 평온한 생활환경을 해칠 우려가 있어 관리할 필요가 있다고 인정되는 지역을 조례로 정하는 바에 따라 특별관리지역으로 지정할 수 있다. 〈신설 2019. 12. 3.〉

③ 시·도지사나 시장·군수·구청장은 특별관리지역을 지정·변경 또는 해제할 때에는 대통령령으로 정하는 바에 따라 미리 주민의 의견을 들어야 하며, 관계 행정기관의 장과 협의하여야 한다. 〈신설 2019. 12. 3.〉

④ 시·도지사나 시장·군수·구청장은 특별관리지역을 지정·변경 또는 해제할 때에는 문화체육관광부령으로 정하는 바에 따라 특별관리지역의 위치, 면적, 지정일시, 그 밖에 조례로 정하는 사항을 고시하여야 한다. 〈신설 2019. 12. 3.〉

⑤ 시·도지사나 시장·군수·구청장은 특별관리지역에 대하여 조례로 정하는 바에 따라 관광객 방문시간 제한 등 필요한 조치를 할 수 있다. 〈신설 2019. 12. 3.〉

[본조신설 2009. 3. 25.]

제48조의3(지속가능한 관광활성화)

① 문화체육관광부장관은 에너지·자원의 사용을 최소화하고 기후변화에 대응하며 환경 훼손을 줄이고, 지역주민의 삶과 균형을 이루며 지역경제와 상생발전 할 수 있는 지속가능한 관광자원의 개발을 장려하기 위하여 정보제공 및 재정지원 등 필요한 조치를 강구할 수 있다. 〈개정 2019. 12. 3.〉

② 시·도지사나 시장·군수·구청장은 수용 범위를 초과한 관광객의 방문으로 자연환경이 훼손되거나 주민의 평온한 생활환경을 해칠 우려가 있어 관리할 필요가 있다고 인정되는 지역을 조례로 정하는 바에 따라 특별관리지역으로 지정할 수 있다. 이 경우 특별관리지역이 같은 시·도 내에서 둘 이상의 시·군·구에 걸쳐 있는 경우에는 시·도지사가 지정하고, 둘 이상의 시·도에 걸쳐 있는 경우에는 해당 시·도지사가 공동으로 지정한다. 〈신설 2019. 12. 3., 2021. 4. 13.〉

③ 문화체육관광부장관은 특별관리지역으로 지정할 필요가 있다고 인정하는 경우에는 시·도지사 또는 시장·군수·구청장으로 하여금 해당 지역을 특별관리지역으로 지정하도록 권고할 수 있다. 〈신설 2021. 4. 13.〉

④ 시·도지사나 시장·군수·구청장은 특별관리지역을 지정·변경 또는 해제할 때에는 대통령령으로 정하는 바에 따라 미리 주민의 의견을 들어야 하며, 문화체육관광부장관 및 관계 행정기관의 장과 협의하여야 한다. 다만, 대통령령으로 정하는 경미한 사항을 변경하려는 경우에는 예외로 한다. 〈신설 2019. 12. 3., 2021. 4. 13.〉

⑤ 시·도지사나 시장·군수·구청장은 특별관리지역을 지정·변경 또는 해제할 때에는 특별관리지역의 위치, 면적, 지정일시, 지정·변경·해제 사유, 특별관리지역 내 조치사항, 그 밖에 조례로 정하는 사항을 해당 지방자치단체 공보에 고시하고, 문화체육관광부장관에게 제출하여야 한다. 〈신설 2019. 12. 3., 2021. 4. 13.〉

⑥ 시·도지사나 시장·군수·구청장은 특별관리지역에 대하여 조례로 정하는 바에 따라 관광객 방문시간 제한, 이용료 징수, 차량·관광객 통행 제한 등

필요한 조치를 할 수 있다. 〈신설 2019. 12. 3., 2021. 4. 13.〉

⑦ 시·도지사나 시장·군수·구청장은 제6항에 따른 조례를 위반한 사람에게 「지방자치법」 제27조에 따라 1천만 원 이하의 과태료를 부과·징수할 수 있다. 〈신설 2021. 4. 13.〉

⑧ 시·도지사나 시장·군수·구청장은 특별관리지역에 해당 지역의 범위, 조치사항 등을 표시한 안내판을 설치하여야 한다. 〈신설 2021. 4. 13.〉

⑨ 문화체육관광부장관은 특별관리지역 지정 현황을 관리하고 이와 관련된 정보를 공개하여야 하며, 특별관리지역을 지정·운영하는 지방자치단체와 그 주민 등을 위하여 필요한 지원을 할 수 있다. 〈신설 2021. 4. 13.〉

⑩ 그 밖에 특별관리지역의 지정 요건, 지정 절차 등 특별관리지역 지정 및 운영에 필요한 사항은 해당 지방자치단체의 조례로 정한다. 〈신설 2021. 4. 13.〉

[본조신설 2009. 3. 25.]

[시행일 : 2021. 10. 14.] 제48조의3

제48조의4(문화관광해설사의 양성 및 활용계획 등)

① 문화체육관광부장관은 문화관광해설사를 효과적이고 체계적으로 양성·활용하기 위하여 해마다 문화관광해설사의 양성 및 활용계획을 수립하고, 이를 지방자치단체의 장에게 알려야 한다.

② 지방자치단체의 장은 제1항에 따른 문화관광해설사 양성 및 활용계획에 따라 관광객의 규모, 관광자원의 보유 현황, 문화관광해설사에 대한 수요 등을 고려하여 해마다 문화관광해설사 운영계획을 수립·시행하여야 한다. 이 경우 문화관광해설사의 양성·배치·활용 등에 관한 사항을 포함하여야 한다.

[본조신설 2011. 4. 5.]

제48조의5(관광체험교육프로그램 개발) 문화체육관광부장관 또는 지방자치단체의 장은 관광객에게 역사·문화·예술·자연 등의 관광자원과 연계한 체험기회를 제공하고, 관광을 활성화하기 위하여 관광체험교육프로그램을 개발·보급할 수 있다. 이 경우 장애인을 위한 관광체험교육프로그램을 개발하여야 한다.

[본조신설 2011. 4. 5.]

제48조의6(문화관광해설사 양성교육과정의 개설 · 운영)

① 문화체육관광부장관 또는 시 · 도지사는 문화관광해설사 양성을 위한 교육과정을 개설(開設)하여 운영할 수 있다.

② 제1항에 따른 교육과정의 개설 · 운영에 필요한 사항은 문화체육관광부령으로 정한다.

[전문개정 2018. 12. 11.]

제48조의7 삭제 〈2018. 12. 11.〉

제48조의8(문화관광해설사의 선발 및 활용)

① 문화체육관광부장관 또는 지방자치단체의 장은 제48조의6제1항에 따른 교육과정을 이수한 자를 문화관광해설사로 선발하여 활용할 수 있다. 〈개정 2018. 12. 11.〉

② 문화체육관광부장관 또는 지방자치단체의 장은 제1항에 따라 문화관광해설사를 선발하는 경우 문화체육관광부령으로 정하는 바에 따라 이론 및 실습을 평가하고, 3개월 이상의 실무수습을 마친 자에게 자격을 부여할 수 있다.

③ 문화체육관광부장관 또는 지방자치단체의 장은 예산의 범위에서 문화관광해설사의 활동에 필요한 비용 등을 지원할 수 있다.

④ 그 밖에 문화관광해설사의 선발, 배치 및 활용 등에 필요한 사항은 문화체육관광부령으로 정한다.

[본조신설 2011. 4. 5.]

제48조의9(지역관광협의회 설립)

① 관광사업자, 관광 관련 사업자, 관광 관련 단체, 주민 등은 공동으로 지역의 관광진흥을 위하여 광역 및 기초 지방자치단체 단위의 지역관광협의회(이하 "협의회"라 한다)를 설립할 수 있다.

② 협의회에는 지역 내 관광진흥을 위한 이해 관련자가 고루 참여하여야 하며, 협의회를 설립하려는 자는 해당 지방자치단체의 장의 허가를 받아야 한다.

③ 협의회는 법인으로 한다.

④ 협의회는 다음 각 호의 업무를 수행한다.

1. 지역의 관광수용태세 개선을 위한 업무
2. 지역관광 홍보 및 마케팅 지원 업무
3. 관광사업자, 관광 관련 사업자, 관광 관련 단체에 대한 지원
4. 제1호부터 제3호까지의 업무에 따르는 수익사업
5. 지방자치단체로부터 위탁받은 업무

⑤ 협의회의 운영 등에 필요한 경비는 회원이 납부하는 회비와 사업 수익금 등으로 충당하며, 지방자치단체의 장은 협의회의 운영 등에 필요한 경비의 일부를 예산의 범위에서 지원할 수 있다.

⑥ 협의회의 설립 및 지원 등에 필요한 사항은 해당 지방자치단체의 조례로 정한다.

⑦ 협의회에 관하여 이 법에 규정된 것 외에는 「민법」 중 사단법인에 관한 규정을 준용한다.

[본조신설 2015. 5. 18.]

제48조의10(한국관광 품질인증)

① 문화체육관광부장관은 관광객의 편의를 돕고 관광서비스의 수준을 향상시키기 위하여 관광사업 및 이와 밀접한 관련이 있는 사업으로서 대통령령으로 정하는 사업을 위한 시설 및 서비스 등(이하 "시설등"이라 한다)을 대상으로 품질인증(이하 "한국관광 품질인증"이라 한다)을 할 수 있다.

② 한국관광 품질인증을 받은 자는 대통령령으로 정하는 바에 따라 인증표지를 하거나 그 사실을 홍보할 수 있다.

③ 한국관광 품질인증을 받은 자가 아니면 인증표지 또는 이와 유사한 표지를 하거나 한국관광 품질인증을 받은 것으로 홍보하여서는 아니 된다.

④ 문화체육관광부장관은 한국관광 품질인증을 받은 시설등에 대하여 다음 각 호의 지원을 할 수 있다.

1. 「관광진흥개발기금법」에 따른 관광진흥개발기금의 대여 또는 보조
2. 국내 또는 국외에서의 홍보
3. 그 밖에 시설등의 운영 및 개선을 위하여 필요한 사항

⑤ 문화체육관광부장관은 한국관광 품질인증을 위하여 필요한 경우에는 특별자치시장 · 특별자치도지사 · 시장 · 군수 · 구청장 및 관계 기관의 장에게 자료 제출을 요청할 수 있다. 이 경우 자료 제출을 요청받은 특별자치시장 · 특별자치도지사 · 시장 · 군수 · 구청장 및 관계 기관의 장은 특별한 사유가 없으면 이에 따라야 한다.

⑥ 한국관광 품질인증의 인증 기준 · 절차 · 방법, 인증표지 및 그 밖에 한국관광 품질인증 제도 운영에 필요한 사항은 대통령령으로 정한다.

[본조신설 2018. 3. 13.]

제48조의11(한국관광 품질인증의 취소) 문화체육관광부장관은 한국관광 품질인증을 받은 자가 다음 각 호의 어느 하나에 해당하는 경우에는 그 인증을 취소할 수 있다. 다만, 제1호에 해당하는 경우에는 인증을 취소하여야 한다.

1. 거짓이나 그 밖의 부정한 방법으로 인증을 받은 경우
2. 제48조의10제6항에 따른 인증 기준에 적합하지 아니하게 된 경우

[본조신설 2018. 3. 13.]

제5장 관광지 등의 개발

제1절 관광지 및 관광단지의 개발

제49조(관광개발기본계획 등)

① 문화체육관광부장관은 관광자원을 효율적으로 개발하고 관리하기 위하여 전국을 대상으로 다음과 같은 사항을 포함하는 관광개발기본계획(이하 "기본계획"이라 한다)을 수립하여야 한다. 〈개정 2008. 2. 29.〉

1. 전국의 관광 여건과 관광 동향(動向)에 관한 사항
2. 전국의 관광 수요와 공급에 관한 사항
3. 관광자원 보호 · 개발 · 이용 · 관리 등에 관한 기본적인 사항
4. 관광권역(觀光圈域)의 설정에 관한 사항
5. 관광권역별 관광개발의 기본방향에 관한 사항

6. 그 밖에 관광개발에 관한 사항

② 시 · 도지사(특별자치도지사는 제외한다)는 기본계획에 따라 구분된 권역을 대상으로 다음 각 호의 사항을 포함하는 권역별 관광개발계획(이하 "권역계획"이라 한다)을 수립하여야 한다. 〈개정 2008. 6. 5., 2009. 3. 25.〉

1. 권역의 관광 여건과 관광 동향에 관한 사항
2. 권역의 관광 수요와 공급에 관한 사항
3. 관광자원의 보호 · 개발 · 이용 · 관리 등에 관한 사항
4. 관광지 및 관광단지의 조성 · 정비 · 보완 등에 관한 사항

4의2. 관광지 및 관광단지의 실적 평가에 관한 사항

5. 관광지 연계에 관한 사항
6. 관광사업의 추진에 관한 사항
7. 환경보전에 관한 사항
8. 그 밖에 그 권역의 관광자원의 개발, 관리 및 평가를 위하여 필요한 사항

제50조(기본계획)

① 시 · 도지사는 기본계획의 수립에 필요한 관광 개발사업에 관한 요구서를 문화체육관광부장관에게 제출하여야 하고, 문화체육관광부장관은 이를 종합 · 조정하여 기본계획을 수립하고 공고하여야 한다. 〈개정 2008. 2. 29.〉

② 문화체육관광부장관은 수립된 기본계획을 확정하여 공고하려면 관계 부처의 장과 협의하여야 한다. 〈개정 2008. 2. 29.〉

③ 확정된 기본계획을 변경하는 경우에는 제1항과 제2항을 준용한다.

④ 문화체육관광부장관은 관계 기관의 장에게 기본계획의 수립에 필요한 자료를 요구하거나 협조를 요청할 수 있고, 그 요구 또는 협조 요청을 받은 관계 기관의 장은 정당한 사유가 없으면 요청에 따라야 한다. 〈개정 2008. 2. 29.〉

제51조(권역계획)

① 권역계획(圈域計劃)은 그 지역을 관할하는 시 · 도지사(특별자치도지사는 제외한다. 이하 이 조에서 같다)가 수립하여야 한다. 다만, 둘 이상의 시 · 도에 걸치는 지역이 하나의 권역계획에 포함되는 경우에는 관계되는 시 · 도지사와

의 협의에 따라 수립하되, 협의가 성립되지 아니한 경우에는 문화체육관광부장관이 지정하는 시 · 도지사가 수립하여야 한다. 〈개정 2008. 2. 29., 2008. 6. 5.〉

② 시 · 도지사는 제1항에 따라 수립한 권역계획을 문화체육관광부장관의 조정과 관계 행정기관의 장과의 협의를 거쳐 확정하여야 한다. 이 경우 협의요청을 받은 관계 행정기관의 장은 특별한 사유가 없는 한 그 요청을 받은 날부터 30일 이내에 의견을 제시하여야 한다. 〈개정 2007. 7. 19., 2008. 2. 29.〉

③ 시 · 도지사는 권역계획이 확정되면 그 요지를 공고하여야 한다.

④ 확정된 권역계획을 변경하는 경우에는 제1항부터 제3항까지의 규정을 준용한다. 다만, 대통령령으로 정하는 경미한 사항의 변경에 대하여는 관계 부처의 장과의 협의를 갈음하여 문화체육관광부장관의 승인을 받아야 한다. 〈개정 2008. 2. 29.〉

⑤ 그 밖에 권역계획의 수립 기준 및 방법 등에 필요한 사항은 대통령령으로 정하는 바에 따라 문화체육관광부장관이 정한다. 〈신설 2020. 6. 9.〉

제52조(관광지의 지정 등)

① 관광지 및 관광단지(이하 "관광지등"이라 한다)는 문화체육관광부령으로 정하는 바에 따라 시장 · 군수 · 구청장의 신청에 의하여 시 · 도지사가 지정한다. 다만, 특별자치시 및 특별자치도의 경우에는 특별자치시장 및 특별자치도지사가 지정한다. 〈개정 2008. 2. 29., 2008. 6. 5., 2009. 3. 25., 2018. 6. 12.〉

② 시 · 도지사는 제1항에 따른 관광지등을 지정하려면 사전에 문화체육관광부장관 및 관계 행정기관의 장과 협의하여야 한다. 다만, 「국토의 계획 및 이용에 관한 법률」 제30조에 따라 같은 법 제36조제1항제2호다목에 따른 계획관리지역(같은 법의 규정에 따라 도시 · 군관리계획으로 결정되지 아니한 지역인 경우에는 종전의 「국토이용관리법」 제8조에 따라 준도시지역으로 결정 · 고시된 지역을 말한다)으로 결정 · 고시된 지역을 관광지등으로 지정하려는 경우에는 그러하지 아니하다. 〈개정 2011. 4. 5., 2011. 4. 14.〉

③ 문화체육관광부장관 및 관계 행정기관의 장은 「환경영향평가법」 등 관련 법령에 특별한 규정이 있거나 정당한 사유가 있는 경우를 제외하고는 제2항 본

문에 따른 협의를 요청받은 날부터 30일 이내에 의견을 제출하여야 한다. 〈개정 2018. 6. 12.〉

④ 문화체육관광부장관 및 관계 행정기관의 장이 제3항에서 정한 기간(「민원 처리에 관한 법률」 제20조제2항에 따라 회신기간을 연장한 경우에는 그 연장된 기간을 말한다) 내에 의견을 제출하지 아니하면 협의가 이루어진 것으로 본다. 〈신설 2018. 6. 12.〉

⑤ 관광지등의 지정 취소 또는 그 면적의 변경은 관광지등의 지정에 관한 절차에 따라야 한다. 이 경우 대통령령으로 정하는 경미한 면적의 변경은 제2항 본문에 따른 협의를 하지 아니할 수 있다. 〈개정 2007. 7. 19., 2018. 6. 12.〉

⑥ 시 · 도지사는 제1항 또는 제5항에 따라 지정, 지정취소 또는 그 면적변경을 한 경우에는 이를 고시하여야 한다. 〈개정 2007. 7. 19., 2018. 6. 12.〉

제52조의2(행위 등의 제한)

① 제52조에 따라 관광지등으로 지정 · 고시된 지역에서 건축물의 건축, 공작물의 설치, 토지의 형질 변경, 토석의 채취, 토지분할, 물건을 쌓아놓는 행위 등 대통령령으로 정하는 행위를 하려는 자는 특별자치시장 · 특별자치도지사 · 시장 · 군수 · 구청장의 허가를 받아야 한다. 허가받은 사항을 변경하려는 경우에도 또한 같다.

② 제1항에도 불구하고 재해복구 또는 재난수습에 필요한 응급조치를 위하여 하는 행위는 제1항에 따른 허가를 받지 아니하고 할 수 있다.

③ 제1항에 따라 허가를 받아야 하는 행위로서 관광지등의 지정 및 고시 당시 이미 관계 법령에 따라 허가를 받았거나 허가를 받을 필요가 없는 행위에 관하여 그 공사 또는 사업에 착수한 자는 대통령령으로 정하는 바에 따라 특별자치시장 · 특별자치도지사 · 시장 · 군수 · 구청장에게 신고한 후 이를 계속 시행할 수 있다.

④ 특별자치시장 · 특별자치도지사 · 시장 · 군수 · 구청장은 제1항을 위반한 자에게 원상회복을 명할 수 있으며, 명령을 받은 자가 그 의무를 이행하지 아니하면 「행정대집행법」에 따라 이를 대집행(代執行)할 수 있다.

⑤ 제1항에 따른 허가에 관하여 이 법에서 규정한 것을 제외하고는 「국토의 계획 및 이용에 관한 법률」 제57조부터 제60조까지 및 제62조를 준용한다.

⑥ 제1항에 따라 허가를 받은 경우에는 「국토의 계획 및 이용에 관한 법률」 제56조에 따라 허가를 받은 것으로 본다.

[본조신설 2020. 6. 9.]

제53조(조사 · 측량 실시)

① 시 · 도지사는 기본계획 및 권역계획을 수립하거나 관광지등의 지정을 위하여 필요하면 해당 지역에 대한 조사와 측량을 실시할 수 있다. 〈개정 2007. 7. 19.〉

② 제1항에 따른 조사와 측량을 위하여 필요하면 타인이 점유하는 토지에 출입할 수 있다.

③ 제2항에 따른 타인이 점유하는 토지에의 출입에 관하여는 「국토의 계획 및 이용에 관한 법률」 제130조와 제131조를 준용한다.

제54조(조성계획의 수립 등)

① 관광지등을 관할하는 시장 · 군수 · 구청장은 조성계획을 작성하여 시 · 도지사의 승인을 받아야 한다. 이를 변경(대통령령으로 정하는 경미한 사항의 변경은 제외한다)하려는 경우에도 또한 같다. 다만, 관광단지를 개발하려는 공공기관 등 문화체육관광부령으로 정하는 공공법인 또는 민간개발자(이하 "관광단지개발자"라 한다)는 조성계획을 작성하여 대통령령으로 정하는 바에 따라 시 · 도지사의 승인을 받을 수 있다. 〈개정 2008. 2. 29., 2011. 4. 5.〉

② 시 · 도지사는 제1항에 따른 조성계획을 승인하거나 변경승인을 하고자 하는 때에는 관계 행정기관의 장과 협의하여야 한다. 이 경우 협의요청을 받은 관계 행정기관의 장은 특별한 사유가 없는 한 그 요청을 받은 날부터 30일 이내에 의견을 제시하여야 한다. 〈개정 2007. 7. 19.〉

③ 시 · 도지사가 제1항에 따라 조성계획을 승인 또는 변경승인한 때에는 지체 없이 이를 고시하여야 한다. 〈개정 2007. 7. 19.〉

④ 민간개발자가 관광단지를 개발하는 경우에는 제58조제13호 및 제61조를 적용하지 아니한다. 다만, 조성계획상의 조성 대상 토지면적 중 사유지의 3분의 2

이상을 취득한 경우 남은 사유지에 대하여는 그러하지 아니하다. 〈개정 2009. 3. 25.〉

⑤ 제1항부터 제3항까지에도 불구하고 관광지등을 관할하는 특별자치시장 및 특별자치도지사는 관계 행정기관의 장과 협의하여 조성계획을 수립하고, 조성계획을 수립한 때에는 지체 없이 이를 고시하여야 한다. 〈신설 2008. 6. 5., 2018. 6. 12.〉

⑥ 제1항에 따라 조성계획의 승인을 받은 자(제5항에 따라 특별자치시장 및 특별자치도지사가 조성계획을 수립한 경우를 포함한다. 이하 "사업시행자"라 한다)가 아닌 자로서 조성계획을 시행하기 위한 사업(이하 "조성사업"이라 한다)을 하려는 자가 조성하려는 토지면적 중 사유지의 3분의 2 이상을 취득한 경우에는 대통령령으로 정하는 바에 따라 사업시행자(사업시행자가 관광단지 개발자인 경우는 제외한다)에게 남은 사유지의 매수를 요청할 수 있다. 〈신설 2019. 12. 3.〉

제55조(조성계획의 시행)

① 조성사업은 이 법 또는 다른 법령에 특별한 규정이 있는 경우 외에는 사업시행자가 행한다. 〈개정 2008. 6. 5., 2018. 6. 12., 2019. 12. 3.〉

② 제54조에 따라 조성계획의 승인을 받아 관광지등을 개발하려는 자가 관광지등의 개발 촉진을 위하여 조성계획의 승인 전에 대통령령으로 정하는 바에 따라 시·도지사의 승인을 받아 그 조성사업에 필요한 토지를 매입한 경우에는 사업시행자로서 토지를 매입한 것으로 본다. 〈개정 2018. 12. 11.〉

③ 사업시행자가 아닌 자로서 조성사업을 하려는 자는 대통령령으로 정하는 기준과 절차에 따라 사업시행자가 특별자치시장·특별자치도지사·시장·군수·구청장인 경우에는 특별자치시장·특별자치도지사·시장·군수·구청장의 허가를 받아서 조성사업을 할 수 있고, 사업시행자가 관광단지개발자인 경우에는 관광단지개발자와 협의하여 조성사업을 할 수 있다. 〈개정 2008. 6. 5., 2018. 6. 12.〉

④ 사업시행자가 아닌 자로서 조성사업(시장·군수·구청장이 조성계획의 승인을 받은 사업만 해당한다. 이하 이 항에서 같다)을 시행하려는 자가 제15조제

1항 및 제2항에 따라 사업계획의 승인을 받은 경우에는 제3항에도 불구하고 특별자치시장 · 특별자치도지사 · 시장 · 군수 · 구청장의 허가를 받지 아니하고 그 조성사업을 시행할 수 있다. 〈개정 2008. 6. 5., 2018. 6. 12.〉

⑤ 관광단지를 개발하려는 공공기관 등 문화체육관광부령으로 정하는 관광단지 개발자는 필요하면 용지의 매수 업무와 손실보상 업무(민간개발자인 경우에는 제54조제4항 단서에 따라 남은 사유지를 수용하거나 사용하는 경우만 해당한다)를 대통령령으로 정하는 바에 따라 관할 지방자치단체의 장에게 위탁할 수 있다. 〈개정 2008. 2. 29., 2011. 4. 5.〉

제56조(관광지등 지정 등의 실효 및 취소 등)

① 제52조에 따라 관광지등으로 지정 · 고시된 관광지등에 대하여 그 고시일부터 2년 이내에 제54조제1항에 따른 조성계획의 승인신청이 없으면 그 고시일부터 2년이 지난 다음 날에 그 관광지등 지정은 효력을 상실한다. 제2항에 따라 조성계획의 효력이 상실된 관광지등에 대하여 그 조성계획의 효력이 상실된 날부터 2년 이내에 새로운 조성계획의 승인신청이 없는 경우에도 또한 같다. 〈개정 2011. 4. 5.〉

② 제54조제1항에 따라 조성계획의 승인을 받은 관광지등 사업시행자(제55조제3항에 따른 조성사업을 하는 자를 포함한다)가 같은 조 제3항에 따라 조성계획의 승인고시일부터 2년 이내에 사업을 착수하지 아니하면 조성계획 승인고시일부터 2년이 지난 다음 날에 그 조성계획의 승인은 효력을 상실한다. 〈개정 2011. 4. 5.〉

③ 시 · 도지사는 제54조제1항에 따라 조성계획 승인을 받은 민간개발자가 사업중단 등으로 환경 · 미관을 크게 해치거나 제49조제2항제4호의2에 따른 관광지 및 관광단지의 실적 평가 결과 조성사업의 완료가 어렵다고 판단되는 경우에는 조성계획의 승인을 취소하거나 이의 개선을 명할 수 있다. 〈개정 2019. 12. 3.〉

④ 시 · 도지사는 제1항과 제2항에도 불구하고 행정절차의 이행 등 부득이한 사유로 조성계획 승인신청 또는 사업 착수기한의 연장이 불가피하다고 인정되

면 1년 이내의 범위에서 한 번만 그 기한을 연장할 수 있다.

⑤ 시·도지사는 제1항이나 제2항에 따라 지정 또는 승인의 효력이 상실된 경우 및 제3항에 따라 승인이 취소된 경우에는 지체 없이 그 사실을 고시하여야 한다.

[제목개정 2011. 4. 5.]

제57조(공공시설의 우선 설치) 국가·지방자치단체 또는 사업시행자는 관광지등의 조성사업과 그 운영에 관련되는 도로, 전기, 상·하수도 등 공공시설을 우선하여 설치하도록 노력하여야 한다.

제57조의2(관광단지의 전기시설 설치)

① 관광단지에 전기를 공급하는 자는 관광단지 조성사업의 시행자가 요청하는 경우 관광단지에 전기를 공급하기 위한 전기간선시설(電氣幹線施設) 및 배전시설(配電施設)을 관광단지 조성계획에서 도시·군계획시설로 결정된 도로까지 설치하되, 구체적인 설치범위는 대통령령으로 정한다. 〈개정 2011. 4. 14.〉

② 제1항에 따라 관광단지에 전기를 공급하는 전기간선시설 및 배전시설의 설치비용은 전기를 공급하는 자가 부담한다. 다만, 관광단지 조성사업의 시행자·입주기업·지방자치단체 등의 요청에 의하여 전기간선시설 및 배전시설을 땅속에 설치하는 경우에는 전기를 공급하는 자와 땅속에 설치할 것을 요청하는 자가 각각 100분의 50의 비율로 설치비용을 부담한다.

[본조신설 2009. 3. 25.]

제58조(인·허가 등의 의제)

① 제54조제1항에 따라 조성계획의 승인 또는 변경승인을 받거나 같은 조 제5항에 따라 특별자치시장 및 특별자치도지사가 관계 행정기관의 장과 협의하여 조성계획을 수립한 때에는 다음 각 호의 인·허가 등을 받거나 신고를 한 것으로 본다. 〈개정 2007. 7. 19., 2007. 12. 27., 2008. 3. 21., 2008. 6. 5., 2009. 3. 25., 2010. 4. 15., 2010. 5. 31., 2011. 4. 5., 2011. 4. 14., 2014. 1. 14., 2018. 6. 12., 2020. 1. 29.〉

1. 「국토의 계획 및 이용에 관한 법률」 제30조에 따른 도시·군관리계획(같은 법 제2조제4호다목의 계획 중 대통령령으로 정하는 시설 및 같은 호 마목

의 계획 중 같은 법 제51조에 따른 지구단위계획구역의 지정 계획 및 지구단위계획만 해당한다)의 결정, 같은 법 제32조제2항에 따른 지형도면의 승인, 같은 법 제36조에 따른 용도지역 중 도시지역이 아닌 지역의 계획관리지역 지정, 같은 법 제37조에 따른 용도지구 중 개발진흥지구의 지정, 같은 법 제56조에 따른 개발행위의 허가, 같은 법 제86조에 따른 도시·군계획시설사업 시행자의 지정 및 같은 법 제88조에 따른 실시계획의 인가

2. 「수도법」 제17조에 따른 일반수도사업의 인가 및 같은 법 제52조에 따른 전용 상수도설치시설의 인가
3. 「하수도법」 제16조에 따른 공공하수도 공사시행 등의 허가
4. 「공유수면 관리 및 매립에 관한 법률」 제8조에 따른 공유수면 점용·사용허가, 같은 법 제17조에 따른 점용·사용 실시계획의 승인 또는 신고, 같은 법 제28조에 따른 공유수면의 매립면허, 같은 법 제35조에 따른 국가 등이 시행하는 매립의 협의 또는 승인 및 같은 법 제38조에 따른 공유수면매립실시계획의 승인
5. 삭제 〈2010. 4. 15.〉
6. 「하천법」 제30조에 따른 하천공사 등의 허가 및 실시계획의 인가, 같은 법 제33조에 따른 점용허가 및 실시계획의 인가
7. 「도로법」제36조에 따른 도로관리청이 아닌 자에 대한 도로공사 시행의 허가 및 같은 법 제61조에 따른 도로의 점용 허가
8. 「항만법」 제9조제2항에 따른 항만개발사업 시행의 허가 및 같은 법 제10조제2항에 따른 항만개발사업실시계획의 승인
9. 「사도법」 제4조에 따른 사도개설의 허가
10. 「산지관리법」 제14조·제15조에 따른 산지전용허가 및 산지전용신고, 같은 법 제15조의2에 따른 산지일시사용허가·신고, 「산림자원의 조성 및 관리에 관한 법률」 제36조제1항·제4항 및 제45조제1항·제2항에 따른 입목벌채 등의 허가와 신고
11. 「농지법」 제34조제1항에 따른 농지 전용허가

12. 「자연공원법」 제20조에 따른 공원사업 시행 및 공원시설관리의 허가와 같은 법 제23조에 따른 행위 허가
13. 「공익사업을 위한 토지 등의 취득 및 보상에 관한 법률」 제20조제1항에 따른 사업인정
14. 「초지법」 제23조에 따른 초지전용의 허가
15. 「사방사업법」 제20조에 따른 사방지 지정의 해제
16. 「장사 등에 관한 법률」 제8조제3항에 따른 분묘의 개장신고 및 같은 법 제27조에 따른 분묘의 개장허가
17. 「폐기물관리법」 제29조에 따른 폐기물 처리시설의 설치승인 또는 신고
18. 「온천법」 제10조에 따른 온천개발계획의 승인
19. 「건축법」 제11조에 따른 건축허가, 같은 법 제14조에 따른 건축신고, 같은 법 제20조에 따른 가설건축물 건축의 허가 또는 신고
20. 제15조제1항에 따른 관광숙박업 및 제15조제2항에 따른 관광객 이용시설업 · 국제회의업의 사업계획 승인. 다만, 제15조에 따른 사업계획의 작성자와 제55조제1항에 따른 조성사업의 사업시행자가 동일한 경우에 한한다.
21. 「체육시설의 설치 · 이용에 관한 법률」 제12조에 따른 등록 체육시설업의 사업계획 승인. 다만, 제15조에 따른 사업계획의 작성자와 제55조제1항에 따른 조성사업의 사업시행자가 동일한 경우에 한한다.
22. 「유통산업발전법」 제8조에 따른 대규모점포의 개설등록
23. 「공간정보의 구축 및 관리 등에 관한 법률」 제86조제1항에 따른 사업의 착수 · 변경의 신고

② 제1항에 따른 인 · 허가 등의 의제를 받고자 하는 자는 조성계획의 승인 또는 변경승인 신청을 하는 때에 해당 법률에서 정하는 관련 서류를 제출하여야 한다. 〈신설 2007. 7. 19.〉

③ 시 · 도지사는 제1항 각 호의 어느 하나의 사항이 포함되어 있는 조성계획을 승인 또는 변경승인하고자 하는 때에는 미리 관계 행정기관의 장과 협의하여야 하며, 그 조성계획을 승인 또는 변경승인한 때에는 지체 없이 관계 행정기

관의 장에게 그 내용을 통보하여야 한다. 〈신설 2007. 7. 19.〉

제58조의2(준공검사)

① 사업시행자가 관광지등 조성사업의 전부 또는 일부를 완료한 때에는 대통령령으로 정하는 바에 따라 지체 없이 시·도지사에게 준공검사를 받아야 한다. 이 경우 시·도지사는 해당 준공검사 시행에 관하여 관계 행정기관의 장과 미리 협의하여야 한다.

② 사업시행자가 제1항에 따라 준공검사를 받은 경우에는 제58조제1항 각 호에 규정된 인·허가 등에 따른 해당 사업의 준공검사 또는 준공인가 등을 받은 것으로 본다.

[본조신설 2009. 3. 25.]

제58조의3(공공시설 등의 귀속)

① 사업시행자가 조성사업의 시행으로 「국토의 계획 및 이용에 관한 법률」 제2조제13호에 따른 공공시설을 새로 설치하거나 기존의 공공시설에 대체되는 시설을 설치한 경우 그 귀속에 관하여는 같은 법 제65조를 준용한다. 이 경우 "행정청이 아닌 경우"는 "사업시행자인 경우"로 본다.

② 제1항에 따른 공공시설 등을 등기하는 경우에는 조성계획승인서와 준공검사 증명서로써 「부동산등기법」의 등기원인을 증명하는 서면을 갈음할 수 있다.

③ 제1항에 따라 「국토의 계획 및 이용에 관한 법률」을 준용할 때 관리청이 불분명한 재산 중 도로·하천·도랑 등에 대하여는 국토교통부장관을, 그 밖의 재산에 대하여는 기획재정부장관을 관리청으로 본다. 〈개정 2013. 3. 23.〉

[본조신설 2009. 3. 25.]

제58조의3(공공시설 등의 귀속)

① 사업시행자가 조성사업의 시행으로 「국토의 계획 및 이용에 관한 법률」 제2조제13호에 따른 공공시설을 새로 설치하거나 기존의 공공시설에 대체되는 시설을 설치한 경우 그 귀속에 관하여는 같은 법 제65조를 준용한다. 이 경우 "행정청이 아닌 경우"는 "사업시행자인 경우"로 본다.

② 제1항에 따른 공공시설 등을 등기하는 경우에는 조성계획승인서와 준공검사 증명서로써 「부동산등기법」의 등기원인을 증명하는 서면을 갈음할 수 있다.

③ 제1항에 따라 「국토의 계획 및 이용에 관한 법률」을 준용할 때 관리청이 불분명한 재산 중 도로 · 도랑 등에 대하여는 국토교통부장관을, 하천에 대하여는 환경부장관을, 그 밖의 재산에 대하여는 기획재정부장관을 관리청으로 본다. 〈개정 2020. 12. 31.〉

[본조신설 2009. 3. 25.]

[시행일 : 2022. 1. 1.] 제58조의3

제59조(관광지등의 처분)

① 사업시행자는 조성한 토지, 개발된 관광시설 및 지원시설의 전부 또는 일부를 매각하거나 임대하거나 타인에게 위탁하여 경영하게 할 수 있다.

② 제1항에 따라 토지 · 관광시설 또는 지원시설을 매수 · 임차하거나 그 경영을 수탁한 자는 그 토지나 관광시설 또는 지원시설에 관한 권리 · 의무를 승계한다.

제60조(「국토의 계획 및 이용에 관한 법률」의 준용) 조성계획의 수립, 조성사업의 시행 및 관광지등의 처분에 관하여는 이 법에 규정되어 있는 것 외에는 「국토의 계획 및 이용에 관한 법률」 제90조 · 제100조 · 제130조 및 제131조를 준용한다. 이 경우 "국토교통부장관 또는 시 · 도지사"는 "시 · 도지사"로, "실시계획"은 "조성계획"으로, "인가"는 "승인"으로, "도시 · 군계획시설사업의 시행지구"는 "관광지등"으로, "도시 · 군계획시설사업의 시행자"는 "사업시행자"로, "도시 · 군계획시설사업"은 "조성사업"으로, "국토교통부장관"은 "문화체육관광부장관"으로, "광역도시계획 또는 도시 · 군계획"은 "조성계획"으로 본다. 〈개정 2008. 2. 29., 2011. 4. 14., 2013. 3. 23.〉

제61조(수용 및 사용)

① 사업시행자는 제55조에 따른 조성사업의 시행에 필요한 토지와 다음 각 호의 물건 또는 권리를 수용하거나 사용할 수 있다. 다만, 농업 용수권(用水權)이나 그 밖의 농지개량 시설을 수용 또는 사용하려는 경우에는 미리 농림축산식품부장관의 승인을 받아야 한다. 〈개정 2008. 2. 29., 2013. 3. 23.〉

1. 토지에 관한 소유권 외의 권리
2. 토지에 정착한 입목이나 건물, 그 밖의 물건과 이에 관한 소유권 외의 권리

3. 물의 사용에 관한 권리
4. 토지에 속한 토석 또는 모래와 조약돌

② 제1항에 따른 수용 또는 사용에 관한 협의가 성립되지 아니하거나 협의를 할 수 없는 경우에는 사업시행자는 「공익사업을 위한 토지 등의 취득 및 보상에 관한 법률」 제28조제1항에도 불구하고 조성사업 시행 기간에 재결(裁決)을 신청할 수 있다.

③ 제1항에 따른 수용 또는 사용의 절차, 그 보상 및 재결 신청에 관하여는 이 법에 규정되어 있는 것 외에는 「공익사업을 위한 토지 등의 취득 및 보상에 관한 법률」을 적용한다.

제62조 삭제 〈2009. 3. 25.〉

제63조(선수금) 사업시행자는 그가 개발하는 토지 또는 시설을 분양받거나 시설물을 이용하려는 자로부터 그 대금의 전부 또는 일부를 대통령령으로 정하는 바에 따라 미리 받을 수 있다.

제64조(이용자 분담금 및 원인자 부담금)

① 사업시행자는 지원시설 건설비용의 전부 또는 일부를 대통령령으로 정하는 바에 따라 그 이용자에게 분담하게 할 수 있다.

② 지원시설 건설의 원인이 되는 공사 또는 행위가 있으면 사업시행자는 대통령령으로 정하는 바에 따라 그 공사 또는 행위의 비용을 부담하여야 할 자에게 그 비용의 전부 또는 일부를 부담하게 할 수 있다.

③ 사업시행자는 관광지등의 안에 있는 공동시설의 유지ㆍ관리 및 보수에 드는 비용의 전부 또는 일부를 대통령령으로 정하는 바에 따라 관광지등에서 사업을 경영하는 자에게 분담하게 할 수 있다.

④ 제1항에 따른 분담금 또는 제2항에 따른 부담금을 부과받은 자가 부과된 분담금 또는 부담금에 대하여 이의가 있는 경우에는 부과받은 날부터 30일 이내에 사업시행자에게 이의를 신청할 수 있다. 〈신설 2011. 4. 5.〉

⑤ 사업시행자는 제4항에 따른 이의신청을 받았을 때에는 그 신청을 받은 날부터 15일 이내에 이를 심의하여 그 결과를 신청인에게 서면으로 알려야 한다. 〈신설 2011. 4. 5.〉

제65조(강제징수)

① 제64조에 따라 이용자 분담금 · 원인자 부담금 또는 유지 · 관리 및 보수에 드는 비용을 내야 할 의무가 있는 자가 이를 이행하지 아니하면 사업시행자는 대통령령으로 정하는 바에 따라 그 지역을 관할하는 특별자치시장 · 특별자치도지사 · 시장 · 군수 · 구청장에게 그 징수를 위탁할 수 있다. 〈개정 2008. 6. 5., 2018. 6. 12.〉

② 제1항에 따라 징수를 위탁받은 특별자치시장 · 특별자치도지사 · 시장 · 군수 · 구청장은 지방세 체납처분의 예에 따라 이를 징수할 수 있다. 이 경우 특별자치시장 · 특별자치도지사 · 시장 · 군수 · 구청장에게 징수를 위탁한 자는 특별자치시장 · 특별자치도지사 · 시장 · 군수 · 구청장이 징수한 금액의 100분의 10에 해당하는 금액을 특별자치시 · 특별자치도 · 시 · 군 · 구에 내야 한다. 〈개정 2008. 6. 5., 2018. 6. 12.〉

제66조(이주대책)

① 사업시행자는 조성사업의 시행에 따른 토지 · 물건 또는 권리를 제공함으로써 생활의 근거를 잃게 되는 자를 위하여 대통령령으로 정하는 내용이 포함된 이주대책을 수립 · 실시하여야 한다.

② 제1항에 따른 이주대책의 수립에 관하여는 「공익사업을 위한 토지 등의 취득 및 보상에 관한 법률」 제78조제2항 · 제3항과 제81조를 준용한다.

제67조(입장료 등의 징수와 사용)

① 관광지등에서 조성사업을 하거나 건축, 그 밖의 시설을 한 자는 관광지등에 입장하는 자로부터 입장료를 징수할 수 있고, 관광시설을 관람하거나 이용하는 자로부터 관람료나 이용료를 징수할 수 있다.

② 제1항에 따른 입장료 · 관람료 또는 이용료의 징수 대상의 범위와 그 금액은 관광지등이 소재하는 지방자치단체의 조례로 정한다. 〈개정 2008. 6. 5., 2018. 6. 12., 2020. 6. 9.〉

③ 지방자치단체는 제1항에 따라 입장료 · 관람료 또는 이용료를 징수하면 이를 관광지등의 보존 · 관리와 그 개발에 필요한 비용에 충당하여야 한다.

第68조 삭제 〈2009. 3. 25.〉

第69조(관광지등의 관리)

① 사업시행자는 관광지등의 관리·운영에 필요한 조치를 하여야 한다.

② 사업시행자는 필요하면 관광사업자 단체 등에 관광지등의 관리·운영을 위탁할 수 있다.

제2절 관광특구

第70조(관광특구의 지정)

① 관광특구는 다음 각 호의 요건을 모두 갖춘 지역 중에서 시장·군수·구청장의 신청(특별자치시 및 특별자치도의 경우는 제외한다)에 따라 시·도지사가 지정한다. 이 경우 관광특구로 지정하려는 대상지역이 같은 시·도 내에서 둘 이상의 시·군·구에 걸쳐 있는 경우에는 해당 시장·군수·구청장이 공동으로 지정을 신청하여야 하고, 둘 이상의 시·도에 걸쳐 있는 경우에는 해당 시장·군수·구청장이 공동으로 지정을 신청하고 해당 시·도지사가 공동으로 지정하여야 한다. 〈개정 2007. 7. 19., 2008. 2. 29., 2008. 6. 5., 2018. 6. 12., 2018. 12. 24., 2019. 12. 3.〉

1. 외국인 관광객 수가 대통령령으로 정하는 기준 이상일 것
2. 문화체육관광부령으로 정하는 바에 따라 관광안내시설, 공공편익시설 및 숙박시설 등이 갖추어져 외국인 관광객의 관광수요를 충족시킬 수 있는 지역일 것
3. 관광활동과 직접적인 관련성이 없는 토지의 비율이 대통령령으로 정하는 기준을 초과하지 아니할 것
4. 제1호부터 제3호까지의 요건을 갖춘 지역이 서로 분리되어 있지 아니할 것

② 관광특구의 지정·취소·면적변경 및 고시에 관하여는 제52조제2항·제3항 및 제5항을 준용한다. 〈개정 2018. 6. 12.〉

第70조의2(지정신청에 대한 조사·분석) 제70조제1항에 따라 시·도지사가 관광특구의 지정신청을 받은 경우에는 그 신청이 같은 항 각 호의 요건을 갖추었는지 여

부와 그 밖에 관광특구의 지정에 필요한 사항을 검토하기 위하여 대통령령으로 정하는 전문기관에 조사·분석을 의뢰하여야 한다.

[본조신설 2019. 12. 3.]

제71조(관광특구의 진흥계획)

① 특별자치시장·특별자치도지사·시장·군수·구청장은 관할 구역 내 관광특구를 방문하는 외국인 관광객의 유치 촉진 등을 위하여 관광특구진흥계획을 수립하고 시행하여야 한다. 〈개정 2008. 6. 5., 2018. 6. 12.〉

② 제1항에 따른 관광특구진흥계획에 포함될 사항 등 관광특구진흥계획의 수립·시행에 필요한 사항은 대통령령으로 정한다.

제72조(관광특구에 대한 지원)

① 국가나 지방자치단체는 관광특구를 방문하는 외국인 관광객의 관광 활동을 위한 편의 증진 등 관광특구 진흥을 위하여 필요한 지원을 할 수 있다.

② 문화체육관광부장관은 관광특구를 방문하는 관광객의 편리한 관광 활동을 위하여 관광특구 안의 문화·체육·숙박·상가·교통·주차시설로서 관광객 유치를 위하여 특히 필요하다고 인정되는 시설에 대하여 「관광진흥개발기금법」에 따라 관광진흥개발기금을 대여하거나 보조할 수 있다. 〈개정 2008. 2. 29., 2009. 3. 25., 2019. 12. 3.〉

제73조(관광특구에 대한 평가 등)

① 시·도지사는 대통령령으로 정하는 바에 따라 제71조에 따른 관광특구진흥계획의 집행 상황을 평가하고, 우수한 관광특구에 대하여는 필요한 지원을 할 수 있다. 〈개정 2008. 2. 29., 2019. 12. 3.〉

② 시·도지사는 제1항에 따른 평가 결과 제70조에 따른 관광특구 지정 요건에 맞지 아니하거나 추진 실적이 미흡한 관광특구에 대하여는 대통령령으로 정하는 바에 따라 관광특구의 지정취소·면적조정·개선권고 등 필요한 조치를 할 수 있다.

③ 문화체육관광부장관은 관광특구의 활성화를 위하여 관광특구에 대한 평가를 3년마다 실시하여야 한다. 〈신설 2019. 12. 3.〉

④ 문화체육관광부장관은 제3항에 따른 평가 결과 우수한 관광특구에 대하여는 필요한 지원을 할 수 있다. 〈신설 2019. 12. 3.〉

⑤ 문화체육관광부장관은 제3항에 따른 평가 결과 제70조에 따른 관광특구 지정 요건에 맞지 아니하거나 추진 실적이 미흡한 관광특구에 대하여는 대통령령으로 정하는 바에 따라 해당 시·도지사에게 관광특구의 지정취소·면적조정·개선권고 등 필요한 조치를 할 것을 요구할 수 있다. 〈신설 2019. 12. 3.〉

⑥ 제3항에 따른 평가의 내용, 절차 및 방법 등에 필요한 사항은 대통령령으로 정한다. 〈신설 2019. 12. 3.〉

제73조(관광특구에 대한 평가 등)

① 시·도지사는 대통령령으로 정하는 바에 따라 제71조에 따른 관광특구진흥계획의 집행 상황을 평가하고, 우수한 관광특구에 대하여는 필요한 지원을 할 수 있다. 〈개정 2008. 2. 29., 2019. 12. 3.〉

② 시·도지사는 제1항에 따른 평가 결과 제70조에 따른 관광특구 지정 요건에 맞지 아니하거나 추진 실적이 미흡한 관광특구에 대하여는 대통령령으로 정하는 바에 따라 관광특구의 지정취소·면적조정·개선권고 등 필요한 조치를 하여야 한다. 〈개정 2021. 4. 13.〉

③ 문화체육관광부장관은 관광특구의 활성화를 위하여 관광특구에 대한 평가를 3년마다 실시하여야 한다. 〈신설 2019. 12. 3.〉

④ 문화체육관광부장관은 제3항에 따른 평가 결과 우수한 관광특구에 대하여는 필요한 지원을 할 수 있다. 〈신설 2019. 12. 3.〉

⑤ 문화체육관광부장관은 제3항에 따른 평가 결과 제70조에 따른 관광특구 지정 요건에 맞지 아니하거나 추진 실적이 미흡한 관광특구에 대하여는 대통령령으로 정하는 바에 따라 해당 시·도지사에게 관광특구의 지정취소·면적조정·개선권고 등 필요한 조치를 할 것을 요구할 수 있다. 〈신설 2019. 12. 3.〉

⑥ 제3항에 따른 평가의 내용, 절차 및 방법 등에 필요한 사항은 대통령령으로 정한다. 〈신설 2019. 12. 3.〉

[시행일 : 2021. 10. 14.] 제73조

第74조(다른 법률에 대한 특례)

① 관광특구 안에서는「식품위생법」제43조에 따른 영업제한에 관한 규정을 적용하지 아니한다. 〈개정 2009. 2. 6., 2011. 4. 5.〉

② 관광특구 안에서 대통령령으로 정하는 관광사업자는「건축법」제43조에도 불구하고 연간 180일 이내의 기간 동안 해당 지방자치단체의 조례로 정하는 바에 따라 공개 공지(空地: 공터)를 사용하여 외국인 관광객을 위한 공연 및 음식을 제공할 수 있다. 다만, 울타리를 설치하는 등 공중(公衆)이 해당 공개 공지를 사용하는 데에 지장을 주는 행위를 하여서는 아니 된다. 〈신설 2011. 4. 5., 2017. 3. 21.〉

③ 관광특구 관할 지방자치단체의 장은 관광특구의 진흥을 위하여 필요한 경우에는 시 · 도경찰청장 또는 경찰서장에게「도로교통법」제2조에 따른 차마(車馬) 또는 노면전차의 도로통행 금지 또는 제한 등의 조치를 하여줄 것을 요청할 수 있다. 이 경우 요청받은 시 · 도경찰청장 또는 경찰서장은「도로교통법」제6조에도 불구하고 특별한 사유가 없으면 지체 없이 필요한 조치를 하여야 한다. 〈신설 2011. 4. 5., 2018. 3. 27., 2020. 12. 22.〉

[제목개정 2011. 4. 5.]

제6장 보칙

第75조 삭제 〈2007. 7. 19.〉

第76조(재정지원)

① 문화체육관광부장관은 관광에 관한 사업을 하는 지방자치단체, 관광사업자 단체 또는 관광사업자에게 대통령령으로 정하는 바에 따라 보조금을 지급할 수 있다. 〈개정 2008. 2. 29.〉

② 지방자치단체는 그 관할 구역 안에서 관광에 관한 사업을 하는 관광사업자 단체 또는 관광사업자에게 조례로 정하는 바에 따라 보조금을 지급할 수 있다.

③ 국가 및 지방자치단체는「국유재산법」,「공유재산 및 물품 관리법」, 그 밖의 다른 법령에도 불구하고 관광지등의 사업시행자에 대하여 국유 · 공유 재산의 임대료를 대통령령으로 정하는 바에 따라 감면할 수 있다. 〈신설 2011. 4. 5.〉

제76조의2(감염병 확산 등에 따른 지원) 국가와 지방자치단체는 감염병 확산 등으로 관광사업자에게 경영상 중대한 위기가 발생한 경우 필요한 지원을 할 수 있다. [본조신설 2021. 8. 10.]

제77조(청문) 관할 등록기관등의 장은 다음 각 호의 어느 하나에 해당하는 처분을 하려면 청문을 하여야 한다. 〈개정 2011. 4. 5., 2018. 3. 13., 2018. 12. 11., 2019. 12. 3.〉

1. 제13조의2에 따른 국외여행 인솔자 자격의 취소
2. 제24조제2항 · 제31조제2항 또는 제35조제1항에 따른 관광사업의 등록등이나 사업계획승인의 취소
3. 제40조에 따른 관광종사원 자격의 취소
4. 제48조의11에 따른 한국관광 품질인증의 취소
5. 제56조 제3항에 따른 조성계획 승인의 취소
6. 제80조제5항에 따른 카지노기구의 검사 등의 위탁 취소

제78조(보고 · 검사)

① 지방자치단체의 장은 문화체육관광부령으로 정하는 바에 따라 관광진흥정책의 수립 · 집행에 필요한 사항과 그 밖에 이 법의 시행에 필요한 사항을 문화체육관광부장관에게 보고하여야 한다. 〈개정 2008. 2. 29.〉

② 관할 등록기관등의 장은 관광진흥시책의 수립 · 집행 및 이 법의 시행을 위하여 필요하면 관광사업자 단체 또는 관광사업자에게 그 사업에 관한 보고를 하게 하거나 서류를 제출하도록 명할 수 있다.

③ 관할 등록기관등의 장은 관광진흥시책의 수립 · 집행 및 이 법의 시행을 위하여 필요하다고 인정하면 소속 공무원에게 관광사업자 단체 또는 관광사업자의 사무소 · 사업장 또는 영업소 등에 출입하여 장부 · 서류나 그 밖의 물건을 검사하게 할 수 있다.

④ 제3항의 경우 해당 공무원은 그 권한을 표시하는 증표를 지니고 이를 관계인에게 내보여야 한다.

제79조(수수료) 다음 각 호의 어느 하나에 해당하는 자는 문화체육관광부령으로 정하는 바에 따라 수수료를 내야 한다. 〈개정 2007. 7. 19., 2008. 2. 29., 2009. 3. 25., 2011. 4. 5., 2018. 3. 13., 2018. 6. 12.〉

1. 제4조제1항 및 제4항에 따라 여행업, 관광숙박업, 관광객 이용시설업 및 국제회의업의 등록 또는 변경등록을 신청하는 자
2. 제5조제1항 및 제3항에 따라 카지노업의 허가 또는 변경허가를 신청하는 자
3. 제5조제2항부터 제4항까지의 규정에 따라 유원시설업의 허가 또는 변경허가를 신청하거나 유원시설업의 신고 또는 변경신고를 하는 자
4. 제6조에 따라 관광 편의시설업 지정을 신청하는 자
5. 제8조제4항 및 제6항에 따라 지위 승계를 신고하는 자
6. 제15조제1항 및 제2항에 따라 관광숙박업, 관광객 이용시설업 및 국제회의업에 대한 사업계획의 승인 또는 변경승인을 신청하는 자
7. 제19조에 따라 관광숙박업의 등급 결정을 신청하는 자
8. 제23조제2항에 따라 카지노시설의 검사를 받으려는 자
9. 제25조제2항에 따라 카지노기구의 검정을 받으려는 자
10. 제25조제3항에 따라 카지노기구의 검사를 받으려는 자
11. 제33조제1항에 따라 안전성검사 또는 안전성검사 대상에 해당되지 아니함을 확인하는 검사를 받으려는 자
12. 제38조제2항에 따라 관광종사원 자격시험에 응시하려는 자
13. 제38조제2항에 따라 관광종사원의 등록을 신청하는 자
14. 제38조제4항에 따라 관광종사원 자격증의 재교부를 신청하는 자
15. 삭제 〈2018. 12. 11.〉
16. 제48조의10에 따라 한국관광 품질인증을 받으려는 자

제80조(권한의 위임 · 위탁 등)

① 이 법에 따른 문화체육관광부장관의 권한은 대통령령으로 정하는 바에 따라 그 일부를 시 · 도지사에게 위임할 수 있다. 〈개정 2008. 2. 29.〉

② 시 · 도지사(특별자치시장은 제외한다)는 제1항에 따라 문화체육관광부장관으로부터 위임받은 권한의 일부를 문화체육관광부장관의 승인을 받아 시장(「제주특별자치도 설치 및 국제자유도시 조성을 위한 특별법」 제11조제2항에 따른 행정시장을 포함한다) · 군수 · 구청장에게 재위임할 수 있다. 〈개정 2008. 2. 29., 2018. 6. 12.〉

③ 문화체육관광부장관 또는 시 · 도지사 및 시장 · 군수 · 구청장은 다음 각 호의 권한의 전부 또는 일부를 대통령령으로 정하는 바에 따라 한국관광공사, 협회, 지역별 · 업종별 관광협회 및 대통령령으로 정하는 전문 연구 · 검사기관, 자격검정기관이나 교육기관에 위탁할 수 있다. 〈개정 2007. 7. 19., 2008. 2. 29., 2008. 6. 5., 2009. 3. 25., 2011. 4. 5., 2015. 2. 3., 2018. 3. 13., 2018. 12. 11., 2018. 12. 24., 2019. 12. 3.〉

1. 제6조에 따른 관광 편의시설업의 지정 및 제35조에 따른 지정 취소

1의2. 제13조제2항 및 제3항에 따른 국외여행 인솔자의 등록 및 자격증 발급

2. 제19조제1항에 따른 관광숙박업의 등급 결정

2의2. 삭제 〈2018. 3. 13.〉

3. 제25조제3항에 따른 카지노기구의 검사

4. 제33조제1항에 따른 안전성검사 또는 안전성검사 대상에 해당되지 아니함을 확인하는 검사

4의2. 제33조제3항에 따른 안전관리자의 안전교육

5. 제38조제2항에 따른 관광종사원 자격시험 및 등록

6. 제47조의7에 따른 사업의 수행

7. 제48조의6제1항에 따른 문화관광해설사 양성을 위한 교육과정의 개설 · 운영

8. 제48조의10 및 제48조의11에 따른 한국관광 품질인증 및 그 취소

9. 제73조제3항에 따른 관광특구에 대한 평가

④ 제3항에 따라 위탁받은 업무를 수행하는 한국관광공사, 협회, 지역별 · 업종별 관광협회 및 전문 연구 · 검사기관이나 자격검정기관의 임원 및 직원과 제23조제2항 · 제25조제2항에 따라 검사기관의 검사 · 검정 업무를 수행하는 임원 및 직원은 「형법」 제129조부터 제132조까지의 규정을 적용하는 경우 공무원으로 본다. 〈개정 2008. 6. 5.〉

⑤ 문화체육관광부장관 또는 특별자치시장 · 특별자치도지사 · 시장 · 군수 · 구청장은 제3항제3호 및 제4호에 따른 검사에 관한 권한을 위탁받은 자가 다음 각 호의 어느 하나에 해당하면 그 위탁을 취소하거나 6개월 이내의 기간을 정하여 업무의 전부 또는 일부의 정지를 명하거나 업무의 개선을 명할 수 있다. 다만,

제1호에 해당하는 경우에는 그 위탁을 취소하여야 한다. 〈신설 2019. 12. 3.〉

1. 거짓이나 그 밖의 부정한 방법으로 위탁사업자로 선정된 경우
2. 거짓이나 그 밖의 부정한 방법으로 제25조제3항 또는 제33조제1항에 따른 검사를 수행한 경우
3. 정당한 사유 없이 검사를 수행하지 아니한 경우
4. 문화체육관광부령으로 정하는 위탁 요건을 충족하지 못하게 된 경우

⑥ 제5항에 따른 위탁 취소, 업무 정지의 기준 및 절차 등에 필요한 사항은 문화체육관광부령으로 정한다. 〈신설 2019. 12. 3.〉

제80조(권한의 위임 · 위탁 등)

① 이 법에 따른 문화체육관광부장관의 권한은 대통령령으로 정하는 바에 따라 그 일부를 시 · 도지사에게 위임할 수 있다. 〈개정 2008. 2. 29.〉

② 시 · 도지사(특별자치시장은 제외한다)는 제1항에 따라 문화체육관광부장관으로부터 위임받은 권한의 일부를 문화체육관광부장관의 승인을 받아 시장(「제주특별자치도 설치 및 국제자유도시 조성을 위한 특별법」 제11조제2항에 따른 행정시장을 포함한다) · 군수 · 구청장에게 재위임할 수 있다. 〈개정 2008. 2. 29., 2018. 6. 12.〉

③ 문화체육관광부장관 또는 시 · 도지사 및 시장 · 군수 · 구청장은 다음 각 호의 권한의 전부 또는 일부를 대통령령으로 정하는 바에 따라 한국관광공사, 협회, 지역별 · 업종별 관광협회 및 대통령령으로 정하는 전문 연구 · 검사기관, 자격검정기관이나 교육기관에 위탁할 수 있다. 〈개정 2007. 7. 19., 2008. 2. 29., 2008. 6. 5., 2009. 3. 25., 2011. 4. 5., 2015. 2. 3., 2018. 3. 13., 2018. 12. 11., 2018. 12. 24., 2019. 12. 3., 2021. 6. 15.〉

1. 제6조에 따른 관광 편의시설업의 지정 및 제35조에 따른 지정 취소

1의2. 제13조제2항 및 제3항에 따른 국외여행 인솔자의 등록 및 자격증 발급

2. 제19조제1항에 따른 관광숙박업의 등급 결정

2의2. 삭제 〈2018. 3. 13.〉

3. 제25조제3항에 따른 카지노기구의 검사

4. 제33조제1항에 따른 안전성검사 또는 안전성검사 대상에 해당되지 아니함

을 확인하는 검사

4의2. 제33조제3항에 따른 안전관리자의 안전교육

5. 제38조제2항에 따른 관광종사원 자격시험 및 등록

6. 제47조의7에 따른 사업의 수행

6의2. 제47조의8제2항에 따른 사업의 수행

7. 제48조의6제1항에 따른 문화관광해설사 양성을 위한 교육과정의 개설·운영

8. 제48조의10 및 제48조의11에 따른 한국관광 품질인증 및 그 취소

9. 제73조제3항에 따른 관광특구에 대한 평가

④ 제3항에 따라 위탁받은 업무를 수행하는 한국관광공사, 협회, 지역별·업종별 관광협회 및 전문 연구·검사기관이나 자격검정기관의 임원 및 직원과 제23조제2항·제25조제2항에 따라 검사기관의 검사·검정 업무를 수행하는 임원 및 직원은 「형법」 제129조부터 제132조까지의 규정을 적용하는 경우 공무원으로 본다. 〈개정 2008. 6. 5.〉

⑤ 문화체육관광부장관 또는 특별자치시장·특별자치도지사·시장·군수·구청장은 제3항제3호 및 제4호에 따른 검사에 관한 권한을 위탁받은 자가 다음 각 호의 어느 하나에 해당하면 그 위탁을 취소하거나 6개월 이내의 기간을 정하여 업무의 전부 또는 일부의 정지를 명하거나 업무의 개선을 명할 수 있다. 다만, 제1호에 해당하는 경우에는 그 위탁을 취소하여야 한다. 〈신설 2019. 12. 3.〉

1. 거짓이나 그 밖의 부정한 방법으로 위탁사업자로 선정된 경우
2. 거짓이나 그 밖의 부정한 방법으로 제25조제3항 또는 제33조제1항에 따른 검사를 수행한 경우
3. 정당한 사유 없이 검사를 수행하지 아니한 경우
4. 문화체육관광부령으로 정하는 위탁 요건을 충족하지 못하게 된 경우

⑥ 제5항에 따른 위탁 취소, 업무 정지의 기준 및 절차 등에 필요한 사항은 문화체육관광부령으로 정한다. 〈신설 2019. 12. 3.〉

[시행일 : 2021. 9. 16.] 제80조

제7장 벌칙

제81조(벌칙) 다음 각 호의 어느 하나에 해당하는 자는 5년 이하의 징역 또는 5천만 원 이하의 벌금에 처한다. 이 경우 징역과 벌금은 병과(倂科)할 수 있다.

1. 제5조제1항에 따른 카지노업의 허가를 받지 아니하고 카지노업을 경영한 자
2. 제28조제1항제1호 또는 제2호를 위반한 자

제82조(벌칙) 다음 각 호의 어느 하나에 해당하는 자는 3년 이하의 징역 또는 3천만 원 이하의 벌금에 처한다. 이 경우 징역과 벌금은 병과할 수 있다. 〈개정 2009. 3. 25., 2015. 5. 18.〉

1. 제4조제1항에 따른 등록을 하지 아니하고 여행업 · 관광숙박업(제15조제1항에 따라 사업계획의 승인을 받은 관광숙박업만 해당한다) · 국제회의업 및 제3조제1항제3호나목의 관광객 이용시설업을 경영한 자
2. 제5조제2항에 따른 허가를 받지 아니하고 유원시설업을 경영한 자
3. 제20조제1항 및 제2항을 위반하여 시설을 분양하거나 회원을 모집한 자
4. 제33조의2제3항에 따른 사용중지 등의 명령을 위반한 자

제83조(벌칙)

① 다음 각 호의 어느 하나에 해당하는 카지노사업자(제28조제1항 본문에 따른 종사원을 포함한다)는 2년 이하의 징역 또는 2천만 원 이하의 벌금에 처한다. 이 경우 징역과 벌금은 병과할 수 있다. 〈개정 2007. 7. 19., 2011. 4. 5., 2015. 2. 3.〉

1. 제5조제3항에 따른 변경허가를 받지 아니하거나 변경신고를 하지 아니하고 영업을 한 자
2. 제8조제4항을 위반하여 지위승계신고를 하지 아니하고 영업을 한 자
3. 제11조제1항을 위반하여 관광사업의 시설 중 부대시설 외의 시설을 타인에게 경영하게 한 자
4. 제23조제2항에 따른 검사를 받아야 하는 시설을 검사를 받지 아니하고 이를 이용하여 영업을 한 자
5. 제25조제3항에 따른 검사를 받지 아니하거나 검사 결과 공인기준등에 맞지 아니한 카지노기구를 이용하여 영업을 한 자

6. 제25조제4항에 따른 검사합격증명서를 훼손하거나 제거한 자
7. 제28조제1항제3호부터 제8호까지의 규정을 위반한 자
8. 제35조제1항 본문에 따른 사업정지처분을 위반하여 사업정지 기간에 영업을 한 자
9. 제35조제1항 본문에 따른 개선명령을 위반한 자
10. 제35조제1항제19호를 위반한 자
11. 제78조제2항에 따른 보고 또는 서류의 제출을 하지 아니하거나 거짓으로 보고를 한 자나 같은 조 제3항에 따른 관계 공무원의 출입·검사를 거부·방해하거나 기피한 자

② 제4조제1항에 따른 등록을 하지 아니하고 야영장업을 경영한 자는 2년 이하의 징역 또는 2천만 원 이하의 벌금에 처한다. 이 경우 징역과 벌금은 병과할 수 있다. 〈신설 2015. 2. 3.〉

제84조(벌칙) 다음 각 호의 어느 하나에 해당하는 자는 1년 이하의 징역 또는 1천만 원 이하의 벌금에 처한다. 〈개정 2007. 7. 19., 2009. 3. 25., 2019. 12. 3., 2020. 6. 9.〉

1. 제5조제3항에 따른 유원시설업의 변경허가를 받지 아니하거나 변경신고를 하지 아니하고 영업을 한 자
2. 제5조제4항 전단에 따른 유원시설업의 신고를 하지 아니하고 영업을 한 자

2의2. 제13조제4항을 위반하여 자격증을 빌려주거나 빌린 자 또는 이를 알선한 자

2의3. 거짓이나 그 밖의 부정한 방법으로 제25조제3항 또는 제33조제1항에 따른 검사를 수행한 자

3. 제33조를 위반하여 안전성검사를 받지 아니하고 유기시설 또는 유기기구를 설치한 자

3의2. 거짓이나 그 밖의 부정한 방법으로 제33조제1항에 따른 검사를 받은 자

4. 제34조제2항을 위반하여 유기시설·유기기구 또는 유기기구의 부분품(部分品)을 설치하거나 사용한 자

4의2. 제35조제1항제14호에 해당되어 관할 등록기관등의 장이 발한 명령을 위반한 자

5. 제35조제1항제20호에 해당되어 관할 등록기관등의 장이 발한 개선명령을 위반한 자

5의2. 제38조제8항을 위반하여 자격증을 빌려주거나 빌린 자 또는 이를 알선한 자

5의3. 제52조의2제1항에 따른 허가 또는 변경허가를 받지 아니하고 같은 항에 규정된 행위를 한 자

5의4. 제52조의2제1항에 따른 허가 또는 변경허가를 거짓이나 그 밖의 부정한 방법으로 받은 자

5의5. 제52조의2제4항에 따른 원상회복명령을 이행하지 아니한 자

6. 제55조제3항을 위반하여 조성사업을 한 자

제85조(양벌규정) 법인의 대표자나 법인 또는 개인의 대리인, 사용인, 그 밖의 종업원이 그 법인 또는 개인의 업무에 관하여 제81조부터 제84조까지의 어느 하나에 해당하는 위반행위를 하면 그 행위자를 벌하는 외에 그 법인 또는 개인에게도 해당 조문의 벌금형을 과(科)한다. 다만, 법인 또는 개인이 그 위반행위를 방지하기 위하여 해당 업무에 관하여 상당한 주의와 감독을 게을리하지 아니한 경우에는 그러하지 아니하다.

[전문개정 2010. 3. 17.]

제86조(과태료)

① 다음 각 호의 어느 하나에 해당하는 자에게는 500만 원 이하의 과태료를 부과한다. 〈신설 2015. 5. 18., 2019. 12. 3.〉

1. 제33조의2제1항에 따른 통보를 하지 아니한 자
2. 제38조제6항을 위반하여 관광통역안내를 한 자

② 다음 각 호의 어느 하나에 해당하는 자에게는 100만 원 이하의 과태료를 부과한다. 〈개정 2011. 4. 5., 2014. 3. 11., 2015. 2. 3., 2015. 5. 18., 2016. 2. 3., 2018. 3. 13.〉

1. 삭제 〈2011. 4. 5.〉
2. 제10조제3항을 위반한 자
3. 삭제 〈2011. 4. 5.〉
4. 제28조제2항 전단을 위반하여 영업준칙을 지키지 아니한 자

4의2. 제33조제3항을 위반하여 안전교육을 받지 아니한 자

4의3. 제33조제4항을 위반하여 안전관리자에게 안전교육을 받도록 하지 아니한 자

4의4. 삭제 〈2019. 12. 3.〉

4의5. 제38조제7항을 위반하여 자격증을 패용하지 아니한 자

5. 삭제 〈2018. 12. 11.〉

6. 제48조의10제3항을 위반하여 인증표지 또는 이와 유사한 표지를 하거나 한국관광 품질인증을 받은 것으로 홍보한 자

③ 제1항 및 제2항에 따른 과태료는 대통령령으로 정하는 바에 따라 관할 등록기관등의 장이 부과 · 징수한다. 〈개정 2015. 5. 18.〉

④ 삭제 〈2009. 3. 25.〉

⑤ 삭제 〈2009. 3. 25.〉

부칙 〈법률 제18377호, 2021. 8. 10.〉

이 법은 공포한 날부터 시행한다.

자료 : 법제처 국가법령정보센터

제2절 관광진흥법 시행령

제1조(목적) 이 영은 「관광진흥법」에서 위임된 사항과 그 시행에 필요한 사항을 규정함을 목적으로 한다.

제2조(관광사업의 종류)

① 「관광진흥법」(이하 "법"이라 한다) 제3조제2항에 따라 관광사업의 종류를 다음과 같이 세분한다. 〈개정 2008. 2. 29., 2008. 8. 26., 2009. 1. 20., 2009. 8. 6., 2009. 10. 7., 2009. 11. 2., 2011. 12. 30., 2013. 11. 29., 2014. 7. 16., 2014. 10. 28., 2014. 11. 28., 2016. 3. 22., 2019. 4. 9., 2020. 4. 28.〉

1. 여행업의 종류
   가. 일반여행업 : 국내외를 여행하는 내국인 및 외국인을 대상으로 하는 여행업[사증(査證)을 받는 절차를 대행하는 행위를 포함한다]
   나. 국외여행업 : 국외를 여행하는 내국인을 대상으로 하는 여행업(사증을 받는 절차를 대행하는 행위를 포함한다)
   다. 국내여행업 : 국내를 여행하는 내국인을 대상으로 하는 여행업
2. 호텔업의 종류
   가. 관광호텔업 : 관광객의 숙박에 적합한 시설을 갖추어 관광객에게 이용하게 하고 숙박에 딸린 음식 · 운동 · 오락 · 휴양 · 공연 또는 연수에 적합한 시설 등(이하 "부대시설"이라 한다)을 함께 갖추어 관광객에게 이용하게 하는 업(業)
   나. 수상관광호텔업 : 수상에 구조물 또는 선박을 고정하거나 매어 놓고 관광객의 숙박에 적합한 시설을 갖추거나 부대시설을 함께 갖추어 관광객에게 이용하게 하는 업
   다. 한국전통호텔업 : 한국전통의 건축물에 관광객의 숙박에 적합한 시설을 갖추거나 부대시설을 함께 갖추어 관광객에게 이용하게 하는 업
   라. 가족호텔업 : 가족단위 관광객의 숙박에 적합한 시설 및 취사도구를 갖추어 관광객에게 이용하게 하거나 숙박에 딸린 음식 · 운동 · 휴양 또는 연수에 적합한 시설을 함께 갖추어 관광객에게 이용하게 하는 업

마. 호스텔업 : 배낭여행객 등 개별 관광객의 숙박에 적합한 시설로서 샤워장, 취사장 등의 편의시설과 외국인 및 내국인 관광객을 위한 문화·정보 교류시설 등을 함께 갖추어 이용하게 하는 업

바. 소형호텔업: 관광객의 숙박에 적합한 시설을 소규모로 갖추고 숙박에 딸린 음식·운동·휴양 또는 연수에 적합한 시설을 함께 갖추어 관광객에게 이용하게 하는 업

사. 의료관광호텔업: 의료관광객의 숙박에 적합한 시설 및 취사도구를 갖추거나 숙박에 딸린 음식·운동 또는 휴양에 적합한 시설을 함께 갖추어 주로 외국인 관광객에게 이용하게 하는 업

3. 관광객 이용시설업의 종류

가. 전문휴양업 : 관광객의 휴양이나 여가 선용을 위하여 숙박업 시설(「공중위생관리법 시행령」 제2조제1항제1호 및 제2호의 시설을 포함하며, 이하 "숙박시설"이라 한다)이나 「식품위생법 시행령」 제21조제8호가목·나목 또는 바목에 따른 휴게음식점영업, 일반음식점영업 또는 제과점영업의 신고에 필요한 시설(이하 "음식점시설"이라 한다)을 갖추고 별표 1 제4호가목(2)(가)부터 (거)까지의 규정에 따른 시설(이하 "전문휴양시설"이라 한다) 중 한 종류의 시설을 갖추어 관광객에게 이용하게 하는 업

나. 종합휴양업

(1) 제1종 종합휴양업 : 관광객의 휴양이나 여가 선용을 위하여 숙박시설 또는 음식점시설을 갖추고 전문휴양시설 중 두 종류 이상의 시설을 갖추어 관광객에게 이용하게 하는 업이나, 숙박시설 또는 음식점시설을 갖추고 전문휴양시설 중 한 종류 이상의 시설과 종합유원시설업의 시설을 갖추어 관광객에게 이용하게 하는 업

(2) 제2종 종합휴양업 : 관광객의 휴양이나 여가 선용을 위하여 관광숙박업의 등록에 필요한 시설과 제1종 종합휴양업의 등록에 필요한 전문휴양시설 중 두 종류 이상의 시설 또는 전문휴양시설 중 한 종류 이상의

시설 및 종합유원시설업의 시설을 함께 갖추어 관광객에게 이용하게 하는 업

다. 야영장업

1) 일반야영장업 : 야영장비 등을 설치할 수 있는 공간을 갖추고 야영에 적합한 시설을 함께 갖추어 관광객에게 이용하게 하는 업

2) 자동차야영장업 : 자동차를 주차하고 그 옆에 야영장비 등을 설치할 수 있는 공간을 갖추고 취사 등에 적합한 시설을 함께 갖추어 자동차를 이용하는 관광객에게 이용하게 하는 업

라. 관광유람선업

1) 일반관광유람선업 : 「해운법」에 따른 해상여객운송사업의 면허를 받은 자나 「유선 및 도선사업법」에 따른 유선사업의 면허를 받거나 신고한 자가 선박을 이용하여 관광객에게 관광을 할 수 있도록 하는 업

2) 크루즈업 : 「해운법」에 따른 순항(順航) 여객운송사업이나 복합 해상여객운송사업의 면허를 받은 자가 해당 선박 안에 숙박시설, 위락시설 등 편의시설을 갖춘 선박을 이용하여 관광객에게 관광을 할 수 있도록 하는 업

마. 관광공연장업 : 관광객을 위하여 적합한 공연시설을 갖추고 공연물을 공연하면서 관광객에게 식사와 주류를 판매하는 업

바. 외국인관광 도시민박업: 「국토의 계획 및 이용에 관한 법률」 제6조제1호에 따른 도시지역(「농어촌정비법」에 따른 농어촌지역 및 준농어촌지역은 제외한다. 이하 이 조에서 같다)의 주민이 자신이 거주하고 있는 다음의 어느 하나에 해당하는 주택을 이용하여 외국인 관광객에게 한국의 가정문화를 체험할 수 있도록 적합한 시설을 갖추고 숙식 등을 제공(도시지역에서 「도시재생 활성화 및 지원에 관한 특별법」 제2조제6호에 따른 도시재생활성화계획에 따라 같은 조 제9호에 따른 마을기업이 외국인 관광객에게 우선하여 숙식 등을 제공하면서, 외국인 관광객의 이용에 지장을 주지 아니하는 범위에서 해당 지역을 방문하

는 내국인 관광객에게 그 지역의 특성화된 문화를 체험할 수 있도록 숙식 등을 제공하는 것을 포함한다)하는 업

1) 「건축법 시행령」 별표 1 제1호가목 또는 다목에 따른 단독주택 또는 다가구주택

2) 「건축법 시행령」 별표 1 제2호가목, 나목 또는 다목에 따른 아파트, 연립주택 또는 다세대주택

사. 한옥체험업: 한옥(「한옥 등 건축자산의 진흥에 관한 법률」 제2조제2호에 따른 한옥을 말한다)에 관광객의 숙박 체험에 적합한 시설을 갖추고 관광객에게 이용하게 하거나, 전통 놀이 및 공예 등 전통문화 체험에 적합한 시설을 갖추어 관광객에게 이용하게 하는 업

4. 국제회의업의 종류

가. 국제회의시설업 : 대규모 관광 수요를 유발하는 국제회의를 개최할 수 있는 시설을 설치하여 운영하는 업

나. 국제회의기획업 : 대규모 관광 수요를 유발하는 국제회의의 계획 · 준비 · 진행 등의 업무를 위탁받아 대행하는 업

5. 유원시설업(遊園施設業)의 종류

가. 종합유원시설업 : 유기시설이나 유기기구를 갖추어 관광객에게 이용하게 하는 업으로서 대규모의 대지 또는 실내에서 법 제33조에 따른 안전성검사 대상 유기시설 또는 유기기구 여섯 종류 이상을 설치하여 운영하는 업

나. 일반유원시설업 : 유기시설이나 유기기구를 갖추어 관광객에게 이용하게 하는 업으로서 법 제33조에 따른 안전성검사 대상 유기시설 또는 유기기구 한 종류 이상을 설치하여 운영하는 업

다. 기타유원시설업 : 유기시설이나 유기기구를 갖추어 관광객에게 이용하게 하는 업으로서 법 제33조에 따른 안전성검사 대상이 아닌 유기시설 또는 유기기구를 설치하여 운영하는 업

6. 관광 편의시설업의 종류

가. 관광유흥음식점업 : 식품위생 법령에 따른 유흥주점 영업의 허가를 받은 자가 관광객이 이용하기 적합한 한국 전통 분위기의 시설을 갖추어 그 시설을 이용하는 자에게 음식을 제공하고 노래와 춤을 감상하게 하거나 춤을 추게 하는 업

나. 관광극장유흥업 : 식품위생 법령에 따른 유흥주점 영업의 허가를 받은 자가 관광객이 이용하기 적합한 무도(舞蹈)시설을 갖추어 그 시설을 이용하는 자에게 음식을 제공하고 노래와 춤을 감상하게 하거나 춤을 추게 하는 업

다. 외국인전용 유흥음식점업 : 식품위생 법령에 따른 유흥주점영업의 허가를 받은 자가 외국인이 이용하기 적합한 시설을 갖추어 외국인만을 대상으로 주류나 그 밖의 음식을 제공하고 노래와 춤을 감상하게 하거나 춤을 추게 하는 업

라. 관광식당업 : 식품위생 법령에 따른 일반음식점영업의 허가를 받은 자가 관광객이 이용하기 적합한 음식 제공시설을 갖추고 관광객에게 특정 국가의 음식을 전문적으로 제공하는 업

마. 관광순환버스업 : 「여객자동차 운수사업법」에 따른 여객자동차운송사업의 면허를 받거나 등록을 한 자가 버스를 이용하여 관광객에게 시내와 그 주변 관광지를 정기적으로 순회하면서 관광할 수 있도록 하는 업

바. 관광사진업 : 외국인 관광객과 동행하며 기념사진을 촬영하여 판매하는 업

사. 여객자동차터미널시설업 : 「여객자동차 운수사업법」에 따른 여객자동차터미널사업의 면허를 받은 자가 관광객이 이용하기 적합한 여객자동차터미널시설을 갖추고 이들에게 휴게시설 · 안내시설 등 편익시설을 제공하는 업

아. 관광펜션업 : 숙박시설을 운영하고 있는 자가 자연 · 문화 체험관광에 적합한 시설을 갖추어 관광객에게 이용하게 하는 업

자. 관광궤도업: 「궤도운송법」에 따른 궤도사업의 허가를 받은 자가 주변 관람과 운송에 적합한 시설을 갖추어 관광객에게 이용하게 하는 업

차. 삭제 〈2020. 4. 28.〉

카. 관광면세업: 다음의 어느 하나에 해당하는 자가 판매시설을 갖추고 관광객에게 면세물품을 판매하는 업

1) 「관세법」 제196조에 따른 보세판매장의 특허를 받은 자

2) 「외국인관광객 등에 대한 부가가치세 및 개별소비세 특례규정」 제5조에 따라 면세판매장의 지정을 받은 자

타. 관광지원서비스업: 주로 관광객 또는 관광사업자 등을 위하여 사업이나 시설 등을 운영하는 업으로서 문화체육관광부장관이 「통계법」 제22조제2항 단서에 따라 관광 관련 산업으로 분류한 쇼핑업, 운수업, 숙박업, 음식점업, 문화 · 오락 · 레저스포츠업, 건설업, 자동차임대업 및 교육서비스업 등. 다만, 법에 따라 등록 · 허가 또는 지정(이 영 제2조제6호가목부터 카목까지의 규정에 따른 업으로 한정한다)을 받거나 신고를 해야 하는 관광사업은 제외한다.

② 제1항제6호아목은 「제주특별자치도 설치 및 국제자유도시 조성을 위한 특별법」을 적용받는 지역에 대하여는 적용하지 아니한다.

제2조(관광사업의 종류)

① 「관광진흥법」(이하 "법"이라 한다) 제3조제2항에 따라 관광사업의 종류를 다음 각 호와 같이 세분한다. 〈개정 2008. 2. 29., 2008. 8. 26., 2009. 1. 20., 2009. 8. 6., 2009. 10. 7., 2009. 11. 2., 2011. 12. 30., 2013. 11. 29., 2014. 7. 16., 2014. 10. 28., 2014. 11. 28., 2016. 3. 22., 2019. 4. 9., 2020. 4. 28., 2021. 3. 23.〉

1. 여행업의 종류

가. 종합여행업 : 국내외를 여행하는 내국인 및 외국인을 대상으로 하는 여행업[사증(査證)을 받는 절차를 대행하는 행위를 포함한다]

나. 국내외여행업 : 국내외를 여행하는 내국인을 대상으로 하는 여행업(사증을 받는 절차를 대행하는 행위를 포함한다)

다. 국내여행업 : 국내를 여행하는 내국인을 대상으로 하는 여행업

2. 호텔업의 종류

가. 관광호텔업 : 관광객의 숙박에 적합한 시설을 갖추어 관광객에게 이용하게 하고 숙박에 딸린 음식 · 운동 · 오락 · 휴양 · 공연 또는 연수에 적합한 시설 등(이하 "부대시설"이라 한다)을 함께 갖추어 관광객에게 이용하게 하는 업(業)

나. 수상관광호텔업 : 수상에 구조물 또는 선박을 고정하거나 매어 놓고 관광객의 숙박에 적합한 시설을 갖추거나 부대시설을 함께 갖추어 관광객에게 이용하게 하는 업

다. 한국전통호텔업 : 한국전통의 건축물에 관광객의 숙박에 적합한 시설을 갖추거나 부대시설을 함께 갖추어 관광객에게 이용하게 하는 업

라. 가족호텔업 : 가족단위 관광객의 숙박에 적합한 시설 및 취사도구를 갖추어 관광객에게 이용하게 하거나 숙박에 딸린 음식 · 운동 · 휴양 또는 연수에 적합한 시설을 함께 갖추어 관광객에게 이용하게 하는 업

마. 호스텔업 : 배낭여행객 등 개별 관광객의 숙박에 적합한 시설로서 샤워장, 취사장 등의 편의시설과 외국인 및 내국인 관광객을 위한 문화 · 정보 교류시설 등을 함께 갖추어 이용하게 하는 업

바. 소형호텔업 : 관광객의 숙박에 적합한 시설을 소규모로 갖추고 숙박에 딸린 음식 · 운동 · 휴양 또는 연수에 적합한 시설을 함께 갖추어 관광객에게 이용하게 하는 업

사. 의료관광호텔업: 의료관광객의 숙박에 적합한 시설 및 취사도구를 갖추거나 숙박에 딸린 음식 · 운동 또는 휴양에 적합한 시설을 함께 갖추어 주로 외국인 관광객에게 이용하게 하는 업

3. 관광객 이용시설업의 종류

가. 전문휴양업 : 관광객의 휴양이나 여가 선용을 위하여 숙박업 시설(「공중위생관리법 시행령」 제2조제1항제1호 및 제2호의 시설을 포함하며, 이하 "숙박시설"이라 한다)이나 「식품위생법 시행령」 제21조제8호가

목·나목 또는 바목에 따른 휴게음식점영업, 일반음식점영업 또는 제과점영업의 신고에 필요한 시설(이하 "음식점시설"이라 한다)을 갖추고 별표 1 제4호가목(2)(가)부터 (거)까지의 규정에 따른 시설(이하 "전문휴양시설"이라 한다) 중 한 종류의 시설을 갖추어 관광객에게 이용하게 하는 업

나. 종합휴양업

(1) 제1종 종합휴양업 : 관광객의 휴양이나 여가 선용을 위하여 숙박시설 또는 음식점시설을 갖추고 전문휴양시설 중 두 종류 이상의 시설을 갖추어 관광객에게 이용하게 하는 업이나, 숙박시설 또는 음식점시설을 갖추고 전문휴양시설 중 한 종류 이상의 시설과 종합유원시설업의 시설을 갖추어 관광객에게 이용하게 하는 업

(2) 제2종 종합휴양업 : 관광객의 휴양이나 여가 선용을 위하여 관광숙박업의 등록에 필요한 시설과 제1종 종합휴양업의 등록에 필요한 전문휴양시설 중 두 종류 이상의 시설 또는 전문휴양시설 중 한 종류 이상의 시설 및 종합유원시설업의 시설을 함께 갖추어 관광객에게 이용하게 하는 업

다. 야영장업

1) 일반야영장업 : 야영장비 등을 설치할 수 있는 공간을 갖추고 야영에 적합한 시설을 함께 갖추어 관광객에게 이용하게 하는 업

2) 자동차야영장업 : 자동차를 주차하고 그 옆에 야영장비 등을 설치할 수 있는 공간을 갖추고 취사 등에 적합한 시설을 함께 갖추어 자동차를 이용하는 관광객에게 이용하게 하는 업

라. 관광유람선업

1) 일반관광유람선업 : 「해운법」에 따른 해상여객운송사업의 면허를 받은 자나 「유선 및 도선사업법」에 따른 유선사업의 면허를 받거나 신고한 자가 선박을 이용하여 관광객에게 관광을 할 수 있도록 하는 업

2) 크루즈업 : 「해운법」에 따른 순항(順航) 여객운송사업이나 복합 해상

여객운송사업의 면허를 받은 자가 해당 선박 안에 숙박시설, 위락시설 등 편의시설을 갖춘 선박을 이용하여 관광객에게 관광을 할 수 있도록 하는 업

마. 관광공연장업 : 관광객을 위하여 적합한 공연시설을 갖추고 공연물을 공연하면서 관광객에게 식사와 주류를 판매하는 업

바. 외국인관광 도시민박업:「국토의 계획 및 이용에 관한 법률」 제6조제1호에 따른 도시지역(「농어촌정비법」에 따른 농어촌지역 및 준농어촌지역은 제외한다. 이하 이 조에서 같다)의 주민이 자신이 거주하고 있는 다음의 어느 하나에 해당하는 주택을 이용하여 외국인 관광객에게 한국의 가정문화를 체험할 수 있도록 적합한 시설을 갖추고 숙식 등을 제공(도시지역에서 「도시재생 활성화 및 지원에 관한 특별법」 제2조제6호에 따른 도시재생활성화계획에 따라 같은 조 제9호에 따른 마을기업이 외국인 관광객에게 우선하여 숙식 등을 제공하면서, 외국인 관광객의 이용에 지장을 주지 아니하는 범위에서 해당 지역을 방문하는 내국인 관광객에게 그 지역의 특성화된 문화를 체험할 수 있도록 숙식 등을 제공하는 것을 포함한다)하는 업

1)「건축법 시행령」 별표 1 제1호가목 또는 다목에 따른 단독주택 또는 다가구주택

2)「건축법 시행령」 별표 1 제2호가목, 나목 또는 다목에 따른 아파트, 연립주택 또는 다세대주택

사. 한옥체험업: 한옥(「한옥 등 건축자산의 진흥에 관한 법률」 제2조제2호에 따른 한옥을 말한다)에 관광객의 숙박 체험에 적합한 시설을 갖추고 관광객에게 이용하게 하거나, 전통 놀이 및 공예 등 전통문화 체험에 적합한 시설을 갖추어 관광객에게 이용하게 하는 업

4. 국제회의업의 종류

가. 국제회의시설업 : 대규모 관광 수요를 유발하는 국제회의를 개최할 수 있는 시설을 설치하여 운영하는 업

나. 국제회의기획업 : 대규모 관광 수요를 유발하는 국제회의의 계획 · 준비 · 진행 등의 업무를 위탁받아 대행하는 업

5. 유원시설업(遊園施設業)의 종류

가. 종합유원시설업 : 유기시설이나 유기기구를 갖추어 관광객에게 이용하게 하는 업으로서 대규모의 대지 또는 실내에서 법 제33조에 따른 안전성검사 대상 유기시설 또는 유기기구 여섯 종류 이상을 설치하여 운영하는 업

나. 일반유원시설업 : 유기시설이나 유기기구를 갖추어 관광객에게 이용하게 하는 업으로서 법 제33조에 따른 안전성검사 대상 유기시설 또는 유기기구 한 종류 이상을 설치하여 운영하는 업

다. 기타유원시설업 : 유기시설이나 유기기구를 갖추어 관광객에게 이용하게 하는 업으로서 법 제33조에 따른 안전성검사 대상이 아닌 유기시설 또는 유기기구를 설치하여 운영하는 업

6. 관광 편의시설업의 종류

가. 관광유흥음식점업: 식품위생 법령에 따른 유흥주점 영업의 허가를 받은 자가 관광객이 이용하기 적합한 한국 전통 분위기의 시설을 갖추어 그 시설을 이용하는 자에게 음식을 제공하고 노래와 춤을 감상하게 하거나 춤을 추게 하는 업

나. 관광극장유흥업: 식품위생 법령에 따른 유흥주점 영업의 허가를 받은 자가 관광객이 이용하기 적합한 무도(舞蹈)시설을 갖추어 그 시설을 이용하는 자에게 음식을 제공하고 노래와 춤을 감상하게 하거나 춤을 추게 하는 업

다. 외국인전용 유흥음식점업 : 식품위생 법령에 따른 유흥주점영업의 허가를 받은 자가 외국인이 이용하기 적합한 시설을 갖추어 외국인만을 대상으로 주류나 그 밖의 음식을 제공하고 노래와 춤을 감상하게 하거나 춤을 추게 하는 업

라. 관광식당업 : 식품위생 법령에 따른 일반음식점영업의 허가를 받은 자

가 관광객이 이용하기 적합한 음식 제공시설을 갖추고 관광객에게 특정 국가의 음식을 전문적으로 제공하는 업

마. 관광순환버스업 :「여객자동차 운수사업법」에 따른 여객자동차운송사업의 면허를 받거나 등록을 한 자가 버스를 이용하여 관광객에게 시내와 그 주변 관광지를 정기적으로 순회하면서 관광할 수 있도록 하는 업

바. 관광사진업 : 외국인 관광객과 동행하며 기념사진을 촬영하여 판매하는 업

사. 여객자동차터미널시설업 :「여객자동차 운수사업법」에 따른 여객자동차터미널사업의 면허를 받은 자가 관광객이 이용하기 적합한 여객자동차터미널시설을 갖추고 이들에게 휴게시설 · 안내시설 등 편익시설을 제공하는 업

아. 관광펜션업 : 숙박시설을 운영하고 있는 자가 자연 · 문화 체험관광에 적합한 시설을 갖추어 관광객에게 이용하게 하는 업

자. 관광궤도업 :「궤도운송법」에 따른 궤도사업의 허가를 받은 자가 주변 관람과 운송에 적합한 시설을 갖추어 관광객에게 이용하게 하는 업

차. 삭제 〈2020. 4. 28.〉

카. 관광면세업 : 다음의 어느 하나에 해당하는 자가 판매시설을 갖추고 관광객에게 면세물품을 판매하는 업

1)「관세법」 제196조에 따른 보세판매장의 특허를 받은 자

2)「외국인관광객 등에 대한 부가가치세 및 개별소비세 특례규정」 제5조에 따라 면세판매장의 지정을 받은 자

타. 관광지원서비스업 : 주로 관광객 또는 관광사업자 등을 위하여 사업이나 시설 등을 운영하는 업으로서 문화체육관광부장관이「통계법」 제22조제2항 단서에 따라 관광 관련 산업으로 분류한 쇼핑업, 운수업, 숙박업, 음식점업, 문화 · 오락 · 레저스포츠업, 건설업, 자동차임대업 및 교육서비스업 등. 다만, 법에 따라 등록 · 허가 또는 지정(이 영 제2조제6

호가목부터 카목까지의 규정에 따른 업으로 한정한다)을 받거나 신고를 해야 하는 관광사업은 제외한다.

② 제1항제6호아목은 「제주특별자치도 설치 및 국제자유도시 조성을 위한 특별법」을 적용받는 지역에 대하여는 적용하지 아니한다.

[시행일 : 2021. 9. 24.] 제2조

제3조(등록절차)

① 법 제4조제1항에 따라 등록을 하려는 자는 문화체육관광부령으로 정하는 바에 따라 관광사업 등록신청서를 특별자치시장 · 특별자치도지사 · 시장 · 군수 · 구청장(자치구의 구청장을 말한다. 이하 같다)에게 제출하여야 한다. 〈개정 2009. 10. 7., 2019. 4. 9.〉

② 특별자치시장 · 특별자치도지사 · 시장 · 군수 · 구청장은 법 제17조에 따른 관광숙박업 및 관광객 이용시설업 등록심의위원회의 심의를 거쳐야 할 관광사업의 경우에는 그 심의를 거쳐 등록 여부를 결정한다. 〈개정 2009. 10. 7., 2019. 4. 9.〉

[제목개정 2009. 10. 7.]

제4조(등록증의 발급)

① 제3조에 따라 등록신청을 받은 특별자치시장 · 특별자치도지사 · 시장 · 군수 · 구청장은 신청한 사항이 제5조에 따른 등록기준에 맞으면 문화체육관광부령으로 정하는 등록증을 신청인에게 발급하여야 한다. 〈개정 2008. 2. 29., 2009. 10. 7., 2019. 4. 9.〉

② 특별자치시장 · 특별자치도지사 · 시장 · 군수 · 구청장은 제1항에 따른 등록증을 발급하려면 법 제18조제1항에 따라 의제되는 인 · 허가증을 한꺼번에 발급할 수 있도록 해당 인 · 허가기관의 장에게 인 · 허가증의 송부를 요청할 수 있다. 〈개정 2009. 10. 7., 2019. 4. 9.〉

③ 특별자치시장 · 특별자치도지사 · 시장 · 군수 · 구청장은 제1항 및 제2항에 따라 등록증을 발급하면 문화체육관광부령으로 정하는 바에 따라 관광사업자 등록대장을 작성하고 관리 · 보존하여야 한다. 〈개정 2008. 2. 29., 2009. 10. 7., 2019. 4. 9.〉

④ 특별자치시장 · 특별자치도지사 · 시장 · 군수 · 구청장은 등록한 관광사업자가 제1항에 따라 발급받은 등록증을 잃어버리거나 그 등록증이 헐어 못쓰게 되어버린 경우에는 문화체육관광부령으로 정하는 바에 따라 다시 발급하여야 한다. 〈개정 2008. 2. 29., 2009. 10. 7., 2019. 4. 9.〉

제5조(등록기준) 법 제4조제3항에 따른 관광사업의 등록기준은 별표 1과 같다. 다만, 휴양 콘도미니엄업과 전문휴양업 중 온천장 및 농어촌휴양시설을 2012년 11월 1일부터 2014년 10월 31일까지 제3조제1항에 따라 등록 신청하면 다음 각 호의 기준에 따른다. 〈개정 2012. 10. 29., 2013. 10. 31.〉

1. 휴양 콘도미니엄업의 경우 별표 1 제3호가목(1)에도 불구하고 같은 단지 안에 20실 이상 객실을 갖추어야 한다.
2. 전문휴양업 중 온천장의 경우 별표 1 제4호가목(2)(사)에도 불구하고 다음 각 목의 요건을 갖추어야 한다.
   가. 온천수를 이용한 대중목욕시설이 있을 것
   나. 정구장 · 탁구장 · 볼링장 · 활터 · 미니골프장 · 배드민턴장 · 롤러스케이트장 · 보트장 등의 레크리에이션 시설 중 두 종류 이상의 시설을 갖추거나 제2조제5호에 따른 유원시설업 시설이 있을 것
3. 전문휴양업 중 농어촌휴양시설의 경우 별표 1 제4호가목(2)(차)에도 불구하고 다음 각 목의 요건을 갖추어야 한다.
   가. 「농어촌정비법」에 따른 농어촌 관광휴양단지 또는 관광농원의 시설을 갖추고 있을 것
   나. 관광객의 관람이나 휴식에 이용될 수 있는 특용작물 · 나무 등을 재배하거나 어류 · 희귀동물 등을 기르고 있을 것

제6조(변경등록)

① 법 제4조제4항에 따른 변경등록사항은 다음 각 호와 같다. 〈개정 2015. 3. 17., 2020. 4. 28.〉

1. 사업계획의 변경승인을 받은 사항(사업계획의 승인을 받은 관광사업만 해당한다)

2. 상호 또는 대표자의 변경
3. 객실 수 및 형태의 변경(휴양 콘도미니엄업을 제외한 관광숙박업만 해당한다)
4. 부대시설의 위치 · 면적 및 종류의 변경(관광숙박업만 해당한다)
5. 여행업의 경우에는 사무실 소재지의 변경 및 영업소의 신설, 국제회의기획업의 경우에는 사무실 소재지의 변경
6. 부지 면적의 변경, 시설의 설치 또는 폐지(야영장업만 해당한다)
7. 객실 수 및 면적의 변경, 편의시설 면적의 변경, 체험시설 종류의 변경(한옥체험업만 해당한다)

② 제1항에 따른 변경등록을 하려는 자는 그 변경사유가 발생한 날부터 30일 이내에 문화체육관광부령으로 정하는 바에 따라 변경등록신청서를 특별자치시장 · 특별자치도지사 · 시장 · 군수 · 구청장에게 제출하여야 한다. 다만, 제1항 제5호의 변경등록사항 중 사무실 소재지를 변경한 경우에는 변경등록신청서를 새로운 소재지의 관할 특별자치시장 · 특별자치도지사 · 시장 · 군수 · 구청장에게 제출할 수 있다. 〈개정 2008. 2. 29., 2009. 10. 7., 2019. 4. 9.〉

제7조(허가대상 유원시설업) 법 제5조제2항에서 "대통령령으로 정하는 유원시설업"이란 종합유원시설업 및 일반유원시설업을 말한다.

제8조(상호의 사용제한) 법 제10조제3항 및 제4항에 따라 관광사업자가 아닌 자는 다음 각 호의 업종 구분에 따른 명칭을 포함하는 상호를 사용할 수 없다. 〈개정 2009. 1. 20., 2010. 6. 15., 2014. 9. 11., 2016. 3. 22.〉

1. 관광숙박업과 유사한 영업의 경우 관광호텔과 휴양 콘도미니엄
2. 관광유람선업과 유사한 영업의 경우 관광유람
3. 관광공연장업과 유사한 영업의 경우 관광공연
4. 삭제 〈2014. 7. 16.〉
5. 관광유흥음식점업, 외국인전용 유흥음식점업 또는 관광식당업과 유사한 영업의 경우 관광식당

5의2. 관광극장유흥업과 유사한 영업의 경우 관광극장

6. 관광펜션업과 유사한 영업의 경우 관광펜션
7. 관광면세업과 유사한 영업의 경우 관광면세

제8조의2(외국인 의료관광 유치 · 지원 관련 기관)

① 법 제12조의2제1항에서 "대통령령으로 정하는 기준을 충족하는 외국인 의료관광 유치 · 지원 관련 기관"이란 다음 각 호의 어느 하나에 해당하는 것을 말한다. 〈개정 2013. 11. 29., 2016. 6. 21.〉

1. 「의료 해외진출 및 외국인환자 유치 지원에 관한 법률」 제6조제1항에 따라 등록한 외국인환자 유치 의료기관(이하 "외국인환자 유치 의료기관"이라 한다) 또는 같은 조 제2항에 따라 등록한 외국인환자 유치업자(이하 "유치업자"라 한다)
2. 「한국관광공사법」에 따른 한국관광공사
3. 그 밖에 법 제12조의2제1항에 따른 의료관광(이하 "의료관광"이라 한다)의 활성화를 위한 사업의 추진실적이 있는 보건 · 의료 · 관광 관련 기관 중 문화체육관광부장관이 고시하는 기관

② 법 제12조의2제1항에 따른 외국인 의료관광 유치 · 지원 관련 기관에 대한 관광진흥개발기금의 대여나 보조의 기준 및 절차는 「관광진흥개발기금법」에서 정하는 바에 따른다.

[본조신설 2009. 10. 7.]

제8조의3(외국인 의료관광 지원)

① 문화체육관광부장관은 법 제12조의2제2항에 따라 외국인 의료관광을 지원하기 위하여 외국인 의료관광 전문인력을 양성하는 전문교육기관 중에서 우수 전문교육기관이나 우수 교육과정을 선정하여 지원할 수 있다.

② 문화체육관광부장관은 외국인 의료관광 안내에 대한 편의를 제공하기 위하여 국내외에 외국인 의료관광 유치 안내센터를 설치 · 운영할 수 있다.

③ 문화체육관광부장관은 의료관광의 활성화를 위하여 지방자치단체의 장이나 외국인환자 유치 의료기관 또는 유치업자와 공동으로 해외마케팅사업을 추진할 수 있다. 〈개정 2013. 11. 29.〉

[본조신설 2009. 10. 7.]

제9조(사업계획 변경승인)

① 법 제15조제1항 후단에 따라 관광숙박업의 사업계획 변경에 관한 승인을 받아야 하는 경우는 다음 각 호와 같다. 〈개정 2011. 12. 30.〉

1. 부지 및 대지 면적을 변경할 때에 그 변경하려는 면적이 당초 승인받은 계획면적의 100분의 10 이상이 되는 경우
2. 건축 연면적을 변경할 때에 그 변경하려는 연면적이 당초 승인받은 계획면적의 100분의 10 이상이 되는 경우
3. 객실 수 또는 객실면적을 변경하려는 경우(휴양 콘도미니엄업만 해당한다)
4. 변경하려는 업종의 등록기준에 맞는 경우로서, 호텔업과 휴양 콘도미니엄업 간의 업종변경 또는 호텔업 종류 간의 업종 변경

② 법 제15조제2항 후단에 따라 관광객 이용시설업이나 국제회의업의 사업계획의 변경승인을 받을 수 있는 경우는 다음 각 호와 같다.

1. 전문휴양업이나 종합휴양업의 경우 부지, 대지 면적 또는 건축 연면적을 변경할 때에 그 변경하려는 면적이 당초 승인받은 계획면적의 100분의 10 이상이 되는 경우
2. 국제회의업의 경우 국제회의시설 중 다음 각 목의 어느 하나에 해당하는 변경을 하려는 경우
   가. 「국제회의산업 육성에 관한 법률 시행령」 제3조제2항에 따른 전문회의시설의 회의실 수 또는 옥내전시면적을 변경할 때에 그 변경하려는 회의실 수 또는 옥내전시면적이 당초 승인받은 계획의 100분의 10 이상이 되는 경우
   나. 「국제회의산업 육성에 관한 법률 시행령」 제3조제4항에 따른 전시시설의 회의실 수 또는 옥내전시면적을 변경할 때에 그 변경하려는 회의실 수 또는 옥내전시면적이 당초 승인받은 계획의 100분의 10 이상이 되는 경우

제10조(사업계획의 승인신청 등)

① 법 제15조제1항 및 제2항에 따라 관광호텔업 · 수상관광호텔업 · 한국전통호텔업 · 가족호텔업 · 호스텔업 · 소형호텔업 · 의료관광호텔업과 휴양 콘도미니엄

업 및 제12조 각 호의 어느 하나에 해당하는 관광사업의 사업계획(이하 "사업계획"이라 한다) 승인을 받으려는 자는 문화체육관광부령으로 정하는 바에 따라 사업계획 승인신청서를 특별자치시장 · 특별자치도지사 · 시장 · 군수 · 구청장에게 제출하여야 한다. 〈개정 2008. 2. 29., 2009. 1. 20., 2010. 6. 15., 2013. 11. 29., 2019. 4. 9.〉

② 제9조에 따라 사업계획의 변경승인을 받으려는 자는 문화체육관광부령으로 정하는 바에 따라 사업계획 변경승인신청서를 특별자치시장 · 특별자치도지사 · 시장 · 군수 · 구청장에게 제출하여야 한다. 〈개정 2008. 2. 29., 2009. 1. 20., 2019. 4. 9.〉

③ 제1항과 제2항에 따라 사업계획의 승인 또는 변경승인신청서를 접수한 특별자치시장 · 특별자치도지사 · 시장 · 군수 · 구청장은 해당 관광사업이 법 제16조제1항에 따라 인 · 허가 등이 의제되는 사업인 경우에는 같은 조 제2항에 따라 소관 행정기관의 장과 협의하여야 한다. 〈개정 2009. 1. 20., 2019. 4. 9.〉

④ 제3항에 따라 협의 요청을 받은 소관 행정기관의 장은 협의 요청을 받은 날부터 30일 이내에 그 의견을 제출하여야 한다. 이 경우 그 기간 이내에 의견제출이 없는 때에는 협의가 이루어진 것으로 본다. 〈개정 2014. 11. 28.〉

제11조(사업계획승인의 통보) 특별자치시장 · 특별자치도지사 · 시장 · 군수 · 구청장은 제10조에 따라 신청한 사업계획 또는 사업계획의 변경을 승인하는 경우에는 사업계획승인 또는 변경승인을 신청한 자에게 지체 없이 통보하여야 한다. 〈개정 2009. 1. 20., 2019. 4. 9.〉

제12조(사업계획승인 대상 관광객 이용시설업, 국제회의업) 법 제15조제2항 전단에서 "대통령령으로 정하는 관광객 이용시설업이나 국제회의업"이란 다음 각 호의 관광사업을 말한다.

1. 전문휴양업
2. 종합휴양업
3. 관광유람선업
4. 국제회의시설업

제13조(사업계획 승인기준)

① 법 제15조에 따른 사업계획의 승인 및 변경승인의 기준은 다음 각 호와 같다. 〈개정 2010. 6. 15., 2013. 11. 29., 2014. 11. 28., 2016. 3. 22., 2018. 12. 18., 2019. 4. 9.〉

1. 사업계획의 내용이 관계 법령의 규정에 적합할 것
2. 사업계획의 시행에 필요한 자금을 조달할 능력 및 방안이 있을 것
3. 일반 주거지역의 관광숙박시설 및 그 시설 안의 위락시설은 주거환경을 보호하기 위하여 다음 각 목의 기준에 맞아야 하고, 준주거지역의 경우에는 다목의 기준에 맞을 것. 다만, 일반 주거지역에서의 사업계획의 변경승인(신축 또는 기존 건축물 전부를 철거하고 다시 축조하는 개축을 하는 경우는 포함하지 아니한다)의 경우에는 가목의 기준을 적용하지 아니하고, 일반 주거지역의 호스텔업의 시설의 경우에는 라목의 기준을 적용하지 아니한다.

가. 다음의 구분에 따라 사람 또는 차량의 통행이 가능하도록 대지가 도로에 연접할 것. 다만, 특별자치시 · 특별자치도 · 시 · 군 · 구(자치구를 말한다. 이하 같다)는 주거환경을 보호하기 위하여 필요하면 지역 특성을 고려하여 조례로 이 기준을 강화할 수 있다.

1) 관광호텔업, 수상관광호텔업, 한국전통호텔업, 가족호텔업, 의료관광호텔업 및 휴양 콘도미니엄업: 대지가 폭 12미터 이상의 도로에 4미터 이상 연접할 것

2) 호스텔업 및 소형호텔업: 대지가 폭 8미터(관광객의 수, 관광특구와의 거리 등을 고려하여 특별자치시장 · 특별자치도지사 · 시장 · 군수 · 구청장이 지정하여 고시하는 지역에서 20실 이하의 객실을 갖추어 경영하는 호스텔업의 경우에는 4미터) 이상의 도로에 4미터 이상 연접할 것

나. 건축물(관광숙박시설이 설치되는 건축물 전부를 말한다) 각 부분의 높이는 그 부분으로부터 인접대지를 조망할 수 있는 창이나 문 등의 개구부가 있는 벽면에서 직각 방향으로 인접된 대지의 경계선[대지와 대지

사이가 공원 · 광장 · 도로 · 하천이나 그 밖의 건축이 허용되지 아니하는 공지(空地)인 경우에는 그 인접된 대지의 반대편 경계선을 말한다]까지의 수평거리의 두 배를 초과하지 아니할 것

다. 소음 공해를 유발하는 시설은 지하층에 설치하거나 그 밖의 방법으로 주변의 주거환경을 해치지 아니하도록 할 것

라. 대지 안의 조경은 대지면적의 15퍼센트 이상으로 하되, 대지 경계선 주위에는 다 자란 나무를 심어 인접 대지와 차단하는 수림대(樹林帶)를 조성할 것

4. 연간 내국인 투숙객 수가 객실의 연간 수용가능 총인원의 40퍼센트를 초과하지 아니할 것(의료관광호텔업만 해당한다)

② 특별자치시장 · 특별자치도지사 · 시장 · 군수 · 구청장은 휴양 콘도미니엄업의 규모를 축소하는 사업계획에 대한 변경승인신청을 받은 경우에는 다음 각 호의 어느 하나의 감소 비율이 당초 승인한 분양 및 회원 모집 계획상의 피분양자 및 회원(이하 이 항에서 "회원등"이라 한다) 총 수에 대한 사업계획 변경승인 예정일 현재 실제로 미분양 및 모집 미달이 되고 있는 잔여 회원등 총 수의 비율(이하 이 항에서 "미분양률"이라 한다)을 초과하지 아니하는 한도에서 그 변경승인을 하여야 한다. 다만, 사업자가 이미 분양받거나 회원권을 취득한 회원등에 대하여 그 대지면적 및 객실면적(전용 및 공유면적을 말하며, 이하 이 항에서 같다)의 감소분에 비례하여 분양가격 또는 회원 모집가격을 인하하여 해당 회원등에게 통보한 경우에는 미분양률을 초과하여 변경승인을 할 수 있다. 〈개정 2009. 1. 20., 2019. 4. 9.〉

1. 당초계획(승인한 사업계획을 말한다. 이하 이 항에서 같다)상의 대지면적에 대한 변경계획상의 대지면적 감소비율
2. 당초계획상의 객실 수에 대한 변경계획상의 객실 수 감소비율
3. 당초계획상의 전체 객실면적에 대한 변경계획상의 전체 객실면적 감소비율

제14조(관광숙박시설 건축지역) 법 제16조제5항제2호에서 "대통령령으로 정하는 지역"이란 다음 각 호의 지역을 말한다.

1. 일반주거지역
2. 준주거지역
3. 준공업지역
4. 자연녹지지역

제14조의2(학교환경위생 정화구역 내 관광숙박시설의 설치)

① 법 제16조제6항 및 같은 조 제7항제3호에서 "대통령령으로 정하는 지역"이란 각각 다음 각 호의 지역을 말한다.

1. 서울특별시
2. 경기도

② 법 제16조제7항에 따라 「학교보건법」 제6조제1항제13호를 적용하지 아니하는 관광숙박시설은 법 제16조제7항제4호에 따라 그 투숙객이 차량 또는 도보 등을 통하여 해당 관광숙박시설에 드나들 수 있는 출입구, 주차장, 로비 등의 공용공간을 외부에서 조망할 수 있는 개방적인 구조로 하여야 한다.

[본조신설 2016. 3. 22.]

제15조(위원장의 직무 등)

① 법 제17조제1항에 따른 관광숙박업 및 관광객 이용시설업 등록심의위원회(이하 "위원회"라 한다) 위원장은 위원회를 대표하고, 위원회의 직무를 총괄한다.

② 부위원장은 위원장을 보좌하고, 위원장이 부득이한 사유로 직무를 수행할 수 없을 때에는 그 직무를 대행한다.

제16조(회의)

① 위원장은 위원회의 회의를 소집하고 그 의장이 된다.

② 삭제 〈2019. 4. 9.〉

제17조(의견 청취) 위원장은 위원회의 심의사항과 관련하여 필요하다고 인정하면 관계인 또는 안전 · 소방 등에 대한 전문가를 출석시켜 그 의견을 들을 수 있다.

제18조(간사) 위원회의 서무를 처리하기 위하여 위원회에 간사 1명을 둔다.

제19조(운영세칙) 이 영에 규정된 사항 외에 위원회의 운영에 필요한 사항은 위원회의 의결을 거쳐 위원장이 정한다.

제20조(등록심의대상 관광사업)

① 법 제17조제1항 및 제3항제1호에서 "대통령령으로 정하는 관광객 이용시설업이나 국제회의업"이란 제12조 각 호의 어느 하나에 해당하는 관광사업을 말한다.

② 법 제17조제4항 단서에서 "대통령령으로 정하는 경미한 사항의 변경"이란 법 제17조제3항에 따른 심의사항의 변경 중 관계되는 기관이 둘 이하인 경우의 심의사항 변경을 말한다.

제21조(인 · 허가 등을 받은 것으로 보는 영업) 법 제18조제1항제2호에서 "대통령령으로 정하는 영업"이란 「식품위생법 시행령」 제21조제8호가목부터 라목까지 및 바목에 따른 휴게음식점영업 · 일반음식점영업 · 단란주점영업 · 유흥주점영업 및 제과점영업을 말한다. 〈개정 2009. 8. 6.〉

제21조의2(관광숙박업자의 준수사항)

① 법 제18조의2제3호에서 "대통령령으로 정하는 지역"이란 다음 각 호의 지역을 말한다.

1. 서울특별시
2. 경기도

② 법 제16조제7항에 따라 「학교보건법」 제6조제1항제13호를 적용받지 아니하고 관광숙박시설을 설치한 자는 법 제18조의2제4호에 따라 그 투숙객이 차량 또는 도보 등을 통하여 해당 관광숙박시설에 드나들 수 있는 출입구, 주차장, 로비 등의 공용공간을 외부에서 조망할 수 있는 개방적인 구조로 하여야 한다.

[본조신설 2016. 3. 22.]

제22조(호텔업의 등급결정)

① 법 제19조제1항 단서에서 "대통령령으로 정하는 자"란 관광호텔업, 수상관광호텔업, 한국전통호텔업, 가족호텔업, 소형호텔업 또는 의료관광호텔업의 등록을 한 자를 말한다. 〈개정 2014. 9. 11., 2019. 11. 19.〉

② 법 제19조제5항에 따라 관광숙박업 중 호텔업의 등급은 5성급 · 4성급 · 3성급 · 2성급 및 1성급으로 구분한다. 〈개정 2014. 9. 11., 2014. 11. 28.〉

③ 삭제 〈2014. 9. 11.〉

[제목개정 2014. 9. 11.]

제22조의2 삭제 〈2018. 6. 5.〉

제23조(분양 및 회원모집 관광사업)

① 법 제20조제1항 및 제2항제1호에서 "대통령령으로 정하는 종류의 관광사업"이란 다음 각 호의 사업을 말한다.

1. 휴양 콘도미니엄업 및 호텔업
2. 관광객 이용시설업 중 제2종 종합휴양업

② 법 제20조제2항제2호 단서에서 "대통령령으로 정하는 종류의 관광숙박업"이란 다음 각 호의 숙박업을 말한다. 〈개정 2008. 8. 26.〉

1. 휴양 콘도미니엄업
2. 호텔업
3. 삭제 〈2008. 8. 26.〉

제24조(분양 및 회원모집의 기준 및 시기)

① 법 제20조제4항에 따른 휴양 콘도미니엄업 시설의 분양 및 회원모집 기준과 호텔업 및 제2종 종합휴양업 시설의 회원모집 기준은 다음 각 호와 같다. 다만, 제2종 종합휴양업 시설 중 등록 체육시설업 시설에 대한 회원모집에 관하여는 「체육시설의 설치ㆍ이용에 관한 법률」에서 정하는 바에 따른다. 〈개정 2008. 11. 26., 2010. 6. 15., 2014. 9. 11., 2018. 9. 18.〉

1. 다음 각 목의 구분에 따른 소유권 등을 확보할 것. 이 경우 분양(휴양 콘도미니엄업만 해당한다. 이하 같다) 또는 회원모집 당시 해당 휴양 콘도미니엄업, 호텔업 및 제2종 종합휴양업의 건물이 사용승인된 경우에는 해당 건물의 소유권도 확보하여야 한다.
   가. 휴양 콘도미니엄업 및 호텔업(수상관광호텔은 제외한다)의 경우 : 해당 관광숙박시설이 건설되는 대지의 소유권
   나. 수상관광호텔의 경우 : 구조물 또는 선박의 소유권
   다. 제2종 종합휴양업의 경우 : 회원모집 대상인 해당 제2종 종합휴양업

시설이 건설되는 부지의 소유권 또는 사용권

2. 제1호에 따른 대지 · 부지 및 건물이 저당권의 목적물로 되어 있는 경우에는 그 저당권을 말소할 것. 다만, 공유제(共有制)일 경우에는 분양받은 자의 명의로 소유권 이전등기를 마칠 때까지, 회원제일 경우에는 저당권이 말소될 때까지 분양 또는 회원모집과 관련한 사고로 인하여 분양을 받은 자나 회원에게 피해를 주는 경우 그 손해를 배상할 것을 내용으로 저당권 설정금액에 해당하는 보증보험에 가입한 경우에는 그러하지 아니하다.
3. 분양을 하는 경우 한 개의 객실당 분양인원은 5명 이상으로 하되, 가족(부부 및 직계존비속을 말한다)만을 수분양자로 하지 아니할 것. 다만, 다음 각 목의 어느 하나에 해당하는 경우에는 그러하지 아니하다.
   가. 공유자가 법인인 경우
   나. 「출입국관리법 시행령」 별표 1의2 제24호차목에 따라 법무부장관이 정하여 고시한 투자지역에 건설되는 휴양 콘도미니엄으로서 공유자가 외국인인 경우
4. 삭제 〈2015. 11. 18.〉
5. 공유자 또는 회원의 연간 이용일수는 365일을 객실당 분양 또는 회원모집 계획 인원수로 나눈 범위 이내일 것
6. 주거용으로 분양 또는 회원모집을 하지 아니할 것

② 제1항에 따라 휴양 콘도미니엄업, 호텔업 및 제2종 종합휴양업의 분양 또는 회원을 모집하는 경우 그 시기 등은 다음 각 호와 같다. 〈개정 2008. 2. 29.〉

1. 휴양 콘도미니엄업 및 제2종 종합휴양업의 경우
   가. 해당 시설공사의 총 공사 공정이 문화체육관광부령으로 정하는 공정률 이상 진행된 때부터 분양 또는 회원모집을 하되, 분양 또는 회원을 모집하려는 총 객실 중 공정률에 해당하는 객실을 대상으로 분양 또는 회원을 모집할 것
   나. 공정률에 해당하는 객실 수를 초과하여 분양 또는 회원을 모집하려는 경우에는 분양 또는 회원모집과 관련한 사고로 인하여 분양을 받은

자나 회원에게 피해를 주는 경우 그 손해를 배상할 것을 내용으로 공정률을 초과하여 분양 또는 회원을 모집하려는 금액에 해당하는 보증보험에 관광사업의 등록 시까지 가입할 것

2. 호텔업의 경우
관광사업의 등록 후부터 회원을 모집할 것. 다만, 제2종 종합휴양업에 포함된 호텔업의 경우에는 제1호가목 및 나목을 적용한다.

제25조(분양 또는 회원모집계획서의 제출)

① 제24조에 따라 분양 또는 회원을 모집하려는 자는 문화체육관광부령으로 정하는 바에 따라 분양 또는 회원모집계획서를 특별자치시장·특별자치도지사·시장·군수·구청장에게 제출하여야 한다. 〈개정 2008. 2. 29., 2009. 1. 20., 2019. 4. 9.〉

② 제1항에 따라 제출한 분양 또는 회원모집계획서의 내용이 사업계획승인 내용과 다른 경우에는 사업계획 변경승인신청서를 함께 제출하여야 한다.

③ 제1항과 제2항에 따라 분양 또는 회원모집계획서를 제출받은 특별자치시장·특별자치도지사·시장·군수·구청장은 이를 검토한 후 지체 없이 그 결과를 상대방에게 알려야 한다. 〈개정 2009. 1. 20., 2019. 4. 9.〉

④ 제1항부터 제3항까지의 규정은 분양 또는 회원모집계획을 변경하는 경우에 이를 준용한다.

제26조(공유자 또는 회원의 보호) 분양 또는 회원모집을 한 자는 법 제20조제5항에 따라 공유자 또는 회원의 권익 보호를 위하여 다음 각 호의 사항을 지켜야 한다. 〈개정 2008. 2. 29., 2014. 9. 11., 2015. 11. 18., 2018. 9. 18., 2021. 1. 5.〉

1. 공유지분 또는 회원자격의 양도·양수 : 공유지분 또는 회원자격의 양도·양수를 제한하지 아니할 것. 다만, 제24조제1항제3호에 따라 휴양 콘도미니엄의 객실을 분양받은 자가 해당 객실을 법인이 아닌 내국인(「출입국관리법 시행령」 별표 1의2 제24호차목에 따라 법무부장관이 정하여 고시한 투자지역에 위치하지 아니한 휴양 콘도미니엄의 경우 법인이 아닌 외국인을 포함한다)에게 양도하려는 경우에는 양수인이 같은 호 각 목 외의 부분 본문에 따른 분양

기준에 적합하도록 하여야 한다.

2. 시설의 이용 : 공유자 또는 회원이 이용하지 아니하는 객실만을 공유자 또는 회원이 아닌 자에게 이용하게 할 것. 이 경우 객실이용계획을 수립하여 제6호에 따른 공유자 · 회원의 대표기구와 미리 협의하여야 하며, 객실이용명세서를 작성하여 공유자 · 회원의 대표기구에 알려야 한다.
3. 시설의 유지 · 관리에 필요한 비용의 징수
   가. 해당 시설을 선량한 관리자로서의 주의의무를 다하여 관리하되, 시설의 유지 · 관리에 드는 비용 외의 비용을 징수하지 아니할 것
   나. 시설의 유지 · 관리에 드는 비용의 징수에 관한 사항을 변경하려는 경우에는 공유자 · 회원의 대표기구와 협의하고, 그 협의 결과를 공유자 및 회원에게 공개할 것
   다. 시설의 유지 · 관리에 드는 비용 징수금의 사용명세를 매년 공유자 · 회원의 대표기구에 공개할 것
4. 회원의 입회금(회원자격을 부여받은 대가로 회원을 모집하는 자에게 지급하는 비용을 말한다)의 반환: 회원의 입회기간 및 입회금의 반환은 관광사업자 또는 사업계획승인을 받은 자와 회원 간에 체결한 계약에 따르되, 회원의 입회기간이 끝나 입회금을 반환해야 하는 경우에는 입회금 반환을 요구받은 날부터 10일 이내에 반환할 것
5. 회원증의 발급 및 확인 : 문화체육관광부령으로 정하는 바에 따라 공유자나 회원에게 해당 시설의 공유자나 회원임을 증명하는 회원증을 문화체육관광부령으로 정하는 기관으로부터 확인받아 발급할 것
6. 공유자 · 회원의 대표기구의 구성 및 운영
   가. 20명 이상의 공유자 · 회원으로 대표기구를 구성할 것. 이 경우 그 분양 또는 회원모집을 한 자와 그 대표자 및 임직원은 대표기구에 참여할 수 없다.
   나. 가목에 따라 대표기구를 구성하는 경우(결원을 충원하는 경우를 포함한다)에는 그 공유자 · 회원 모두를 대상으로 전자우편 또는 휴대전화 문자

메세지로 통지하거나 해당 사업자의 인터넷 홈페이지에 게시하는 등의 방법으로 그 사실을 알리고 대표기구의 구성원을 추천받거나 신청받도록 할 것

다. 공유자·회원의 권익에 관한 사항(제3호나목에 관한 사항은 제외한다)은 대표기구와 협의할 것

라. 휴양 콘도미니엄업에 대한 특례

1) 가목에도 불구하고 한 개의 법인이 복수의 휴양 콘도미니엄업을 등록한 경우에는 그 법인이 등록한 휴양 콘도미니엄업의 전부 또는 일부를 대상으로 대표기구를 통합하여 구성할 수 있도록 하되, 통합하여 구성된 대표기구(이하 "통합 대표기구"라 한다)에는 각각의 등록된 휴양 콘도미니엄업 시설의 공유자 및 회원이 다음의 기준에 따라 포함되도록 할 것

가) 공유자와 회원이 모두 있는 등록된 휴양 콘도미니엄업의 경우: 공유자 및 회원 각각 1명 이상

나) 공유자 또는 회원만 있는 등록된 휴양 콘도미니엄업의 경우: 공유자 또는 회원 1명 이상

2) 1)에 따라 통합 대표기구를 구성한 경우에도 특정 휴양 콘도미니엄업 시설의 공유자·회원의 권익에 관한 사항으로서 통합 대표기구의 구성원 10명 이상 또는 해당 휴양 콘도미니엄업 시설의 공유자·회원 10명 이상이 요청하는 경우에는 해당 휴양 콘도미니엄업 시설의 공유자·회원 20명 이상으로 그 휴양 콘도미니엄업의 해당 안건만을 협의하기 위한 대표기구를 구성하여 해당 안건에 관하여 통합 대표기구를 대신하여 협의하도록 할 것

7. 그 밖의 공유자·회원의 권익 보호에 관한 사항 : 분양 또는 회원모집계약서에 사업계획의 승인번호·일자(관광사업으로 등록된 경우에는 등록번호·일자), 시설물의 현황·소재지, 연간 이용일수 및 회원의 입회기간을 명시할 것

제27조(카지노업의 허가요건 등)

① 법 제21조제1항제1호에서 "대통령령으로 정하는 국제회의업 시설"이란 제2조제1항제4호가목의 국제회의시설업의 시설을 말한다.

② 법 제21조제1항에 따른 카지노업의 허가요건은 다음 각 호와 같다. 〈개정 2008. 2. 29., 2012. 11. 20., 2015. 8. 4.〉

1. 관광호텔업이나 국제회의시설업의 부대시설에서 카지노업을 하려는 경우
   가. 삭제 〈2015. 8. 4.〉
   나. 외래관광객 유치계획 및 장기수지전망 등을 포함한 사업계획서가 적정할 것
   다. 나목에 규정된 사업계획의 수행에 필요한 재정능력이 있을 것
   라. 현금 및 칩의 관리 등 영업거래에 관한 내부통제방안이 수립되어 있을 것
   마. 그 밖에 카지노업의 건전한 운영과 관광산업의 진흥을 위하여 문화체육관광부장관이 공고하는 기준에 맞을 것
2. 우리나라와 외국 간을 왕래하는 여객선에서 카지노업을 하려는 경우
   가. 여객선이 2만톤급 이상으로 문화체육관광부장관이 공고하는 총톤수 이상일 것
   나. 삭제 〈2012. 11. 20.〉
   다. 제1호나목부터 마목까지의 규정에 적합할 것

③ 문화체육관광부장관은 법 제21조제2항에 따라 최근 신규허가를 한 날 이후에 전국 단위의 외래관광객이 60만 명 이상 증가한 경우에만 신규허가를 할 수 있되, 다음 각 호의 사항을 고려하여 그 증가인원 60만 명당 2개 사업 이하의 범위에서 할 수 있다. 〈개정 2008. 2. 29., 2015. 8. 4.〉

1. 전국 단위의 외래관광객 증가 추세 및 지역의 외래관광객 증가 추세
2. 카지노이용객의 증가 추세
3. 기존 카지노사업자의 총 수용능력
4. 기존 카지노사업자의 총 외화획득실적
5. 그 밖에 카지노업의 건전한 운영과 관광산업의 진흥을 위하여 필요한 사항

④ 삭제 〈2016. 8. 2.〉

제28조(카지노업의 조건부 영업허가 기간) 법 제24조제1항 본문에서 "대통령령으로

정하는 기간"이란 조건부 영업허가를 받은 날부터 1년 이내를 말한다.

[전문개정 2011. 10. 6.]

제29조(카지노업의 종사원의 범위) 법 제28조제1항 각 호 외의 부분에서 "대통령령으로 정하는 종사원"이란 그 직위와 명칭이 무엇이든 카지노사업자를 대리하거나 그 지시를 받아 상시 또는 일시적으로 카지노영업에 종사하는 자를 말한다.

제29조의2 삭제 〈2014. 8. 6.〉

제30조(관광진흥개발기금으로의 납부금 등)

① 법 제30조제1항에 따른 총매출액은 카지노영업과 관련하여 고객으로부터 받은 총금액에서 고객에게 지급한 총금액을 공제한 금액을 말한다. 〈개정 2021. 1. 5.〉

② 법 제30조제4항에 따른 관광진흥개발기금 납부금(이하 "납부금"이라 한다)의 징수비율은 다음 각 호의 어느 하나와 같다.

1. 연간 총매출액이 10억 원 이하인 경우 : 총매출액의 100분의 1
2. 연간 총매출액이 10억 원 초과 100억 원 이하인 경우 : 1천만 원+총매출액 중 10억 원을 초과하는 금액의 100분의 5
3. 연간 총매출액이 100억 원을 초과하는 경우 : 4억6천만 원+총매출액 중 100억 원을 초과하는 금액의 100분의 10

③ 카지노사업자는 매년 3월 말까지 공인회계사의 감사보고서가 첨부된 전년도의 재무제표를 문화체육관광부장관에게 제출하여야 한다. 〈개정 2008. 2. 29.〉

④ 문화체육관광부장관은 매년 4월 30일까지 제2항에 따라 전년도의 총매출액에 대하여 산출한 납부금을 서면으로 명시하여 2개월 이내의 기한을 정하여 한국은행에 개설된 관광진흥개발기금의 출납관리를 위한 계정에 납부할 것을 알려야 한다. 이 경우 그 납부금을 2회 나누어 내게 할 수 있되, 납부기한은 다음 각 호와 같다. 〈개정 2008. 2. 29., 2010. 2. 24.〉

1. 제1회 : 해당 연도 6월 30일까지
2. 제2회 : 해당 연도 9월 30일까지
3. 삭제 〈2010. 2. 24.〉
4. 삭제 〈2010. 2. 24.〉

⑤ 카지노사업자는 천재지변이나 그 밖에 이에 준하는 사유로 납부금을 그 기한까지 납부할 수 없는 경우에는 그 사유가 없어진 날부터 7일 이내에 내야 한다.

⑥ 카지노사업자는 다음 각 호의 요건을 모두 갖춘 경우 문화체육관광부장관에게 제4항 각 호에 따른 납부기한의 45일 전까지 납부기한의 연기를 신청할 수 있다. 〈신설 2021. 3. 23.〉

1. 「감염병의 예방 및 관리에 관한 법률」 제2조제2호에 따른 제1급감염병 확산으로 인한 매출액 감소가 문화체육관광부장관이 정하여 고시하는 기준에 해당할 것
2. 제1호에 따른 매출액 감소로 납부금을 납부하는 데 어려움이 있다고 인정될 것

⑦ 문화체육관광부장관은 제6항에 따른 신청을 받은 때에는 제4항에도 불구하고 「관광진흥개발기금법」 제6조에 따른 기금운용위원회의 심의를 거쳐 1년 이내의 범위에서 납부기한을 한 차례 연기할 수 있다. 〈신설 2021. 3. 23.〉

제31조(유원시설업의 조건부 영업허가 기간 등)

① 법 제31조제1항 본문에서 "대통령령으로 정하는 기간"이란 조건부 영업허가를 받은 날부터 다음 각 호의 구분에 따른 기간을 말한다.

1. 종합유원시설업을 하려는 경우: 5년 이내
2. 일반유원시설업을 하려는 경우: 3년 이내

② 법 제31조제1항 단서에서 "그 밖의 부득이한 사유"란 다음 각 호의 어느 하나에 해당하는 사유를 말한다.

1. 천재지변에 준하는 불가항력적인 사유가 있는 경우
2. 조건부 영업허가를 받은 자의 귀책사유가 아닌 사정으로 부지의 조성, 시설 및 설비의 설치가 지연되는 경우
3. 그 밖의 기술적인 문제로 시설 및 설비의 설치가 지연되는 경우

[전문개정 2011. 10. 6.]

제31조의2(유기시설 등에 의한 중대한 사고)

① 법 제33조의2제1항에서 "대통령령으로 정하는 중대한 사고"란 다음 각 호의

어느 하나에 해당하는 경우가 발생한 사고를 말한다.

1. 사망자가 발생한 경우
2. 의식불명 또는 신체기능 일부가 심각하게 손상된 중상자가 발생한 경우
3. 사고 발생일부터 3일 이내에 실시된 의사의 최초 진단결과 2주 이상의 입원 치료가 필요한 부상자가 동시에 3명 이상 발생한 경우
4. 사고 발생일부터 3일 이내에 실시된 의사의 최초 진단결과 1주 이상의 입원 치료가 필요한 부상자가 동시에 5명 이상 발생한 경우
5. 유기시설 또는 유기기구의 운행이 30분 이상 중단되어 인명 구조가 이루어진 경우

② 유원시설업자는 법 제33조의2제2항에 따라 자료의 제출 명령을 받은 날부터 7일 이내에 해당 자료를 제출하여야 한다. 다만, 특별자치시장 · 특별자치도지사 · 시장 · 군수 · 구청장은 유원시설업자가 정해진 기간 내에 자료를 제출하는 것이 어렵다고 사유를 소명한 경우에는 10일의 범위에서 그 제출 기한을 연장할 수 있다. 〈개정 2019. 4. 9.〉

③ 특별자치시장 · 특별자치도지사 · 시장 · 군수 · 구청장은 법 제33조의2제2항에 따라 현장조사를 실시하려면 미리 현장조사의 일시, 장소 및 내용 등을 포함한 조사계획을 유원시설업자에게 문서로 알려야 한다. 다만, 긴급하게 조사를 실시하여야 하거나 부득이한 사유가 있는 경우에는 그러하지 아니하다. 〈개정 2019. 4. 9.〉

④ 특별자치시장 · 특별자치도지사 · 시장 · 군수 · 구청장은 제3항에 따른 현장조사를 실시하는 경우에는 재난관리에 관한 전문가를 포함한 3명 이내의 사고조사반을 구성하여야 한다. 〈개정 2019. 4. 9.〉

⑤ 특별자치시장 · 특별자치도지사 · 시장 · 군수 · 구청장은 법 제33조의2제2항에 따른 자료 및 현장조사 결과에 따라 해당 유기시설 또는 유기기구가 안전에 중대한 침해를 줄 수 있다고 판단하는 경우에는 같은 조 제3항에 따라 다음 각 호의 구분에 따른 조치를 명할 수 있다. 〈개정 2019. 4. 9.〉

1. 사용중지 명령 : 유기시설 또는 유기기구를 계속 사용할 경우 이용자 등의 안전에 지장을 줄 우려가 있는 경우

2. 개선 명령: 유기시설 또는 유기기구의 구조 및 장치의 결함은 있으나 해당 시설 또는 기구의 개선 조치를 통하여 안전 운행이 가능한 경우
3. 철거 명령: 유기시설 또는 유기기구의 구조 및 장치의 중대한 결함으로 정비 · 수리 등이 곤란하여 안전 운행이 불가능한 경우

⑥ 유원시설업자는 제5항에 따른 조치 명령에 대하여 이의가 있는 경우에는 조치 명령을 받은 날부터 2개월 이내에 이의 신청을 할 수 있다.

⑦ 특별자치시장 · 특별자치도지사 · 시장 · 군수 · 구청장은 제6항에 따른 이의 신청이 있는 경우에는 최초 구성된 사고조사반의 반원 중 1명을 포함하여 3명 이내의 사고조사반을 새로 구성하여 현장조사를 하여야 한다. 〈개정 2019. 4. 9.〉

⑧ 법 제33조의2제3항에 따라 개선 명령을 받은 유원시설업자는 유기시설 또는 유기기구의 개선을 완료한 후 제65조제1항제3호에 따라 유기시설 또는 유기기구의 안전성 검사 및 안전성검사 대상에 해당되지 아니함을 확인하는 검사에 관한 권한을 위탁받은 업종별 관광협회 또는 전문 연구 · 검사기관으로부터 해당 시설 또는 기구의 운행 적합 여부를 검사받아 그 결과를 관할 특별자치시장 · 특별자치도지사 · 시장 · 군수 · 구청장에게 제출하여야 한다. 〈개정 2019. 4. 9.〉

[본조신설 2015. 11. 18.]

제32조(사업계획승인시설의 착공 및 준공기간) 법 제35조제1항제8호에서 "대통령령으로 정하는 기간"이란 다음 각 호의 기간을 말한다. 〈개정 2009. 6. 30.〉

1. 2011년 6월 30일 이전에 법 제15조에 따른 사업계획의 승인을 받은 경우
   가. 착공기간: 사업계획의 승인을 받은 날부터 4년
   나. 준공기간: 착공한 날부터 7년
2. 2011년 7월 1일 이후에 법 제15조에 따른 사업계획의 승인을 받은 경우
   가. 착공기간: 사업계획의 승인을 받은 날부터 2년
   나. 준공기간: 착공한 날부터 5년

제33조(행정처분의 기준 등)

① 법 제35조제1항 및 제2항에 따라 문화체육관광부장관, 특별시장 · 광역시장 ·

특별자치시장 · 도지사 · 특별자치도지사(이하 "시 · 도지사"라 한다) 또는 시장 · 군수 · 구청장(이하 "등록기관등의 장"이라 한다)이 행정처분을 하기 위한 위반행위의 종류와 그 처분기준은 별표 2와 같다. 〈개정 2008. 2. 29., 2009. 10. 7., 2019. 4. 9.〉

② 등록기관등의 장이 제1항에 따라 행정처분을 한 경우에는 문화체육관광부령으로 정하는 행정처분기록대장에 그 처분내용을 기록 · 유지하여야 한다. 〈개정 2008. 2. 29.〉

제34조(과징금을 부과할 위반행위의 종류와 과징금의 금액)

① 법 제37조제2항에 따라 과징금을 부과하는 위반행위의 종류와 위반 정도에 따른 과징금의 금액은 별표 3과 같다.

② 등록기관등의 장은 사업자의 사업규모, 사업지역의 특수성과 위반행위의 정도 및 위반횟수 등을 고려하여 제1항에 따른 과징금 금액의 2분의 1 범위에서 가중하거나 감경할 수 있다. 다만, 가중하는 경우에도 과징금의 총액은 2천만 원을 초과할 수 없다.

제35조(과징금의 부과 및 납부)

① 등록기관등의 장은 법 제37조에 따라 과징금을 부과하려면 그 위반행위의 종류와 과징금의 금액 등을 명시하여 납부할 것을 서면으로 알려야 한다.

② 제1항에 따라 통지를 받은 자는 20일 이내에 과징금을 등록기관등의 장이 정하는 수납기관에 내야 한다. 다만, 천재지변이나 그 밖의 부득이한 사유로 그 기간에 과징금을 낼 수 없는 경우에는 그 사유가 없어진 날부터 7일 이내에 내야 한다.

③ 제2항에 따라 과징금을 받은 수납기관은 영수증을 납부자에게 발급하여야 한다.

④ 과징금의 수납기관은 제2항에 따라 과징금을 받은 경우에는 지체 없이 그 사실을 등록기관등의 장에게 통보하여야 한다.

⑤ 과징금은 분할하여 낼 수 없다.

제36조(자격을 필요로 하는 관광 업무 자격기준) 법 제38조제1항에 따라 등록기관등의 장이 관광종사원의 자격을 가진 자가 종사하도록 권고할 수 있거나 종사하게

하여야 하는 관광 업무 및 업무별 자격기준은 별표 4와 같다. 〈개정 2009. 10. 7.〉

[제목개정 2009. 10. 7.]

제37조(시 · 도지사 관할 관광종사원) 법 제40조 각 호 외의 부분 본문에서 "대통령령으로 정하는 관광종사원"이란 다음 각 호에 해당하는 자를 말한다.

1. 국내여행안내사
2. 호텔서비스사

제38조(한국관광협회중앙회의 설립요건)

① 법 제41조제2항에 따라 한국관광협회중앙회(이하 "협회"라 한다)를 설립하려면 제41조에 따른 지역별 관광협회 및 업종별 관광협회의 대표자 3분의 1 이상으로 구성되는 발기인이 정관을 작성하여 지역별 관광협회 및 업종별 관광협회의 대표자 과반수로 구성되는 창립총회의 의결을 거쳐야 한다.

② 협회의 설립 후 임원이 임명될 때까지 필요한 업무는 발기인이 수행한다.

제39조(공제사업의 허가 등)

① 법 제43조제2항에 따라 협회가 공제사업의 허가를 받으려면 공제규정을 첨부하여 문화체육관광부장관에게 신청하여야 한다. 〈개정 2008. 2. 29.〉

② 제1항에 따른 공제규정에는 사업의 실시방법, 공제계약, 공제분담금 및 책임준비금의 산출방법에 관한 사항이 포함되어야 한다.

③ 제1항에 따른 공제규정을 변경하려면 문화체육관광부장관의 승인을 받아야 한다. 〈개정 2008. 2. 29.〉

④ 공제사업을 하는 자는 공제규정에서 정하는 바에 따라 매 사업연도 말에 그 사업의 책임준비금을 계상하고 적립하여야 한다.

⑤ 공제사업에 관한 회계는 협회의 다른 사업에 관한 회계와 구분하여 경리하여야 한다.

제40조(공제사업의 내용) 법 제43조제3항에 따른 공제사업의 내용은 다음 각 호와 같다.

1. 관광사업자의 관광사업행위와 관련된 사고로 인한 대물 및 대인배상에 대비하는 공제 및 배상업무

2. 관광사업행위에 따른 사고로 인하여 재해를 입은 종사원에 대한 보상업무
3. 그 밖에 회원 상호간의 경제적 이익을 도모하기 위한 업무

제41조(지역별 또는 업종별 관광협회의 설립) 법 제45조제1항에 따라 지역별 관광협회 또는 업종별 관광협회를 설립할 수 있는 범위는 다음 각 호와 같다. 〈개정 2009. 1. 20., 2019. 4. 9.〉

1. 지역별 관광협회는 특별시 · 광역시 · 특별자치시 · 도 및 특별자치도를 단위로 설립하되, 필요하다고 인정되는 지역에는 지부를 둘 수 있다.
2. 업종별 관광협회는 업종별로 업무의 특수성을 고려하여 전국을 단위로 설립할 수 있다.

제41조의2(관광통계 작성 범위) 법 제47조의2제1항에 따른 관광통계의 작성 범위는 다음 각 호와 같다.

1. 외국인 방한(訪韓) 관광객의 관광행태에 관한 사항
2. 국민의 관광행태에 관한 사항
3. 관광사업자의 경영에 관한 사항
4. 관광지와 관광단지의 현황 및 관리에 관한 사항
5. 그 밖에 문화체육관광부장관 또는 지방자치단체의 장이 관광산업의 발전을 위하여 필요하다고 인정하는 사항

[본조신설 2009. 10. 7.]

제41조의3(관광취약계층의 범위) 법 제47조의5제1항에서 "「국민기초생활 보장법」에 따른 수급권자, 그 밖에 소득수준이 낮은 저소득층 등 대통령령으로 정하는 관광취약계층"이란 다음 각 호의 어느 하나에 해당하는 사람을 말한다. 〈개정 2015. 11. 30.〉

1. 「국민기초생활 보장법」 제2조제2호에 따른 수급자
2. 「국민기초생활 보장법」 제2조제10호에 따른 차상위계층에 해당하는 사람 중 다음 각 목의 어느 하나에 해당하는 사람
   가. 「국민기초생활 보장법」 제7조제1항제7호에 따른 자활급여 수급자
   나. 「장애인복지법」 제49조제1항에 따른 장애수당 수급자 또는 같은 법 제50

조에 따른 장애아동수당 수급자

다. 「장애인연금법」 제5조에 따른 장애인연금 수급자

라. 「국민건강보험법 시행령」 별표 2 제3호라목의 경우에 해당하는 사람

3. 「한부모가족지원법」 제5조에 따른 지원대상자

4. 그 밖에 경제적 · 사회적 제약 등으로 인하여 관광 활동을 영위하기 위하여 지원이 필요한 사람으로서 문화체육관광부장관이 정하여 고시하는 기준에 해당하는 사람

[본조신설 2014. 11. 28.]

[종전 제41조의3은 제41조의7로 이동 〈2014. 11. 28.〉]

제41조의4(여행이용권의 지급에 필요한 자료) 법 제47조의5제2항 본문에서 "가족관계증명 · 국세 · 지방세 · 토지 · 건물 · 건강보험 및 국민연금에 관한 자료 등 대통령령으로 정하는 자료"란 다음 각 호의 자료를 말한다.

1. 제41조의3에 따른 관광취약계층에 해당함을 확인하기 위한 자료
2. 주민등록등본
3. 가족관계증명서

[본조신설 2014. 11. 28.]

[종전 제41조의4는 제41조의8로 이동 〈2014. 11. 28.〉]

제41조의5(여행이용권 업무의 전담기관)

① 법 제47조의5제4항에 따른 여행이용권 업무의 전담기관(이하 "전담기관"이라 한다)의 지정 요건은 다음 각 호와 같다.

1. 제3항 각 호의 업무를 수행하기 위한 인적 · 재정적 능력을 보유할 것
2. 제3항 각 호의 업무를 수행하는 데에 필요한 시설을 갖출 것
3. 여행이용권에 관한 홍보를 효율적으로 수행하기 위한 관련 기관 또는 단체와의 협력체계를 갖출 것

② 문화체육관광부장관은 제1항 각 호의 요건을 모두 갖춘 전담기관을 지정하였을 때에는 그 사실을 문화체육관광부의 인터넷 홈페이지에 게시하여야 한다.

③ 전담기관이 수행하는 업무는 다음 각 호와 같다.

1. 여행이용권의 발급에 관한 사항
2. 법 제47조의5제4항에 따른 정보시스템의 구축 · 운영
3. 여행이용권 이용활성화를 위한 관광단체 및 관광시설 등과의 협력
4. 여행이용권 이용활성화를 위한 조사 · 연구 · 교육 및 홍보
5. 여행이용권 이용자의 편의 제고를 위한 사업
6. 여행이용권 관련 통계의 작성 및 관리
7. 그 밖에 문화체육관광부장관이 여행이용권 업무의 효율적 수행을 위하여 필요하다고 인정하는 사무

[본조신설 2014. 11. 28.]

제41조의6(여행이용권의 발급) 전담기관 또는 특별자치시장 · 시장(제주특별자치도의 경우에는 「제주특별자치도 설치 및 국제자유도시 조성을 위한 특별법」에 따른 행정시장을 말한다) · 군수 · 구청장은 문화체육관광부령으로 정하는 바에 따라 여행이용권을 발급한다. 〈개정 2019. 4. 9.〉

[본조신설 2014. 11. 28.]

제41조의7(문화관광축제의 지정 기준) 법 제48조의2제3항에 따른 문화관광축제의 지정 기준은 문화체육관광부장관이 다음 각 호의 사항을 고려하여 정한다.

1. 축제의 특성 및 콘텐츠
2. 축제의 운영능력
3. 관광객 유치 효과 및 경제적 파급효과
4. 그 밖에 문화체육관광부장관이 정하는 사항

[본조신설 2009. 10. 7.]

[제41조의3에서 이동 〈2014. 11. 28.〉]

제41조의8(문화관광축제의 지원 방법)

① 법 제48조의2제3항에 따라 문화관광축제로 지정받으려는 지역축제의 개최자는 관할 특별시 · 광역시 · 특별자치시 · 도 · 특별자치도를 거쳐 문화체육관광부장관에게 지정신청을 하여야 한다. 〈개정 2019. 4. 9.〉

② 제1항에 따른 지정신청을 받은 문화체육관광부장관은 제41조의7에 따른 지정

기준에 따라 문화관광축제를 지정한다. 〈개정 2014. 11. 28., 2019. 4. 9.〉

③ 문화체육관광부장관은 지정받은 문화관광축제를 예산의 범위에서 지원할 수 있다. 〈개정 2019. 4. 9.〉

[본조신설 2009. 10. 7.]

[제41조의4에서 이동 〈2014. 11. 28.〉]

제41조의9(특별관리지역의 지정 · 변경 · 해제)

① 시 · 도지사 또는 시장 · 군수 · 구청장은 법 제48조의3제3항에 따라 특별관리지역을 지정 · 변경 또는 해제하려는 경우에는 해당 지역의 주민을 대상으로 공청회를 개최해야 한다.

② 법 제48조의3제3항에 따라 협의 요청을 받은 문화체육관광부장관 등 관계 행정기관의 장은 협의 요청을 받은 날부터 30일 이내에 의견을 제출해야 한다.

③ 시 · 도지사 또는 시장 · 군수 · 구청장은 법 제48조의3제4항에 따라 고시한 경우에는 그 내용을 문화체육관광부장관에게 제출해야 한다.

[본조신설 2020. 6. 2.]

[종전 제41조의9는 제41조의10으로 이동 〈2020. 6. 2.〉]

제41조의10(한국관광 품질인증의 대상) 법 제48조의10제1항에서 "대통령령으로 정하는 사업"이란 다음 각 호의 어느 하나에 해당하는 사업을 말한다. 〈개정 2019. 7. 9., 2020. 4. 28.〉

1. 제2조제1항제3호다목의 야영장업
2. 제2조제1항제3호바목의 외국인관광 도시민박업
3. 제2조제1항제3호사목의 한옥체험업
4. 제2조제1항제6호라목의 관광식당업
5. 제2조제1항제6호카목의 관광면세업
6. 「공중위생관리법」 제2조제1항제2호에 따른 숙박업(법 제3조제1항제2호에 따른 관광숙박업을 제외한다)
7. 「외국인관광객 등에 대한 부가가치세 및 개별소비세 특례규정」 제4조제2항에 따른 외국인관광객면세판매장

8. 그 밖에 관광사업 및 이와 밀접한 관련이 있는 사업으로서 문화체육관광부장관이 정하여 고시하는 사업

[본조신설 2018. 6. 5.]

[제41조의9에서 이동, 종전 제41조의10은 제41조의11로 이동 〈2020. 6. 2.〉]

제41조의11(한국관광 품질인증의 인증 기준)

① 법 제48조의10제1항에 따른 한국관광 품질인증(이하 "한국관광 품질인증"이라 한다)의 인증 기준은 다음 각 호와 같다.

1. 관광객 편의를 위한 시설 및 서비스를 갖출 것
2. 관광객 응대를 위한 전문 인력을 확보할 것
3. 재난 및 안전관리 위험으로부터 관광객을 보호할 수 있는 사업장 안전관리 방안을 수립할 것
4. 해당 사업의 관련 법령을 준수할 것

② 한국관광 품질인증의 인증 기준에 관한 세부사항은 문화체육관광부령으로 정한다.

[본조신설 2018. 6. 5.]

[제41조의10에서 이동, 종전 제41조의11은 제41조의12로 이동 〈2020. 6. 2.〉]

제41조의12(한국관광 품질인증의 절차 및 방법 등)

① 한국관광 품질인증을 받으려는 자는 문화체육관광부령으로 정하는 품질인증 신청서를 문화체육관광부장관에게 제출하여야 한다.

② 문화체육관광부장관은 제1항에 따라 제출된 신청서의 내용을 평가·심사한 결과 제41조의11에 따른 인증 기준에 적합하면 신청서를 제출한 자에게 문화체육관광부령으로 정하는 인증서를 발급해야 한다. 〈개정 2020. 6. 2.〉

③ 문화체육관광부장관은 제2항에 따른 평가·심사 결과 제41조의11에 따른 인증 기준에 부적합하면 신청서를 제출한 자에게 그 결과와 사유를 알려주어야 한다. 〈개정 2020. 6. 2.〉

④ 한국관광 품질인증의 유효기간은 제2항에 따라 인증서가 발급된 날부터 3년으로 한다.

⑤ 제1항부터 제3항까지에서 규정한 사항 외에 한국관광 품질인증의 절차 및 방법에 관한 세부사항은 문화체육관광부령으로 정한다.

[본조신설 2018. 6. 5.]

[제41조의11에서 이동, 종전 제41조의12는 제41조의13으로 이동 〈2020. 6. 2.〉]

제41조의13(한국관광 품질인증의 인증표지) 한국관광 품질인증의 인증표지는 별표 4의2와 같다.

[본조신설 2018. 6. 5.]

[제41조의12에서 이동 〈2020. 6. 2.〉]

제42조(관광개발계획의 수립시기)

① 법 제49조제1항에 따른 관광개발기본계획(이하 "기본계획"이라 한다)은 10년마다 수립한다. 〈개정 2020. 6. 2., 2020. 12. 8.〉

② 문화체육관광부장관은 사회적 · 경제적 여건 변화 등을 고려하여 5년마다 제1항에 따른 기본계획을 전반적으로 재검토하고 개선이 필요한 사항을 정비해야 한다. 〈신설 2020. 6. 2., 2020. 12. 8.〉

③ 법 제49조제2항에 따른 권역별 관광개발계획(이하 "권역계획"이라 한다)은 5년마다 수립한다. 〈신설 2020. 6. 2., 2020. 12. 8.〉

제43조(경미한 권역계획의 변경) 법 제51조제4항 단서에서 "대통령령으로 정하는 경미한 사항의 변경"이란 다음 각 호의 어느 하나에 해당하는 것을 말한다. 〈개정 2020. 12. 8.〉

1. 기본계획의 범위에서 하는 법 제49조제2항제1호 · 제2호 또는 제6호부터 제8호까지에 관한 사항의 변경
2. 법 제49조제2항제3호부터 제5호까지에 관한 사항 중 다음 각 목의 변경
   가. 관광자원의 보호 · 이용 및 관리 등에 관한 사항
   나. 관광지 또는 관광단지(이하 "관광지등"이라 한다)의 면적(권역계획상의 면적을 말한다. 이하 다목과 라목에서 같다)의 축소
   다. 관광지등 면적의 100분의 30 이내의 확대
   라. 지형여건 등에 따른 관광지등의 구역 조정(그 면적의 100분의 30 이내에서 조정하는 경우만 해당한다)이나 명칭 변경

제43조의2(권역계획의 수립 기준 및 방법 등)

① 문화체육관광부장관은 권역계획이 기본계획에 부합되도록 권역계획의 수립 기준 및 방법 등을 포함하는 권역계획 수립지침을 작성하여 특별시장 · 광역시장 · 특별자치시장 · 도지사에게 보내야 한다.

② 제1항에 따른 권역계획 수립지침에는 다음 각 호의 사항이 포함되어야 한다.

1. 기본계획과 권역계획의 관계
2. 권역계획의 기본사항과 수립절차
3. 권역계획의 수립 시 고려사항 및 주요 항목
4. 그 밖에 권역계획의 수립에 필요한 사항

[본조신설 2020. 12. 8.]

제44조(경미한 면적 변경) 법 제52조제5항 후단에서 "대통령령으로 정하는 경미한 면적의 변경"이란 다음 각 호의 것을 말한다. 〈개정 2020. 6. 2.〉

1. 지적조사 또는 지적측량의 결과에 따른 면적의 정정 등으로 인한 면적의 변경
2. 관광지등 지정면적의 100분의 30 이내의 면적(「농지법」 제28조에 따른 농업진흥지역의 농지가 1만 제곱미터 이상, 농업진흥지역이 아닌 지역의 농지가 6만 제곱미터 이상 추가로 포함되는 경우는 제외한다)의 변경

제45조(관광지등의 지정 · 고시 등)

① 법 제52조제6항에 따른 시 · 도지사의 고시에는 다음 각 호의 사항이 포함되어야 한다. 〈개정 2019. 4. 9.〉

1. 고시연월일
2. 관광지등의 위치 및 면적
3. 관광지등의 구역이 표시된 축척 2만 5천분의 1 이상의 지형도

② 시 · 도지사(특별자치시장 · 특별자치도지사는 제외한다)는 관광지등을 지정 · 고시하는 경우에는 그 지정내용을 관계 시장 · 군수 · 구청장에게 통지하여야 한다. 〈개정 2009. 1. 20., 2019. 4. 9.〉

③ 특별자치시장 · 특별자치도지사와 제2항에 따른 통지를 받은 시장 · 군수 · 구

청장은 관광지등의 지번 · 지목 · 지적 및 소유자가 표시된 토지조서를 갖추어 두고 일반인이 열람할 수 있도록 하여야 한다. 〈개정 2009. 1. 20., 2019. 4. 9.〉

제45조의2(행위 등의 제한)

① 법 제52조의2제1항 전단에서 "건축물의 건축, 공작물의 설치, 토지의 형질 변경, 토석의 채취, 토지분할, 물건을 쌓아놓는 행위 등 대통령령으로 정하는 행위"란 다음 각 호의 어느 하나에 해당하는 행위를 말한다.

1. 건축물의 건축 : 「건축법」 제2조제1항제2호에 따른 건축물(가설건축물을 포함한다)의 건축, 대수선 또는 용도변경
2. 공작물의 설치 : 인공을 가하여 제작한 시설물(「건축법」 제2조제1항제2호에 따른 건축물은 제외한다)의 설치
3. 토지의 형질 변경 : 절토(땅깎기) · 성토(흙쌓기) · 정지(땅고르기) · 포장(흙덮기) 등의 방법으로 토지의 형상을 변경하는 행위, 토지의 굴착(땅파기) 또는 공유수면의 매립
4. 토석의 채취 : 흙 · 모래 · 자갈 · 바위 등의 토석을 채취하는 행위(제3호에 따른 토지의 형질 변경을 목적으로 하는 것은 제외한다)
5. 토지분할
6. 물건을 쌓아놓는 행위 : 옮기기 어려운 물건을 1개월 이상 쌓아놓는 행위
7. 죽목(竹木)을 베어내거나 심는 행위

② 특별자치시장 · 특별자치도지사 · 시장 · 군수 · 구청장은 법 제52조의2제1항에 따른 허가를 하려는 경우 법 제54조제1항 단서에 따른 조성계획의 승인을 받은 자가 이미 있는 때에는 그 의견을 들어야 한다.

③ 법 제52조의2제3항에 따른 신고를 하려는 자는 관광지등으로 지정 · 고시된 날부터 30일 이내에 문화체육관광부령으로 정하는 신고서에 다음 각 호의 서류를 첨부하여 해당 특별자치시장 · 특별자치도지사 · 시장 · 군수 · 구청장에게 제출해야 한다.

1. 관계 법령에 따른 허가를 받았거나 허가를 받을 필요가 없음을 증명할 수 있는 서류

2. 신고일 기준시점의 공정도를 확인할 수 있는 사진
3. 배치도 등 공사 또는 사업 관련 도서(제1항제3호 또는 제4호에 따른 토지의 형질 변경 또는 토석의 채취에 해당하는 경우로 한정한다)

[본조신설 2020. 12. 8.]

제46조(조성계획의 승인신청)

① 법 제54조제1항에 따라 관광지등 조성계획의 승인 또는 변경승인을 받으려는 자는 다음 각 호의 서류를 첨부하여 조성계획의 승인 또는 변경승인을 신청하여야 한다. 다만, 조성계획의 변경승인을 신청하는 경우에는 변경과 관계되지 아니하는 사항에 대한 서류는 첨부하지 아니하고, 제4호에 따른 국·공유지에 대한 소유권 또는 사용권을 증명할 수 있는 서류는 조성계획 승인 후 공사착공 전에 제출할 수 있다. 〈개정 2008. 2. 29.〉

1. 문화체육관광부령으로 정하는 내용을 포함하는 관광시설계획서·투자계획서 및 관광지등 관리계획서
2. 지번·지목·지적·소유자 및 시설별 면적이 표시된 토지조서
3. 조감도
4. 법 제2조제8호의 민간개발자가 개발하는 경우에는 해당 토지의 소유권 또는 사용권을 증명할 수 있는 서류. 다만, 민간개발자가 개발하는 경우로서 해당 토지 중 사유지의 3분의 2 이상을 취득한 경우에는 취득한 토지에 대한 소유권을 증명할 수 있는 서류와 국·공유지에 대한 소유권 또는 사용권을 증명할 수 있는 서류

② 법 제54조제1항 단서에 따라 관광단지개발자가 조성계획의 승인 또는 변경승인을 신청하는 경우에는 특별자치시장·특별자치도지사·시장·군수·구청장에게 조성계획 승인 또는 변경승인신청서를 제출하여야 하며, 조성계획 승인 또는 변경승인신청서를 제출받은 시장·군수·구청장은 제출받은 날부터 20일 이내에 검토의견서를 첨부하여 시·도지사(특별자치시장·특별자치도지사는 제외한다)에게 제출하여야 한다. 〈개정 2009. 1. 20., 2019. 4. 9.〉

제47조(경미한 조성계획의 변경)

① 법 제54조제1항 후단에서 "대통령령으로 정하는 경미한 사항의 변경"이란 다음 각 호의 어느 하나에 해당하는 것을 말한다. 〈개정 2020. 6. 2.〉

1. 관광시설계획면적의 100분의 20 이내의 변경
2. 관광시설계획 중 시설지구별 토지이용계획면적(조성계획의 변경승인을 받은 경우에는 그 변경승인을 받은 토지이용계획면적을 말한다)의 100분의 30 이내의 변경(시설지구별 토지이용계획면적이 2천200제곱미터 미만인 경우에는 660제곱미터 이내의 변경)
3. 관광시설계획 중 시설지구별 건축 연면적(조성계획의 변경승인을 받은 경우에는 그 변경승인을 받은 건축 연면적을 말한다)의 100분의 30 이내의 변경(시설지구별 건축 연면적이 2천200제곱미터 미만인 경우에는 660제곱미터 이내의 변경)
4. 관광시설계획 중 숙박시설지구에 설치하려는 시설(조성계획의 변경승인을 받은 경우에는 그 변경승인을 받은 시설을 말한다)의 변경(숙박시설지구 안에 설치할 수 있는 시설 간 변경에 한정한다)으로서 숙박시설지구의 건축 연면적의 100분의 30 이내의 변경(숙박시설지구의 건축 연면적이 2천200제곱미터 미만인 경우에는 660제곱미터 이내의 변경)
5. 관광시설계획 중 시설지구에 설치하는 시설의 명칭 변경
6. 법 제54조제1항에 따라 조성계획의 승인을 받은 자(같은 조 제5항에 따라 특별자치시장 및 특별자치도지사가 조성계획을 수립한 경우를 포함한다. 이하 "사업시행자"라 한다)의 성명(법인인 경우에는 그 명칭 및 대표자의 성명을 말한다) 또는 사무소 소재지의 변경. 다만, 양도·양수, 분할, 합병 및 상속 등으로 인해 사업시행자의 지위나 자격에 변경이 있는 경우는 제외한다.

② 관광지등 조성계획의 승인을 받은 자는 제1항에 따라 경미한 조성계획의 변경을 하는 경우에는 관계 행정기관의 장과 조성계획 승인권자에게 각각 통보하여야 한다.

제47조의2(사유지의 매수 요청)

① 법 제54조제6항에 따라 남은 사유지의 매수를 요청하려는 자는 문화체육관광부령으로 정하는 바에 따라 사유지 매수요청서를 사업시행자(사업시행자가 같은 조 제1항 단서에 따른 관광단지개발자인 경우는 제외한다. 이하 이 조에서 같다)에게 제출해야 한다.

② 사업시행자는 제1항에 따라 사유지의 매수 요청을 받은 경우에는 다음 각 호의 사항을 검토해야 한다.

1. 사유지의 매수 필요성 및 시급성
2. 사유지의 매수를 요청한 자가 토지소유자 및 관계인과 성실하게 협의에 임하였는지 여부
3. 사유지의 매수를 요청한 자와 토지소유자 간의 협의 가능 여부
4. 그 밖에 사업시행자가 사유지의 매수를 위하여 검토가 필요하다고 인정하는 사항

③ 사업시행자는 법 제54조제6항에 따른 매수 요청을 받아들인 경우에는 사유지의 매수를 요청한 자에게 매수 업무에 드는 비용을 받을 수 있다.

[본조신설 2020. 6. 2.]

[종전 제47조의2는 제47조의3으로 이동 〈2020. 6. 2.〉]

제47조의3(조성사업용 토지 매입의 승인 신청) 법 제55조제2항에 따라 시 · 도지사의 승인을 받아 조성사업(조성계획을 시행하기 위한 사업을 말한다. 이하 같다)에 필요한 토지를 매입하려는 자는 문화체육관광부령으로 정하는 승인신청서에 다음 각 호의 서류를 첨부하여 시 · 도지사에게 승인을 신청해야 한다.

1. 다음 각 목의 사항이 포함된 토지 매입계획서
   가. 매입 예정 토지의 세목
   나. 토지의 매입 예정 시기
2. 매입 예정 토지의 사업계획서(시설물 및 공작물 등의 위치 · 규모 및 용도가 포함된 설치계획을 포함한다)
3. 다음 각 목의 사항이 포함된 자금계획서

가. 재원조달계획

나. 연차별 자금투입계획

4. 조성사업 예정지를 표시한 도면

[본조신설 2019. 6. 11.]

[제47조의2에서 이동 〈2020. 6. 2.〉]

제48조(조성사업의 시행허가 등)

① 법 제55조제3항에 따라 조성사업의 시행허가를 받거나 협의를 하려는 자는 문화체육관광부령으로 정하는 바에 따라 특별자치시장 · 특별자치도지사 · 시장 · 군수 · 구청장 또는 사업시행자에게 각각 신청해야 한다. 〈개정 2008. 2. 29., 2009. 1. 20., 2019. 4. 9., 2020. 6. 2.〉

② 특별자치시장 · 특별자치도지사 · 시장 · 군수 · 구청장 또는 사업시행자는 제1항에 따른 허가 또는 협의를 하려면 해당 조성사업에 대하여 다음 각 호의 사항을 검토하여야 한다. 〈개정 2009. 1. 20., 2019. 4. 9.〉

1. 조성계획에 저촉 여부

2. 관광지등의 자연경관 및 특성에 적합 여부

제49조(용지매수 및 보상업무의 위탁)

① 관광단지개발자는 법 제55조제5항에 따라 조성사업을 위한 용지의 매수 업무와 손실보상 업무를 관할 지방자치단체의 장에게 위탁하려면 그 위탁 내용에 다음 각 호의 사항을 명시하여야 한다.

1. 위탁업무의 시행지 및 시행기간

2. 위탁업무의 종류 · 규모 · 금액

3. 위탁업무 수행에 필요한 비용과 그 지급방법

4. 그 밖에 위탁업무를 수행하는 데에 필요한 사항

② 지방자치단체의 장은 제1항에 따라 위탁을 받은 경우에는 문화체육관광부령으로 정하는 바에 따라 그 업무를 위탁한 자에게 수수료를 청구할 수 있다. 〈개정 2008. 2. 29.〉

제49조의2(전기간선시설 등의 설치범위) 법 제57조의2제1항에 따라 전기간선시설(電氣幹線施設) 및 배전시설(配電施設)을 설치하여야 하는 구체적인 설치범위는 관광단지 조성사업구역 밖의 기간(基幹)이 되는 시설로부터 조성사업구역 안의 토지이용계획상 6미터 이상의 도시 · 군계획시설로 결정된 도로에 접하는 개별필지의 경계선까지를 말한다. 〈개정 2012. 4. 10.〉

[본조신설 2009. 10. 7.]

제50조(인 · 허가 등의 의제) 법 제58조제1항제1호에서 "대통령령으로 정하는 시설"이란 「국토의 계획 및 이용에 관한 법률 시행령」 제2조제1항제2호에 따른 유원지를 말한다.

제50조의2(준공검사)

① 사업시행자가 법 제58조의2제1항에 따라 조성사업의 전부 또는 일부를 완료하여 준공검사를 받으려는 때에는 다음 각 호의 사항을 적은 준공검사신청서를 시 · 도지사에게 제출하여야 한다.

1. 사업시행자의 성명(법인인 경우에는 법인의 명칭 및 대표자의 성명을 말한다) · 주소
2. 조성사업의 명칭
3. 조성사업을 완료한 지역의 위치 및 면적
4. 조성사업기간

② 제1항에 따른 준공검사신청서에는 다음 각 호의 서류 및 도면을 첨부해야 한다. 〈개정 2009. 12. 14., 2010. 10. 14., 2015. 6. 1., 2016. 8. 31., 2019. 7. 2., 2020. 12. 8.〉

1. 준공설계도서(착공 전의 사진 및 준공사진을 첨부한다)
2. 「공간정보의 구축 및 관리 등에 관한 법률」에 따라 지적소관청이 발행하는 발행하는 지적측량성과도
3. 법 제58조의3에 따른 공공시설 및 토지 등의 귀속조사문서와 도면(민간개발자인 사업시행자의 경우에는 용도폐지된 공공시설 및 토지 등에 대한 「감정평가 및 감정평가사에 관한 법률」 제2조제4호에 따른 감정평가법인등의 평가조서와 새로 설치된 공공시설의 공사비 산출 명세서를 포함한다)

4. 「공유수면 관리 및 매립에 관한 법률」 제46조, 제35조제4항 및 같은 법 시행령 제51조에 따라 사업시행자가 취득할 대상 토지와 국가 또는 지방자치단체에 귀속될 토지 등의 내역서(공유수면을 매립하는 경우에만 해당한다)
5. 환지계획서 및 신 · 구 지적대조도(환지를 하는 경우에만 해당한다)
6. 개발된 토지 또는 시설 등의 관리 · 처분 계획

③ 제1항에 따른 준공검사 신청을 받은 시 · 도지사는 검사일정을 정하여 준공검사 신청 내용에 포함된 공공시설을 인수하거나 관리하게 될 국가기관 또는 지방자치단체의 장에게 검사일 5일 전까지 통보하여야 하며, 준공검사에 참여하려는 국가기관 또는 지방자치단체의 장은 준공검사일 전날까지 참여를 요청하여야 한다.

④ 제1항에 따른 준공검사 신청을 받은 시 · 도지사는 준공검사를 하여 해당 조성사업이 법 제54조에 따라 승인된 조성계획대로 완료되었다고 인정하는 경우에는 준공검사증명서를 발급하고, 다음 각 호의 사항을 공보에 고시하여야 한다.

1. 조성사업의 명칭
2. 사업시행자의 성명 및 주소
3. 조성사업을 완료한 지역의 위치 및 면적
4. 준공년월일
5. 주요 시설물의 관리 · 처분에 관한 사항
6. 그 밖에 시 · 도지사가 필요하다고 인정하는 사항

[본조신설 2009. 10. 7.]

제51조 삭제 〈2009. 10. 7.〉

제52조(선수금) 사업시행자는 법 제63조에 따라 선수금을 받으려는 경우에는 그 금액 및 납부방법에 대하여 토지 또는 시설을 분양받거나 시설물을 이용하려는 자와 협의하여야 한다.

제53조(이용자 분담금)

① 사업시행자는 법 제64조제1항에 따라 지원시설의 이용자에게 분담금을 부담

하게 하려는 경우에는 지원시설의 건설사업명 · 건설비용 · 부담금액 · 납부방법 및 납부기한을 서면에 구체적으로 밝혀 그 이용자에게 분담금의 납부를 요구하여야 한다.

② 제1항에 따른 지원시설의 건설비용은 다음 각 호의 비용을 합산한 금액으로 한다.

1. 공사비(조사측량비 · 설계비 및 관리비는 제외한다)
2. 보상비(감정비를 포함한다)

③ 제1항에 따른 분담금액은 지원시설의 이용자의 수 및 이용횟수 등을 고려하여 사업시행자가 이용자와 협의하여 산정한다.

제54조(원인자 부담금) 사업시행자가 법 제64조제2항에 따라 원인자 부담금을 부담하게 하려는 경우에는 이용자 분담금에 관한 제53조를 준용한다.

제55조(유지 · 관리 및 보수 비용의 분담)

① 사업시행자는 법 제64조제3항에 따라 공동시설의 유지 · 관리 및 보수 비용을 분담하게 하려는 경우에는 공동시설의 유지 · 관리 · 보수 현황, 분담금액, 납부방법, 납부기한 및 산출내용을 적은 서류를 첨부하여 관광지등에서 사업을 경영하는 자에게 그 납부를 요구하여야 한다.

② 제1항에 따른 공동시설의 유지 · 관리 및 보수 비용의 분담비율은 시설사용에 따른 수익의 정도에 따라 사업시행자가 사업을 경영하는 자와 협의하여 결정한다.

③ 사업시행자는 유지 · 관리 · 보수 비용의 분담 및 사용 현황을 매년 결산하여 비용분담자에게 통보하여야 한다.

제56조(이용자 분담금 및 원인자 부담금의 징수위탁) 사업시행자는 법 제65조제1항에 따라 특별자치시장 · 특별자치도지사 · 시장 · 군수 · 구청장에게 법 제64조에 따른 이용자 분담금, 원인자 부담금 또는 유지 · 관리 및 보수 비용(이하 이 조에서 "분담금등"이라 한다)의 징수를 위탁하려면 그 위탁 내용에 다음 각 호의 사항을 명시하여야 한다. 〈개정 2009. 1. 20., 2019. 4. 9.〉

1. 분담금등의 납부의무자의 성명 · 주소

2. 분담금등의 금액
3. 분담금등의 납부사유 및 납부기간
4. 그 밖에 분담금등의 징수에 필요한 사항

제57조(이주대책의 내용) 사업시행자가 법 제66조제1항에 따라 수립하는 이주대책에는 다음 각 호의 사항이 포함되어야 한다.

1. 택지 및 농경지의 매입
2. 택지 조성 및 주택 건설
3. 이주보상금
4. 이주방법 및 이주시기
5. 이주대책에 따른 비용
6. 그 밖에 필요한 사항

제58조(관광특구의 지정요건)

① 법 제70조제1항제1호에서 "대통령령으로 정하는 기준"이란 문화체육관광부장관이 고시하는 기준을 갖춘 통계전문기관의 통계결과 해당 지역의 최근 1년간 외국인 관광객 수가 10만명(서울특별시는 50만 명)인 것을 말한다. 〈개정 2008. 2. 29.〉

② 법 제70조제1항제3호에서 "대통령령으로 정하는 기준"이란 관광특구 전체 면적 중 관광활동과 직접적인 관련성이 없는 토지가 차지하는 비율이 10퍼센트인 것을 말한다. 〈개정 2020. 6. 2.〉

제58조의2(관광특구의 지정신청에 대한 조사 · 분석 전문기관) 법 제70조의2에서 "대통령령으로 정하는 전문기관"이란 다음 각 호의 기관 또는 단체를 말한다.

1. 「문화기본법」 제11조의2에 따른 한국문화관광연구원
2. 「정부출연연구기관 등의 설립 · 운영 및 육성에 관한 법률」에 따른 정부출연연구기관으로서 관광정책 및 관광산업에 관한 연구를 수행하는 기관
3. 다음 각 목의 요건을 모두 갖춘 기관 또는 단체
   가. 관광특구 지정신청에 대한 조사 · 분석 업무를 수행할 조직을 갖추고 있을 것

나. 관광특구 지정신청에 대한 조사 · 분석 업무와 관련된 분야의 박사학위를 취득한 전문인력을 확보하고 있을 것

다. 관광특구 지정신청에 대한 조사 · 분석 업무와 관련하여 전문적인 조사 · 연구 · 평가 등을 한 실적이 있을 것

[본조신설 2020. 6. 2.]

第59조(관광특구진흥계획의 수립 · 시행)

① 특별자치시장 · 특별자치도지사 · 시장 · 군수 · 구청장은 법 제71조에 따른 관광특구진흥계획(이하 "진흥계획"이라 한다)을 수립하기 위하여 필요한 경우에는 해당 특별자치시 · 특별자치도 · 시 · 군 · 구 주민의 의견을 들을 수 있다. 〈개정 2009. 1. 20., 2019. 4. 9.〉

② 특별자치시장 · 특별자치도지사 · 시장 · 군수 · 구청장은 다음 각 호의 사항이 포함된 진흥계획을 수립 · 시행한다. 〈개정 2008. 2. 29., 2009. 1. 20., 2019. 4. 9.〉

1. 외국인 관광객을 위한 관광편의시설의 개선에 관한 사항
2. 특색 있고 다양한 축제, 행사, 그 밖에 홍보에 관한 사항
3. 관광객 유치를 위한 제도개선에 관한 사항
4. 관광특구를 중심으로 주변지역과 연계한 관광코스의 개발에 관한 사항
5. 그 밖에 관광질서 확립 및 관광서비스 개선 등 관광객 유치를 위하여 필요한 사항으로서 문화체육관광부령으로 정하는 사항

③ 특별자치시장 · 특별자치도지사 · 시장 · 군수 · 구청장은 수립된 진흥계획에 대하여 5년마다 그 타당성을 검토하고 진흥계획의 변경 등 필요한 조치를 하여야 한다. 〈개정 2009. 1. 20., 2019. 4. 9.〉

第60조(진흥계획의 평가 및 조치)

① 시 · 도지사는 법 제73조제1항에 따라 진흥계획의 집행 상황을 연 1회 평가하여야 하며, 평가 시에는 관광 관련 학계 · 기관 및 단체의 전문가와 지역주민, 관광 관련 업계 종사자가 포함된 평가단을 구성하여 평가하여야 한다.

② 시 · 도지사는 제1항에 따른 평가 결과를 평가가 끝난 날부터 1개월 이내에 문화체육관광부장관에게 보고하여야 하며, 문화체육관광부장관은 시 · 도지

사가 보고한 사항 외에 추가로 평가가 필요하다고 인정되면 진흥계획의 집행 상황을 직접 평가할 수 있다. 〈개정 2008. 2. 29.〉

③ 법 제73조제2항에 따라 시 · 도지사는 진흥계획의 집행 상황에 대한 평가 결과에 따라 다음 각 호의 구분에 따른 조치를 할 수 있다.

1. 관광특구의 지정요건에 3년 연속 미달하여 개선될 여지가 없다고 판단되는 경우에는 관광특구 지정 취소
2. 진흥계획의 추진실적이 미흡한 관광특구로서 제3호에 따라 개선권고를 3회 이상 이행하지 아니한 경우에는 관광특구 지정 취소
3. 진흥계획의 추진실적이 미흡한 관광특구에 대하여는 지정 면적의 조정 또는 투자 및 사업계획 등의 개선 권고

[제목개정 2020. 6. 2.]

제60조의2(관광특구의 평가 및 조치)

① 문화체육관광부장관은 법 제73조제3항에 따라 관광특구에 대하여 다음 각 호의 사항을 평가해야 한다.

1. 법 제70조에 따른 관광특구 지정 요건을 충족하는지 여부
2. 최근 3년간의 진흥계획 추진 실적
3. 외국인 관광객의 유치 실적
4. 그 밖에 관광특구의 활성화를 위하여 평가가 필요한 사항으로서 문화체육관광부령으로 정하는 사항

② 문화체육관광부장관은 법 제73조제3항에 따른 관광특구의 평가를 위하여 평가 대상지역의 특별자치시장 · 특별자치도지사 · 시장 · 군수 · 구청장에게 평가 관련 자료의 제출을 요구할 수 있으며, 필요한 경우 현지조사를 할 수 있다.

③ 문화체육관광부장관은 법 제73조제3항에 따라 관광특구에 대한 평가를 하려는 경우에는 세부 평가계획을 수립하여 평가 대상지역의 특별자치시장 · 특별자치도지사 · 시장 · 군수 · 구청장에게 평가실시일 90일 전까지 통보해야 한다.

④ 문화체육관광부장관은 법 제73조제5항에 따라 다음 각 호의 구분에 따른 조치를 해당 시 · 도지사에게 요구할 수 있다.

1. 법 제70조에 따른 관광특구의 지정 요건에 맞지 않아 개선될 여지가 없다고 판단되는 경우: 관광특구 지정 취소
2. 진흥계획 추진 실적이 미흡한 경우: 면적조정 또는 개선권고
3. 제2호에 따른 면적조정 또는 개선권고를 이행하지 않은 경우: 관광특구 지정 취소

⑤ 시 · 도지사는 제4항 각 호의 구분에 따른 조치 요구를 받은 날부터 1개월 이내에 조치계획을 문화체육관광부장관에게 보고해야 한다.

[본조신설 2020. 6. 2.]

[종전 제60조의2는 제60조의3으로 이동 〈2020. 6. 2.〉]

제60조의3(「건축법」에 대한 특례를 적용받는 관광사업자의 범위) 법 제74조제2항 본문에서 "대통령령으로 정하는 관광사업자"란 다음 각 호의 어느 하나에 해당하는 관광사업을 경영하는 자를 말한다.

1. 법 제3조제1항제2호에 따른 관광숙박업
2. 법 제3조제1항제4호에 따른 국제회의업
3. 제2조제1항제1호가목에 따른 일반여행업
4. 제2조제1항제3호마목에 따른 관광공연장업
5. 제2조제1항제6호라목, 사목 및 카목에 따른 관광식당업, 여객자동차터미널시설업 및 관광면세업

[전문개정 2017. 6. 20.]

[제60조의2에서 이동 〈2020. 6. 2.〉]

제60조의3(「건축법」에 대한 특례를 적용받는 관광사업자의 범위) 법 제74조제2항 본문에서 "대통령령으로 정하는 관광사업자"란 다음 각 호의 어느 하나에 해당하는 관광사업을 경영하는 자를 말한다. 〈개정 2021. 3. 23.〉

1. 법 제3조제1항제2호에 따른 관광숙박업
2. 법 제3조제1항제4호에 따른 국제회의업
3. 제2조제1항제1호가목에 따른 종합여행업
4. 제2조제1항제3호마목에 따른 관광공연장업

5. 제2조제1항제6호라목, 사목 및 카목에 따른 관광식당업, 여객자동차터미널시설업 및 관광면세업

[전문개정 2017. 6. 20.]

[제60조의2에서 이동 〈2020. 6. 2.〉]

[시행일 : 2021. 9. 24.] 제60조의3

제61조(국고보조금의 지급신청)

① 법 제76조제1항에 따른 보조금을 받으려는 자는 문화체육관광부령으로 정하는 바에 따라 문화체육관광부장관에게 신청하여야 한다. 〈개정 2008. 2. 29.〉

② 문화체육관광부장관은 제1항에 따른 신청을 받은 경우 필요하다고 인정하면 관계 공무원의 현지조사 등을 통하여 그 신청의 내용과 조건을 심사할 수 있다. 〈개정 2008. 2. 29.〉

제62조(보조금의 지급결정 등)

① 문화체육관광부장관은 제61조에 따른 신청이 타당하다고 인정되면 보조금의 지급을 결정하고 그 사실을 신청인에게 알려야 한다. 〈개정 2008. 2. 29.〉

② 제1항에 따른 보조금은 원칙적으로 사업완료 전에 지급하되, 필요한 경우 사업완료 후에 지급할 수 있다.

③ 보조금을 받은 자(이하 "보조사업자"라 한다)는 문화체육관광부장관이 정하는 바에 따라 그 사업추진 실적을 문화체육관광부장관에게 보고하여야 한다. 〈개정 2008. 2. 29.〉

제63조(사업계획의 변경 등)

① 보조사업자는 사업계획을 변경 또는 폐지하거나 그 사업을 중지하려는 경우에는 미리 문화체육관광부장관의 승인을 받아야 한다. 〈개정 2008. 2. 29.〉

② 보조사업자는 다음 각 호의 어느 하나에 해당하는 사실이 발생한 경우에는 지체 없이 문화체육관광부장관에게 신고하여야 한다. 다만, 사망한 경우에는 그 상속인이, 합병한 경우에는 그 합병으로 존속되거나 새로 설립된 법인의 대표자가, 해산한 경우에는 그 청산인이 신고하여야 한다. 〈개정 2008. 2. 29.〉

1. 성명(법인인 경우에는 그 명칭 또는 대표자의 성명)이나 주소를 변경한 경우

2. 정관이나 규약을 변경한 경우
3. 해산하거나 파산한 경우
4. 사업을 시작하거나 종료한 경우

제64조(보조금의 사용 제한 등)

① 보조사업자는 보조금을 지급받은 목적 외의 용도로 사용할 수 없다.

② 문화체육관광부장관은 보조금의 지급결정을 받은 자 또는 보조사업자가 다음 각 호의 어느 하나에 해당하는 경우에는 보조금의 지급결정의 취소, 보조금의 지급정지 또는 이미 지급한 보조금의 전부 또는 일부의 반환을 명할 수 있다. 〈개정 2008. 2. 29.〉

1. 거짓이나 그 밖의 부정한 방법으로 보조금의 지급을 신청하였거나 받은 경우
2. 보조금의 지급조건을 위반한 경우

제64조의2(공유 재산의 임대료 감면)

① 법 제76조제3항에 따른 공유 재산의 임대료 감면율은 고용창출, 지역경제 활성화에 미치는 영향 등을 고려하여 공유 재산 임대료의 100분의 30의 범위에서 해당 지방자치단체의 조례로 정한다.

② 법 제76조제3항에 따라 공유 재산의 임대료를 감면받으려는 관광지등의 사업시행자는 해당 지방자치단체의 장에게 감면 신청을 하여야 한다.

[본조신설 2011. 10. 6.]

제65조(권한의 위탁)

① 등록기관등의 장은 법 제80조제3항에 따라 다음 각 호의 권한을 한국관광공사, 협회, 지역별·업종별 관광협회, 전문 연구·검사기관, 자격검정기관 또는 교육기관에 각각 위탁한다. 이 경우 문화체육관광부장관 또는 시·도지사는 제3호, 제3호의2, 제6호 및 제8호의 경우 위탁한 업종별 관광협회, 전문 연구·검사기관 또는 관광 관련 교육기관의 명칭·주소 및 대표자 등을 고시해야 한다. 〈개정 2008. 2. 29., 2009. 1. 20., 2009. 10. 7., 2011. 10. 6., 2015. 8. 4., 2018. 6. 5., 2019. 4. 9., 2020. 6. 2.〉

1. 법 제6조 및 법 제35조에 따른 관광 편의시설업 중 관광식당업 · 관광사진업 및 여객자동차터미널시설업의 지정 및 지정취소에 관한 권한 : 지역별 관광협회

1의2. 법 제13조제2항 및 제3항에 따른 국외여행 인솔자의 등록 및 자격증 발급에 관한 권한: 업종별 관광협회

1의3. 삭제 〈2018. 6. 5.〉

2. 법 제25조제3항에 따른 카지노기구의 검사에 관한 권한 : 법 제25조제2항에 따라 문화체육관광부장관이 지정하는 검사기관(이하 "카지노기구 검사기관"이라 한다)

3. 법 제33조제1항에 따른 유기시설 또는 유기기구의 안전성검사 및 안전성검사 대상에 해당되지 아니함을 확인하는 검사에 관한 권한 : 문화체육관광부령으로 정하는 인력과 시설 등을 갖추고 문화체육관광부령으로 정하는 바에 따라 문화체육관광부장관이 지정한 업종별 관광협회 또는 전문 연구 · 검사기관

3의2. 법 제33조제3항에 따른 안전관리자의 안전교육에 관한 권한: 업종별 관광협회 또는 안전 관련 전문 연구 · 검사기관

4. 법 제38조에 따른 관광종사원 중 관광통역안내사 · 호텔경영사 및 호텔관리사의 자격시험, 등록 및 자격증의 발급에 관한 권한 : 한국관광공사. 다만, 자격시험의 출제, 시행, 채점 등 자격시험의 관리에 관한 업무는 「한국산업인력공단법」에 따른 한국산업인력공단에 위탁한다.

5. 법 제38조에 따른 관광종사원 중 국내여행안내사 및 호텔서비스사의 자격시험, 등록 및 자격증의 발급에 관한 권한 : 협회. 다만, 자격시험의 출제, 시행, 채점 등 자격시험의 관리에 관한 업무는 「한국산업인력공단법」에 따른 한국산업인력공단에 위탁한다.

6. 법 제48조의6제1항에 따른 문화관광해설사 양성을 위한 교육과정의 개설 · 운영에 관한 권한: 한국관광공사 또는 다음 각 목의 요건을 모두 갖춘 관광 관련 교육기관

가. 기본소양, 전문지식, 현장실무 등 문화관광해설사 양성교육(이하 이 호에서 "양성교육"이라 한다)에 필요한 교육과정 및 교육내용을 갖추고 있을 것

나. 강사 등 양성교육에 필요한 인력과 조직을 갖추고 있을 것

다. 강의실, 회의실 등 양성교육에 필요한 시설과 장비를 갖추고 있을 것

7. 법 제48조의10 및 제48조의11에 따른 한국관광 품질인증 및 그 취소에 관한 업무: 한국관광공사

8. 법 제73조제3항에 따른 관광특구에 대한 평가: 제58조의2 각 호에 따른 조사 · 분석 전문기관

② 제1항제1호에 따라 위탁받은 업무를 수행한 지역별 관광협회는 이를 시 · 도지사에게 보고하여야 한다.

③ 시 · 도지사는 제2항에 따라 지역별 관광협회로부터 보고받은 사항을 매월 종합하여 다음 달 10일까지 문화체육관광부장관에게 보고하여야 한다. 〈개정 2008. 2. 29.〉

④ 제1항제2호에 따라 카지노기구의 검사에 관한 권한을 위탁받은 카지노기구 검사기관은 문화체육관광부령으로 정하는 바에 따라 제1항제2호의 검사에 관한 업무 규정을 정하여 문화체육관광부장관의 승인을 받아야 한다. 이를 변경하는 경우에도 또한 같다. 〈개정 2008. 2. 29.〉

⑤ 제1항제3호에 따라 위탁받은 업무를 수행한 업종별 관광협회 또는 전문 연구 · 검사기관은 그 업무를 수행하면서 법령 위반 사항을 발견한 경우에는 지체 없이 관할 특별자치시장 · 특별자치도지사 · 시장 · 군수 · 구청장에게 이를 보고하여야 한다. 〈개정 2009. 1. 20., 2011. 10. 6., 2019. 4. 9.〉

⑥ 제1항제1호의2 및 제4호부터 제7호까지의 규정에 따라 위탁받은 업무를 수행한 한국관광공사, 협회, 업종별 관광협회, 한국산업인력공단 및 관광 관련 교육기관은 국외여행 인솔자의 등록 및 자격증 발급, 관광종사원의 자격시험, 등록 및 자격증의 발급, 문화관광해설사 양성을 위한 교육과정의 개설 · 운영, 한국관광 품질인증 및 그 취소에 관한 업무를 수행한 경우에는 이를 분기별로

종합하여 다음 분기 10일까지 문화체육관광부장관 또는 시·도지사에게 보고하여야 한다. 〈개정 2008. 2. 29., 2009. 10. 7., 2011. 10. 6., 2018. 6. 5., 2019. 4. 9.〉

⑦ 제1항제7호에 따라 한국관광 품질인증 및 그 취소에 관한 업무를 위탁받은 한국관광공사는 문화체육관광부령으로 정하는 바에 따라 한국관광 품질인증 및 그 취소에 관한 업무 규정을 정하여 문화체육관광부장관의 승인을 받아야 한다. 이를 변경하는 경우에도 또한 같다. 〈신설 2018. 6. 5.〉

제66조(등급결정 권한의 위탁)

① 문화체육관광부장관은 법 제80조제3항제2호에 따라 법 제19조제1항에 따른 호텔업의 등급결정권을 다음 각 호의 요건을 모두 갖춘 법인으로서 문화체육관광부장관이 정하여 고시하는 법인에 위탁한다. 〈개정 2008. 2. 29., 2014. 11. 28.〉

1. 문화체육관광부장관의 허가를 받아 설립된 비영리법인이거나 「공공기관의 운영에 관한 법률」에 따른 공공기관일 것
2. 관광숙박업의 육성과 서비스 개선 등에 관한 연구 및 계몽활동 등을 하는 법인일 것
3. 문화체육관광부령으로 정하는 기준에 맞는 자격을 가진 평가요원을 50명 이상 확보하고 있을 것

② 문화체육관광부장관은 제1항에 따른 위탁 업무 수행에 필요한 경비의 전부 또는 일부를 호텔업 등급결정권을 위탁받은 법인에 지원할 수 있다. 〈개정 2014. 11. 28.〉

③ 제1항에 따른 호텔업 등급결정권 위탁 기준 등 호텔업 등급결정권의 위탁에 필요한 사항은 문화체육관광부장관이 정하여 고시한다. 〈신설 2014. 11. 28.〉

제66조의2(고유식별정보의 처리)

① 문화체육관광부장관(제65조에 따라 문화체육관광부장관의 권한을 위임·위탁받은 자를 포함한다) 및 지방자치단체의 장(해당 권한이 위임·위탁된 경우에는 그 권한을 위임·위탁받은 자를 포함한다)은 다음 각 호의 사무를 수행하기 위하여 불가피한 경우 「개인정보 보호법 시행령」 제19조에 따른 주민등록번호, 여권번호 또는 외국인등록번호가 포함된 자료를 처리할 수 있다. 〈신설 2017. 3. 27., 2018. 6. 5.〉

1. 법 제4조에 따른 여행업, 관광숙박업, 관광객 이용시설업 및 국제회의업의 등록 등에 관한 사무
2. 법 제5조에 따른 카지노업 또는 유원시설업의 허가 또는 신고 등에 관한 사무
3. 법 제6조에 따른 관광 편의시설업의 지정 등에 관한 사무
4. 법 제8조에 따른 관광사업의 양수 등에 관한 사무
5. 법 제15조에 따른 사업계획의 승인 등에 관한 사무
6. 법 제48조의8에 따른 문화관광해설사의 선발 및 활용 등에 관한 사무
7. 법 제48조의10 및 제48조의11에 따른 한국관광 품질인증 및 그 취소에 관한 사무

② 다음 각 호의 어느 하나에 해당하는 자는 법 제9조에 따른 공제 또는 영업보증금 예치 사무를 수행하기 위하여 불가피한 경우「개인정보 보호법 시행령」제19조제1호 또는 제4호에 따른 주민등록번호 또는 외국인등록번호가 포함된 자료를 처리할 수 있다. 〈신설 2017. 3. 8., 2017. 3. 27.〉

1. 법 제43조제2항 및 이 영 제39조제1항에 따라 공제사업의 허가를 받은 협회
2. 영업보증금 예치 사무를 수행하는 문화체육관광부령으로 정하는 자

③ 법 제20조에 따라 관광사업의 시설에 대하여 분양 또는 회원 모집을 한 자는 같은 조 제5항제5호에 따른 회원증의 발급과 확인에 관한 사무를 수행하기 위하여 불가피한 경우「개인정보 보호법 시행령」제19조에 따른 주민등록번호 또는 외국인등록번호가 포함된 자료를 처리할 수 있다. 〈신설 2017. 3. 27.〉

④ 카지노사업자는 법 제28조제2항에 따른 카지노사업자의 영업준칙을 이행(카지노영업소의 이용자의 도박 중독 등을 이유로 그 이용자의 출입을 제한하기 위한 경우 및 카지노영업소 이용자의 출입일수 관리를 위한 경우로 한정한다)하기 위한 사무를 수행하기 위하여 불가피한 경우「개인정보 보호법 시행령」제19조제1호, 제2호 또는 제4호에 따른 주민등록번호, 여권번호 또는 외국인등록번호가 포함된 자료를 처리할 수 있다. 〈개정 2015. 2. 3., 2017. 3. 8., 2017. 3. 27.〉

⑤ 문화체육관광부장관(제65조에 따라 문화체육관광부장관의 권한을 위임 · 위탁받은 자를 포함한다)은 법 제38조제2항부터 제4항까지의 규정에 따른 관광종사원의 자격 취득 및 자격증 교부에 관한 사무를 수행하기 위하여 불가피한 경우 「개인정보 보호법 시행령」 제19조제1호 또는 제4호에 따른 주민등록번호 또는 외국인등록번호가 포함된 자료를 처리할 수 있다. 〈개정 2017. 3. 8., 2017. 3. 27.〉

⑥ 문화체육관광부장관(법 제80조에 따라 문화체육관광부장관의 권한을 위임 · 위탁받은 자를 포함한다), 전담기관 및 지방자치단체의 장(해당 권한이 위임 · 위탁된 경우에는 그 권한을 위임 · 위탁받은 자를 포함한다)은 법 제47조의5에 따른 여행이용권의 지급 및 관리에 관한 사무를 수행하기 위하여 불가피한 경우 「개인정보 보호법 시행령」 제19조에 따른 주민등록번호, 여권번호, 운전면허의 면허번호 또는 외국인등록번호가 포함된 자료를 처리할 수 있다. 〈신설 2014. 11. 28., 2017. 3. 8., 2017. 3. 27.〉

[본조신설 2014. 8. 6.]

[종전 제66조의2는 제66조의3으로 이동 〈2014. 8. 6.〉]

제66조의3(규제의 재검토)

① 문화체육관광부장관은 별표 1에 따른 관광사업의 등록기준(같은 표 제2호사목에 따른 의료관광호텔업의 등록기준은 제외한다)에 대하여 2014년 1월 1일을 기준으로 3년마다(매 3년이 되는 해의 1월 1일 전까지를 말한다) 그 타당성을 검토하여 개선 등의 조치를 해야 한다. 〈개정 2020. 3. 3.〉

② 문화체육관광부장관은 별표 1 제2호사목(9)의 외국인환자 유치 의료기관 및 유치업자가 충족하여야 하는 연간 사업실적 기준이 적정한지를 2018년 12월 31일까지 검토하여 적절한 기준을 정하여야 한다. 〈신설 2013. 11. 29.〉

[본조신설 2009. 7. 7.]

[제66조의2에서 이동 〈2014. 8. 6.〉]

제67조(과태료의 부과) 법 제86조제1항 및 제2항에 따른 과태료의 부과기준은 별표 5와 같다. 〈개정 2015. 11. 18.〉

[전문개정 2008. 8. 26.]

부칙 〈대통령령 제31938호, 2021. 8. 10.〉

이 영은 공포한 날부터 시행한다.

■ 관광진흥법 시행령 [별표 1]

관광사업의 등록기준(제5조 관련)

1. 여행업

가. 일반여행업

(1) 자본금(개인의 경우에는 자산평가액): 1억 원 이상일 것

(2) 사무실 : 소유권이나 사용권이 있을 것

나. 국외여행업

(1) 자본금(개인의 경우에는 자산평가액): 3천만 원 이상일 것

(2) 사무실 : 소유권이나 사용권이 있을 것

다. 국내여행업

(1) 자본금(개인의 경우에는 자산평가액): 1천500만 원 이상일 것

(2) 사무실 : 소유권이나 사용권이 있을 것

2. 호텔업

가. 관광호텔업

(1) 욕실이나 샤워시설을 갖춘 객실을 30실 이상 갖추고 있을 것

(2) 외국인에게 서비스를 제공할 수 있는 체제를 갖추고 있을 것

(3) 대지 및 건물의 소유권 또는 사용권을 확보하고 있을 것. 다만, 회원을 모집하는 경우에는 소유권을 확보하여야 한다.

나. 수상관광호텔업

(1) 수상관광호텔이 위치하는 수면은 「공유수면 관리 및 매립에 관한 법률」 또는 「하천법」에 따라 관리청으로부터 점용허가를 받을 것

(2) 욕실이나 샤워시설을 갖춘 객실이 30실 이상일 것
(3) 외국인에게 서비스를 제공할 수 있는 체제를 갖추고 있을 것
(4) 수상오염을 방지하기 위한 오수 저장 · 처리시설과 폐기물처리시설을 갖추고 있을 것
(5) 구조물 및 선박의 소유권 또는 사용권을 확보하고 있을 것. 다만, 회원을 모집하는 경우에는 소유권을 확보하여야 한다.

다. 한국전통호텔업

(1) 건축물의 외관은 전통가옥의 형태를 갖추고 있을 것
(2) 이용자의 불편이 없도록 욕실이나 샤워시설을 갖추고 있을 것
(3) 외국인에게 서비스를 제공할 수 있는 체제를 갖추고 있을 것
(4) 대지 및 건물의 소유권 또는 사용권을 확보하고 있을 것. 다만, 회원을 모집하는 경우에는 소유권을 확보하여야 한다.

라. 가족호텔업

(1) 가족단위 관광객이 이용할 수 있는 취사시설이 객실별로 설치되어 있거나 층별로 공동취사장이 설치되어 있을 것
(2) 욕실이나 샤워시설을 갖춘 객실이 30실 이상일 것
(3) 객실별 면적이 19제곱미터 이상일 것
(4) 외국인에게 서비스를 제공할 수 있는 체제를 갖추고 있을 것
(5) 대지 및 건물의 소유권 또는 사용권을 확보하고 있을 것. 다만, 회원을 모집하는 경우에는 소유권을 확보하여야 한다.

마. 호스텔업

1) 배낭여행객 등 개별 관광객의 숙박에 적합한 객실을 갖추고 있을 것
2) 이용자의 불편이 없도록 화장실, 샤워장, 취사장 등의 편의시설을 갖추고 있을 것. 다만, 이러한 편의시설은 공동으로 이용하게 할 수 있다.
3) 외국인 및 내국인 관광객에게 서비스를 제공할 수 있는 문화 · 정보 교류시설을 갖추고 있을 것

4) 대지 및 건물의 소유권 또는 사용권을 확보하고 있을 것

바. 소형호텔업

(1) 욕실이나 샤워시설을 갖춘 객실을 20실 이상 30실 미만으로 갖추고 있을 것

(2) 부대시설의 면적 합계가 건축 연면적의 50퍼센트 이하일 것

(3) 두 종류 이상의 부대시설을 갖출 것. 다만,「식품위생법 시행령」제21조제8호다목에 따른 단란주점영업, 같은 호 라목에 따른 유흥주점영업 및「사행행위 등 규제 및 처벌 특례법」제2조제1호에 따른 사행행위를 위한 시설은 둘 수 없다.

(4) 조식 제공, 외국어 구사인력 고용 등 외국인에게 서비스를 제공할 수 있는 체제를 갖추고 있을 것

(5) 대지 및 건물의 소유권 또는 사용권을 확보하고 있을 것. 다만, 회원을 모집하는 경우에는 소유권을 확보하여야 한다.

사. 의료관광호텔업

(1) 의료관광객이 이용할 수 있는 취사시설이 객실별로 설치되어 있거나 층별로 공동취사장이 설치되어 있을 것

(2) 욕실이나 샤워시설을 갖춘 객실이 20실 이상일 것

(3) 객실별 면적이 19제곱미터 이상일 것

(4)「교육환경 보호에 관한 법률」제9조제13호 · 제22호 · 제23호 및 제26호에 따른 영업이 이루어지는 시설을 부대시설로 두지 않을 것

(5) 의료관광객의 출입이 편리한 체계를 갖추고 있을 것

(6) 외국어 구사인력 고용 등 외국인에게 서비스를 제공할 수 있는 체제를 갖추고 있을 것

(7) 의료관광호텔 시설(의료관광호텔의 부대시설로「의료법」제3조제1항에 따른 의료기관을 설치할 경우에는 그 의료기관을 제외한 시설을 말한다)은 의료기관 시설과 분리될 것. 이 경우 분리에 관하여 필요한 사항은 문화체육관광부장관이 정하여 고시한다.

(8) 대지 및 건물의 소유권 또는 사용권을 확보하고 있을 것

(9) 의료관광호텔업을 등록하려는 자가 다음의 구분에 따른 요건을 충족하는 외국인환자 유치 의료기관의 개설자 또는 유치업자일 것

(가) 외국인환자 유치 의료기관의 개설자

1) 「의료 해외진출 및 외국인환자 유치 지원에 관한 법률」 제11조에 따라 보건복지부장관에게 보고한 사업실적에 근거하여 산정할 경우 전년도(등록신청일이 속한 연도의 전년도를 말한다. 이하 같다)의 연환자수(외국인환자 유치 의료기관이 2개 이상인 경우에는 각 외국인환자 유치 의료기관의 연환자수를 합산한 결과를 말한다. 이하 같다) 또는 등록신청일 기준으로 직전 1년간의 연환자수가 500명을 초과할 것. 다만 외국인환자 유치 의료기관 중 1개 이상이 서울특별시에 있는 경우에는 연환자수가 3,000명을 초과하여야 한다.

2) 「의료법」 제33조제2항제3호에 따른 의료법인인 경우에는 1)의 요건을 충족하면서 다른 외국인환자 유치 의료기관의 개설자 또는 유치업자와 공동으로 등록하지 아니할 것

3) 외국인환자 유치 의료기관의 개설자가 설립을 위한 출연재산의 100분의 30 이상을 출연한 경우로서 최다출연자가 되는 비영리법인(외국인환자 유치 의료기관의 개설자인 경우로 한정한다)이 1)의 기준을 충족하지 아니하는 경우에는 그 최다출연자인 외국인환자 유치 의료기관의 개설자가 1)의 기준을 충족할 것

(나) 유치업자

1) 「의료 해외진출 및 외국인환자 유치 지원에 관한 법률」 제11조에 따라 보건복지부장관에게 보고한 사업실적에 근거하여 산정할 경우 전년도의 실환자수(둘 이상의 유치업자가 공동으로 등록하는 경우에는 실환자수를 합산한 결과를 말한다. 이하 같다) 또는 등록신청일 기준으로 직전 1년간의 실환자수가 200명을 초과할 것

2) 외국인환자 유치 의료기관의 개설자가 100분의 30 이상의 지분 또는 주식을 보유하면서 최대출자자가 되는 법인(유치업자인 경우로 한정한다)이 1)의 기준을 충족하지 아니하는 경우에는 그 최대출자자인 외국인환자 유치 의료기관의 개설자가 (가)1)의 기준을 충족할 것

3. 휴양콘도미니엄업

가. 객실

(1) 같은 단지 안에 객실이 30실 이상일 것. 다만, 2016년 7월 1일부터 2018년 6월 30일까지 제3조제1항에 따라 등록 신청하는 경우에는 20실 이상으로 한다.

(2) 관광객의 취사 · 체류 및 숙박에 필요한 설비를 갖추고 있을 것. 다만, 객실 밖에 관광객이 이용할 수 있는 공동취사장 등 취사시설을 갖춘 경우에는 총 객실의 30퍼센트(「국토의 계획 및 이용에 관한 법률」 제6조제1호에 따른 도시지역의 경우에는 총 객실의 30퍼센트 이하의 범위에서 조례로 정하는 비율이 있으면 그 비율을 말한다) 이하의 범위에서 객실에 취사시설을 갖추지 아니할 수 있다.

나. 매점 등

매점이나 간이매장이 있을 것. 다만, 여러 개의 동으로 단지를 구성할 경우에는 공동으로 설치할 수 있다.

다. 문화체육공간

공연장 · 전시관 · 미술관 · 박물관 · 수영장 · 테니스장 · 축구장 · 농구장, 그 밖에 관광객이 이용하기 적합한 문화체육공간을 1개소 이상 갖출 것. 다만, 수개의 동으로 단지를 구성할 경우에는 공동으로 설치할 수 있으며, 관광지 · 관광단지 또는 종합휴양업의 시설 안에 있는 휴양콘도미니엄의 경우에는 이를 설치하지 아니할 수 있다.

라. 대지 및 건물의 소유권 또는 사용권을 확보하고 있을 것. 다만, 분양 또는 회원을 모집하는 경우에는 소유권을 확보하여야 한다.

4. 관광객이용시설업

가. 전문휴양업

(1) 공통기준

(가) 숙박시설이나 음식점시설이 있을 것

(나) 주차시설 · 급수시설 · 공중화장실 등의 편의시설과 휴게시설이 있을 것

(2) 개별기준

(가) 민속촌

한국고유의 건축물(초가집 및 기와집)이 20동 이상으로서 각 건물에는 전래되어 온 생활도구가 갖추어져 있거나 한국 또는 외국의 고유문화를 소개할 수 있는 축소된 건축물 모형 50점 이상이 적정한 장소에 배치되어 있을 것

(나) 해수욕장

1) 수영을 하기에 적합한 조건을 갖춘 해변이 있을 것

2) 수용인원에 적합한 간이목욕시설 · 탈의장이 있을 것

3) 인명구조용 구명보트 · 감시탑 및 응급처리시 설비 등의 시설이 있을 것

4) 담수욕장을 갖추고 있을 것

5) 인명구조원을 배치하고 있을 것

(다) 수렵장

「야생생물 보호 및 관리에 관한 법률」에 따른 시설을 갖추고 있을 것

(라) 동물원

1) 「박물관 및 미술관 진흥법 시행령」 별표 2에 따른 시설을 갖추고 있을 것

2) 삭제 〈2019. 4. 9.〉

(마) 식물원

1) 「박물관 및 미술관 진흥법 시행령」 별표 2에 따른 시설을 갖추고 있을 것

2) 온실면적은 2,000제곱미터 이상일 것

3) 식물종류는 1,000종 이상일 것

(바) 수족관

1) 「박물관 및 미술관 진흥법 시행령」 별표 2에 따른 시설을 갖추고 있을 것

2) 건축연면적은 2,000제곱미터 이상일 것

3) 어종(어류가 아닌 것은 제외한다)은 100종 이상일 것

4) 삭제 〈2016.3.22.〉

(사) 온천장

1) 온천수를 이용한 대중목욕시설이 있을 것

2) 삭제 〈2016.3.22.〉

3) 정구장 · 탁구장 · 볼링장 · 활터 · 미니골프장 · 배드민턴장 · 롤러스케이트장 · 보트장 등의 레크리에이션 시설 중 두 종류 이상의 시설을 갖추거나 제2조제5호에 따른 유원시설업 시설이 있을 것

(아) 동굴자원

관광객이 관람할 수 있는 천연동굴이 있고 편리하게 관람할 수 있는 시설이 있을 것

(자) 수영장

「체육시설의 설치 · 이용에 관한 법률」에 따른 신고 체육시설업 중 수영장 시설을 갖추고 있을 것

(차) 농어촌휴양시설

1) 「농어촌정비법」에 따른 농어촌 관광휴양단지 또는 관광농원의 시설을 갖추고 있을 것

2) 관광객의 관람이나 휴식에 이용될 수 있는 특용작물 · 나무 등을 재배하거나 어류 · 희귀동물 등을 기르고 있을 것

3) 재배지 또는 양육장의 면적은 2천제곱미터 이상일 것

(카) 활공장

1) 활공을 할 수 있는 장소(이륙장 및 착륙장)가 있을 것

2) 인명구조원을 배치하고 응급처리를 할 수 있는 설비를 갖추고 있을 것

3) 행글라이더 · 패러글라이더 · 열기구 또는 초경량 비행기 등 두 종류 이

상의 관광비행사업용 활공장비를 갖추고 있을 것

(타) 등록 및 신고 체육시설업 시설

「체육시설의 설치 · 이용에 관한 법률」에 따른 스키장 · 요트장 · 골프장 · 조정장 · 카누장 · 빙상장 · 자동차경주장 · 승마장 또는 종합체육시설 등 9종의 등록 및 신고 체육시설업에 해당되는 체육시설을 갖추고 있을 것

(파) 산림휴양시설

「산림문화 · 휴양에 관한 법률」에 따른 자연휴양림, 치유의 숲 또는 「수목원 · 정원의 조성 및 진흥에 관한 법률」에 따른 수목원의 시설을 갖추고 있을 것

(하) 박물관

「박물관 및 미술관 진흥법 시행령」 별표 2 제2호가목에 따른 종합박물관 또는 전문박물관의 시설을 갖추고 있을 것

(거) 미술관

「박물관 및 미술관 진흥법 시행령」 별표 2 제2호가목에 따른 미술관의 시설을 갖추고 있을 것

나. 종합휴양업의 등록기준

(1) 제1종 종합휴양업

숙박시설 또는 음식점시설을 갖추고 전문휴양시설 중 2종류 이상의 시설을 갖추고 있거나, 숙박시설 또는 음식점시설을 갖추고 전문휴양시설 중 한 종류 이상의 시설과 종합유원시설업의 시설을 갖추고 있을 것

(2) 제2종 종합휴양업

(가) 면적

단일부지로서 50만 제곱미터 이상일 것

(나) 시설

관광숙박업 등록에 필요한 시설과 제1종 종합휴양업 등록에 필요한 전문휴양시설 중 2종류 이상의 시설 또는 전문휴양시설 중 1종류 이상의 시설과 종합유원시설업의 시설을 함께 갖추고 있을 것

다. 야영장업

(1) 공통기준

(가) 침수, 유실, 고립, 산사태, 낙석의 우려가 없는 안전한 곳에 위치할 것

(나) 시설 배치도, 이용방법, 비상 시 행동 요령 등을 이용객이 잘 볼 수 있는 곳에 게시할 것

(다) 비상 시 긴급상황을 이용객에게 알릴 수 있는 시설 또는 장비를 갖출 것

(라) 야영장 규모를 고려하여 소화기를 적정하게 확보하고 눈에 띄기 쉬운 곳에 배치할 것

(마) 긴급 상황에 대비하여 야영장 내부 또는 외부에 대피소와 대피로를 확보할 것

(바) 비상 시의 대응요령을 숙지하고 야영장이 개장되어 있는 시간에 상주하는 관리요원을 확보할 것

(사) 야영장 시설은 자연생태계 등의 원형이 최대한 보존될 수 있도록 토지의 형질변경을 최소화하여 설치할 것. 이 경우 야영장에 설치할 수 있는 야영장 시설의 종류에 관하여는 문화체육관광부령으로 정한다.

(아) 야영장에 설치되는 건축물(「건축법」 제2조제1항제2호에 따른 건축물을 말한다. 이하 이 목에서 같다)의 바닥면적 합계가 야영장 전체면적의 100분의 10 미만일 것. 다만, 「폐교재산의 활용촉진을 위한 특별법」 제2조제2호에 따른 폐교재산을 활용하여 야영장업을 하려는 경우(기존 폐교재산의 부지면적 증가가 없는 경우만 해당한다)는 그렇지 않다.

(자) (아)에도 불구하고 「국토의 계획 및 이용에 관한 법률」 제36조제1항제2호가목에 따른 보전관리지역 또는 같은 법 시행령 제30조제4호가목에 따른 보전녹지지역에 야영장을 설치하는 경우에는 다음의 요건을 모두 갖출 것. 다만, 「폐교재산의 활용촉진을 위한 특별법」 제2조제2호에 따른 폐교재산을 활용하여 야영장업을 하려는 경우(기존 폐교재산의 부지면적 증가가 없는 경우만 해당한다)로서 건축물의 신축 또는 증축을 하지 않고 야영장 입구까지 진입하는 도로의 신설 또는 확장이 없는 때

에는 1) 및 2)의 기준을 적용하지 않는다.

1) 야영장 전체면적이 1만제곱미터 미만일 것

2) 야영장에 설치되는 건축물의 바닥면적 합계가 300제곱미터 미만이고, 야영장 전체면적의 100분의 10 미만일 것

3) 「하수도법」 제15조제1항에 따른 배수구역 안에 위치한 야영장은 같은 법 제27조에 따라 공공하수도의 사용이 개시된 때에는 그 배수구역의 하수를 공공하수도에 유입시킬 것. 다만, 「하수도법」 제28조에 해당하는 경우에는 그렇지 않다.

4) 야영장 경계에 조경녹지를 조성하는 등의 방법으로 자연환경 및 경관에 대한 영향을 최소화할 것

5) 야영장으로 인한 비탈면 붕괴, 토사 유출 등의 피해가 발생하지 않도록 할 것

(2) 개별기준

(가) 일반야영장업

1) 야영용 천막을 칠 수 있는 공간은 천막 1개당 15제곱미터 이상을 확보할 것

2) 야영에 불편이 없도록 하수도 시설 및 화장실을 갖출 것

3) 긴급상황 발생 시 이용객을 이송할 수 있는 차로를 확보할 것

(나) 자동차야영장업

1) 차량 1대당 50제곱미터 이상의 야영공간(차량을 주차하고 그 옆에 야영장비 등을 설치할 수 있는 공간을 말한다)을 확보할 것

2) 야영에 불편이 없도록 수용인원에 적합한 상 · 하수도 시설, 전기시설, 화장실 및 취사시설을 갖출 것

3) 야영장 입구까지 1차선 이상의 차로를 확보하고, 1차선 차로를 확보한 경우에는 적정한 곳에 차량의 교행(交行)이 가능한 공간을 확보할 것

(3) (1) 및 (2)의 기준에 관한 특례

(가) (1) 및 (2)에도 불구하고 다음 1) 및 2)의 요건을 모두 충족하는 야영장

업을 하려는 경우에는 (나) 및 (다)의 기준을 적용한다.

1) 「해수욕장의 이용 및 관리에 관한 법률」 제2조제1호에 따른 해수욕장이나 「국토의 계획 및 이용에 관한 법률 시행령」 제2조제1항제2호에 따른 유원지에서 연간 4개월 이내의 기간 동안만 야영장업을 하려는 경우

2) 야영장업의 등록을 위하여 토지의 형질을 변경하지 아니하는 경우

(나) 공통기준

1) 침수, 유실, 고립, 산사태, 낙석의 우려가 없는 안전한 곳에 위치할 것

2) 시설 배치도, 이용방법, 비상 시 행동 요령 등을 이용객이 잘 볼 수 있는 곳에 게시할 것

3) 비상 시 긴급상황을 이용객에게 알릴 수 있는 시설 또는 장비를 갖출 것

4) 야영장 규모를 고려하여 소화기를 적정하게 확보하고 눈에 띄기 쉬운 곳에 배치할 것

5) 긴급 상황에 대피할 수 있도록 대피로를 확보할 것

6) 비상 시 대응요령을 숙지하고 야영장이 개장되어 있는 시간에 상주하는 관리요원을 확보할 것

(다) 개별기준

1) 일반야영장업

가) 야영용 천막을 칠 수 있는 공간은 천막 1개당 15제곱미터 이상을 확보할 것

나) 야영에 불편이 없도록 하수도 시설 및 화장실의 이용이 가능할 것

다) 긴급상황 발생 시 이용객을 이송할 수 있는 차로를 확보할 것

2) 자동차야영장업

가) 차량 1대당 50제곱미터 이상의 야영공간(차량을 주차하고 그 옆에 야영장비 등을 설치할 수 있는 공간을 말한다)을 확보할 것

나) 야영에 불편이 없도록 상·하수도 시설, 전기시설, 화장실 및 취사시설의 이용이 가능할 것

다) 야영장 입구까지 1차선 이상의 차로를 확보하고, 1차선 차로를 확보한 경우에는 적정한 곳에 차량의 교행이 가능한 공간을 확보할 것

라. 관광유람선업

(1) 일반관광유람선업

(가) 구조

「선박안전법」에 따른 구조 및 설비를 갖춘 선박일 것

(나) 선상시설

이용객의 숙박 또는 휴식에 적합한 시설을 갖추고 있을 것

(다) 위생시설

수세식화장실과 냉·난방 설비를 갖추고 있을 것

(라) 편의시설

식당·매점·휴게실을 갖추고 있을 것

(마) 수질오염방지시설

수질요염을 방지하기 위한 오수 저장·처리시설과 폐기물처리시설을 갖추고 있을 것

(2) 크루즈업

(가) 일반관광유람선업에서 규정하고 있는 관광사업의 등록기준을 충족할 것

(나) 욕실이나 샤워시설을 갖춘 객실을 20실 이상 갖추고 있을 것

(다) 체육시설, 미용시설, 오락시설, 쇼핑시설 중 두 종류 이상의 시설을 갖추고 있을 것

마. 관광공연장업

(1) 설치장소

관광지·관광단지, 관광특구 또는 「지역문화진흥법」 제18조제1항에 따라 지정된 문화지구(같은 법 제18조제3항제3호에 따라 해당 영업 또는 시설의 설치를 금지하거나 제한하는 경우는 제외한다) 안에 있거나 이 법에 따른 관광사업 시설 안에 있을 것 다만, 실외관광공연장의 경우 법에 따른 관광숙박

업, 관광객이용시설업 중 전문휴양업과 종합휴양업, 국제회의업, 유원시설업에 한한다.

(2) 시설기준

(가) 실내관광공연장

1) 70제곱미터 이상의 무대를 갖추고 있을 것

2) 출연자가 연습하거나 대기 또는 분장할 수 있는 공간을 갖추고 있을 것

3) 출입구는 「다중이용업소의 안전관리에 관한 특별법」에 따른 다중이용업소의 영업장에 설치하는 안전시설등의 설치기준에 적합할 것

4) 삭제 〈2011.3.30〉

5) 공연으로 인한 소음이 밖으로 전달되지 아니하도록 방음시설을 갖추고 있을 것

(나) 실외관광공연장

1) 70제곱미터 이상의 무대를 갖추고 있을 것

2) 남녀용으로 구분된 수세식 화장실을 갖추고 있을 것

(3) 일반음식점 영업허가

「식품위생법 시행령」 제21조에 따른 식품접객업 중 일반음식점 영업허가를 받을 것

바. 외국인관광 도시민박업

(1) 주택의 연면적이 230제곱미터 미만일 것

(2) 외국어 안내 서비스가 가능한 체제를 갖출 것

(3) 소화기를 1개 이상 구비하고, 객실마다 단독경보형 감지기 및 일산화탄소 경보기(난방설비를 개별난방 방식으로 설치한 경우만 해당한다)를 설치할 것

사. 한옥체험업

(1) 「한옥 등 건축자산의 진흥에 관한 법률」 제27조에 따라 국토교통부장관이 정하여 고시한 기준에 적합한 한옥일 것. 다만, 「문화재보호법」에 따라 문화재로 지정 · 등록된 한옥 및 「한옥 등 건축자산의 진흥에 관한 법률」 제10조에 따라 우수건축자산으로 등록된 한옥의 경우에는 그렇지 않다.

(2) 객실 및 편의시설 등 숙박 체험에 이용되는 공간의 연면적이 230제곱미터 미만일 것. 다만, 다음의 어느 하나에 해당하는 한옥의 경우에는 그렇지 않다.
  (가) 「문화재보호법」에 따라 문화재로 지정 · 등록된 한옥
  (나) 「한옥 등 건축자산의 진흥에 관한 법률」 제10조에 따라 우수건축자산으로 등록된 한옥
  (다) 한옥마을의 한옥, 고택 등 특별자치시 · 특별자치도 · 시 · 군 · 구의 조례로 정하는 한옥
(3) 숙박 체험을 제공하는 경우에는 이용자의 불편이 없도록 욕실이나 샤워시설 등 편의시설을 갖출 것
(4) 객실 내부 또는 주변에 소화기를 1개 이상 비치하고, 숙박 체험을 제공하는 경우에는 객실마다 단독경보형 감지기 및 일산화탄소 경보기(난방설비를 개별난방 방식으로 설치한 경우만 해당한다)를 설치할 것
(5) 취사시설을 설치하는 경우에는 「도시가스사업법」, 「액화석유가스의 안전관리 및 사업법」, 「화재예방, 소방시설 설치 · 유지 및 안전관리에 관한 법률」 및 그 밖의 관계 법령에서 정하는 기준에 적합하게 설치 · 관리할 것
(6) 수돗물(「수도법」 제3조제5호에 따른 수도 및 같은 조 제14호에 따른 소규모급수시설에서 공급되는 물을 말한다) 또는 「먹는물관리법」 제5조제3항에 따른 먹는물의 수질 기준에 적합한 먹는물 등을 공급할 수 있는 시설을 갖출 것
(7) 월 1회 이상 객실 · 접수대 · 로비시설 · 복도 · 계단 · 욕실 · 샤워시설 · 세면시설 및 화장실 등을 소독할 수 있는 체제를 갖출 것
(8) 객실 및 욕실 등을 수시로 청소하고, 침구류를 정기적으로 세탁할 수 있는 여건을 갖출 것
(9) 환기를 위한 시설을 갖출 것. 다만, 창문이 있어 자연적으로 환기가 가능한 경우에는 그렇지 않다.

(10) 욕실의 원수(原水)는 「공중위생관리법」 제4조제2항에 따른 목욕물의 수질 기준에 적합할 것

(11) 한옥을 관리할 수 있는 관리자를 영업시간 동안 배치할 것

(12) 숙박 체험을 제공하는 경우에는 접수대 또는 홈페이지 등에 요금표를 게시하고, 게시된 요금을 준수할 것

5. 국제회의업

(가) 국제회의시설업

(1) 「국제회의산업 육성에 관한 법률 시행령」 제3조에 따른 회의시설 및 전시시설의 요건을 갖추고 있을 것

(2) 국제회의개최 및 전시의 편의를 위하여 부대시설로 주차시설과 쇼핑 · 휴식시설을 갖추고 있을 것

(나) 국제회의기획업

(1) 자본금 : 5천만 원 이상일 것

(2) 사무실 : 소유권이나 사용권이 있을 것

■ 관광진흥법 시행령 [별표 4]

관광 업무별 자격기준(제36조 관련)

업종	업무	종사하도록 권고할 수 있는 자	종사하게 하여야 하는 자
1. 여행업	가. 외국인 관광객의 국내여행을 위한 안내		관광통역안내사 자격을 취득한 자
	나. 내국인의 국내여행을 위한 안내	국내여행안내사 자격을 취득한 자	
2. 관광숙박업	가. 4성급 이상의 관광호텔업의 총괄관리 및 경영업무	호텔경영사 자격을 취득한 자	
	나. 4성급 이상의 관광호텔업의 객실관리 책임자 업무	호텔경영사 또는 호텔관리사 자격을 취득한 자	
	다. 3성급 이하의 관광호텔업과 한국전통호텔업 · 수상관광호텔업 · 휴양콘도미니엄업 · 가족호텔업 · 호스텔업 · 소형호텔업 및 의료관광호텔업의 총괄관리 및 경영업무	호텔경영사 또는 호텔관리사 자격을 취득한 자	
	라. 현관 · 객실 · 식당의 접객업무	호텔서비스사 자격을 취득한 자	

자료 : 법제처 국가법령정보센터

제3절 관광진흥법 시행규칙

제1조(목적) 이 규칙은 「관광진흥법」 및 같은 법 시행령에서 위임된 사항과 그 시행에 필요한 사항을 규정함을 목적으로 한다.

제2조(관광사업의 등록신청)

① 「관광진흥법 시행령」(이하 "영"이라 한다) 제3조제1항에 따라 관광사업의 등록을 하려는 자는 별지 제1호서식의 관광사업 등록신청서에 다음 각 호의 서류를 첨부하여 특별자치시장·특별자치도지사·시장·군수·구청장(자치구의 구청장을 말한다. 이하 같다)에게 제출해야 한다. 〈개정 2009. 3. 31., 2009. 10. 22., 2015. 4. 22., 2019. 4. 25., 2021. 4. 19.〉

1. 사업계획서
2. 신청인(법인의 경우에는 대표자 및 임원)이 내국인인 경우에는 성명 및 주민등록번호를 기재한 서류

2의2. 신청인(법인의 경우에는 대표자 및 임원)이 외국인인 경우에는 「관광진흥법」(이하 "법"이라 한다) 제7조제1항 각 호(여행업의 경우에는 법 제11조의2제1항을 포함한다)의 결격사유에 해당하지 않음을 증명하는 다음 각 목의 어느 하나에 해당하는 서류. 다만, 법 또는 다른 법령에 따라 인·허가 등을 받아 사업자등록을 하고 해당 영업 또는 사업을 영위하고 있는 자(법인의 경우에는 최근 1년 이내에 법인세를 납부한 시점부터 등록 신청 시점까지의 기간 동안 대표자 및 임원의 변경이 없는 경우로 한정한다)는 해당 영업 또는 사업의 인·허가증 등 인·허가 등을 받았음을 증명하는 서류와 최근 1년 이내에 소득세(법인의 경우에는 법인세를 말한다)를 납부한 사실을 증명하는 서류를 제출하는 경우에는 그 영위하고 있는 영업 또는 사업의 관련 법령에서 정하는 결격사유와 중복되는 법 제7조제1항 각 호(여행업의 경우에는 법 제11조의2제1항을 포함한다)의 결격사유에 한하여 다음 각 목의 서류를 제출하지 않을 수 있다.

가. 해당 국가의 정부나 그 밖의 권한 있는 기관이 발행한 서류 또는 공증인이 공증한 신청인의 진술서로서 「재외공관 공증법」에 따라 해당 국

가에 주재하는 대한민국공관의 영사관이 확인한 서류

나. 「외국공문서에 대한 인증의 요구를 폐지하는 협약」을 체결한 국가의 경우에는 해당 국가의 정부나 그 밖의 권한 있는 기관이 발행한 서류 또는 공증인이 공증한 신청인의 진술서로서 해당 국가의 아포스티유(Apostille) 확인서 발급 권한이 있는 기관이 그 확인서를 발급한 서류

3. 부동산의 소유권 또는 사용권을 증명하는 서류(부동산의 등기사항증명서를 통하여 부동산의 소유권 또는 사용권을 확인할 수 없는 경우만 해당한다)
4. 회원을 모집할 계획인 호텔업, 휴양콘도미니엄업의 경우로서 각 부동산에 저당권이 설정되어 있는 경우에는 영 제24조제1항제2호 단서에 따른 보증보험가입 증명서류
5. 「외국인투자 촉진법」에 따른 외국인투자를 증명하는 서류(외국인투자기업만 해당한다)

② 제1항에 따른 신청서를 제출받은 특별자치시장 · 특별자치도지사 · 시장 · 군수 · 구청장은 「전자정부법」 제36조제1항에 따른 행정정보의 공동이용을 통하여 다음 각 호의 서류를 확인하여야 한다. 다만, 제3호 및 제4호의 경우 신청인이 확인에 동의하지 않는 경우에는 그 서류(제4호의 경우에는 「액화석유가스의 안전관리 및 사업법 시행규칙」 제71조제10항 단서에 따른 완성검사 합격 확인서로 대신할 수 있다)를 첨부하도록 해야 한다. 〈개정 2009. 3. 31., 2009. 10. 22., 2011. 3. 30., 2012. 4. 5., 2015. 4. 22., 2019. 3. 4., 2019. 4. 25.〉

1. 법인 등기사항증명서(법인만 해당한다)
2. 부동산의 등기사항증명서
3. 「전기사업법 시행규칙」 제38조제3항에 따른 전기안전점검확인서(호텔업 또는 국제회의시설업의 등록만 해당한다)
4. 「액화석유가스의 안전관리 및 사업법 시행규칙」 제71조제10항제1호에 따른 액화석유가스 사용시설완성검사증명서(야영장업의 등록만 해당한다)

③ 여행업 및 국제회의기획업의 등록을 하려는 자는 제1항에 따른 서류 외에 공인회계사 또는 세무사가 확인한 등록신청 당시의 대차대조표(개인의 경우에는 영업용 자산명세서 및 그 증명서류)를 첨부하여야 한다.

④ 관광숙박업, 관광객 이용시설업 및 국제회의시설업의 등록을 하려는 자는 제1항에 따른 서류 외에 다음 각 호의 서류를 첨부하여야 하며, 사업계획승인된 내용에 변경이 없는 사항의 경우에는 제1항 각 호의 서류 중 그와 관련된 서류를 제출하지 아니한다. 〈개정 2015. 3. 6., 2019. 3. 4., 2020. 4. 28.〉

1. 법 제15조에 따라 승인을 받은 사업계획(이하 "사업계획"이라 한다)에 포함된 부대영업을 하기 위하여 다른 법령에 따라 소관관청에 신고를 하였거나 인·허가 등을 받은 경우에는 각각 이를 증명하는 서류(제2호 또는 제3호의 서류에 따라 증명되는 경우에는 제외한다)
2. 법 제18조제1항에 따라 신고를 하였거나 인·허가 등을 받은 것으로 의제되는 경우에는 각각 그 신고서 또는 신청서와 그 첨부서류
3. 법 제18조제1항 각 호에서 규정된 신고를 하였거나 인·허가 등을 받은 경우에는 각각 이를 증명하는 서류

3의2. 야영장업을 경영하기 위하여 다른 법령에 따른 인·허가 등을 받은 경우 이를 증명하는 서류(야영장업의 등록만 해당한다)

3의3. 「전기사업법 시행규칙」 제35조제3항에 따른 사용전점검확인증(야영장업의 등록만 해당한다)

3의4. 「먹는물관리법」에 따른 먹는물 수질검사기관이 「먹는물 수질기준 및 검사 등에 관한 규칙」 제3조제2항에 따라 발행한 수질검사성적서(야영장에서 수돗물이 아닌 지하수 등을 먹는 물로 사용하는 경우로서 야영장업의 등록만 해당한다)

4. 시설의 평면도 및 배치도
5. 다음 각 목의 구분에 따른 시설별 일람표
   가. 관광숙박업 : 별지 제2호서식의 시설별 일람표
   나. 전문휴양업 및 종합휴양업 : 별지 제3호서식의 시설별 일람표
   다. 야영장업 : 별지 제3호의2서식의 시설별 일람표
   라. 한옥체험업 : 별지 제3호의3서식의 시설별 일람표
   마. 국제회의시설업 : 별지 제4호서식의 시설별 일람표

⑤ 제1항부터 제3항까지의 규정에도 불구하고 「체육시설의 설치 · 이용에 관한 법률 시행령」 제20조에 따라 등록한 등록체육시설업의 경우에는 등록증 사본으로 첨부서류를 갈음할 수 있다.

⑥ 특별자치시장 · 특별자치도지사 · 시장 · 군수 · 구청장은 제2항에 따른 확인 결과 「전기사업법」 제66조의2제1항에 따른 전기안전점검 또는 「액화석유가스의 안전관리 및 사업법」 제44조제2항에 따른 액화석유가스 사용시설완성검사를 받지 아니한 경우에는 관계기관 및 신청인에게 그 내용을 통지해야 한다. 〈신설 2012. 4. 5., 2019. 3. 4., 2019. 4. 25.〉

⑦ 특별자치시장 · 특별자치도지사 · 시장 · 군수 · 구청장은 제1항에 따른 관광사업등록 신청을 받은 경우 그 신청내용이 등록기준에 적합하다고 인정되는 경우에는 별지 제5호서식의 관광사업 등록증을 신청인에게 발급하여야 한다. 〈개정 2009. 10. 22., 2012. 4. 5., 2019. 4. 25.〉

제3조(관광사업의 변경등록)

① 제2조에 따라 관광사업을 등록한 자가 법 제4조제4항에 따라 등록사항을 변경하려는 경우에는 그 변경사유가 발생한 날부터 30일 이내에 별지 제6호서식의 관광사업 변경등록신청서에 변경사실을 증명하는 서류를 첨부하여 특별자치시장 · 특별자치도지사 · 시장 · 군수 · 구청장에게 제출하여야 한다. 〈개정 2009. 10. 22., 2019. 4. 25.〉

② 제1항에 따라 변경등록신청서를 제출받은 특별자치시장 · 특별자치도지사 · 시장 · 군수 · 구청장은 「전자정부법」 제36조제1항에 따른 행정정보의 공동이용을 통하여 다음 각 호의 서류를 확인해야 한다. 다만, 제1호 및 제2호의 경우 신청인이 확인에 동의하지 않는 경우에는 그 서류(제2호의 경우에는 「액화석유가스의 안전관리 및 사업법 시행규칙」 제71조제10항 단서에 따른 완성검사 합격 확인서로 대신할 수 있다)를 첨부하도록 해야 한다. 〈신설 2012. 4. 5., 2019. 3. 4., 2019. 4. 25.〉

1. 「전기사업법 시행규칙」 제38조제3항에 따른 전기안전점검확인서(영업소의 소재지 또는 면적의 변경 등으로 「전기사업법」 제66조의2제1항에 따른 전

기안전점검을 받아야 하는 경우로서 호텔업 또는 국제회의시설업 변경등록을 신청한 경우만 해당한다)

2. 「액화석유가스의 안전관리 및 사업법 시행규칙」 제71조제10항제1호에 따른 액화석유가스 사용시설완성검사증명서(야영장 시설의 설치 또는 폐지 등으로 「액화석유가스의 안전관리 및 사업법」 제44조에 따른 액화석유가스 사용시설완성검사를 받아야 하는 경우로서 야영장업의 변경등록을 신청한 경우만 해당한다)

③ 특별자치시장 · 특별자치도지사 · 시장 · 군수 · 구청장은 제2항에 따른 확인 결과 「전기사업법」 제66조의2제1항에 따른 전기안전점검 또는 「액화석유가스의 안전관리 및 사업법」 제44조제2항에 따른 액화석유가스 사용시설완성검사를 받지 아니한 경우에는 관계기관 및 신청인에게 그 내용을 통지하여야 한다. 〈신설 2012. 4. 5., 2019. 3. 4., 2019. 4. 25.〉

④ 제1항에 따른 변경등록증 발급에 관하여는 제2조제7항을 준용한다. 〈개정 2012. 4. 5.〉

제4조(관광사업자 등록대장) 영 제4조제3항에 따라 비치하여 관리하는 관광사업자 등록대장에는 관광사업자의 상호 또는 명칭, 대표자의 성명 · 주소 및 사업장의 소재지와 사업별로 다음 각 호의 사항이 기재되어야 한다. 〈개정 2015. 3. 6., 2016. 3. 28., 2019. 8. 1., 2020. 4. 28.〉

1. 여행업 및 국제회의기획업: 자본금
2. 관광숙박업
   가. 객실 수
   나. 대지면적 및 건축연면적(폐선박을 이용하는 수상관광호텔업의 경우에는 폐선박의 총톤수 · 전체 길이 및 전체 너비)
   다. 법 제18조제1항에 따라 신고를 하였거나 인 · 허가 등을 받은 것으로 의제되는 사항
   라. 사업계획에 포함된 부대영업을 하기 위하여 다른 법령에 따라 인 · 허가 등을 받았거나 신고 등을 한 사항

마. 등급(호텔업만 해당한다)

바. 운영의 형태(분양 또는 회원모집을 하는 휴양콘도미니엄업 및 호텔업만 해당한다)

3. 전문휴양업 및 종합휴양업

가. 부지면적 및 건축연면적

나. 시설의 종류

다. 제2호다목 및 라목의 사항

라. 운영의 형태(제2종종합휴양업만 해당한다)

4. 야영장업

가. 부지면적 및 건축연면적

나. 시설의 종류

다. 1일 최대 수용인원

5. 관광유람선업

가. 선박의 척수

나. 선박의 제원

6. 관광공연장업

가. 관광공연장업이 설치된 관광사업시설의 종류

나. 무대면적 및 좌석 수

다. 공연장의 총면적

라. 일반음식점 영업허가번호, 허가연월일, 허가기관

7. 삭제 〈2014. 12. 31.〉

8. 외국인관광 도시민박업

가. 객실 수

나. 주택의 연면적

9. 한옥체험업

가. 객실 수

나. 한옥의 연면적, 객실 및 편의시설의 연면적

다. 체험시설의 종류

라. 「문화재보호법」에 따라 문화재로 지정·등록된 한옥 또는 「한옥 등 건축자산의 진흥에 관한 법률」 제10조에 따라 우수건축자산으로 등록된 한옥인지 여부

10. 국제회의시설업

가. 대지면적 및 건축연면적

나. 회의실별 동시수용인원

다. 제2호다목 및 라목의 사항

제5조(등록증의 재발급) 영 제4조제4항에 따라 등록증의 재발급을 받으려는 자는 별지 제7호서식의 등록증등 재발급신청서(등록증이 헐어 못 쓰게 된 경우에는 등록증을 첨부하여야 한다)를 특별자치시장·특별자치도지사·시장·군수·구청장에게 제출하여야 한다. 〈개정 2009. 10. 22., 2019. 4. 25.〉

제5조의2(야영장 시설의 종류) 영 제5조 및 별표 1 제4호다목(1)(사)에 따른 야영장 시설의 종류는 별표 1과 같다.

[본조신설 2016. 3. 28.]

제6조(카지노업의 허가 등)

① 법 제5조제1항에 따라 카지노업의 허가를 받으려는 자는 별지 제8호서식의 카지노업 허가신청서에 다음 각 호의 서류를 첨부하여 문화체육관광부장관에게 제출하여야 한다. 〈개정 2008. 3. 6., 2015. 4. 22.〉

1. 신청인(법인의 경우에는 대표자 및 임원)이 내국인인 경우에는 성명 및 주민등록번호를 기재한 서류

1의2. 신청인(법인의 경우에는 대표자 및 임원)이 외국인인 경우에는법 제7조제1항 각 호 및 법 제22조제1항 각 호에 해당하지 아니함을 증명하는 다음 각 목의 어느 하나에 해당하는 서류. 다만, 법 또는 다른 법령에 따라 인·허가 등을 받아 사업자등록을 하고 해당 영업 또는 사업을 영위하고 있는 자(법인의 경우에는 최근 1년 이내에 법인세를 납부한 시점부터 허가 신청 시점까지의 기간 동안 대표자 및 임원의 변경이 없는 경우로 한정한다)는

해당 영업 또는 사업의 인·허가증 등 인·허가 등을 받았음을 증명하는 서류와 최근 1년 이내에 소득세(법인의 경우에는 법인세를 말한다)를 납부한 사실을 증명하는 서류를 제출하는 경우에는 그 영위하고 있는 영업 또는 사업의 결격사유 규정과 중복되는 법 제7조제1항 및 제22조제1항의 결격사유에 한하여 다음 각 목의 서류를 제출하지 아니할 수 있다.

가. 해당 국가의 정부나 그 밖의 권한 있는 기관이 발행한 서류 또는 공증인이 공증한 신청인의 진술서로서 「재외공관 공증법」에 따라 해당 국가에 주재하는 대한민국공관의 영사관이 확인한 서류

나. 「외국공문서에 대한 인증의 요구를 폐지하는 협약」을 체결한 국가의 경우에는 해당 국가의 정부나 그 밖의 권한 있는 기관이 발행한 서류 또는 공증인이 공증한 신청인의 진술서로서 해당 국가의 아포스티유(Apostille) 확인서 발급 권한이 있는 기관이 그 확인서를 발급한 서류

2. 정관(법인만 해당한다)
3. 사업계획서
4. 타인 소유의 부동산을 사용하는 경우에는 그 사용권을 증명하는 서류
5. 법 제21조제1항 및 영 제27조제2항에 따른 허가요건에 적합함을 증명하는 서류

② 제1항에 따른 신청서를 제출받은 문화체육관광부장관은 「전자정부법」 제36조제1항에 따른 행정정보의 공동이용을 통하여 다음 각 호의 서류를 확인하여야 한다. 다만, 제3호의 경우 신청인이 확인에 동의하지 아니하는 경우에는 그 서류를 첨부하도록 하여야 한다. 〈개정 2009. 3. 31., 2011. 3. 30., 2012. 4. 5., 2019. 4. 25.〉

1. 법인 등기사항증명서(법인만 해당한다)
2. 건축물대장
3. 「전기사업법 시행규칙」 제38조제3항에 따른 전기안전점검확인서

③ 제1항제3호에 따른 사업계획서에는 다음 각 호의 사항이 포함되어야 한다.

1. 카지노영업소 이용객 유치계획

2. 장기수지 전망
3. 인력수급 및 관리계획
4. 영업시설의 개요(제29조에 따른 시설 및 영업종류별 카지노기구에 관한 사항이 포함되어야 한다)

④ 문화체육관광부장관은 제2항에 따른 확인 결과 「전기사업법」 제66조의2제1항에 따른 전기안전점검을 받지 아니한 경우에는 관계기관 및 신청인에게 그 내용을 통지하여야 한다. 〈신설 2012. 4. 5.〉

⑤ 문화체육관광부장관은 카지노업의 허가(제8조제1항에 따른 변경허가를 포함한다)를 하는 경우에는 별지 제9호서식의 카지노업 허가증을 발급하고 별지 제10호서식의 카지노업 허가대장을 작성하여 관리하여야 한다. 〈개정 2008. 3. 6., 2012. 4. 5.〉

⑥ 카지노업 허가증의 재발급에 관하여는 제5조를 준용한다. 〈개정 2012. 4. 5.〉

제7조(유원시설업의 시설 및 설비기준과 허가신청 절차 등)

① 법 제5조제2항에 따라 유원시설업을 경영하려는 자가 갖추어야 하는 시설 및 설비의 기준은 별표 1의2와 같다. 〈개정 2016. 3. 28.〉

② 법 제5조제2항에 따른 유원시설업의 허가를 받으려는 자는 별지 제11호서식의 유원시설업허가신청서에 다음 각 호의 서류를 첨부하여 특별자치시장·특별자치도지사·시장·군수·구청장에게 제출하여야 한다. 이 경우 6개월 미만의 단기로 유원시설업의 허가를 받으려는 자는 허가신청서에 해당 기간을 표시하여 제출하여야 한다. 〈개정 2009. 3. 31., 2015. 3. 6., 2015. 4. 22., 2016. 12. 30., 2019. 4. 25., 2019. 10. 16.〉

1. 영업시설 및 설비개요서
2. 신청인(법인의 경우에는 대표자 및 임원)이 내국인인 경우에는 성명 및 주민등록번호를 기재한 서류

2의2. 신청인(법인의 경우에는 대표자 및 임원)이 외국인인 경우에는 법 제7조제1항 각 호에 해당하지 아니함을 증명하는 다음 각 목의 어느 하나에 해당하는 서류. 다만, 법 또는 다른 법령에 따라 인·허가 등을 받아 사업

자등록을 하고 해당 영업 또는 사업을 영위하고 있는 자(법인의 경우에는 최근 1년 이내에 법인세를 납부한 시점부터 허가 신청 시점까지의 기간 동안 대표자 및 임원의 변경이 없는 경우로 한정한다)는 해당 영업 또는 사업의 인·허가증 등 인·허가 등을 받았음을 증명하는 서류와 최근 1년 이내에 소득세(법인의 경우에는 법인세를 말한다)를 납부한 사실을 증명하는 서류를 제출하는 경우에는 그 영위하고 있는 영업 또는 사업의 결격사유 규정과 중복되는 법 제7조제1항의 결격사유에 한하여 다음 각 목의 서류를 제출하지 아니할 수 있다.

가. 해당 국가의 정부나 그 밖의 권한 있는 기관이 발행한 서류 또는 공증인이 공증한 신청인의 진술서로서 「재외공관 공증법」에 따라 해당 국가에 주재하는 대한민국공관의 영사관이 확인한 서류

나. 「외국공문서에 대한 인증의 요구를 폐지하는 협약」을 체결한 국가의 경우에는 해당 국가의 정부나 그 밖의 권한 있는 기관이 발행한 서류 또는 공증인이 공증한 신청인의 진술서로서 해당 국가의 아포스티유(Apostille) 확인서 발급 권한이 있는 기관이 그 확인서를 발급한 서류

3. 정관(법인만 해당한다)
4. 유기시설 또는 유기기구의 영업허가 전 검사를 받은 사실을 증명하는 서류(안전성검사의 대상이 아닌 경우에는 이를 증명하는 서류)
5. 법 제9조에 따른 보험가입 등을 증명하는 서류
6. 법 제33조제2항에 따른 안전관리자(이하 "안전관리자"라 한다)에 관한 별지 제12호서식에 따른 인적사항
7. 임대차계약서 사본(대지 또는 건물을 임차한 경우만 해당한다)
8. 다음 각 목의 사항이 포함된 안전관리계획서

가. 안전점검 계획

나. 비상연락체계

다. 비상 시 조치계획

라. 안전요원 배치계획(물놀이형 유기시설 또는 유기기구를 설치하는 경

우만 해당한다)

마. 유기시설 또는 유기기구 주요 부품의 주기적 교체 계획

③ 제2항에 따른 신청서를 제출받은 특별자치시장 · 특별자치도지사 · 시장 · 군수 · 구청장은 「전자정부법」 제36조제1항에 따른 행정정보의 공동이용을 통하여 법인 등기사항증명서(법인만 해당한다)를 확인하여야 한다. 〈개정 2009. 3. 31., 2011. 3. 30., 2019. 4. 25.〉

④ 특별자치시장 · 특별자치도지사 · 시장 · 군수 · 구청장은 유원시설업을 허가하는 경우에는 별지 제13호서식의 유원시설업 허가증을 발급하고 별지 제14호서식의 유원시설업 허가 · 신고관리대장을 작성하여 관리하여야 한다. 〈개정 2009. 3. 31., 2019. 4. 25.〉

⑤ 유원시설업 허가증의 재발급에 관하여는 제5조를 준용한다.

제8조(변경허가 및 변경신고 사항 등)

① 카지노업 또는 유원시설업의 허가를 받은 자가 법 제5조제3항 본문에 따라 다음 각 호의 어느 하나에 해당하는 사항을 변경하려는 경우에는 변경허가를 받아야 한다. 〈개정 2016. 12. 30., 2018. 1. 25.〉

1. 카지노업의 경우

가. 대표자의 변경

나. 영업소 소재지의 변경

다. 동일구내(같은 건물 안 또는 같은 울 안의 건물을 말한다)로의 영업장소 위치 변경 또는 영업장소의 면적 변경

라. 별표 1의3 제1호에서 정한 경우에 해당하는 게임기구의 변경 또는 교체

마. 법 제23조제1항 및 이 규칙 제29조제1항제4호에 따른 카지노 전산시설 중 주전산기의 변경 또는 교체

바. 법 제26조에 따른 영업종류의 변경

2. 유원시설업의 경우

가. 영업소의 소재지 변경(유기시설 또는 유기기구의 이전을 수반하는 영업소의 소재지 변경은 제외한다)

나. 안전성검사 대상 유기시설 또는 유기기구의 영업장 내에서의 신설·이전·폐기

다. 영업장 면적의 변경

② 카지노업 또는 유원시설업의 허가를 받은 자가 법 제5조제3항 단서에 따라 다음 각 호의 어느 하나에 해당하는 사항을 변경하려는 경우에는 변경신고를 하여야 한다. 〈개정 2016. 12. 30., 2018. 1. 25.〉

1. 대표자 또는 상호의 변경(유원시설업만 해당한다)
2. 별표 1의3 제2호에서 정한 경우에 해당하는 게임기구의 변경 또는 교체(카지노업만 해당한다)

2의2. 법 제23조제1항 및 이 규칙 제29조제1항제4호에 따른 카지노 전산시설 중 주전산기를 제외한 시설의 변경 또는 교체(카지노업만 해당한다)

3. 안전성검사 대상이 아닌 유기시설 또는 유기기구의 신설·폐기(유원시설업만 해당한다)
4. 안전관리자의 변경(유원시설업만 해당한다)
5. 상호 또는 영업소의 명칭 변경(카지노업만 해당한다)
6. 안전성검사 대상 유기시설 또는 유기기구의 3개월 이상의 운행 정지 또는 그 운행의 재개(유원시설업만 해당한다)
7. 안전성검사 대상이 아닌 유기시설 또는 유기기구로서 제40조제4항 단서에 따라 정기 확인검사가 필요한 유기시설 또는 유기기구의 3개월 이상의 운행 정지 또는 그 운행의 재개(유원시설업만 해당한다)

제9조(카지노업의 변경허가 및 변경신고)

① 법 제5조제3항에 따라 카지노업의 변경허가를 받거나 변경신고를 하려는 자는 별지 제15호서식의 카지노업 변경허가신청서 또는 변경신고서에 변경계획서를 첨부하여 문화체육관광부장관에게 제출하여야 한다. 다만, 변경허가를 받거나 변경신고를 한 후 문화체육관광부장관이 요구하는 경우에는 변경내역을 증명할 수 있는 서류를 추가로 제출하여야 한다. 〈개정 2008. 3. 6., 2008. 8. 26., 2009. 12. 31., 2012. 4. 5.〉

② 제1항에 따른 변경허가신청서 또는 변경신고서를 제출받은 문화체육관광부장관은「전자정부법」제36조제1항에 따른 행정정보의 공동이용을 통하여「전기사업법 시행규칙」제38조제3항에 따른 전기안전점검확인서(영업소의 소재지 또는 면적의 변경 등으로「전기사업법」제66조의2제1항에 따른 전기안전점검을 받아야 하는 경우로서 카지노업 변경허가 또는 변경신고를 신청한 경우만 해당한다)를 확인하여야 한다. 다만, 신청인이 전기안전점검확인서의 확인에 동의하지 아니하는 경우에는 그 서류를 첨부하도록 하여야 한다. 〈신설 2012. 4. 5., 2019. 4. 25.〉

③ 문화체육관광부장관은 제2항에 따른 확인 결과「전기사업법」제66조의2제1항에 따른 전기안전점검을 받지 아니한 경우에는 관계기관 및 신청인에게 그 내용을 통지하여야 한다. 〈신설 2012. 4. 5.〉

제10조(유원시설업의 변경허가 및 변경신고)

① 법 제5조제3항 본문에 따라 유원시설업의 변경허가를 받으려는 자는 그 사유가 발생한 날부터 30일 이내에 별지 제16호서식의 유원시설업 허가사항 변경허가신청서에 다음 각 호의 서류를 첨부하여 특별자치시장·특별자치도지사·시장·군수·구청장에게 제출하여야 한다. 〈개정 2009. 3. 31., 2009. 12. 31., 2015. 3. 6., 2016. 12. 30., 2019. 4. 25.〉

1. 허가증
2. 영업소의 소재지 또는 영업장의 면적을 변경하는 경우에는 그 변경내용을 증명하는 서류
3. 안전성검사 대상 유기시설 또는 유기기구를 신설·이전하는 경우에는 제40조제5항에 따른 검사결과서
4. 안전성검사 대상 유기시설 또는 유기기구를 폐기하는 경우에는 폐기내용을 증명하는 서류

② 법 제5조제3항 단서에 따라 유원시설업의 변경신고를 하려는 자는 그 변경사유가 발생한 날부터 30일 이내에 별지 제16호서식의 유원시설업 허가사항 변경신고서에 다음 각 호의 서류를 첨부하여 특별자치시장·특별자치도지사·

시장 · 군수 · 구청장에게 제출하여야 한다. 〈개정 2009. 3. 31., 2011. 10. 6., 2016. 12. 30., 2019. 4. 25.〉

1. 대표자 또는 상호를 변경하는 경우에는 그 변경내용을 증명하는 서류(대표자가 변경된 경우에는 그 대표자의 성명 · 주민등록번호를 기재한 서류를 포함한다)
2. 안전성검사 대상이 아닌 유기시설 또는 유기기구를 신설 · 폐기하는 경우에는 제40조제5항에 따른 검사결과서와 그 폐기 내용을 증명하는 서류
3. 안전관리자를 변경하는 경우 그 안전관리자에 관한 별지 제12호서식에 따른 인적사항
4. 제8조제2항제6호 또는 제7호에 해당하는 경우에는 그 내용을 증명하는 서류

③ 제2항에 따른 신고서를 제출받은 특별자치시장 · 특별자치도지사 · 시장 · 군수 · 구청장은 「전자정부법」 제36조제1항에 따른 행정정보의 공동이용을 통하여 법인 등기사항증명서(법인의 상호가 변경된 경우만 해당한다)를 확인하여야 한다. 〈개정 2009. 3. 31., 2011. 3. 30., 2019. 4. 25.〉

제11조(유원시설업의 신고 등)

① 법 제5조제4항에 따른 유원시설업의 신고를 하려는 자가 갖추어야 하는 시설 및 설비기준은 별표 1의2와 같다. 〈개정 2016. 3. 28.〉

② 법 제5조제4항에 따른 유원시설업의 신고를 하려는 자는 별지 제17호서식의 기타유원시설업 신고서에 다음 각 호의 서류를 첨부하여 특별자치시장 · 특별자치도지사 · 시장 · 군수 · 구청장에게 제출하여야 한다. 이 경우 6개월 미만의 단기로 기타유원시설업의 신고를 하려는 자는 신고서에 해당 기간을 표시하여 제출하여야 한다. 〈개정 2009. 3. 31., 2015. 3. 6., 2016. 12. 30., 2019. 4. 25., 2019. 10. 16.〉

1. 영업시설 및 설비개요서
2. 유기시설 또는 유기기구가 안전성검사 대상이 아님을 증명하는 서류
3. 법 제9조에 따른 보험가입 등을 증명하는 서류
4. 임대차계약서 사본(대지 또는 건물을 임차한 경우만 해당한다)

5. 다음 각 목의 사항이 포함된 안전관리계획서
   가. 안전점검 계획
   나. 비상연락체계
   다. 비상 시 조치계획
   라. 안전요원 배치계획(물놀이형 유기시설 또는 유기기구를 설치하는 경우만 해당한다)
   마. 유기시설 또는 유기기구 주요 부품의 주기적 교체 계획

③ 제2항에 따른 신고서를 제출받은 특별자치시장 · 특별자치도지사 · 시장 · 군수 · 구청장은 「전자정부법」 제36조제1항에 따른 행정정보의 공동이용을 통하여 법인 등기사항증명서(법인만 해당한다)를 확인하여야 한다. 〈개정 2009. 3. 31., 2011. 3. 30., 2019. 4. 25.〉

④ 특별자치시장 · 특별자치도지사 · 시장 · 군수 · 구청장은 제2항에 따른 신고를 받은 경우에는 별지 제18호서식의 유원시설업 신고증을 발급하고, 별지 제14호서식에 따른 유원시설업 허가 · 신고 관리대장을 작성하여 관리하여야 한다. 〈개정 2009. 3. 31., 2019. 4. 25.〉

⑤ 유원시설업 신고증의 재발급에 관하여는 제5조를 준용한다.

제12조(중요사항의 변경신고) 법 제5조제4항 후단에서 "문화체육관광부령으로 정하는 중요사항"이란 다음 각 호의 사항을 말한다. 〈개정 2008. 3. 6., 2016. 12. 30.〉

1. 영업소의 소재지 변경(유기시설 또는 유기기구의 이전을 수반하는 영업소의 소재지 변경은 제외한다)
2. 안전성검사 대상이 아닌 유기시설 또는 유기기구의 신설 · 폐기 또는 영업장 면적의 변경
3. 대표자 또는 상호의 변경
4. 안전성검사 대상이 아닌 유기시설 또는 유기기구로서 제40조제4항 단서에 따라 정기 확인검사가 필요한 유기시설 또는 유기기구의 3개월 이상의 운행 정지 또는 그 운행의 재개

제13조(신고사항 변경신고) 법 제5조제4항 후단에 따라 신고사항의 변경신고를 하려

는 자는 그 변경사유가 발생한 날부터 30일 이내에 별지 제19호서식의 기타유원시설업 신고사항 변경신고서에 다음 각 호의 서류를 첨부하여 특별자치시장 · 특별자치도지사 · 시장 · 군수 · 구청장에게 제출하여야 한다. 〈개정 2009. 3. 31., 2011. 10. 6., 2016. 12. 30., 2019. 4. 25.〉

1. 신고증
2. 영업소의 소재지 또는 영업장의 면적을 변경하는 경우에는 그 변경내용을 증명하는 서류
3. 안전성검사 대상이 아닌 유기시설 또는 유기기구를 신설하는 경우에는 제40조제5항에 따른 검사결과서
4. 안전성검사 대상이 아닌 유기시설 또는 유기기구를 폐기하는 경우에는 그 폐기내용을 증명하는 서류
5. 대표자 또는 상호를 변경하는 경우에는 그 변경내용을 증명하는 서류
6. 제12조제4호에 해당하는 경우에는 그 내용을 증명하는 서류

제14조(관광 편의시설업의 지정신청)

① 법 제6조제1항 및 영 제65조제1항제1호에 따라 관광 편의시설업의 지정을 받으려는 자는 다음 각 호의 구분에 따라 신청을 하여야 한다. 〈개정 2009. 10. 22., 2009. 12. 31., 2011. 12. 30., 2016. 3. 28., 2018. 11. 29., 2019. 4. 25., 2019. 7. 10., 2020. 4. 28.〉

1. 관광유흥음식점업, 관광극장유흥업, 외국인전용 유흥음식점업, 관광순환버스업, 관광펜션업, 관광궤도업, 관광면세업 및 관광지원서비스업: 특별자치시장 · 특별자치도지사 · 시장 · 군수 · 구청장
2. 관광식당업, 관광사진업 및 여객자동차터미널시설업: 지역별 관광협회

② 법 제6조제1항에 따라 관광 편의시설업의 지정을 받으려는 자는 별지 제21호서식의 관광 편의시설업 지정신청서에 다음 각 호의 서류를 첨부하여 제1항에 따라 특별자치시장 · 특별자치도지사 · 시장 · 군수 · 구청장 또는 지역별 관광협회에 제출해야 한다. 다만, 제4호의 서류는 관광지원서비스업으로 지정을 받으려는 자만 제출한다. 〈개정 2009. 10. 22., 2011. 12. 30., 2015. 4. 22., 2016. 3. 28., 2018. 11. 29., 2019. 4. 25., 2019. 7. 10., 2021. 6. 23.〉

1. 신청인(법인의 경우에는 대표자 및 임원)이 내국인인 경우에는 성명 및 주민등록번호를 기재한 서류

1의2. 신청인(법인의 경우에는 대표자 및 임원)이 외국인인 경우에는 법 제7조제1항 각 호에 해당하지 아니함을 증명하는 다음 각 목의 어느 하나에 해당하는 서류. 다만, 법 또는 다른 법령에 따라 인·허가 등을 받아 사업자등록을 하고 해당 영업 또는 사업을 영위하고 있는 자(법인의 경우에는 최근 1년 이내에 법인세를 납부한 시점부터 지정 신청 시점까지의 기간 동안 대표자 및 임원의 변경이 없는 경우로 한정한다)는 해당 영업 또는 사업의 인·허가증 등 인·허가 등을 받았음을 증명하는 서류와 최근 1년 이내에 소득세(법인의 경우에는 법인세를 말한다)를 납부한 사실을 증명하는 서류를 제출하는 경우에는 그 영위하고 있는 영업 또는 사업의 결격사유 규정과 중복되는 법 제7조제1항의 결격사유에 한하여 다음 각 목의 서류를 제출하지 아니할 수 있다.

가. 해당 국가의 정부나 그 밖의 권한 있는 기관이 발행한 서류 또는 공증인이 공증한 신청인의 진술서로서 「재외공관 공증법」에 따라 해당 국가에 주재하는 대한민국공관의 영사관이 확인한 서류

나. 「외국공문서에 대한 인증의 요구를 폐지하는 협약」을 체결한 국가의 경우에는 해당 국가의 정부나 그 밖의 권한 있는 기관이 발행한 서류 또는 공증인이 공증한 신청인의 진술서로서 해당 국가의 아포스티유(Apostille) 확인서 발급 권한이 있는 기관이 그 확인서를 발급한 서류

2. 업종별 면허증·허가증·특허장·지정증·인가증·등록증·신고증명서 사본(다른 법령에 따라 면허·허가·특허·지정·인가를 받거나 등록·신고를 해야 하는 사업만 해당한다)

3. 시설의 배치도 또는 사진 및 평면도

4. 다음 각 목의 어느 하나에 해당하는 서류

가. 평균매출액(「중소기업기본법 시행령」 제7조에 따른 방법으로 산출한 것을 말한다. 이하 같다) 검토의견서(공인회계사, 세무사 또는 「경영지

도사 및 기술지도사에 관한 법률」에 따른 경영지도사가 작성한 것으로 한정한다)

나. 사업장이 법 제52조에 따라 관광지 또는 관광단지로 지정된 지역에 소재하고 있음을 증명하는 서류

다. 법 제48조의10제1항에 따라 한국관광 품질인증을 받았음을 증명하는 서류

라. 중앙행정기관의 장 또는 지방자치단체의 장이 공모 등의 방법을 통해 우수 관광사업으로 선정한 사업임을 증명하는 서류

③ 제2항에 따른 신청서를 받은 특별자치시장 · 특별자치도지사 · 시장 · 군수 · 구청장은 「전자정부법」 제36조제1항에 따른 행정정보의 공동이용을 통하여 다음 각 호의 서류를 확인하여야 한다. 다만, 신청인이 확인에 동의하지 아니하는 경우(제2호만 해당한다)와 영 제65조에 따라 관광협회에 위탁된 업종의 경우에는 신청인으로 하여금 해당 서류를 첨부하도록 하여야 한다. 〈개정 2009. 3. 31., 2009. 10. 22., 2011. 3. 30., 2019. 4. 25., 2019. 7. 10.〉

1. 법인 등기사항증명서(법인만 해당한다)
2. 사업자등록증 사본

④ 특별자치시장 · 특별자치도지사 · 시장 · 군수 · 구청장 또는 지역별 관광협회는 제2항에 따른 신청을 받은 경우 그 신청내용이 별표 2의 지정기준에 적합하다고 인정되는 경우에는 별지 제22호서식의 관광 편의시설업 지정증을 신청인에게 발급하고, 관광 편의시설업자 지정대장에 다음 각 호의 사항을 기재하여야 한다. 〈개정 2009. 10. 22., 2019. 4. 25.〉

1. 상호 또는 명칭
2. 대표자 및 임원의 성명 · 주소
3. 사업장의 소재지

⑤ 관광 편의시설업 지정사항의 변경 및 관광 편의시설업 지정증의 재발급에 관하여는 제3조와 제5조를 각각 준용한다.

[제15조에서 이동, 종전 제14조는 삭제]

제15조(관광 편의시설업의 지정기준) 법 제6조제2항에서 "문화체육관광부령으로 정하는 기준"이란 별표 2와 같다.

[본조신설 2018. 11. 29.]

[종전 제15조는 제14조로 이동 〈2018. 11. 29.〉]

제16조(관광사업의 지위승계)

① 법 제8조제2항에서 "문화체육관광부령으로 정하는 주요한 관광사업시설"이란 다음 각 호의 시설을 말한다. 〈개정 2008. 3. 6., 2018. 11. 29.〉

1. 관광사업에 사용되는 토지와 건물
2. 영 제5조에 따른 관광사업의 등록기준에서 정한 시설(등록대상 관광사업만 해당한다)
3. 제15조에 따른 관광 편의시설업의 지정기준에서 정한 시설(지정대상 관광사업만 해당한다)
4. 제29조제1항제1호의 카지노업 전용 영업장(카지노업만 해당한다)
5. 제7조제1항에 따른 유원시설업의 시설 및 설비기준에서 정한 시설(유원시설업만 해당한다)

② 법 제8조제4항에 따라 관광사업자의 지위를 승계한 자는 그 사유가 발생한 날부터 1개월 이내에 별지 제23호서식의 관광사업 양수(지위승계)신고서에 다음 각 호의 서류를 첨부하여 문화체육관광부장관, 특별자치시장·특별자치도지사·시장·군수·구청장 또는 지역별 관광협회장(이하 "등록기관등의 장"이라 한다)에게 제출해야 한다. 〈개정 2009. 10. 22., 2011. 3. 30., 2015. 4. 22., 2019. 4. 25., 2021. 4. 19.〉

1. 지위를 승계한 자(법인의 경우에는 대표자)가 내국인인 경우에는 성명 및 주민등록번호를 기재한 서류

1의2. 지위를 승계한 자(법인의 경우에는 대표자 및 임원)가 외국인인 경우에는 법 제7조제1항 각 호(여행업의 경우에는 법 제11조의2제1항을 포함하고, 카지노업의 경우에는 법 제22조제1항 각 호를 포함한다)의 결격사유에 해당하지 않음을 증명하는 다음 각 목의 어느 하나에 해당하는 서류. 다

만, 법 또는 다른 법령에 따라 인 · 허가 등을 받아 사업자등록을 하고 해당 영업 또는 사업을 영위하고 있는 자(법인의 경우에는 최근 1년 이내에 법인세를 납부한 시점부터 신고 시점까지의 기간 동안 대표자 및 임원의 변경이 없는 경우로 한정한다)는 해당 영업 또는 사업의 인 · 허가증 등 인 · 허가 등을 받았음을 증명하는 서류와 최근 1년 이내에 소득세(법인의 경우에는 법인세를 말한다)를 납부한 사실을 증명하는 서류를 제출하는 경우에는 그 영위하고 있는 영업 또는 사업의 결격사유 규정과 중복되는 법 제7조제1항 각 호(여행업의 경우에는 법 제11조의2제1항을 포함하고, 카지노업의 경우에는 법 제22조제1항 각 호를 포함한다)의 결격사유에 한하여 다음 각 목의 서류를 제출하지 아니할 수 있다.

가. 해당 국가의 정부나 그 밖의 권한 있는 기관이 발행한 서류 또는 공증인이 공증한 신청인의 진술서로서 「재외공관 공증법」에 따라 해당 국가에 주재하는 대한민국공관의 영사관이 확인한 서류

나. 「외국공문서에 대한 인증의 요구를 폐지하는 협약」을 체결한 국가의 경우에는 해당 국가의 정부나 그 밖의 권한 있는 기관이 발행한 서류 또는 공증인이 공증한 신청인의 진술서로서 해당 국가의 아포스티유(Apostille) 확인서 발급 권한이 있는 기관이 그 확인서를 발급한 서류

2. 양도 · 양수 등 지위승계를 증명하는 서류(시설인수 명세를 포함한다)

③ 제2항에 따른 신고서를 제출받은 담당공무원은 「전자정부법」 제36조제1항에 따른 행정정보의 공동이용을 통하여 지위를 승계한 자의 법인 등기사항증명서(법인만 해당한다)를 확인하여야 한다. 다만, 영 제65조에 따라 관광협회에 위탁된 업종의 경우에는 신고인으로 하여금 해당 서류를 첨부하도록 하여야 한다. 〈개정 2009. 3. 31., 2011. 3. 30.〉

제17조(휴업 또는 폐업의 통보)

① 법 제8조제8항 본문에 따라 관광사업의 전부 또는 일부를 휴업하거나 폐업한 자는 휴업 또는 폐업을 한 날부터 30일 이내에 별지 제24호서식의 관광사업 휴업 또는 폐업통보(신고)서를 등록기관등의 장에게 제출해야 한다. 다만, 6

개월 미만의 유원시설업 허가 또는 신고일 경우에는 폐업통보서를 제출하지 않아도 해당 기간이 끝나는 때에 폐업한 것으로 본다. 〈개정 2011. 10. 6., 2016. 12. 30., 2019. 4. 25., 2019. 6. 12., 2020. 12. 10.〉

② 법 제8조제8항 단서에 따라 카지노업을 휴업 또는 폐업하려는 자는 휴업 또는 폐업 예정일 10일 전까지 별지 제24호서식의 관광사업 휴업 또는 폐업 통보(신고)서에 카지노기구의 관리계획에 관한 서류를 첨부하여 문화체육관광부장관에게 제출해야 한다. 다만, 천재지변이나 그 밖의 부득이한 사유가 있는 경우에는 휴업 또는 폐업 예정일까지 제출할 수 있다. 〈신설 2019. 6. 12.〉

③ 제1항에 따라 폐업신고(카지노업의 폐업신고는 제외한다. 이하 이 조에서 같다)를 하려는 자가 「부가가치세법」 제8조제7항에 따른 폐업신고를 같이 하려는 때에는 제1항에 따른 폐업신고서와 「부가가치세법 시행규칙」 별지 제9호서식의 폐업신고서를 함께 등록기관등의 장에게 제출하거나, 「민원 처리에 관한 법률 시행령」제12조제10항에 따른 통합 폐업신고서(이하 "통합 폐업신고서"라 한다)를 등록기관등의 장에게 제출해야 한다. 이 경우 등록기관등의 장은 함께 제출받은 「부가가치세법 시행규칙」에 따른 폐업신고서 또는 통합 폐업신고서를 지체 없이 세무서장에게 송부(정보통신망을 이용한 송부를 포함한다)해야 한다. 〈신설 2020. 12. 10.〉

④ 관할 세무서장이 「부가가치세법 시행령」제13조제5항에 따라 제1항에 따른 폐업신고를 받아 이를 해당 등록기관등의 장에게 송부한 경우에는 제1항에 따른 폐업신고서가 제출된 것으로 본다. 〈신설 2020. 12. 10.〉

제18조(보험의 가입 등)

① 여행업의 등록을 한 자(이하 "여행업자"라 한다)는 법 제9조에 따라 그 사업을 시작하기 전에 여행계약의 이행과 관련한 사고로 인하여 관광객에게 피해를 준 경우 그 손해를 배상할 것을 내용으로 하는 보증보험 또는 영 제39조에 따른 공제(이하 "보증보험등"이라 한다)에 가입하거나 법 제45조에 따른 업종별 관광협회(업종별 관광협회가 구성되지 않은 경우에는 법 제45조에 따른 지역별 관광협회, 지역별 관광협회가 구성되지 않은 경우에는 법 제48조

의9에 따른 광역 단위의 지역관광협의회)에 영업보증금을 예치하고 그 사업을 하는 동안(휴업기간을 포함한다) 계속하여 이를 유지해야 한다. 〈개정 2008. 8. 26., 2017. 2. 28., 2021. 4. 19.〉

② 여행업자 중에서 법 제12조에 따라 기획여행을 실시하려는 자는 그 기획여행 사업을 시작하기 전에 제1항에 따라 보증보험등에 가입하거나 영업보증금을 예치하고 유지하는 것 외에 추가로 기획여행과 관련한 사고로 인하여 관광객에게 피해를 준 경우 그 손해를 배상할 것을 내용으로 하는 보증보험등에 가입하거나 법 제45조에 따른 업종별 관광협회(업종별 관광협회가 구성되지 아니한 경우에는 법 제45조에 따른 지역별 관광협회, 지역별 관광협회가 구성되지 아니한 경우에는 법 제48조의9에 따른 광역 단위의 지역관광협의회)에 영업보증금을 예치하고 그 기획여행 사업을 하는 동안(기획여행 휴업기간을 포함한다) 계속하여 이를 유지하여야 한다. 〈개정 2010. 8. 17., 2017. 2. 28.〉

③ 제1항 및 제2항에 따라 여행업자가 가입하거나 예치하고 유지하여야 할 보증보험등의 가입금액 또는 영업보증금의 예치금액은 직전 사업연도의 매출액(손익계산서에 표시된 매출액을 말한다) 규모에 따라 별표 3과 같이 한다. 〈개정 2010. 8. 17.〉

④ 제1항부터 제3항까지의 규정에 따라 보증보험등에 가입하거나 영업보증금을 예치한 자는 그 사실을 증명하는 서류를 지체 없이 특별자치시장·특별자치도지사·시장·군수·구청장에게 제출하여야 한다. 〈개정 2009. 10. 22., 2019. 4. 25.〉

⑤ 제1항부터 제3항까지의 규정에 따른 보증보험등의 가입, 영업보증금의 예치 및 그 배상금의 지급에 관한 절차 등은 문화체육관광부장관이 정하여 고시한다. 〈개정 2008. 3. 6.〉

⑥ 야영장업의 등록을 한 자는 법 제9조에 따라 그 사업을 시작하기 전에 야영장 시설에서 발생하는 재난 또는 안전사고로 인하여 야영장 이용자에게 피해를 준 경우 그 손해를 배상할 것을 내용으로 하는 책임보험 또는 영 제39조에 따른 공제에 가입해야 한다. 〈신설 2019. 3. 4.〉

⑦ 야영장업의 등록을 한 자가 제6항에 따라 가입해야 하는 책임보험 또는 공제는 다음 각 호의 기준을 충족하는 것이어야 한다. 〈신설 2019. 3. 4.〉

1. 사망의 경우 : 피해자 1명당 1억 원의 범위에서 피해자에게 발생한 손해액을 지급할 것. 다만, 그 손해액이 2천만 원 미만인 경우에는 2천만 원으로 한다.
2. 부상의 경우 : 피해자 1명당 별표 3의2에서 정하는 금액의 범위에서 피해자에게 발생한 손해액을 지급할 것
3. 부상에 대한 치료를 마친 후 더 이상의 치료효과를 기대할 수 없고 그 증상이 고정된 상태에서 그 부상이 원인이 되어 신체에 장애(이하 "후유장애"라 한다)가 생긴 경우 : 피해자 1명당 별표 3의3에서 정하는 금액의 범위에서 피해자에게 발생한 손해액을 지급할 것
4. 재산상 손해의 경우 : 사고 1건당 1억 원의 범위에서 피해자에게 발생한 손해액을 지급할 것

⑧ 제7항에 따른 책임보험 또는 공제는 하나의 사고로 제7항제1호부터 제3호까지 중 둘 이상에 해당하게 된 경우 다음 각 호의 기준을 충족하는 것이어야 한다. 〈신설 2019. 3. 4.〉

1. 부상당한 사람이 치료 중 그 부상이 원인이 되어 사망한 경우: 피해자 1명당 제7항제1호에 따른 금액과 제7항제2호에 따른 금액을 더한 금액을 지급할 것
2. 부상당한 사람에게 후유장애가 생긴 경우: 피해자 1명당 제7항제2호에 따른 금액과 제7항제3호에 따른 금액을 더한 금액을 지급할 것
3. 제7항제3호에 따른 금액을 지급한 후 그 부상이 원인이 되어 사망한 경우: 피해자 1명당 제7항제1호에 따른 금액에서 제7항제3호에 따른 금액 중 사망한 날 이후에 해당하는 손해액을 뺀 금액을 지급할 것

⑨ 특별자치시장 · 특별자치도지사 · 시장 · 군수 · 구청장은 여행업자가 가입한 보증보험등의 기간 만료 전에 여행업자에게 별지 제47호서식의 여행업 보증보험 · 공제 갱신 안내서를 발송할 수 있다. 〈신설 2021. 4. 19.〉

제19조(관광사업장의 표지) 법 제10조제1항에서 "문화체육관광부령으로 정하는 관광표지"란 다음 각 호의 표지를 말한다. 〈개정 2008. 3. 6., 2014. 12. 31.〉

1. 별표 4의 관광사업장 표지

2. 별지 제5호서식의 관광사업 등록증 또는 별지 제22호서식의 관광편의시설업 지정증
3. 등급에 따라 별 모양의 개수를 달리하는 방식으로 문화체육관광부장관이 정하여 고시하는 호텔 등급 표지(호텔업의 경우에만 해당한다)
4. 별표 6의 관광식당 표지(관광식당업만 해당한다)

제20조(타인 경영 금지 관광시설) 법 제11조제1항제2호에서 "문화체육관광부령으로 정하는 시설"이란 전문휴양업의 개별기준에 포함된 시설(수영장 및 등록 체육시설업 시설의 경우에는 「체육시설의 설치 · 이용에 관한 법률 시행규칙」 제8조 및 같은 법 시행규칙 별표 4의 체육시설업 시설기준 중 필수시설만 해당한다)을 말한다.

[전문개정 2011. 10. 6.]

제21조(기획여행의 광고) 법 제12조에 따라 기획여행을 실시하는 자가 광고를 하려는 경우에는 다음 각 호의 사항을 표시하여야 한다. 다만, 2 이상의 기획여행을 동시에 광고하는 경우에는 다음 각 호의 사항 중 내용이 동일한 것은 공통으로 표시할 수 있다. 〈개정 2008. 8. 26., 2009. 10. 22., 2010. 8. 17., 2014. 9. 16.〉

1. 여행업의 등록번호, 상호, 소재지 및 등록관청
2. 기획여행명 · 여행일정 및 주요 여행지
3. 여행경비
4. 교통 · 숙박 및 식사 등 여행자가 제공받을 서비스의 내용
5. 최저 여행인원
6. 제18조제2항에 따른 보증보험등의 가입 또는 영업보증금의 예치 내용
7. 여행일정 변경 시 여행자의 사전 동의 규정
8. 제22조의4제1항제2호에 따른 여행목적지(국가 및 지역)의 여행경보단계

제22조(국외여행 인솔자의 자격요건)

① 법 제13조제1항에 따라 국외여행을 인솔하는 자는 다음 각 호의 어느 하나에 해당하는 자격요건을 갖추어야 한다. 〈개정 2008. 3. 6., 2008. 8. 26., 2009. 10. 22., 2011. 10. 6.〉

1. 관광통역안내사 자격을 취득할 것
2. 여행업체에서 6개월 이상 근무하고 국외여행 경험이 있는 자로서 문화체육관광부장관이 정하는 소양교육을 이수할 것
3. 문화체육관광부장관이 지정하는 교육기관에서 국외여행 인솔에 필요한 양성교육을 이수할 것

② 문화체육관광부장관은 제1항제2호 및 제3호에 따른 교육내용 · 교육기관의 지정기준 및 절차, 그 밖에 지정에 필요한 사항을 정하여 고시하여야 한다. 〈개정 2008. 3. 6.〉

제22조의2(국외여행 인솔자의 등록 및 자격증 발급)

① 법 제13조제2항에 따라 국외여행 인솔자로 등록하려는 사람은 별지 제24호의2서식의 국외여행 인솔자 등록 신청서에 다음 각 호의 어느 하나에 해당하는 서류 및 사진(최근 6개월 이내에 모자를 쓰지 않고 촬영한 상반신 반명함판) 2매를 첨부하여 관련 업종별 관광협회에 제출하여야 한다. 〈개정 2019. 10. 7.〉

1. 관광통역안내사 자격증
2. 제22조제1항제2호 또는 제3호에 따른 자격요건을 갖추었음을 증명하는 서류

② 관련 업종별 관광협회는 제1항에 따른 등록 신청을 받으면 제22조제1항에 따른 자격요건에 적합하다고 인정되는 경우에는 별지 제24호의3서식의 국외여행 인솔자 자격증을 발급하여야 한다.

[본조신설 2011. 10. 6.]

제22조의3(국외여행 인솔자 자격증의 재발급) 제22조의2에 따라 발급받은 국외여행 인솔자 자격증을 잃어버리거나 헐어 못 쓰게 되어 자격증을 재발급받으려는 사람은 별지 제24호의2서식의 국외여행 인솔자 자격증 재발급 신청서에 자격증(자격증이 헐어 못 쓰게 된 경우만 해당한다) 및 사진(최근 6개월 이내에 모자를 쓰지 않고 촬영한 상반신 반명함판) 2매를 첨부하여 관련 업종별 관광협회에 제출하여야 한다. 〈개정 2019. 10. 7.〉

[본조신설 2011. 10. 6.]

제22조의4(여행지 안전정보 등)

① 법 제14조제1항에 따른 안전정보는 다음 각 호와 같다. 〈개정 2013. 3. 23., 2015. 8. 4.〉

1. 「여권법」 제17조에 따라 여권의 사용을 제한하거나 방문·체류를 금지하는 국가 목록 및 같은 법 제26조제3호에 따른 벌칙
2. 외교부 해외안전여행 인터넷홈페이지에 게재된 여행목적지(국가 및 지역)의 여행경보단계 및 국가별 안전정보(긴급연락처를 포함한다)
3. 해외여행자 인터넷 등록 제도에 관한 안내

② 법 제14조제3항에 따라 여행업자는 여행계약서(여행일정표 및 약관을 포함한다)에 명시된 숙식, 항공 등 여행일정(선택관광 일정을 포함한다)을 변경하는 경우 해당 날짜의 일정을 시작하기 전에 여행자로부터 서면으로 동의를 받아야 한다.

③ 제2항에 따른 서면동의서에는 변경일시, 변경내용, 변경으로 발생하는 비용 및 여행자 또는 단체의 대표자가 일정변경에 동의한다는 의사를 표시하는 자필서명이 포함되어야 한다.

④ 여행업자는 천재지변, 사고, 납치 등 긴급한 사유가 발생하여 여행자로부터 사전에 일정변경 동의를 받기 어렵다고 인정되는 경우에는 사전에 일정변경 동의서를 받지 아니할 수 있다. 다만, 여행업자는 사후에 서면으로 그 변경내용 등을 설명하여야 한다.

[본조신설 2009. 10. 22.]

[제21조의2에서 이동 〈2011. 10. 6.〉]

제23조(사업계획의 승인신청)

① 영 제10조제1항에 따라 사업계획승인을 받으려는 자는 별지 제25호서식의 사업계획 승인신청서에 다음 각 호의 서류를 첨부하여 특별자치시장·특별자치도지사·시장·군수·구청장에게 제출하여야 한다. 다만, 등록체육시설의 경우에는 「체육시설의 설치·이용에 관한 법률 시행령」 제10조에 따른 사업계획승인서 사본으로 각 호의 서류를 갈음한다. 〈개정 2009. 3. 31., 2009. 12.

31., 2015. 4. 22., 2019. 4. 25.〉

1. 다음 각 목의 사항이 포함된 건설계획서
   가. 건설장소, 총부지면적 및 토지이용계획
   나. 공사계획
   다. 공사자금 및 그 조달방법
   라. 시설별 · 층별 면적 및 시설내용
   마. 조감도
   바. 전문휴양업 및 종합휴양업의 경우에는 사업예정지역의 위치도(축척 2만 5천분의 1 이상이어야 한다), 사업예정지역의 현황도(축척 3천분의 1 이상으로서 등고선이 표시되어야 한다), 시설배치계획도(지적도면상에 표시하여야 한다), 토지명세서, 하수처리계획서, 녹지 및 환경조성계획서(「환경영향평가법」에 따른 환경영향평가를 받은 경우 하수처리계획서, 녹지 및 환경조성계획서를 생략한다)
2. 신청인(법인의 경우에는 대표자 및 임원)이 내국인인 경우에는 성명 및 주민등록번호를 기재한 서류

2의2. 신청인(법인의 경우에는 대표자 및 임원)이 외국인인 경우에는 법 제7조제1항 각 호에 해당하지 아니함을 증명하는 다음 각 목의 어느 하나에 해당하는 서류. 다만, 법 또는 다른 법령에 따라 인 · 허가 등을 받아 사업자등록을 하고 해당 영업 또는 사업을 영위하고 있는 자(법인의 경우에는 최근 1년 이내에 법인세를 납부한 시점부터 승인 신청 시점까지의 기간 동안 대표자 및 임원의 변경이 없는 경우로 한정한다)는 해당 영업 또는 사업의 인 · 허가증 등 인 · 허가 등을 받았음을 증명하는 서류와 최근 1년 이내에 소득세(법인의 경우에는 법인세를 말한다)를 납부한 사실을 증명하는 서류를 제출하는 경우에는 그 영위하고 있는 영업 또는 사업의 결격사유 규정과 중복되는 법 제7조제1항의 결격사유에 한하여 다음 각 목의 서류를 제출하지 아니할 수 있다.

가. 해당 국가의 정부나 그 밖의 권한 있는 기관이 발행한 서류 또는 공증

인이 공증한 신청인의 진술서로서 「재외공관 공증법」에 따라 해당 국가에 주재하는 대한민국공관의 영사관이 확인한 서류

나. 「외국공문서에 대한 인증의 요구를 폐지하는 협약」을 체결한 국가의 경우에는 해당 국가의 정부나 그 밖의 권한 있는 기관이 발행한 서류 또는 공증인이 공증한 신청인의 진술서로서 해당 국가의 아포스티유(Apostille) 확인서 발급 권한이 있는 기관이 그 확인서를 발급한 서류

3. 부동산의 소유권 또는 사용권을 증명하는 서류
4. 분양 및 회원모집계획 개요서(분양 및 회원을 모집하는 경우만 해당한다)
5. 법 제16조제1항 각 호에 따른 인 · 허가 등의 의제를 받거나 신고를 하려는 경우에는 해당 법령에서 제출하도록 한 서류
6. 법 제16조제1항 각 호에서 규정한 신고를 이미 하였거나 인 · 허가 등을 받은 경우에는 이를 증명하는 서류

② 제1항에 따른 신청서를 받은 특별자치시장 · 특별자치도지사 · 시장 · 군수 · 구청장은 「전자정부법」 제36조제1항에 따른 행정정보의 공동이용을 통하여 법인 등기사항증명서(법인만 해당한다)를 확인하여야 한다. 〈개정 2009. 3. 31., 2011. 3. 30., 2019. 4. 25.〉

제24조(사업계획의 변경승인 신청) 영 제10조제2항에 따라 사업계획의 변경승인을 받으려는 자는 별지 제26호서식의 사업계획 변경승인 신청서에 다음 각 호의 서류를 첨부하여 특별자치시장 · 특별자치도지사 · 시장 · 군수 · 구청장에게 제출하여야 한다. 〈개정 2009. 3. 31., 2019. 4. 25.〉

1. 변경사유서
2. 변경하고자 하는 층의 변경 전후의 평면도(건축물의 용도변경이 필요한 경우만 해당한다)
3. 용도변경에 따라 변경되는 사항 중 내화 · 내장 · 방화 · 피난건축설비에 관한 사항을 표시한 도서(건축물의 용도변경이 필요한 경우만 해당한다)
4. 전문휴양업 및 종합휴양업의 경우 제23조제1항제1호바목에서 정한 승인신청 사항이 변경되는 경우에는 각각 그 변경에 관계되는 서류

제25조(호텔업의 등급결정)

① 법 제19조제1항 및 영 제22조제1항에 따라 관광호텔업, 수상관광호텔업, 한국전통호텔업, 가족호텔업, 소형호텔업 또는 의료관광호텔업의 등록을 한 자는 다음 각 호의 구분에 따른 기간 이내에 영 제66조제1항에 따라 문화체육관광부장관으로부터 등급결정권을 위탁받은 법인(이하 "등급결정 수탁기관"이라 한다)에 영 제22조제2항에 따른 호텔업의 등급 중 희망하는 등급을 정하여 등급결정을 신청하여야 한다. 〈개정 2017. 6. 7., 2019. 11. 20.〉

1. 호텔을 신규 등록한 경우: 호텔업 등록을 한 날부터 60일
2. 제25조의3에 따른 호텔업 등급결정의 유효기간이 만료되는 경우: 유효기간 만료 전 150일부터 90일까지
3. 시설의 증·개축 또는 서비스 및 운영실태 등의 변경에 따른 등급 조정사유가 발생한 경우: 등급 조정사유가 발생한 날부터 60일

② 등급결정 수탁기관은 제1항에 따른 등급결정 신청을 받은 경우에는 문화체육관광부장관이 정하여 고시하는 호텔업 등급결정의 기준에 따라 신청일부터 90일 이내에 해당 호텔의 등급을 결정하여 신청인에게 통지하여야 한다. 다만, 다음 각 호의 경우에는 그 기간을 연장할 수 있다. 〈개정 2020. 4. 28.〉

1. 감염병 확산으로 「재난 및 안전관리 기본법」 제38조제2항에 따른 경계 이상의 위기경보가 발령된 경우: 경계 이상의 위기경보 해제일을 기준으로 1년의 범위에서 문화체육관광부장관이 정하여 고시하는 기간까지 연장
2. 그 밖의 부득이한 사유로 정해진 기간 내에 등급결정을 할 수 없는 경우: 60일의 범위에서 연장

③ 제2항에 따라 등급결정을 하는 경우에는 다음 각 호의 요소를 평가하여야 하며, 그 세부적인 기준 및 절차는 문화체육관광부장관이 정하여 고시한다.

1. 서비스 상태
2. 객실 및 부대시설의 상태
3. 안전 관리 등에 관한 법령 준수 여부

④ 등급결정 수탁기관은 제3항에 따른 평가의 공정성을 위하여 필요하다고 인정

하는 경우에는 평가를 마칠 때까지 평가의 일정 등을 신청인에게 알리지 아니할 수 있다.

⑤ 등급결정 수탁기관은 제3항에 따라 평가한 결과 등급결정 기준에 미달하는 경우에는 해당 호텔의 등급결정을 보류하여야 한다. 이 경우 그 보류 사실을 신청인에게 통지하여야 한다.

[전문개정 2014. 12. 31.]

제25조의2(등급결정의 재신청 등)

① 제25조제5항 후단에 따라 등급결정 보류의 통지를 받은 신청인은 그 보류의 통지를 받은 날부터 60일 이내에 같은 조 제1항에 따라 신청한 등급과 동일한 등급 또는 낮은 등급으로 호텔업 등급결정의 재신청을 하여야 한다.

② 제1항에 따라 재신청을 받은 등급결정 수탁기관은 제25조제2항부터 제4항까지에 따라 해당 호텔의 등급을 결정하거나 해당 호텔의 등급결정을 보류한 후 그 사실을 신청인에게 통지하여야 한다.

③ 제1항에 따라 동일한 등급으로 호텔업 등급결정을 재신청하였으나 제2항에 따라 다시 등급결정이 보류된 경우에는 등급결정 보류의 통지를 받은 날부터 60일 이내에 신청한 등급보다 낮은 등급으로 등급결정을 신청하거나 등급결정 수탁기관에 등급결정의 보류에 대한 이의를 신청하여야 한다.

④ 제3항에 따라 이의 신청을 받은 등급결정 수탁기관은 문화체육관광부장관이 정하여 고시하는 절차에 따라 신청일부터 90일 이내에 이의 신청에 이유가 있는지 여부를 판단하여 처리하여야 한다. 다만, 부득이한 사유가 있는 경우에는 60일의 범위에서 그 기간을 연장할 수 있다.

⑤ 제4항에 따라 이의 신청을 거친 자가 다시 등급결정을 신청하는 경우에는 당초 신청한 등급보다 낮은 등급으로만 할 수 있다.

⑥ 등급결정 보류의 통지를 받은 신청인이 직전에 신청한 등급보다 낮은 등급으로 호텔업 등급결정을 재신청하였으나 다시 등급결정이 보류된 경우의 등급결정 신청 및 등급결정에 관하여는 제1항부터 제5항까지를 준용한다.

[본조신설 2014. 12. 31.]

제25조의3(등급결정의 유효기간 등)

① 법 제19조제5항에 따른 호텔업 등급결정의 유효기간은 등급결정을 받은 날부터 3년으로 한다. 다만, 제25조제2항 각 호에 따라 연장된 기간 중에 등급결정의 유효기간이 만료된 경우에는 새로운 등급결정을 받기 전까지 종전의 등급결정이 유효한 것으로 본다. 〈개정 2020. 4. 28.〉

② 문화체육관광부장관은 법 제19조제1항에 따른 등급결정 결과를 분기별로 문화체육관광부의 인터넷 홈페이지에 공표하여야 하고, 필요한 경우에는 그 밖의 효과적인 방법으로 공표할 수 있다.

③ 이 규칙에서 규정한 사항 외에 호텔업의 등급결정에 필요한 사항은 문화체육관광부장관이 정하여 고시한다.

[본조신설 2014. 12. 31.]

제26조(총공사 공정률) 영 제24조제2항제1호가목에서 "문화체육관광부령으로 정하는 공정률"이란 20퍼센트를 말한다. 〈개정 2008. 3. 6.〉

제27조(분양 또는 회원모집계획서의 첨부서류)

① 영 제25조에 따른 분양 또는 회원모집계획서에 첨부할 서류는 다음 각 호와 같다.

1. 「건축법」에 따른 공사 감리자가 작성하는 건설공정에 대한 보고서 또는 확인서(공사 중인 시설의 경우만 해당한다)
2. 보증보험가입증서(필요한 경우만 해당한다)
3. 객실 종류별, 객실당 분양인원 및 분양가격(회원제의 경우에는 회원수 및 입회금)
4. 분양 또는 회원모집계약서와 이용약관
5. 분양 또는 회원모집 공고안
6. 관광사업자가 직접 운영하는 휴양콘도미니엄 또는 호텔의 현황 및 증빙서류(관광사업자가 직접 운영하지는 아니하나 계약에 따라 회원 등이 이용할 수 있는 시설이 있는 경우에는 그 현황 및 증빙서류를 포함한다)

② 제1항에 따른 분양 또는 회원모집계획서를 제출받은 특별자치시장 · 특별자치

도지사 · 시장 · 군수 · 구청장은 「전자정부법」 제36조제1항에 따른 행정정보의 공동이용을 통하여 대지 · 건물의 등기사항증명서를 확인하여야 한다. 〈개정 2009. 3. 31., 2011. 3. 30., 2015. 4. 22., 2019. 4. 25.〉

③ 제1항제5호에 따른 분양 또는 회원모집 공고안에 포함되어야 할 사항은 다음 각 호와 같다.

1. 대지면적 및 객실당 전용면적 · 공유면적
2. 분양가격 또는 입회금 중 계약금 · 중도금 · 잔금 및 그 납부시기
3. 분양 또는 회원모집의 총 인원과 객실별 인원
4. 연간 이용일수 및 회원의 경우 입회기간
5. 사업계획승인과 건축허가의 번호 · 연월일 및 승인 · 허가기관
6. 착공일, 공사완료예정일 및 이용예정일
7. 제1항제6호 중 관광사업자가 직접 운영하는 휴양콘도미니엄 또는 호텔의 현황

제28조(회원증의 발급)

① 분양 또는 회원모집을 하는 관광사업자가 영 제26조제5호에 따라 회원증을 발급하는 경우 그 회원증에는 다음 각 호의 사항이 포함되어야 한다.

1. 공유자 또는 회원의 번호
2. 공유자 또는 회원의 성명과 주민등록번호
3. 사업장의 상호 · 명칭 및 소재지
4. 공유자와 회원의 구분
5. 면적
6. 분양일 또는 입회일
7. 발행일자

② 분양 또는 회원모집을 하는 관광사업자가 제1항에 따른 회원증을 발급하려는 경우에는 미리 분양 또는 회원모집 계약 후 30일 이내에 문화체육관광부장관이 지정하여 고시하는 자(이하 "회원증 확인자"라 한다)로부터 그 회원증과 영 제25조에 따른 분양 또는 회원모집계획서가 일치하는지를 확인받아야 한

다. 〈개정 2008. 3. 6.〉

③ 제2항에 따라 회원증 확인자의 확인을 받아 회원증을 발급한 관광사업자는 공유자 및 회원 명부에 회원증 발급 사실을 기록·유지하여야 한다.

④ 회원증 확인자는 6개월마다 특별자치시장·특별자치도지사·시장·군수·구청장에게 회원증 발급에 관한 사항을 통보하여야 한다. 〈개정 2009. 10. 22., 2019. 4. 25.〉

제28조의2(야영장의 안전·위생기준) 법 제20조의2에 따른 "문화체육관광부령으로 정하는 안전·위생기준"은 별표 7에 따른 기준을 말한다.

[본조신설 2015. 8. 4.]

제29조(카지노업의 시설기준 등)

① 법 제23조제1항에 따라 카지노업의 허가를 받으려는 자가 갖추어야 할 시설 및 기구의 기준은 다음 각 호와 같다. 〈개정 2008. 3. 6.〉

1. 330제곱미터 이상의 전용 영업장
2. 1개 이상의 외국환 환전소
3. 제35조제1항에 따른 카지노업의 영업종류 중 네 종류 이상의 영업을 할 수 있는 게임기구 및 시설
4. 문화체육관광부장관이 정하여 고시하는 기준에 적합한 카지노 전산시설

② 제1항제4호에 따른 기준에는 다음 각 호의 사항이 포함되어야 한다. 〈개정 2019. 10. 7.〉

1. 하드웨어의 성능 및 설치방법에 관한 사항
2. 네트워크의 구성에 관한 사항
3. 시스템의 가동 및 장애방지에 관한 사항
4. 시스템의 보안관리에 관한 사항
5. 환전관리 및 현금과 칩의 출납관리를 위한 소프트웨어에 관한 사항

제30조(카지노 전산시설의 검사)

① 카지노업의 허가를 받은 자(이하 "카지노사업자"라 한다)는 법 제23조제2항에 따라 제29조제1항제4호에 따른 카지노 전산시설(이하 "카지노전산시설"이라

한다)에 대하여 다음 각 호의 구분에 따라 각각 해당 기한 내에 문화체육관광부장관이 지정·고시하는 검사기관(이하 "카지노전산시설 검사기관"이라 한다)의 검사를 받아야 한다. 〈개정 2008. 3. 6.〉

1. 신규로 카지노업의 허가를 받은 경우: 허가를 받은 날(조건부 영업허가를 받은 경우에는 조건 이행의 신고를 한 날)부터 15일
2. 검사유효기간이 만료된 경우: 유효기간 만료일부터 3개월

② 제1항에 따른 검사의 유효기간은 검사에 합격한 날부터 3년으로 한다. 다만, 검사 유효기간의 만료 전이라도 카지노전산시설을 교체한 경우에는 교체한 날부터 15일 이내에 검사를 받아야 하며, 이 경우 검사의 유효기간은 3년으로 한다.

③ 제1항에 따라 카지노전산시설의 검사를 받으려는 카지노사업자는 별지 제27호서식의 카지노전산시설 검사신청서에 제29조제2항 각 호에 규정된 사항에 대한 검사를 하기 위하여 필요한 자료를 첨부하여 카지노전산시설 검사기관에 제출하여야 한다.

제30조의2(유효기간 연장에 관한 사전통지)

① 카지노전산시설 검사기관은 카지노사업자에게 카지노전산시설 검사의 유효기간 만료일부터 3개월 이내에 검사를 받아야 한다는 사실과 검사 절차를 유효기간 만료일 1개월 전까지 알려야 한다.

② 제1항에 따른 통지는 휴대폰에 의한 문자전송, 전자메일, 팩스, 전화, 문서 등으로 할 수 있다.

[본조신설 2011. 12. 30.]

제31조(카지노전산시설 검사기관의 업무규정 등)

① 카지노전산시설 검사기관은 카지노전산시설 검사업무규정을 작성하여 문화체육관광부장관의 승인을 받아야 한다. 〈개정 2008. 3. 6.〉

② 제1항에 따른 카지노전산시설 검사업무규정에는 다음 각 호의 사항이 포함되어야 한다.

1. 검사의 소요기간

2. 검사의 절차와 방법에 관한 사항
3. 검사의 수수료에 관한 사항
4. 검사의 증명에 관한 사항
5. 검사원이 지켜야 할 사항
6. 그 밖의 검사업무에 필요한 사항

③ 카지노전산시설 검사기관은 별지 제28호서식의 카지노시설 · 기구 검사기록부를 작성 · 비치하고, 이를 5년간 보존하여야 한다.

제32조(조건이행의 신고) 법 제24조제1항에 따라 카지노업의 조건부 영업허가를 받은 자는 영 제28조에 따른 기간 내에 그 조건을 이행한 경우에는 별지 제29호서식의 조건이행내역 신고서에 다음 각 호의 서류를 첨부하여 문화체육관광부장관에게 제출하여야 한다. 〈개정 2008. 3. 6., 2011. 10. 6.〉

1. 설치한 시설에 관한 서류
2. 설치한 카지노기구에 관한 서류

제33조(카지노기구의 규격 · 기준 및 검사)

① 문화체육관광부장관은 법 제25조제1항에 따라 카지노기구의 규격 및 기준을 정한 경우에는 이를 고시하여야 한다. 이 경우 별표 8의 전자테이블게임 및 머신게임 기구의 규격 및 기준에는 다음 각 호의 사항이 포함되어야 한다. 〈개정 2008. 3. 6., 2019. 6. 11., 2020. 6. 4.〉

1. 최저배당률에 관한 사항
2. 최저배당률 이하로 변경하거나 제3항에 따른 카지노기구검사기관의 검사를 받지 아니한 이피롬(EPROM) 및 기타프로그램 저장장치를 사용하는 경우에는 카지노기구의 자동폐쇄에 관한 사항
3. 게임결과의 기록 및 그 보전에 관한 사항

② 법 제25조제3항에 따라 카지노사업자는 다음 각 호의 구분에 따라 각각 해당 기한 내에 카지노기구의 검사를 받아야 한다. 〈개정 2018. 1. 25.〉

1. 신규로 카지노기구를 반입 · 사용하거나 카지노기구의 영업 방법을 변경하는 경우: 그 기구를 카지노 영업에 사용하는 날

2. 검사유효기간이 만료된 경우 : 검사 유효기간 만료일부터 15일
3. 제4항제2호의2에 따른 봉인의 해제가 필요하거나 영업장소를 이전하는 경우: 봉인의 해제 또는 영업장소의 이전 후 그 기구를 카지노영업에 사용하는 날
4. 카지노기구를 영업장에서 철거하는 경우: 그 기구를 영업장에서 철거하는 날
5. 그 밖에 카지노기구의 개조·변조 확인 및 카지노 이용자에 대한 위해(危害) 방지 등을 위하여 문화체육관광부장관이 요청하는 경우: 검사 요청일부터 5일 이내

③ 제2항에 따라 카지노기구의 검사를 받으려는 카지노사업자는 별지 제30호서식의 카지노기구 검사신청서에 다음 각 호의 서류를 첨부하여 법 제25조제2항에 따라 문화체육관광부장관이 지정하는 검사기관(이하 "카지노기구검사기관"이라 한다)에 제출하여야 한다. 〈개정 2008. 3. 6., 2008. 8. 26., 2020. 6. 4.〉

1. 카지노기구 제조증명서(품명·제조업자·제조연월일·제조번호·규격·재질 및 형식이 기재된 것이어야 한다)
2. 카지노기구 수입증명서(수입한 경우만 해당한다)
3. 카지노기구 도면
4. 카지노기구 작동설명서
5. 카지노기구의 배당률표
6. 카지노기구의 검사합격증명서(외국에서 제작된 카지노기구 중 해당 국가에서 인정하는 검사기관의 검사에 합격한 카지노기구를 신규로 반입·사용하려는 경우에만 해당한다)

④ 제3항에 따른 검사신청을 받은 카지노기구검사기관은 해당 카지노기구가 제1항에 따른 규격 및 기준에 적합한지의 여부를 검사하고, 검사에 합격한 경우에는 다음 각 호의 조치를 하여야 한다. 〈개정 2008. 3. 6., 2018. 1. 25., 2019. 10. 7., 2020. 6. 4.〉

1. 카지노기구 제조·수입증명서에 검사합격사항의 확인 및 날인

2. 카지노기구에 별지 제31호서식의 카지노기구 검사합격확인증의 부착 등 표시

2의2. 카지노기구의 개조 · 변조를 방지하기 위한 봉인(封印)

3. 제31조제3항에 따른 카지노시설 · 기구 검사기록부를 작성한 후 그 사본을 문화체육관광부장관에게 제출

⑤ 카지노기구검사기관은 제4항에 따른 검사를 할 때 카지노사업자가 외국에서 제작된 카지노기구 중 해당 국가에서 인정하는 검사기관의 검사에 합격한 카지노기구를 신규로 반입 · 사용하려는 경우에는 그 카지노기구의 검사합격 증명서에 의하여 검사를 하여야 한다. 〈개정 2008. 8. 26., 2020. 6. 4.〉

⑥ 제4항에 따른 검사의 유효기간은 검사에 합격한 날부터 3년으로 한다.

제33조의2(카지노기구검사기관의 지정 신청 등)

① 법 제25조제2항에 따라 카지노기구검사기관으로 지정을 받으려는 자는 별지 제31호의2서식의 카지노기구검사기관 지정신청서(전자문서로 된 신청서를 포함한다)에 다음 각 호의 서류(전자문서를 포함한다)를 첨부하여 문화체육관광부장관에게 제출해야 한다.

1. 법인의 정관
2. 카지노기구 검사업무를 수행하기 위한 인력 및 장비 등이 포함된 사업계획서
3. 카지노기구 검사업무를 수행하기 위한 업무규정
4. 별표 7의2에 따른 지정 요건을 갖추었음을 증명하는 서류

② 문화체육관광부장관은 제1항에 따른 지정신청서를 받은 경우에는 「전자정부법」 제36조제1항에 따른 행정정보의 공동이용을 통해 법인 등기사항증명서를 확인해야 한다.

③ 카지노기구검사기관의 지정 요건은 별표 7의2와 같다.

④ 문화체육관광부장관은 제1항에 따라 카지노기구검사기관의 지정을 신청한 자가 별표 7의2에 따른 지정 요건에 적합한 경우에는 카지노기구검사기관으로 지정한다.

⑤ 문화체육관광부장관은 제4항에 따라 카지노기구검사기관을 지정한 경우에는 별지 제31호의3서식의 카지노기구검사기관 지정서를 발급하고, 그 내용을 문화체육관광부의 인터넷 홈페이지에 공고해야 한다.

[본조신설 2020. 6. 4.]

제34조(카지노기구검사기관의 업무규정 등) 제31조는 카지노기구검사기관의 업무규정의 작성, 검사기록부의 작성 · 비치 · 보존에 관하여 준용한다. 〈개정 2020. 6. 4.〉

[제목개정 2020. 6. 4.]

제35조(카지노업의 영업 종류 등)

① 법 제26조제1항에 따른 카지노업의 영업 종류는 별표 8과 같다.

② 법 제26조제2항에 따라 카지노업의 영업 종류별 영업 방법 및 배당금에 관하여 문화체육관광부장관에게 신고하거나 신고한 사항을 변경하려는 카지노사업자는 별지 제32호서식의 카지노 영업종류별 영업방법등 신고서 또는 변경신고서에 다음 각 호의 서류를 첨부하여 문화체육관광부장관에게 신고하여야 한다. 〈개정 2008. 3. 6.〉

1. 영업종류별 영업방법 설명서
2. 영업종류별 배당금에 관한 설명서

제36조(카지노업의 영업준칙)

① 법 제28조제2항에 따라 카지노사업자가 지켜야 할 영업준칙은 별표 9와 같다. 다만, 「폐광지역개발 지원에 관한 특별법」 제11조제3항에 따라 법 제28조제1항제4호가 적용되지 아니하는 카지노사업자가 지켜야 할 영업준칙은 별표 10과 같다. 〈개정 2019. 6. 11.〉

② 문화체육관광부장관은 별표 9의 영업준칙의 세부내용에 관하여 필요한 사항을 정하여 고시할 수 있다. 〈신설 2019. 6. 11.〉

제37조(유원시설업의 조건부 영업허가 신청)

① 법 제31조에 따라 조건부 영업허가를 받고자 하는 자는 별지 제11호서식의 유원시설업 조건부 영업허가 신청서에 제7조제2항제2호 및 제3호의 서류와 사업계획서를 첨부하여 특별자치시장 · 특별자치도지사 · 시장 · 군수 · 구청장에게 제출하여야 한다 〈개정 2009. 3. 31., 2019. 4. 25.〉

② 제1항에 따른 신청서를 받은 특별자치시장 · 특별자치도지사 · 시장 · 군수 · 구청장은 「전자정부법」 제36조제1항에 따른 행정정보의 공동이용을 통하여 법인 등기사항증명서(법인만 해당한다)를 확인하여야 한다. 〈개정 2009. 3. 31., 2011. 3. 30., 2019. 4. 25.〉

③ 제1항의 사업계획서에는 다음 각 호의 사항이 포함되어야 한다.

1. 법 제5조제2항에 따른 시설 및 설비 계획
2. 공사 계획, 공사 자금 및 그 조달 방법
3. 시설별 · 층별 면적, 시설개요, 조감도, 사업 예정 지역의 위치도, 시설배치 계획도 및 토지명세서

④ 특별자치시장 · 특별자치도지사 · 시장 · 군수 · 구청장은 유원시설업의 조건부 영업허가를 하는 경우에는 별지 제13호서식의 유원시설업 조건부 영업허가증을 발급하여야 한다. 〈개정 2009. 3. 31., 2019. 4. 25.〉

제38조(조건이행의 신고 등)

① 법 제31조에 따라 유원시설업의 조건부 영업허가를 받은 자는 영 제31조제1항에 따른 기간 내에 그 조건을 이행한 경우에는 별지 제32호의2서식의 조건이행내역 신고서에 시설 및 설비내역서를 첨부하여 특별자치시장 · 특별자치도지사 · 시장 · 군수 · 구청장에게 제출하여야 한다. 〈개정 2009. 3. 31., 2011. 10. 6., 2019. 4. 25.〉

② 제1항에 따른 조건이행내역 신고서를 제출한 자가 영업을 시작하려는 경우에는 별지 제11호서식의 유원시설업 허가신청서에 제7조제2항제4호부터 제6호까지의 서류를 첨부하여 특별자치시장 · 특별자치도지사 · 시장 · 군수 · 구청장에게 제출하여야 한다. 〈개정 2009. 3. 31., 2011. 10. 6., 2019. 4. 25.〉

③ 특별자치시장 · 특별자치도지사 · 시장 · 군수 · 구청장은 제2항에 따라 받은 서류를 검토한 결과 유원시설업의 허가조건을 충족하는 경우에는 신청인에게 제37조제4항에 따른 조건부 영업허가증을 별지 제13호서식의 유원시설업 허가증으로 바꾸어 발급하고, 별지 제14호서식의 유원시설업 허가 · 신고 관리대장을 작성하여 관리하여야 한다. 〈개정 2009. 3. 31., 2019. 4. 25.〉

[제목개정 2011. 10. 6.]

제39조(조건부 영업허가의 기간 연장 신청) 법 제31조제1항 단서에 따라 조건부 영업허가의 기간을 연장받으려는 자는 조건부 영업허가의 기간이 만료되기 전에 법 제31조제1항 단서 및 영 제31조제2항 각 호의 어느 하나에 해당하는 사유를 증명하는 서류를 특별자치시장·특별자치도지사·시장·군수·구청장에게 제출하여야 한다. 〈개정 2019. 4. 25.〉

[전문개정 2011. 10. 6.]

제39조의2(물놀이형 유원시설업자의 안전·위생기준) 법 제32조에 따라 유원시설업자 중 물놀이형 유기시설 또는 유기기구를 설치한 자가 지켜야 하는 안전·위생기준은 별표 10의2와 같다.

[본조신설 2009. 10. 22.]

[제목개정 2016. 12. 30.]

제40조(유기시설 또는 유기기구의 안전성검사 등)

① 법 제33조제1항에 따른 안전성검사 대상 유기시설 또는 유기기구와 안전성검사 대상이 아닌 유기시설 및 유기기구는 별표 11과 같다. 〈개정 2016. 12. 30.〉

② 유원시설업의 허가 또는 변경허가를 받으려는 자(조건부 영업허가를 받은 자로서 제38조제2항에 따라 조건이행내역 신고서를 제출한 후 영업을 시작하려는 경우를 포함한다)는 제1항에 따른 안전성검사 대상 유기시설 또는 유기기구에 대하여 허가 또는 변경허가 전에 안전성검사를 받아야 하며, 허가 또는 변경허가를 받은 다음 연도부터는 연 1회 이상 정기 안전성검사를 받아야 한다. 다만, 최초로 안전성검사를 받은 지 10년이 지난 별표 11 제1호나목2)의 유기시설 또는 유기기구에 대하여는 반기별로 1회 이상 안전성 검사를 받아야 한다. 〈개정 2009. 3. 31., 2011. 10. 6., 2016. 12. 30.〉

③ 제2항에 따라 안전성검사를 받은 유기시설 또는 유기기구 중 다음 각 호의 어느 하나에 해당하는 유기시설 또는 유기기구는 재검사를 받아야 한다. 〈개정 2016. 12. 30.〉

1. 정기 또는 반기별 안전성검사 및 재검사에서 부적합 판정을 받은 유기시설 또는 유기기구

2. 사고가 발생한 유기시설 또는 유기기구(유기시설 또는 유기기구의 결함에 의하지 아니한 사고는 제외한다)
3. 3개월 이상 운행을 정지한 유기시설 또는 유기기구

④ 기타유원시설업의 신고를 하려는 자와 종합유원시설업 또는 일반유원시설업을 하는 자가 안전성검사 대상이 아닌 유기시설 또는 유기기구를 설치하여 운영하려는 경우에는 안전성검사 대상이 아님을 확인하는 검사를 받아야 한다. 다만, 별표 11 제2호나목2)의 유기시설 또는 유기기구는 최초로 확인검사를 받은 다음 연도부터는 2년마다 정기 확인검사를 받아야 하고, 그 확인검사에서 부적합 판정을 받은 유기시설 또는 유기기구는 재확인검사를 받아야 한다. 〈개정 2016. 12. 30.〉

⑤ 영 제65조제1항제3호에 따라 안전성검사 및 안전성검사 대상이 아님을 확인하는 검사에 관한 권한을 위탁받은 업종별 관광협회 또는 전문 연구·검사기관은 제2항부터 제4항까지의 규정에 따른 안전성검사 또는 안전성검사 대상이 아님을 확인하는 검사를 한 경우에는 문화체육관광부장관이 정하여 고시하는 바에 따라 검사결과서를 작성하여 지체 없이 검사신청인과 해당 유원시설업의 소재지를 관할하는 특별자치시장·특별자치도지사·시장·군수·구청장에게 각각 통지하여야 한다. 〈개정 2009. 3. 31., 2015. 3. 6., 2019. 4. 25.〉

⑥ 제2항부터 제4항까지의 규정에 따른 유기시설 또는 유기기구에 대한 안전성검사 및 안전성검사 대상이 아님을 확인하는 검사의 세부기준 및 절차는 문화체육관광부장관이 정하여 고시한다. 〈개정 2008. 3. 6.〉

⑦ 제5항에 따라 유기시설 또는 유기기구 검사결과서를 통지받은 특별자치시장·특별자치도지사·시장·군수·구청장은 그 안전성검사 또는 확인검사 결과에 따라 해당 사업자에게 다음 각 호의 조치를 하여야 한다. 〈신설 2008. 8. 26., 2009. 3. 31., 2016. 12. 30., 2019. 4. 25.〉

1. 검사 결과 부적합 판정을 받은 유기시설 또는 유기기구에 대해서는 운행중지를 명하고, 재검사 또는 재확인검사를 받은 후 운행하도록 권고하여야 한다.

2. 검사 결과 적합 판정을 받았으나 개선이 필요한 사항이 있는 유기시설 또는 유기기구에 대해서는 개선을 하도록 권고할 수 있다.

⑧ 제3항제3호에 해당하여 재검사를 받은 경우에는 제2항에 따른 정기 안전성검사를 받은 것으로 본다. 〈신설 2016. 12. 30.〉

⑨ 제8조제2항제7호 및 제12조제4호에 해당하여 변경신고를 한 경우 또는 「재난 및 안전관리기본법」 제30조에 따른 긴급안전점검 등이 문화체육관광부장관이 정하여 고시하는 바에 따라 이루어진 경우에는 제4항 단서에 따른 정기 확인검사에서 제외할 수 있다. 〈신설 2016. 12. 30.〉

제41조(안전관리자의 자격 · 배치기준 및 임무 등)

① 법 제33조제2항에 따라 유원시설업의 사업장에 배치하여야 하는 안전관리자의 자격 · 배치기준 및 임무는 별표 12와 같다. 〈개정 2015. 8. 4., 2016. 12. 30.〉

② 법 제33조제3항에 따른 유기시설 및 유기기구의 안전관리에 관한 교육(이하 "안전교육"이라 한다)의 내용은 다음 각 호와 같다. 〈신설 2015. 8. 4.〉

1. 유원시설 안전사고의 원인 및 대응요령
2. 유원시설 안전관리에 관한 법령
3. 유원시설 안전관리 실무
4. 그 밖에 유원시설 안전관리를 위하여 필요한 사항

③ 법 제33조제2항에 따른 안전관리자는 법 제33조제3항에 따라 유원시설업의 사업장에 처음 배치된 날부터 3개월 이내에 안전교육을 받아야 한다. 다만, 다른 유원시설업 사업장에서 제2항에 따른 안전교육을 받고 2년이 경과하지 아니한 경우에는 그러하지 아니하다. 〈신설 2015. 8. 4., 2016. 12. 30., 2020. 12. 10.〉

④ 제3항에 따라 안전교육을 받은 안전관리자는 제3항에 따른 교육일부터 매 2년마다 1회 이상의 안전교육을 받아야 한다. 이 경우 1회당 안전교육 시간은 8시간 이상으로 한다. 〈신설 2015. 8. 4.〉

⑤ 영 제65조제1항제3호의2에 따라 안전관리자의 안전교육에 관한 권한을 위탁받은 업종별 관광협회 또는 안전관련 전문 연구 · 검사기관은 안전교육이 종

료된 후 1개월 이내에 그 교육 결과를 해당 유원시설업의 소재지를 관할하는 특별자치시장 · 특별자치도지사 · 시장 · 군수 · 구청장에게 통지하여야 한다. 〈신설 2015. 8. 4., 2019. 4. 25.〉

[제목개정 2015. 8. 4.]

제41조의2(유기시설 · 유기기구로 인한 중대한 사고의 통보)

① 유원시설업자는 그가 관리하는 유기시설 또는 유기기구로 인하여 영 제31조의2제1항 각 호의 어느 하나에 해당하는 사고가 발생한 경우에는 법 제33조의2제1항에 따라 사고 발생일부터 3일 이내에 다음 각 호의 사항을 관할 특별자치시장 · 특별자치도지사 · 시장 · 군수 · 구청장에게 통보하여야 한다. 〈개정 2019. 4. 25.〉

1. 사고가 발생한 영업소의 명칭, 소재지, 전화번호 및 대표자 성명
2. 사고 발생 경위(사고 일시 · 장소, 사고 발생 유기시설 또는 유기기구의 명칭을 포함하여야 한다)
3. 조치 내용
4. 사고 피해자의 이름, 성별, 생년월일 및 연락처
5. 사고 발생 유기시설 또는 유기기구의 안전성검사의 결과 또는 안전성검사 대상에 해당되지 아니함을 확인하는 검사의 결과

② 유원시설업자는 제1항에 따른 통보는 문서, 팩스 또는 전자우편으로 하여야 한다. 다만, 팩스나 전자우편으로 통보하는 경우에는 그 수신 여부를 전화 등으로 확인하여야 한다.

③ 특별자치시장 · 특별자치도지사 · 시장 · 군수 · 구청장은 제1항에 따라 통보받은 내용을 종합하여 대장에 기록하여야 한다. 〈개정 2019. 4. 25.〉

[본조신설 2015. 11. 19.]

제42조(유원시설업자의 준수사항) 법 제34조제1항에 따른 유원시설업자의 준수사항은 별표 13과 같다.

제42조의2(유원시설안전정보시스템을 통한 정보 공개) 문화체육관광부장관은 법 제34조의2제4항에 따라 다음 각 호의 정보를 같은 조 제1항에 따른 유원시설안전정보시스템을 통하여 공개할 수 있다.

1. 법 제5조제2항에 따른 유원시설업의 허가(변경허가를 포함한다) 또는 같은 조 제4항에 따른 신고(변경신고를 포함한다)에 관한 정보
2. 법 제32조에 따른 물놀이형 유원시설업자의 안전·위생과 관련하여 실시한 수질검사 결과에 관한 정보
3. 법 제33조제1항에 따른 안전성검사의 결과 또는 안전성검사 대상에 해당하지 않음을 확인하는 검사의 결과에 관한 정보
4. 법 제33조제3항에 따른 안전관리자의 안전교육 이수에 관한 정보

[본조신설 2021. 6. 23.]

제43조(행정처분기록대장의 기록 · 유지) 영 제33조제2항에 따른 행정처분기록대장은 별지 제34호 서식에 따른다.

제44조(관광종사원의 자격시험)

① 법 제38조제2항 본문에 따른 관광종사원의 자격시험(이하 "시험"이라 한다)은 필기시험(외국어시험을 제외한 필기시험을 말한다. 이하 같다), 외국어시험(관광통역안내사·호텔경영사·호텔관리사 및 호텔서비스사 자격시험만 해당한다. 이하 같다) 및 면접시험으로 구분하되, 평가의 객관성이 확보될 수 있는 방법으로 시행하여야 한다.

② 면접시험은 제46조에 따른 필기시험 및 제47조에 따른 외국어시험에 합격한 자에 대하여 시행한다. 〈개정 2009. 10. 22.〉

제45조(면접시험)

① 면접시험은 다음 각 호의 사항에 관하여 평가한다.

1. 국가관·사명감 등 정신자세
2. 전문지식과 응용능력
3. 예의·품행 및 성실성
4. 의사발표의 정확성과 논리성

② 면접시험의 합격점수는 면접시험 총점의 6할 이상이어야 한다.

제46조(필기시험)

① 필기시험의 과목과 합격결정의 기준은 별표 14와 같다.

② 삭제 〈2009. 10. 22.〉

③ 삭제 〈2009. 10. 22.〉

제47조(외국어시험)

① 관광종사원별 외국어시험의 종류는 다음 각 호와 같다. 〈개정 2009. 12. 31., 2019. 6. 11., 2019. 11. 20.〉

1. 관광통역안내사: 영어, 일본어, 중국어, 프랑스어, 독일어, 스페인어, 러시아어, 이탈리아어, 태국어, 베트남어, 말레이 · 인도네시아어, 아랍어 중 1과목
2. 호텔경영사, 호텔관리사 및 호텔서비스사: 영어, 일본어, 중국어 중 1과목
3. 삭제 〈2019. 11. 20.〉

② 외국어시험은 다른 외국어시험기관에서 실시하는 시험(이하 "다른 외국어시험"이라 한다)으로 대체한다. 이 경우 외국어시험을 대체하는 다른 외국어시험의 점수 및 급수(별표 15 제1호 중 프랑스어의 델프(DELF) 및 달프(DALF) 시험의 점수 및 급수는 제외한다)는 응시원서 접수 마감일부터 2년 이내에 실시한 시험에서 취득한 점수 및 급수여야 한다. 〈개정 2010. 3. 17., 2019. 6. 11.〉

③ 제2항에 따른 다른 외국어시험의 종류 및 합격에 필요한 점수 및 급수는 별표 15와 같다.

제48조(응시자격) 관광종사원 중 호텔경영사 또는 호텔관리사 시험에 응시할 수 있는 자격은 다음과 같이 구분한다. 〈개정 2014. 12. 31.〉

1. 호텔경영사 시험
   가. 호텔관리사 자격을 취득한 후 관광호텔에서 3년 이상 종사한 경력이 있는 자
   나. 4성급 이상 호텔의 임원으로 3년 이상 종사한 경력이 있는 자
2. 호텔관리사 시험
   가. 호텔서비스사 또는 조리사 자격을 취득한 후 관광숙박업소에서 3년 이상 종사한 경력이 있는 자

나. 「고등교육법」에 따른 전문대학의 관광분야 학과를 졸업한 자(졸업예정자를 포함한다) 또는 관광분야의 과목을 이수하여 다른 법령에서 이와 동등한 학력이 있다고 인정되는 자

다. 「고등교육법」에 따른 대학을 졸업한 자(졸업예정자를 포함한다) 또는 다른 법령에서 이와 동등 이상의 학력이 있다고 인정되는 자

라. 「초 · 중등교육법」에 따른 고등기술학교의 관광분야를 전공하는 과의 2년 과정 이상을 이수하고 졸업한 자(졸업예정자를 포함한다)

제49조(시험의 실시 및 공고)

① 시험은 매년 1회 이상 실시한다.

② 한국산업인력공단은 시험의 응시자격 · 시험과목 · 일시 · 장소 · 응시절차, 그 밖에 시험에 필요한 사항을 시험 시행일 90일 전까지 인터넷 홈페이지 등에 공고해야 한다. 〈개정 2009. 10. 22., 2012. 4. 5., 2019. 11. 20.〉

제49조(시험의 실시 및 공고)

① 시험은 매년 1회 이상 실시한다. 다만, 호텔경영사 시험은 격년으로 실시한다. 〈개정 2020. 12. 10.〉

② 한국산업인력공단은 시험의 응시자격 · 시험과목 · 일시 · 장소 · 응시절차, 그 밖에 시험에 필요한 사항을 시험 시행일 90일 전까지 인터넷 홈페이지 등에 공고해야 한다. 〈개정 2009. 10. 22., 2012. 4. 5., 2019. 11. 20.〉

[시행일 : 2022. 1. 1.] 제49조제1항

제50조(응시원서) 시험에 응시하려는 자는 별지 제36호서식의 응시원서를 한국산업인력공단에 제출하여야 한다. 〈개정 2009. 10. 22.〉

제51조(시험의 면제)

① 법 제38조제2항 단서에 따라 시험의 일부를 면제할 수 있는 경우는 별표 16과 같다. 〈개정 2009. 10. 22.〉

② 필기시험 및 외국어시험에 합격하고 면접시험에 불합격한 자에 대하여는 다음 회의 시험에만 필기시험 및 외국어시험을 면제한다.

③ 제1항에 따라 시험의 면제를 받으려는 자는 별지 제37호서식의 관광종사원

자격시험 면제신청서에 경력증명서, 학력증명서 또는 그 밖에 자격을 증명할 수 있는 서류를 첨부하여 한국산업인력공단에 제출하여야 한다. 〈개정 2009. 10. 22.〉

제51조의2(경력의 확인) 제48조에 따른 응시자격 증명을 위한 경력증명서 또는 제51조제3항에 따른 시험의 면제를 위한 경력증명서를 제출받은 한국산업인력공단은 「전자정부법」 제36조제1항에 따른 행정정보의 공동이용을 통해 응시자 또는 신청인의 국민연금가입자가입증명 또는 건강보험자격득실확인서를 확인해야 한다. 다만, 응시자 또는 신청인이 확인에 동의하지 않는 경우에는 해당 서류를 제출하도록 해야 한다.

[본조신설 2019. 6. 11.]

제52조(합격자의 공고) 한국산업인력공단은 시험 종료 후 합격자의 명단을 게시하고 이를 한국관광공사와 한국관광협회중앙회에 각각 통보하여야 한다. 〈개정 2009. 10. 22.〉

제53조(관광종사원의 등록 및 자격증 발급)

① 시험에 합격한 자는 법 제38조제2항에 따라 별지 제38호서식의 관광종사원 등록신청서에 사진(최근 6개월 이내에 모자를 쓰지 않고 촬영한 상반신 반명함판) 2매를 첨부하여 한국관광공사 및 한국관광협회중앙회에 등록을 신청하여야 한다. 〈개정 2009. 10. 22., 2019. 6. 11., 2019. 8. 1.〉

② 한국관광공사 및 한국관광협회중앙회는 제1항에 따른 신청을 받은 경우에는 법 제7조제1항에 따른 결격사유가 없는 자에 한하여 관광종사원으로 등록하고 별지 제39호서식의 관광종사원 자격증을 발급하여야 한다. 〈개정 2009. 10. 22.〉

③ 제2항에도 불구하고 관광통역안내사의 경우에는 별지 제39호의5서식에 따른 기재사항 및 교육이수 정보 등을 전자적 방식으로 저장한 집적회로(IC) 칩을 첨부한 자격증을 발급하여야 한다. 〈신설 2016. 3. 28.〉

제54조(관광종사원 자격증의 재발급) 법 제38조제4항에 따라 발급받은 자격증을 잃어버리거나 그 자격증이 못 쓰게 되어 자격증을 재발급받으려는 자는 별지 제38

호서식의 관광종사원 자격증 재발급신청서에 사진(최근 6개월 이내에 모자를 쓰지 않고 촬영한 상반신 반명함판) 2매와 관광종사원 자격증(자격증이 헐어 못 쓰게 된 경우만 해당한다)을 첨부하여 한국관광공사 및 한국관광협회중앙회에 제출하여야 한다. 〈개정 2009. 10. 22., 2019. 8. 1.〉

第55조 삭제 〈2011. 10. 6.〉

第56조(종사원의 자격취소 등) 법 제40조에 따라 문화체육관광부령으로 정하는 관광종사원의 자격취소 등에 관한 처분 기준은 별표 17과 같다. 〈개정 2008. 3. 6.〉

[제57조에서 이동 〈2014. 12. 31.〉]

第56조의2(여행이용권의 통합운영)

① 법 제47조의5제6항에서 "「문화예술진흥법」 제15조의4에 따른 문화이용권 등 문화체육관광부령으로 정하는 이용권"이란 다음 각 호의 이용권을 말한다.

1. 「문화예술진흥법」 제15조의4에 따른 문화이용권
2. 그 밖에 문화체육관광부장관이 지급 · 관리하는 이용권으로서 문화체육관광부장관이 정하여 고시하는 이용권

[본조신설 2014. 12. 31.]

第56조의3(여행이용권의 발급 등) 여행이용권의 발급 및 재발급에 관하여는 「문화예술진흥법 시행규칙」 제2조부터 제4조까지를 준용한다. 이 경우 "문화이용권"은 "여행이용권"으로, "한국문화예술위원회의 위원장"은 "전담기관"으로 본다.

[본조신설 2014. 12. 31.]

第57조(특별관리지역의 지정 · 변경 등 고시) 특별시장 · 광역시장 · 특별자치시장 · 도지사 · 특별자치도지사 또는 시장 · 군수 · 구청장은 법 제48조의3제4항에 따라 특별관리지역을 지정 · 변경 또는 해제할 때에는 그 사실을 해당 지방자치단체의 공보에 고시해야 한다.

[본조신설 2020. 6. 4.]

第57조의2 삭제 〈2019. 4. 25.〉

第57조의3(문화관광해설사 양성교육과정의 개설 · 운영 기준)

① 법 제48조의6제2항에 따른 문화관광해설사 양성을 위한 교육과정의 개설 · 운

영 기준은 별표 17의2와 같다. 〈개정 2019. 4. 25.〉

② 제1항에 따른 교육과정의 개설 · 운영 기준에 필요한 세부적인 사항은 문화체육관광부장관이 정하여 고시한다. 〈개정 2019. 4. 25.〉

[본조신설 2011. 10. 6.]

[제목개정 2019. 4. 25.]

제57조의4 삭제 〈2019. 4. 25.〉

제57조의5(문화관광해설사 선발 및 활용)

① 문화체육관광부장관 또는 지방자치단체의 장은 법 제48조의8제1항에 따라 문화관광해설사를 선발하려는 경우에는 문화관광해설사의 선발 인원, 평가 일시 및 장소, 응시원서 접수기간, 그 밖에 선발에 필요한 사항을 포함한 선발계획을 수립하고 이를 공고하여야 한다.

② 문화체육관광부장관 또는 지방자치단체의 장이 법 제48조의8제2항에 따라 이론 및 실습을 평가하려는 경우에는 별표 17의4의 평가 기준에 따라 평가하여야 한다.

③ 제1항에 따른 선발계획에 따라 문화관광해설사를 선발하려는 경우에는 제2항의 평가 기준에 따른 평가 결과 이론 및 실습 평가항목 각각 70점 이상을 득점한 사람 중에서 각각의 평가항목의 비중을 곱한 점수가 고득점자인 사람의 순으로 선발한다.

④ 문화체육관광부장관 또는 지방자치단체의 장은 문화관광해설사를 배치 · 활용하려는 경우에 해당 지역의 관광객 규모와 관광자원의 보유 현황 및 문화관광해설사에 대한 수요, 문화관광해설사의 활동 실적 및 태도 등을 고려하여야 한다.

⑤ 그 밖에 문화관광해설사의 선발, 배치 및 활용 등에 필요한 세부적인 사항은 문화체육관광부장관이 정하여 고시한다.

[본조신설 2011. 10. 6.]

제57조의6(한국관광 품질인증의 인증 기준) 영 제41조의11에 따른 한국관광 품질인증(이하 "한국관광 품질인증"이라 한다)의 세부 인증 기준은 별표 17의5와 같다.

〈개정 2020. 6. 4.〉

[본조신설 2018. 6. 14.]

제57조의7(한국관광 품질인증의 절차 및 방법 등)

① 한국관광 품질인증을 받으려는 자는 별지 제39호의6서식의 한국관광 품질인증 신청서(전자문서로 된 신청서를 포함한다)에 다음 각 호의 서류(전자문서를 포함한다)를 첨부하여 한국관광공사에 제출하여야 한다.

1. 「부가가치세법」 제8조제5항에 따른 사업자등록증의 사본 1부
2. 해당 사업의 관련 법령을 준수하여 허가·등록 또는 지정을 받거나 신고를 하였음을 증명할 수 있는 서류 1부
3. 한국관광 품질인증의 인증 기준 전부 또는 일부와 인증 기준이 유사하다고 문화체육관광부장관이 인정하여 고시하는 인증(이하 "유사 인증"이라 한다)이 유효함을 증명할 수 있는 서류 1부(해당 서류가 있는 경우에만 첨부한다)
4. 그 밖에 한국관광공사가 한국관광 품질인증의 대상별 특성에 따라 한국관광 품질인증을 위한 평가·심사에 필요하다고 인정하여 영 제65조제7항에 따른 한국관광 품질인증 및 그 취소에 관한 업무 규정(이하 "업무 규정"이라 한다)으로 정하는 서류 각 1부

② 제1항에 따른 신청을 받은 한국관광공사는 서류평가, 현장평가 및 심의를 실시한 결과 별표 17의5에 따른 세부 인증 기준에 적합하면 신청서를 제출한 자에게 별지 제39호의7서식의 한국관광 품질인증서를 발급하여야 한다.

③ 한국관광공사는 제2항에 따른 서류평가 시 유효한 유사 인증을 받은 것으로 인정되는 자에 대하여 별표 17의5에 따른 인증 기준 전부 또는 일부를 갖추었음을 인정할 수 있다.

④ 한국관광공사는 한국관광 품질인증을 받은 자에게 해당 연도의 사업 운영 실적을 다음 연도 1월 20일까지 제출할 것을 요청할 수 있다.

[본조신설 2018. 6. 14.]

第58조(관광지등의 지정신청 등)

① 법 제52조제1항 및 같은 조 제5항에 따라 관광지등의 지정 및 지정 취소 또는 그 면직의 변경(이하 "지정등"이라 한다)을 신청하려는 자는 별지 제40호서식의 관광지(관광단지) 지정등 신청서에 다음 각 호의 서류를 첨부하여 특별시장·광역시장·도지사에게 제출하여야 한다. 다만, 관광지등의 지정 취소 또는 그 면적 변경의 경우에는 그 취소 또는 변경과 관계 없는 사항에 대한 서류는 첨부하지 아니한다. 〈개정 2009. 10. 22., 2019. 4. 25.〉

1. 관광지등의 개발방향을 기재한 서류
2. 관광지등과 그 주변의 주요 관광자원 및 주요 접근로 등 교통체계에 관한 서류
3. 「국토의 계획 및 이용에 관한 법률」에 따른 용도지역을 기재한 서류
4. 관광객 수용능력 등을 기재한 서류
5. 관광지등의 구역을 표시한 축척 2만5천분의 1 이상의 지형도 및 지목·지번 등이 표시된 축척500분의 1부터 6천분의 1까지의 도면
6. 관광지등의 지번·지목·지적 및 소유자가 표시된 토지조서(임야에 대하여는 「산지관리법」에 따른 보전산지 및 준보전산지로 구분하여 표시하고, 농지에 대하여는 「농지법」에 따른 농업진흥지역 및 농업진흥지역이 아닌 지역으로 구분하여 표시한다)

② 제1항에 따른 신청을 하려는 자는 별표 18의 관광지·관광단지의 구분기준에 따라 그 지정등을 신청하여야 한다.

③ 특별시장·광역시장·도지사는 제1항에 따른 지정등의 신청을 받은 경우에는 제1항에 따른 관광지등의 개발 필요성, 타당성, 관광지·관광단지의 구분기준 및 법 제49조에 따른 관광개발기본계획 및 권역별 관광개발계획에 적합한지 등을 종합적으로 검토하여야 한다. 〈개정 2009. 10. 22.〉

第58조의2(시행 중인 공사 등의 신고서) 영 제45조의2제3항에서 "문화체육관광부령으로 정하는 신고서"란 별지 제40호의2서식의 공사(사업) 진행상황 신고서를 말한다. [본조신설 2020. 12. 10.]

제59조(관광지등의 지정신청 및 조성계획의 승인신청) 시장 · 군수 · 구청장은 법 제52조제1항에 따른 관광지등의 지정신청 및 법 제54조제1항 본문에 따른 조성계획의 승인신청을 함께 하거나, 관광단지의 지정신청을 할 때 법 제54조제1항 단서에 따라 관광단지개발자로 하여금 관광단지의 조성계획을 제출하게 하여 관광단지의 지정신청 및 조성계획의 승인신청을 함께 할 수 있다. 이 경우 특별시장 · 광역시장 · 도지사는 관광지등의 지정 및 조성계획의 승인을 함께 할 수 있다. 〈개정 2009. 10. 22.〉

제60조(관광시설계획 등의 작성)

① 영 제46조제1항에 따라 작성되는 조성계획에는 다음 각 호의 사항이 포함되어야 한다. 〈개정 2009. 3. 31., 2019. 6. 12.〉

1. 관광시설계획
   가. 공공편익시설, 숙박시설, 상가시설, 관광 휴양 · 오락시설 및 그 밖의 시설지구로 구분된 토지이용계획
   나. 건축연면적이 표시된 시설물설치계획(축척 500분의 1부터 6천분의 1까지의 지적도에 표시한 것이어야 한다)
   다. 조경시설물, 조경구조물 및 조경식재계획이 포함된 조경계획
   라. 그 밖의 전기 · 통신 · 상수도 및 하수도 설치계획
   마. 관광시설계획에 대한 관련부서별 의견(지방자치단체의 장이 조성계획을 수립하는 경우만 해당한다)
2. 투자계획
   가. 재원조달계획
   나. 연차별 투자계획
3. 관광지등의 관리계획
   가. 관광시설계획에 포함된 시설물의 관리계획
   나. 관광지등의 관리를 위한 인원 확보 및 조직에 관한 계획
   다. 그 밖의 관광지등의 효율적 관리방안

② 제1항제1호가목에 따른 각 시설지구 안에 설치할 수 있는 시설은 별표 19와 같다.

제61조(관광단지개발자)

① 법 제54조제1항 단서에서 "문화체육관광부령으로 정하는 공공법인"이란 다음 각 호의 어느 하나에 해당하는 것을 말한다. 〈개정 2008. 3. 6., 2019. 6. 12.〉

1. 「한국관광공사법」에 따른 한국관광공사 또는 한국관광공사가 관광단지 개발을 위하여 출자한 법인
2. 「한국토지주택공사법」에 따른 한국토지주택공사
3. 「지방공기업법」에 따라 설립된 지방공사 및 지방공단
4. 「제주특별자치도 설치 및 국제자유도시 조성을 위한 특별법」에 따른 제주국제자유도시개발센터

② 법 제55조제5항에서 "문화체육관광부령으로 정하는 관광단지개발자"란 제1항 각 호의 공공법인 또는 법 제2조제8호의 민간개발자를 말한다. 〈개정 2008. 3. 6.〉

제61조의2(사유지의 매수 요청)

① 법 제54조제6항에 따라 남은 사유지의 매수를 요청하려는 자는 별지 제40호의3서식의 사유지 매수요청서에 다음 각 호의 서류를 첨부하여 같은 항에 따른 사업시행자(사업시행자가 같은 조 제1항 단서에 따른 관광단지개발자인 경우는 제외한다. 이하 이 조에서 같다)에게 제출해야 한다. 〈개정 2020. 12. 10.〉

1. 사업계획서
2. 조성하려는 토지면적 중 사유지의 3분의 2 이상을 취득하였음을 증명할 수 있는 자료(토지 등기사항증명서로 확인할 수 없는 경우만 해당한다)
3. 매수를 요청하는 사유지의 위치도 및 지번
4. 매수 요청 사유(토지소유자 및 관계인과 협의를 통한 사유지의 취득이 어렵다고 판단한 근거를 포함한다)

② 사업시행자는 제1항에 따른 매수요청서를 받은 경우에는 「전자정부법」 제36조제1항에 따른 행정정보의 공동이용을 통해 토지 등기사항증명서와 토지(임야)대장을 확인해야 한다.

[본조신설 2020. 6. 4.]

[종전 제61조의2는 제61조의3으로 이동 〈2020. 6. 4.〉]

제61조의3(조성사업용 토지매입의 승인신청) 영 제47조의3에서 "문화체육관광부령으로 정하는 승인신청서"란 별지 제40호의4서식의 조성사업 토지매입 승인신청서를 말한다. 〈개정 2020. 6. 4., 2020. 12. 10.〉

[본조신설 2019. 6. 12.]

[제61조의2에서 이동 〈2020. 6. 4.〉]

제62조(조성사업의 허가신청 등)

① 법 제55조제1항에 따른 사업시행자가 아닌 자가 법 제55조제3항에 따라 조성사업의 허가를 받거나 협의를 하려는 경우에는 별지 제41호서식의 조성사업 허가 또는 협의신청서에 다음 각 호의 서류를 첨부하여 관광지등의 사업시행자에게 제출하여야 한다. 〈개정 2009. 10. 22.〉

1. 사업계획서(위치, 용지면적, 시설물설치계획, 건설비내역 및 재원조달계획 등을 포함한다)
2. 시설물의 배치도 및 설계도서(평면도 및 입면도를 말한다)
3. 부동산이 타인 소유인 경우에는 토지소유자가 자필서명된 사용승낙서 및 신분증 사본

② 제1항에 따른 신청서를 받은 관광지등의 사업시행자는 「전자정부법」 제36조제1항에 따른 행정정보의 공동이용을 통하여 부동산의 등기사항증명서를 확인하여야 한다. 〈개정 2009. 3. 31., 2011. 3. 30., 2015. 4. 22.〉

제63조(위탁수수료) 영 제49조제2항에 따른 용지의 매수업무와 손실보상업무의 위탁에 따른 수수료의 산정기준은 별표 20과 같다.

제63조의2(준공검사신청서 등)

① 영 제50조의2제1항에 따른 준공검사신청서는 별지 제41호의2서식에 따른다.

② 영 제50조의2제4항에 따른 준공검사증명서는 별지 제41호의3서식에 따른다.

[본조신설 2009. 10. 22.]

제64조(관광특구의 지정신청 등)

① 법 제70조제1항제2호에 따른 관광특구 지정요건의 세부기준은 별표 21과 같다.

② 법 제70조제1항 및 제2항에 따라 관광특구의 지정 및 지정 취소 또는 그 면적의 변경(이하 이 조에서 "지정등"이라 한다)을 신청하려는 시장·군수·구청장(특별자치시·특별자치도의 경우는 제외한다)은 별지 제42호서식의 관광특구 지정등 신청서에 다음 각 호의 서류를 첨부하여 특별시장·광역시장·도지사에게 제출하여야 한다. 다만, 관광특구의 지정 취소 또는 그 면적 변경의 경우에는 그 취소 또는 변경과 관계되지 아니하는 사항에 대한 서류는 첨부하지 아니한다. 〈개정 2009. 3. 31., 2009. 10. 22., 2019. 4. 25.〉

1. 신청사유서
2. 주요관광자원 등의 내용이 포함된 서류
3. 해당 지역주민 등의 의견수렴 결과를 기재한 서류
4. 관광특구의 진흥계획서
5. 관광특구를 표시한 행정구역도와 지적도면
6. 제1항의 요건에 적합함을 증명할 수 있는 서류

③ 관광특구의 지정등에 관하여는 제58조제3항을 준용한다.

제65조(관광특구진흥계획의 수립 내용) 영 제59조제2항제5호에 따른 관광특구진흥계획에 포함하여야 할 사항은 다음 각 호와 같다.

1. 범죄예방 계획 및 바가지 요금, 퇴폐행위, 호객행위 근절 대책
2. 관광불편신고센터의 운영계획
3. 관광특구 안의 접객시설 등 관련시설 종사원에 대한 교육계획
4. 외국인 관광객을 위한 토산품 등 관광상품 개발·육성계획

제66조(국고보조금의 신청)

① 영 제61조에 따라 보조금을 받으려는 자는 별지 제43호서식의 국고보조금 신청서에 다음 각 호의 사항을 기재한 서류를 첨부하여 문화체육관광부장관에게 제출하여야 한다. 〈개정 2008. 3. 6.〉

1. 사업 개요(건설공사인 경우 시설내용을 포함한다) 및 효과
2. 사업자의 자산과 부채에 관한 사항
3. 사업공정계획
4. 총사업비 및 보조금액의 산출내역
5. 사업의 경비 중 보조금으로 충당하는 부분 외의 경비 조달방법

② 보조금을 받으려는 자가 지방자치단체인 경우에는 제1항제2호 및 제5호의 사항을 생략할 수 있다.

제67조(보고)

① 법 제78조제1항에 따라 지방자치단체의 장은 다음 각 호의 사항을 문화체육관광부장관에게 보고해야 한다. 〈개정 2008. 3. 6., 2009. 10. 22., 2020. 12. 10.〉

1. 법 제4조에 따른 관광사업의 등록 현황
2. 법 제15조에 따른 사업계획의 승인 현황
3. 법 제49조제2항에 따른 권역계획에 포함된 관광자원 개발의 추진현황
4. 법 제52조에 따른 관광지등의 지정 현황
5. 법 제54조에 따른 관광지등의 조성계획 승인 현황

② 제1항제1호부터 제3호까지에 따른 보고는 매 연도 말 현재의 상황을 해당 연도가 끝난 후 20일 이내에 제출해야 하며, 제1항제4호 및 제5호에 따른 보고는 지정 또는 승인 즉시 해야 한다. 〈개정 2009. 10. 22., 2020. 12. 10.〉

제68조(검사공무원의 증표) 법 제78조제4항에 따른 공무원의 증표는 별표 22와 같다.

제69조(수수료)

① 법 제79조제1호, 제2호, 제4호부터 제7호까지, 제10호, 제12호부터 제16호까지의 규정에 따른 수수료는 별표 23과 같다. 〈개정 2011. 10. 6., 2018. 6. 14.〉

② 법 제79조제3호에 따른 유원시설업의 허가 · 변경허가 · 신고 또는 변경신고에 관한 수수료는 해당 시 · 군 · 구(자치구를 말한다. 이하 같다)의 조례로 정한다.

③ 법 제79조제8호에 따른 카지노시설의 검사에 관한 수수료는 카지노전산시설 검사기관의 검사공정별로 필요한 경비를 산출하여 이에 대한 직접인건비, 직접경비, 제경비 및 기술료를 합한 금액으로 한다.

④ 법 제79조제11호에 따른 유기시설 또는 유기기구의 안전성검사 또는 안전성 검사 대상에 해당되지 아니함을 확인하는 검사에 관한 수수료는 문화체육관광부장관이 정하여 고시하되,「엔지니어링산업 진흥법」제31조제2항에 따른 엔지니어링사업의 대가 기준을 고려하여 검사의 난이도, 검사에 걸린 시간 등에 따른 유기기구 종류별 금액을 정하여야 한다. 〈개정 2019. 10. 16.〉

⑤ 제3항에 따른 경비의 산출기준은「소프트웨어산업 진흥법」제22조제4항 및 같은 법 시행령 제16조에 따른 소프트웨어기술자의 노임단가에 따르며, 직접인건비, 직접경비, 제경비 및 기술료의 범위와 요율 및 직접인건비의 기준금액은「엔지니어링산업 진흥법」제31조제2항에 따른 엔지니어링사업의 대가 기준에 따른다. 〈개정 2019. 10. 16.〉

⑥ 법 제79조제12호에 따라 관광종사원 자격시험에 응시하려고 납부한 수수료에 대한 반환기준은 다음 각 호와 같다. 〈개정 2011. 2. 17.〉

1. 수수료를 과오납한 경우: 그 과오납한 금액의 전부
2. 시험 시행일 20일 전까지 접수를 취소하는 경우: 납입한 수수료의 전부
3. 시험관리기관의 귀책사유로 시험에 응시하지 못하는 경우: 납입한 수수료의 전부
4. 시험 시행일 10일 전까지 접수를 취소하는 경우: 납입한 수수료의 100분의 50

⑦ 제1항부터 제4항까지의 규정에 따른 수수료와 법 제80조에 따라 문화체육관광부장관의 권한이 한국관광공사, 한국관광협회중앙회, 지역별 관광협회, 업종별 관광협회, 카지노전산시설 검사기관, 카지노기구 검사기관, 유기시설 · 유기기구 안전성검사기관 또는 한국산업인력공단에 위탁된 업무에 대한 수수료는 해당 기관 또는 해당 기관이 지정하는 은행에 내야 한다. 〈개정 2009. 12. 31.〉

제70조(안전성검사기관 지정 요건) 영 제65조제1항제3호 전단에서 "문화체육관광부령으로 정하는 인력과 시설 등"이란 별표 24의 요건을 말한다.

[전문개정 2015. 8. 4.]

제71조(안전성검사기관 지정 신청 절차 등)

① 영 제65조제1항제3호에 따라 지정 신청을 하려는 업종별 관광협회 또는 전문 연구 · 검사기관은 별지 제44호서식의 유기시설 · 기구 안전성검사기관 지정신청서에 다음 각 호의 서류를 첨부하여 문화체육관광부장관에게 제출해야 한다. 〈개정 2008. 3. 6., 2009. 3. 31., 2015. 8. 4., 2021. 6. 23.〉

1. 별표 24 제1호에 따른 인력을 보유함을 증명하는 서류
2. 별표 24 제2호에 따른 장비의 명세서(장비의 사진을 포함한다)
3. 사무실 건물의 임대차계약서 사본(사무실을 임차한 경우만 해당한다)
4. 관리직원 채용증명서 또는 재직증명서
5. 별표 24 제3호다목에 따른 보험 또는 공제 가입을 증명하는 서류
6. 별표 24 제3호라목에 따른 안전성검사를 위한 세부규정

② 문화체육관광부장관은 제1항에 따라 지정 신청을 한 업종별 관광협회 또는 전문 연구 · 검사기관에 대하여 별표 24에 따른 지정 요건에 적합하다고 인정하는 경우에는 별지 제45호서식의 지정서를 발급하고, 별지 제46호서식의 유기시설 · 기구 안전성검사기관 지정부를 작성하여 관리하여야 한다. 〈개정 2008. 3. 6., 2015. 3. 6., 2015. 8. 4.〉

③ 제2항에 따라 지정된 업종별 관광협회 또는 전문 연구 · 검사기관은 제40조제6항에 따라 문화체육관광부장관이 고시하는 안전성검사의 세부검사기준 및 절차에 따라 검사를 하여야 한다. 〈개정 2008. 3. 6., 2015. 8. 4.〉

[제목개정 2015. 8. 4.]

제71조의2(한국관광 품질인증 및 그 취소에 관한 업무 규정) 영 제65조제7항에 따른 업무 규정에는 다음 각 호의 사항이 모두 포함되어야 한다.

1. 한국관광 품질인증의 대상별 특성에 따른 세부 인증 기준
2. 서류평가, 현장평가 및 심의의 절차 및 방법에 관한 세부사항
3. 한국관광 품질인증의 취소 기준 · 절차 및 방법에 관한 세부사항
4. 그 밖에 문화체육관광부장관이 한국관광 품질인증 및 그 취소에 필요하다고 인정하는 사항

[본조신설 2018. 6. 14.]

제72조(평가요원의 자격) 영 제66조제1항제3호에 따른 평가요원의 자격은 다음 각 호와 같다. 〈개정 2014. 12. 31., 2020. 12. 10.〉

1. 호텔업에서 5년 이상 근무한 사람으로서 평가 당시 호텔업에 종사하고 있지 아니한 사람 1명 이상
2. 「고등교육법」에 따른 전문대학 이상 또는 이와 같은 수준 이상의 학력이 인정되는 교육기관에서 관광 분야에 관하여 5년 이상 강의한 경력이 있는 교수, 부교수, 조교수 또는 겸임교원 1명 이상
3. 다음 각 목의 어느 하나에 해당하는 연구기관에서 관광 분야에 관하여 5년 이상 연구한 경력이 있는 연구원 1명 이상
   가. 「정부출연연구기관 등의 설립·운영 및 육성에 관한 법률」 또는 「과학기술분야 정부출연연구기관 등의 설립·운영 및 육성에 관한 법률」에 따라 설립된 정부출연연구기관
   나. 「특정연구기관 육성법」 제2조에 따른 특정연구기관
   다. 국공립연구기관
4. 관광 분야에 전문성이 인정되는 사람으로서 다음 각 목의 어느 하나에 해당하는 사람 1명 이상
   가. 「소비자기본법」에 따른 한국소비자원 또는 소비자보호와 관련된 단체에서 추천한 사람
   나. 등급결정 수탁기관이 공모를 통하여 선정한 사람
5. 그 밖에 문화체육관광부장관이 제1호부터 제4호까지에 해당하는 사람과 동등한 자격이 있다고 인정하는 사람

제72조의2(검사기관에 대한 처분의 요건 및 기준 등)

① 법 제80조제5항제4호에서 "문화체육관광부령으로 정하는 위탁 요건"이란 다음 각 호의 구분에 따른 요건을 말한다.

1. 카지노기구검사기관의 경우: 별표 7의2에 따른 카지노기구검사기관의 지정 요건을 충족할 것
2. 안전성검사기관의 경우: 별표 24에 따른 안전성검사기관의 지정 요건을 충

족할 것

② 법 제80조제5항에 따른 검사기관에 대한 처분기준은 별표 25와 같다.

③ 문화체육관광부장관 또는 특별자치시장 · 특별자치도지사 · 시장 · 군수 · 구청장은 법 제80조제5항에 따라 검사기관의 위탁을 취소하거나 업무정지 또는 업무개선을 명한 경우에는 지체 없이 그 사실을 문화체육관광부 또는 특별자치시 · 특별자치도 · 시 · 군 · 구의 인터넷 홈페이지에 공고해야 한다.

[본조신설 2020. 6. 4.]

제73조(규제의 재검토)

① 문화체육관광부장관은 법 제19조제1항에 따라 호텔업의 등록을 한 자가 등급결정을 받은 날부터 3년이 지난 경우에는 재등급결정을 신청하도록 한 제25조제1항제2호에 대하여 그 기간이 적절한지 여부를 2018년 12월 31일까지 검토하여 적절한 기간을 정하여야 한다. 〈개정 2013. 12. 31.〉

② 문화체육관광부장관은 다음 각 호의 사항에 대하여 다음 각 호의 기준일을 기준으로 3년마다(매 3년이 되는 해의 기준일과 같은 날 전까지를 말한다) 그 타당성을 검토하여 개선 등의 조치를 하여야 한다. 〈신설 2013. 12. 31., 2015. 8. 4., 2016. 12. 28., 2018. 11. 29.〉

1. 제7조에 따른 유원시설업의 시설 및 설비기준과 허가신청 절차 등: 2014년 1월 1일
2. 제15조에 따른 관광 편의시설업의 지정기준: 2014년 1월 1일
3. 제18조에 따른 여행업자의 보험 가입 등: 2014년 1월 1일

3의2. 제20조에 따른 타인 경영 금지 관광시설: 2017년 1월 1일

4. 제22조에 따른 국외여행 인솔자의 자격요건: 2014년 1월 1일
5. 제27조에 따른 휴양콘도미니엄 분양 또는 회원모집 첨부서류 등 모집기준: 2014년 1월 1일

5의2. 별표 7에 따른 야영장의 안전 · 위생기준: 2015년 8월 4일

6. 제39조의2에 따른 물놀이형 유기시설 · 유기기구의 안전 · 위생기준: 2014년 1월 1일

7. 제40조에 따른 유기시설 또는 유기기구의 안전성검사 등: 2014년 1월 1일
8. 삭제 〈2020. 6. 23.〉
9. 삭제 〈2020. 6. 23.〉

③ 문화체육관광부장관은 다음 각 호의 사항에 대하여 다음 각 호의 기준일을 기준으로 3년마다(매 3년이 되는 해의 기준일과 같은 날 전까지를 말한다) 그 타당성을 검토하여 개선 등의 조치를 하여야 한다. 〈개정 2015. 12. 30., 2020. 6. 23.〉

1. 삭제 〈2016. 12. 28.〉
2. 제62조에 따른 조성사업의 허가신청 등: 2020년 1월 1일

[본조신설 2009. 10. 22.]

부칙 〈제444호, 2021. 6. 23.〉

이 규칙은 2021년 6월 23일부터 시행한다.

■ 관광진흥법 시행규칙 [별지 제1호서식]

관광사업 등록신청서

※ 뒤쪽의 제출서류를 참고하시기 바라며, 색상이 어두운 란은 신청인이 적지 않습니다. (앞쪽)

접수번호	접수일	발급일	처리기간	o 여행업, 관광숙박업 및 야영장업: 7일 o 종합휴양업: 12일 o 외국인관광 도시민박업 및 한옥체험업: 14일 o 그 밖의 관광사업: 5일

신청인	성 명(대표자)	주민등록번호 (외국인등록번호)
	주 소	전화번호

상호(명칭)	업종
주사업장 소재지	전화번호
자본금	
영업개시 연월일	

「관광진흥법」 제4조제1항 및 같은 법 시행규칙 제2조에 따라 위와 같이 관광사업의 등록을 신청합니다.

년 월 일

신청인 성명 (서명 또는 인)

특별자치시장·
특별자치도지사·
시장·군수·구청장 귀하

제출서류	뒤쪽 참조	수수료 o 외국인관광 도시민박업 및 한옥체험업의 경우: 20,000원 o 그 밖의 관광사업의 경우: 30,000원 (숙박시설이 있는 경우 매 실당 700원을 가산한 금액으로 합니다)

행정정보 공동이용 동의서
(호텔업, 국제회의시설업 및 야영장업 신청인만 해당합니다)

본인은 이 건 업무처리와 관련하여 담당 공무원이 「전지정부법」 제36조제1항에 따른 행정정보의 공동이용을 통하여 뒤쪽의 담당 공무원 확인사항 중 제3호 및 제4호를 확인하는 것에 동의합니다. * 동의하지 않는 경우에는 신청인이 직접 관련 서류를 제출하여야 합니다.

신청인 (서명 또는 인)

처리절차

신청서 작성	➔	접 수	➔	심 의	➔	등 록	➔	등록증 발급
신청인		처 리 기 관 (특별자치시· 특별자치도· 시·군·구)		처 리 기 관 (특별자치시· 특별자치도· 시·군·구)		처 리 기 관 (특별자치시· 특별자치도· 시·군·구)		

210mm×297mm[백상지 80g/㎡]

(뒤쪽)

신청인 (대표자) 제출서류	여행업 및 국제회의 기획업의 경우	1. 사업계획서 1부 2. 신청인(법인의 경우에는 대표자 및 임원)이 내국인인 경우에는 성명 및 주민등록번호를 기재한 서류 1부 3. 신청인(법인의 경우에는 대표자 및 임원)이 외국인인 경우에는 「관광진흥법」 제7조제1항 각 호(여행업의 경우에는 「관광진흥법」 제11조의2제1항을 포함한다)의 결격사유에 해당하지 않음을 증명하는 다음 각 목의 어느 하나에 해당하는 서류. 다만, 「관광진흥법」 또는 다른 법령에 따라 인·허가 등을 받아 사업자등록을 하고 해당 영업 또는 사업을 영위하고 있는 자(법인의 경우에는 최근 1년 이내에 법인세를 납부한 시점부터 등록 신청 시점까지의 기간 동안 대표자 및 임원의 변경이 없는 경우로 한정합니다)는 해당 영업 또는 사업의 인·허가증 등 인·허가 등을 받았음을 증명하는 서류와 최근 1년 이내에 소득세(법인의 경우에는 법인세를 말합니다)를 납부한 사실을 증명하는 서류를 제출하는 경우에는 그 영위하고 있는 영업 또는 사업의 결격사유 규정과 중복되는 「관광진흥법」 제7조제1항 각 호(여행업의 경우에는 「관광진흥법」 제11조의2제1항을 포함한다)의 결격사유에 한하여 다음 각 목의 서류를 제출하지 않을 수 있습니다. 가. 해당 국가의 정부나 그 밖의 권한 있는 기관이 발행한 서류 또는 공증인이 공증한 신청인의 진술서로서 「재외공관 공증법」에 따라 해당 국가에 주재하는 대한민국공관의 영사관이 확인한 서류 1부 나. 「외국공문서에 대한 인증의 요구를 폐지하는 협약」을 체결한 국가의 경우에는 해당 국가의 정부나 그 밖의 권한 있는 기관이 발행한 서류 또는 공증인이 공

	증한 신청인의 진술서로서 해당 국가의 아포스티유(Apostille) 확인서 발급 권한이 있는 기관이 그 확인서를 발급한 서류 1부 4. 부동산의 소유권 또는 사용권을 증명하는 서류(담당 공무원이 부동산의 등기사항증명서를 통하여 부동산의 소유권 또는 사용권을 확인할 수 없는 경우에만 해당합니다) 5. 「외국인투자 촉진법」에 따른 외국인투자를 증명하는 서류(외국인투자기업의 경우에만 해당합니다) 1부 6. 공인회계사 또는 세무사가 확인한 등록신청 당시의 대차대조표(개인의 경우에는 영업용 자산명세서 및 그 증명서류) 1부
관광숙박업·관광객 이용 시설업 및 국제회의 시설업의 경우	1. 사업계획서 1부 2. 신청인(법인의 경우에는 대표자 및 임원)이 내국인인 경우에는 성명 및 주민등록번호를 기재한 서류 1부 3. 신청인(법인의 경우에는 대표자 및 임원)이 외국인인 경우에는 「관광진흥법」제7조제1항 각 호에 해당하지 않음을 증명하는 다음 각 목의 어느 하나에 해당하는 서류. 다만,「관광진흥법」 또는 다른 법령에 따라 인·허가 등을 받아 사업자등록을 하고 해당 영업 또는 사업을 영위하고 있는 자(법인의 경우에는 최근 1년 이내에 법인세를 납부한 시점부터 등록 신청 시점까지의 기간 동안 대표자 및 임원의 변경이 없는 경우로 한정합니다)는 해당 영업 또는 사업의 인·허가증 등 인·허가 등을 받았음을 증명하는 서류와 최근 1년 이내에 소득세(법인의 경우에는 법인세를 말합니다)를 납부한 사실을 증명하는 서류를 제출하는 경우에는 그 영위하고 있는 영업 또는 사업의 결격사유 규정과 중복되는 법 제7조제1항의 결격사유에 한하여 다음 각 목의 서류를 제출하지 않을 수 있습니다. 가. 해당 국가의 정부나 그 밖의 권한 있는 기관이 발행한 서류 또는 공증인이 공증한 신청인의 진술서로서 「재외공관 공증법」에 따라 해당 국가에 주재하는 대한민국공관의 영사관이 확인한 서류 1부 나. 「외국공문서에 대한 인증의 요구를 폐지하는 협약」을 체결한 국가의 경우에는 해당 국가의 정부나 그 밖의 권한 있는 기관이 발행한 서류 또는 공증인이 공증한 신청인의 진술서로서 해당 국가의 아포스티유(Apostille) 확인서 발급 권한이 있는 기관이 그 확인서를 발급한 서류 1부 4. 부동산의 소유권 또는 사용권을 증명하는 서류(담당 공무원이 부동산의 등기사항증명서를 통하여 부동산의 소유권 또는 사용권을 확인할 수 없는 경우에만 해당합니다) 5. 회원을 모집할 계획인 호텔업·휴양콘도미니엄업의 경우로서 각 부동산에 저당권이 설정되어 있는 경우에는 「관광진흥법 시행령」 제24조제1항제2호 단서에 따른 보증보험가입 증명서류 6. 「외국인투자 촉진법」에 따른 외국인투자를 증명하는 서류(외국인투자기업의 경우에만 해당합니다) 1부 7. 「관광진흥법」 제15조에 따라 승인을 받은 사업계획에 포함된 부대영업을 하기 위하여 다른 법령에 따라 소관관청에 신고를 하였거나 인·허가 등을 받은 경우에는 각각 이를 증명하는 서류(제8호 또는 제9호의 서류에 따라 증명되는 경우에는 제외합니다) 1부 8. 「관광진흥법」 제18조제1항에 따라 신고를 하였거나 인·허가 등을 받은 것으로 의제되는 경우에는 각각 그 신고서 또는 신청서와 그 첨부서류 1부 9. 「관광진흥법」 제18조제1항 각 호에서 규정된 신고를 하였거나 인·허가 등을 받은 경우에는 각각 이를 증명하는 서류 10. 야영장업을 경영하기 위하여 다른 법령에 따른 인·허가 등을 받은 경우 이를 증명하는 서류 각 1부(야영장업 등록의 경우에만 해당합니다)

		11. 「전기사업법 시행규칙」 제38조제3항에 따른 사용전점검확인증(야영장업 등록의 경우에만 해당합니다) 1부 12. 「먹는물관리법」에 따른 먹는물 수질검사기관이 「먹는물 수질기준 및 검사 등에 관한 규칙」 제3조제2항에 따라 발행한 수질검사성적서(야영장에서 수돗물이 아닌 지하수 등을 먹는 물로 사용하는 경우에만 해당합니다) 1부 13. 시설의 평면도 및 배치도 각 1부 14. 시설별 일람표 각 1부 가. 관광숙박업: 「관광진흥법 시행규칙」 별지 제2호서식의 시설별 일람표 나. 전문휴양업 및 종합휴양업: 「관광진흥법 시행규칙」 별지 제3호서식의 시설별 일람표 다. 야영장업: 「관광진흥법 시행규칙」 별지 제3호의2서식의 시설별 일람표 라. 한옥체험업: 「관광진흥법 시행규칙」 별지 제3호의3서식의 시설별 일람표 마. 국제회의시설업: 「관광진흥법 시행규칙」 별지 제4호서식의 시설별 일람표
담당 공무원 확인사항	여행업 및 국제회의 기획업의 경우	1. 법인 등기사항증명서(법인인 경우에만 해당합니다) 2. 부동산의 등기사항증명서
	관광숙박업·관광객 이용 시설업 및 국제회의 시설업의 경우	1. 법인 등기사항증명서(법인인 경우에만 해당합니다) 2. 부동산의 등기사항증명서 3. 전기안전점검확인서(호텔업 또는 국제회의시설업 등록의 경우에만 해당합니다) 4. 액화석유가스 사용시설완성검사증명서(야영장업 등록의 경우에만 해당합니다)

■ 관광진흥법 시행규칙 [별지 제47호서식]

여행업 보증보험 등 갱신 안내서

등록번호		업종	
상호(명칭)			
성명(법인의 경우에는 그 대표자 성명)			
사업장소재지(전화번호)			
(현)보증보험 등 가입기간			

귀 업체의 보증보험등 가입기간이 곧 만료됩니다.「관광진흥법」 제9조 및 같은 법 시행규칙 제18조에 따라 보증보험등 기간 만료 전에 가입을 갱신하여 증명 서류를 제출하여 주시기 바랍니다.

년 월 일

특별자치시장
특별자치도지사
시장·군수·구청장 직인

210mm×297mm[백상지(80g/㎡)]

자료 : 법제처 국가법령정보센터

부록

[연령별 여행활동 현황]

1. 연령별 여행활동

항목		연령							
구분		15~19세	20대	30대	40대	50대	60대	70세 이상	전체
쇼핑	2018	20.91	33.85	33.17	28.47	26.14	17.3	31.31	28.76
	2019	40.24	38.01	37.85	29.09	34.11	24.98	25.2	33.62
스포츠 경기관람	2018	0	0.84	0.59	0	0	0.85	0	0.38
	2019	0	0.1	1.37	0.52	0	0.53	0	0.5
야외위락및 스포츠, 레포츠활동	2018	9.69	6.91	9.42	9.51	5.72	7.64	3.14	7.91
	2019	5.9	10.04	16.83	12.57	9.59	3.06	4.12	10.96
역사유적지 방문	2018	34.92	30.81	25.54	26.16	27.62	33.96	39.58	28.79
	2019	27.83	32.45	27	27.81	35.14	35.73	47.82	31.52
온천/스파	2018	16.66	22.52	25.9	23.21	19.63	19.87	39.77	22.77
	2019	12.18	19.91	17.36	16.97	16.6	14.12	31.24	17.66
음식관광 (지역 맛집 등)	2018	52.45	60.42	56.25	51.54	54.64	46.67	54.4	54.61
	2019	63.89	64.01	59.63	51.9	53.23	49.23	53.79	56.51
자연 및 풍경감상	2018	69.78	68.22	68.07	69.98	71.3	74.99	70.8	69.94
	2019	82.53	79.36	80.34	79.52	82.55	85.31	85	81.17
지역문화예술/공연/전시시설관람	2018	19.16	16.64	9.09	18.89	12.38	13.91	10.6	14.37
	2019	17.03	14.63	12.04	16.13	13.19	15.84	8.19	14.02
지역축제/이벤트참가	2018	1.31	9.78	6.8	5.63	8.02	3.63	0	6.61
	2019	9.55	6.24	9.5	6.75	6.31	12.26	9.19	7.98

항목		연령							
구분		15~19세	20대	30대	40대	50대	60대	70세 이상	전체
테마파크, 놀이시설, 동/식물원 방문	2018	15.39	11.43	14.93	13.76	6.82	9.97	2.23	11.66
	2019	22.69	16.77	14.25	14.58	14.16	5.58	6.73	13.88
휴식/휴양	2018	57.62	67.3	72.34	68.3	72.73	68.21	67.81	69.25
	2019	78.85	61.98	75.42	71.7	71.69	71.6	63.87	70.61
가족/친지/친구방문	2019	5.91	3.17	4.65	4.37	2.63	7.98	7.72	4.43
교육/체험 프로그램 참가	2019	8.66	1.62	1.37	1.61	0.94	0.56	0	1.49
교육/훈련/연수	2019	1.19	1.52	2	4.19	0.83	1.03	0	1.93
드라마촬영지방문	2019	1.23	1.47	1.62	1.85	1.25	0.61	5.07	1.58
시티투어	2019	30.52	35.71	31.23	25.73	31.13	23.67	19.88	29.7
유흥/오락	2019	5.51	5.69	8.95	9.94	5.31	3.44	0.59	6.81
종교/성지순례	2019	6.8	1.87	3.58	4.32	7.28	4.69	0.87	4.22
카지노, 경마, 경륜 등	2019	0	0.33	0	0.8	0.94	0	0	0.41
회의참가/시찰	2019	3.09	0.65	1.43	2.07	3.05	0.36	0	1.6
기타	2019	0	0.06	1.05	1.19	1.8	0.54	0	0.9

2. 연령별 여행지 선택 이유

항목		연령							
구분		15~19세	20대	30대	40대	50대	60대	70세 이상	전체
경험자의 추천	2018	25.41	22.04	22.93	27.97	20.11	29	23.92	24.03
	2019	20.24	23.69	21.21	28.34	28.92	24.09	26.47	25.09
관광지 편의시설	2018	16.62	19.31	22.26	18.5	18.27	30.15	14.96	20.36
	2019	11.65	9.2	15.33	11.4	12.85	11.34	19.59	12.49
교육성	2018	3.26	1.55	1.96	3.74	0.28	0.43	0	1.81
	2019	1.49	1.44	1.45	2.97	0.42	0.63	3.12	1.54
교통편	2018	5.06	4.36	4.31	6.97	6.85	1.08	3.68	5.09
	2019	6.34	2.45	4.6	1.31	1.89	1.84	1.24	2.63
볼거리 제공	2018	30.76	50.77	51.97	52.15	47.67	45.3	23.45	48.45
	2019	57.83	53.94	48.78	50.39	55.88	51.18	43.59	51.81
쇼핑	2018	12.32	12.5	9.2	9.01	7.41	8.55	9.02	9.58
	2019	3.59	5.71	5.49	3.54	4.55	3.05	3.28	4.55
숙박시설	2018	2.77	7.6	9.83	11.43	15.18	10.62	8.17	10.4
	2019	7.41	5.53	5.93	5.39	6.38	5.56	6.64	5.86
여행동반자 유형	2018	21.69	21.58	24.56	27.02	27.85	28.13	46.71	25.89
	2019	27.77	28.85	27.21	36.29	32	37.11	46.91	32.11
여행지 지명도	2018	54.3	51.76	57.15	46.08	48.78	54.68	57.26	51.72
	2019	55.94	55.76	57.92	50.99	56.56	55.87	66.75	55.88
여행할 수 있는 시간	2018	30.75	32.91	25.2	21.83	32.86	25.77	30.16	27.95
	2019	32.92	30.99	30.05	29.86	26.27	28.63	24.06	29.19
음식	2018	21.5	26.65	21.59	17.14	15.61	13.17	24.31	19.79
	2019	12.18	17.21	12.93	7.21	7.84	6.74	11.19	10.88

항목		연령							
구분		15~ 19세	20대	30대	40대	50대	60대	70세 이상	전체
이동거리	2018	23.42	14.62	14	7.74	11.19	10.5	22.72	12.64
	2019	9.33	21.35	10.84	12.82	12.17	13.27	7.31	13.61
저렴한 여행경비	2018	30.53	25.2	22.43	22.69	26.42	29.42	12.1	24.61
	2019	20.03	19.7	25.45	24.39	23.1	26.12	30.33	23.75
체험프로 그램유무	2018	1.31	2.31	2.87	3.01	4.6	1.7	1.69	2.89
	2019	7.15	3.03	5.02	2.7	2.37	1.98	0	3.21
기타	2018	0	0	0.45	3.02	1.98	1.37	0	1.25
	2019	5.99	1.84	1.61	3.06	3.42	1.78	0	2.4

3. 연령별 해외여행 경험률

항목		연령							
구분		15~ 19세	20대	30대	40대	50대	60대	70세 이상	전체
경험	2018	10.35	30.71	28.94	25.18	19.99	21.58	7.83	22.36
	2019	6.41	30.7	33.88	20.83	27.34	20.58	6.87	23.21
비경험	2018	89.65	69.29	71.06	74.82	80.01	78.42	92.17	77.64
	2019	93.59	69.3	66.12	79.17	72.66	79.42	93.13	76.79

4. 연령별 국내여행 경험률

항목		연령							
구분		15~19세	20대	30대	40대	50대	60대	70세 이상	전체
국내여행	2018	88.59	92.7	94.96	92.91	91.58	91.39	71.03	89.22
	2019	95.08	91.1	90.57	92.79	90.74	96.46	92.63	92.39
관광여행	2018	73.29	90.44	91.98	89.48	86.71	84.73	64.2	84
	2019	90.99	82.53	84.38	84.72	84.19	87.53	85.26	85.04
기타여행	2018	42.8	58.81	62.75	66.87	60.82	55.3	38.16	56.5
	2019	58.57	61.41	69.22	76.66	72.84	73.9	63.99	69.47

5. 연령별 관광여행 방문지 선택 이유

항목		연령							
구분		15~19세	20대	30대	40대	50대	60대	70세 이상	전체
여행지 지명도	2018	37.51	45.15	45.99	44.2	42.82	42.41	38.33	43.42
	2019	38.91	43.09	41.25	43.07	44.56	40.8	38.39	42.22
볼거리 제공	2018	43.04	45.1	45.2	42.91	43.71	41.62	38.43	43.36
	2019	43.89	47.58	44.46	42.97	44.43	42.37	38.57	43.99
저렴한 여행 경비	2018	18.2	16.45	15.37	16.44	14.75	17.99	21.16	16.56
	2019	16.23	15.06	15.91	16.03	15.17	16.09	15.42	15.63
이동 거리	2018	24.92	24.03	22.77	23.09	24.09	23.87	22.76	23.54
	2019	26.57	26.58	29.7	25.42	24.09	25.53	25.34	26.22
여행할 수 있는 시간	2018	21.09	25.83	25.8	23.31	24.08	21.75	21.38	23.89
	2019	27.25	25.28	25.8	28.82	27.07	26.15	23.74	26.51

항목		연령							
구분		15~ 19세	20대	30대	40대	50대	60대	70세 이상	전체
숙박 시설	2018	8.28	7.55	10.11	10.27	8.47	5.3	7.06	8.5
	2019	7.19	5.04	7.31	8.22	6.84	5.39	5.67	6.65
쇼핑	2018	6.9	4.08	3.61	3.54	3.07	3.42	1.71	3.57
	2019	4.53	4.7	3.52	2.73	2.59	2.19	2.26	3.18
음식	2018	22.51	26.85	29.21	29.61	30.32	31.84	30.51	29.18
	2019	14.57	18.19	19.98	20.57	20.17	22.61	20.93	19.95
교통편	2018	16.54	14.07	11.5	11.74	12.94	13.14	15.44	13.01
	2019	11.32	11.05	8.92	8.07	9.45	8.91	10.93	9.49
체험프로 그램유무	2018	7.59	4.68	5.82	4.12	3.48	2.51	4.47	4.41
	2019	4.37	3.9	3.7	2.85	1.87	1.77	1.74	2.86
경험자의 추천	2018	16.45	18.19	16.75	20.43	19.87	21.03	17.91	18.96
	2019	19.95	18.24	17.76	18.61	19	17.46	16.07	18.2
관광지 편의시설	2018	11.27	15.95	17.31	16.25	14.79	14.75	14.01	15.51
	2019	5.76	8.81	8.04	8.7	7.98	7.38	7.2	8.05
교육성	2018	3.88	1.65	3.95	3.42	1.35	1.19	1.49	2.43
	2019	3.19	1.3	3.86	3.58	1.02	1.04	1.79	2.28
여행동반 자유형	2018	24.18	25.49	23.13	23.26	27.61	26.05	24.83	24.95
	2019	28.66	27.71	26.93	26.09	27.54	31.13	32.06	27.98
기타	2018	1.53	1.01	0.64	1.16	1.05	1.49	1.95	1.14
	2019	2.26	2.04	2.13	2.36	2.77	2.73	3.41	2.46

6. 연령별 관광여행지에서의 활동

항목		연령							
구분		15~19세	20대	30대	40대	50대	60대	70세 이상	전체
자연 및 풍경 감상	2018	52.36	66.21	66.48	71.21	71.92	69.76	66.39	68.16
	2019	64.66	70.36	73.57	76.95	77.52	77.3	72.8	74.43
야외위락 및 스포츠, 레포츠 활동	2018	8.36	9.91	9.02	7.29	6.73	5.06	2.92	7.39
	2019	5.09	7.07	5.65	4.65	4.54	2.87	1.77	4.83
역사유적지 방문	2018	7.69	8.96	8.82	11.03	9.11	9.72	9.32	9.45
	2019	8.6	9.18	9.75	9.57	10.48	10.66	9.89	9.82
테마파크, 놀이시설, 동/식물원 방문	2018	18.56	9.98	10.77	7.19	4.49	1.97	3.92	7.49
	2019	12.62	10.78	11.69	7.54	4.71	4.41	4.9	8
휴식/휴양	2018	43.6	52.28	57.36	55.3	56.4	55.94	53.76	54.74
	2019	49.17	56.22	56.96	57.38	57.06	55.98	54.34	56.26
온천/스파	2018	3.52	2.76	4.74	6.28	4.86	8.55	9.46	5.51
	2019	1.4	1.83	3.71	3.64	3.59	4.97	5.85	3.54
쇼핑	2018	12.7	7.68	6.84	6.13	5.43	6.1	3.06	6.47
	2019	9.58	10.16	7.51	6.45	7.84	6.95	5.1	7.68
지역문화예술/공연/전시시설관람	2018	8.46	5.65	7.66	6.51	4.75	5.32	5.01	6.07
	2019	4.34	5.3	4.95	4.52	3.69	3.45	3	4.33
스포츠경기 관람	2018	0.31	0.62	0.63	0.21	0.82	0.35	0.08	0.49
	2019	0.01	0.25	0.24	0.21	0.31	0.07	0.02	0.2
음식관광	2018	47.58	57.92	56.35	57.98	59.32	57.38	53.93	57.03
	2019	44.25	52.14	52.46	51.95	53.57	51.81	50.52	51.92

항목		연령							
구분		15~19세	20대	30대	40대	50대	60대	70세 이상	전체
지역축제/이벤트참가	2018	6.73	8.33	8.13	8.76	9.04	9.52	7.57	8.52
	2019	5.68	3.96	5.22	5.39	4.69	3.96	5.4	4.82
교육/체험프로그램참가	2018	2.78	1.23	2.57	1.61	0.74	0.92	0.76	1.46
	2019	3.1	1.05	1.98	2.15	0.85	1.03	0.84	1.48
종교/성지순례	2018	0.69	0.76	1.18	1.41	1.92	2.03	4.84	1.66
	2019	1.06	0.85	1.29	1.99	2.77	3.99	4.06	2.16
카지노, 경마, 경륜 등	2018	0.28	0.07	0.26	0.15	0.08	0.15	0.36	0.17
	2019	0.05	0.19	0.06	0.07	0.02	0.11	0.03	0.08
시티투어	2018	11.07	9.52	7.27	7.99	7.22	6.81	6.21	7.85
	2019	5.09	6.58	5.22	5.02	5.65	3.28	4.11	5.19
드라마촬영지방문	2018	4.34	5.38	3.95	3.87	2.8	3.2	2.97	3.81
	2019	4.44	6.03	4.22	3.88	3.51	3.22	3.64	4.18
유흥/오락	2018	8.37	13.19	5.09	4.62	5.62	3.81	3.14	6.33
	2019	4.63	5.78	3.04	2.16	2.66	2.11	1.95	3.15
가족/친지/친구방문	2018	10.06	8.26	10.25	13.21	11.97	12.17	14.61	11.43
	2019	15.11	10.13	13.04	14.29	14.31	15.34	20.03	13.93
회의참가/시찰	2018	0.09	0.59	0.46	1.27	0.74	0.39	0.48	0.68
	2019	0	0.66	0.43	0.8	0.62	0.88	0.99	0.66
교육/훈련/연수	2018	1.81	0.87	0.78	0.48	0.34	0.62	0.41	0.65
	2019	1.23	0.66	0.98	1	0.6	0.52	0.14	0.75
기타	2018	0.22	0.46	0.03	0.24	0.13	0.2	0.42	0.23
	2019	1.8	1.67	1.12	2.7	2.92	2.81	1.49	2.15

7. 연령별 관광여행 주요 숙박시설

항목		연령							
구분		15~19세	20대	30대	40대	50대	60대	70세 이상	전체
야영	2018	3.9	2.19	3.3	2.52	3.09	1.38	1.67	2.62
	2019	1.66	2.99	4.43	2.81	2.17	1.68	2.01	2.81
호텔	2018	8.39	7.77	11.53	10.95	13.38	9.33	10.85	10.72
	2019	7.47	10.9	12.07	10.19	11.43	10.95	8.07	10.77
모텔/여관	2018	7.58	14.93	8.43	12.25	9.38	11.71	11.58	11.09
	2019	6.54	12.02	9.18	9.67	10.63	9.86	8.79	9.99
펜션	2018	35.21	36.76	34.23	33.72	32.83	31.25	29.4	33.71
	2019	35.1	32.53	31.93	31.08	31.81	28.67	23.46	31.08
콘도미니엄/리조트	2018	15.03	13.25	18.99	16.54	14.47	18.6	12.69	15.97
	2019	8.84	11.22	15.89	15.46	15.13	13.86	15.56	14.29
유스호스텔	2018	2.34	1.11	1.3	0.98	0.26	1.14	0.97	1
	2019	2.75	1.32	1.76	1.51	1.06	1.63	1.21	1.48
연수원/수련원	2018	0.84	0.58	0.74	0.79	0.53	0.72	0.49	0.67
	2019	0.27	0.8	0.91	1.51	1.12	1.26	0.88	1.06
전통한옥숙박시설	2018	1.56	1.96	1.41	2.21	1.7	1.99	3.49	1.94
	2019	0.63	1.24	1	0.92	2.02	2.36	1.93	1.42
게스트하우스	2018	6.4	8.31	2.44	1.29	0.32	0	0.24	2.55
	2019	1.74	7.86	1.53	1.03	0.81	1.42	0.76	2.3
민박(도시형/농촌형)	2018	2.1	5.04	5.89	3.44	6.21	5.16	3.85	4.89
자연휴양림내숙박시설	2018	1.55	2.6	2.26	4.04	3.91	1.86	2.1	2.96
	2019	0.85	1.51	2.19	3.6	2.41	2.08	2.42	2.35

항목		연령							
구분		15~19세	20대	30대	40대	50대	60대	70세 이상	전체
가족/친지집	2018	16.03	8.11	10.69	13.91	14.58	15.38	21.14	13.09
	2019	27.47	12.77	15.64	17.36	16.61	21.62	31.89	17.93
무박여행	2018	0.35	1.22	0.99	1.76	1.15	1.7	0.96	1.28
	2019	1.11	1.01	0.88	0.8	0.86	0.97	0	0.85
기타	2018	0.98	0.3	0.39	0.66	1.09	0.96	1.15	0.7
	2019	3.39	1.34	0.98	1.01	1.24	0.41	1.11	1.16
민박	2019	3.36	3.59	3.25	3.67	4.08	3.91	2.9	3.62

참고문헌

고상동, 김상희(1994), 노인층의 관광선택행동에 관한 연구, Tourism Research, 제 8권 제 1호.

권혁률(2020), 관광서비스론, 백산출판사.

권혁률, 조인환(2020), 고객심리학, 백산출판사.

김상회(1998), 한국노년층의 여행상품 구매행동 특성에 관한 연구, 세종대학교 대학원 박사학위 논문.

김세범, 전영종, 허남일(2000), 소비자행동론, 형설출판사.

김원인(1995), 관광학 원론, 학문사.

김윤수 편역(1988), 호모 루덴스, 까치.

김지훈(2013), 서비스 품질이 고객가치 고객만족과 자발적 행동의도에 미치는 영향 관계 : 항공서비스를 중심으로, 경희대학교 일반대학원 박사학위논문.

김진섭(1998), 고대관광사, 대왕사.

김천중(1999), 21세기 신 여행업, 학문사.

류은주(2014), 한일 실버여행상품 비교연구, 동북아관광연구 제10권 제2호(통권25호).

문화체육관광부(2019), 2019 국민여행조사.

문화체육관광부(2020), 2020 국민여행조사.

박다희(2011), 실버관광객의 호텔선택속성이 만족 및 행동의도에 미치는 영향 연구, 경희대학교 관광대학원 석사논문.

박영봉(2001), 소비자행동론, 민영사.

박호표(1997), 관광학의 이해, 학현사.

법제처(2021), 국가법령정보센터.

봉동연(2003), 실버관광 활성화 방안에 관한 연구, 동국대학교 대학원 석사학위논문.

서 강(2007), 실버관광객의 관광인식도 분석을 통한 실버관광활성화에 관한 연구, 경주대학교 대학원 박사학위논문.

서성한(1991), 소비자행동론, 박영사.

손대현(1999), 관광관련용어집, 백산출판사.
______(2000), 관광론(개정판), 백산출판사.
양윤(2008), 소비자심리학, 학지사.
어윤대, 방호열(1995).『전략경영』. 서울 : 학현사.
윤대순(1997), 여행사실무론, 기문사.
이봉석 외(1998), 관광사업론, 대왕사.
이장우(1999).『경영전략론』. 서울 : 법문사.
이창기(1996). 호텔군 유형에 따른 상황적합적 전략에 관한 연구. 세종대학교 대학원 박사학위청구논문.
이학종(1996).『전략경영론-이론, 기법, 사례연구』. 서울 : 박영사.
임종원, 김재일, 홍성태, 이유재(2010), 소비자행동론, 경문사.
전경수 편역(1987), 관광과 문화, 까치.
정익준, 여행사경영론(2000), 형설출판사.
정지은(2010), 고객가치, 고객만족, 자발적 행동의도의 구조적 관계에 관한 연구 : 대형마트의 서비스 품질을 중심으로, 한양대학교 석사학위논문.
정찬종, 여행업무관리론(1997), 백산출판사.
최승이, 이미혜(2001), 국제관광론, 대왕사.
케빈 레인 켈러 저, 이상민, 김준석, 최윤희 역(2007), 브랜드 매니지먼트, *Strategic Brand Management.*
통계청(2019), 장래인구특별추계.
하헌국 외(1998), 관광사업론, 학문사.
하헌국, 이종호, 관광사업론(1998), 학문사.
하헌국, 조문식, 김영규(2000), 여행사경영론, 대왕사.
한국국제관광개발연구원 편역(2000), 관광학 사전, 백산출판사.

Bartol, K. M. & Martin, D. C. (1994). *Management*, McGraw-Hill. 168.
Charles W. L. Hill and Gareth R. Jones(1998). *Strategic Management: An Integrated Approach*(4th Edition): Houghton Mifflin Company.
Del I. Hawkins David L., & Mothersbaugh 저, 이호배, 김학윤, 김도일, 이성근 역(2014), Hawkins의 소비자행동론, 12판, ㈜지필미디어.

Dennis H. Ferguson, Op. cit(May 1987), p.31~38 Discovering Consumer's Hidden Motivations.

https://100.daum.net/encyclopedia/view/31XXXXX16866

https://ko.dict.naver.com/#/main

https://www.etoday.co.kr

https://www.istarbucks.co.kr

https://www.marketingschool.com, 신길수, 월간 마케팅.

https://www.maxconsulting.co.kr

https://www.mktclub.com

James F. Burke, Marketing & Selling the Travel Product(Ohio : South-Western Publishing Co., 1991), p.66.

Kotler, P. & Keller, K. L. 윤훈현 역(2007), 마케팅 관리론, 석정사.

Lehmann, Armin D. (1978), Travel and tourism, The Bobbs-Merill Co. Ltd..

MacCannell(1976), The Tourist: A New Theory of the Leisure Class, New York: Schocken.

P. Kotler, Principles of Marketing, Prentice-Hall, 1980.

Richard Thaler "Mental Accounting and Consumer Choice", Marketing Science, Summer. 1985, pp.199~214.

Robey, D. (1991). *Designing Organization*, 3rd., Homewood, IL: Irwin, p.280.

Thompson, A. A and Strickland, A. J. (1993). Strategic *Management*: Concepts and Cases, Homewood, IL: Irwin.

Turner V., Turner E. (1978), Image and Pilgrimage in Christian Culture, Basil Blackwell: Oxford.

저자
약력

권혁률

호주에서 유학하고 세종대학교에서 (관광)경영학 박사학위를 받았다. 25여 년간 대학에서 교수로 근무하면서 주요 보직을 맡았으며 부총장을 역임하였다. 관심분야는 배려, 서비스, 전략경영이다. 서비스에 관련된 전공 서적과 논문 21편이 있다.
현재 한국관광대학교 관광경영학과 교수로 재직 중이다.

실버여행기획론

2021년 9월 5일 초판 1쇄 인쇄
2021년 9월 10일 초판 1쇄 발행

지은이 권혁률
펴낸이 진욱상
펴낸곳 (주)백산출판사
교 정 박시내
본문디자인 구효숙
표지디자인 오정은

저자와의 합의하에 인지첩부 생략

등 록 2017년 5월 29일 제406-2017-000058호
주 소 경기도 파주시 회동길 370(백산빌딩 3층)
전 화 02-914-1621(代)
팩 스 031-955-9911
이메일 edit@ibaeksan.kr
홈페이지 www.ibaeksan.kr

ISBN 979-11-6567-382-6 93980
값 33,000원